Friedrich Noer

Aufzeichnungen des Prinzen Friedrich von

Schleswig-Holstein-Noer aus den Jahren 1848-1850

Friedrich Noer

Aufzeichnungen des Prinzen Friedrich von Schleswig-Holstein-Noer aus den Jahren 1848-1850

ISBN/EAN: 9783743321465

Hergestellt in Europa, USA, Kanada, Australien, Japan

Cover: Foto ©ninafisch / pixelio.de

Friedrich Noer

Aufzeichnungen des Prinzen Friedrich von Schleswig-Holstein-Noer aus den Jahren 1848-1850

Aufzeichnungen

des

Prinzen
Friedrich von Schleswig-Holstein-Noer

aus

den Jahren 1848 bis 1850.

Zürich,
Verlag von Meyer & Zeller.
1861.

Vorwort.

—

Es sind bereits dreizehn Jahre verflossen, seitdem der Streit zwischen Deutschland und Dänemark über die rechtliche Stellung der Herzogthümer Schleswig und Holstein zu einander und zu diesem zum Ausbruche kam. Dennoch ist der Gegenstand in den Augen des großen Publikums nicht klarer geworden, sondern durch Ein= mischung anderer Interessen und Beimischung anderer Absichten haben sich die Urtheile über diese an sich ein= fache Sache mehr und mehr verwirrt. Ich habe mich deßhalb an die Umarbeitung einiger Aufzeichnungen ge= macht, welche ich im Jahre 1849 und 50 niederschrieb, um manchem abtrünnigen Freund in den Herzogthümern es klar zu machen, daß nicht ich ihre Sache, sondern sie die von uns gemeinschaftlich betretene Bahn verlas= sen hatten; ferner daß nicht Fehler von meiner Seite die damalige provisorische Regierung in ihrer Handlungs= weise gegen mich rechtfertigten, sondern daß die von ihr ausgehenden Störungen in meinem Wirkungskreise mir nichts übrig ließen, als mich aus allen öffentlichen Ge= schäften zurückzuziehen. Dem Drucke übergebe ich jetzt diese Arbeit nicht allein, um meine Erlebnisse im Som= mer 1848 und meine Betrachtungen über die Begeben= heiten der folgenden Jahre den Bewohnern Dänemarks und der Herzogthümer vorzulegen, sondern auch als Berichtigung mancher im Drucke erschienener unglaublicher Behauptungen und als Anregung zu reiflicher Ueberlegung des Geschehenen und des Kommenden, mit dem Wunsche, ihnen dadurch nützlich zu werden.

Wenn ich diesen Zweck durch diese Veröffentlichung erreichen könnte, scheint er bei Weitem die Unannehmlichkeit zu überwiegen, welche mir aus manchem Widerspruch entstehen kann, der vermieden werden könnte, falls ich erst nach meinem Tode gleichsam als Grabschrift den Druck geschehen ließe.

Da ich, um das angeführte Ziel zu erreichen, mich den Augen meiner Leser als möglichst unparteiisch vorstellen und überhaupt bei ihnen den Glauben an meine Wahrheitsliebe feststellen muß, weil manches, welches ich anführen werde, ganz gegen das bisher Angenommene oder Verbreitete streitet, so will ich eine kurze Schilderung meines Lebens, insoweit es zu meinem politischen Standpunkte 1848 führte, vorangehen lassen.

Einleitung.

Mein Vater war deutsch, meine Mutter dänisch, meine Großmutter englisch. — Von Kindheit an wechselte ich meinen Aufenthalt bald in Dänemark, bald in den Herzogthümern. — Deutsch und Dänisch ward in meiner Eltern und später in meinem eigenen Hause ohne Unterschied gesprochen. — In meinem 17. Jahre reiste ich nach Genf, und nach einem anderthalbjährigen Aufenthalt von dort nach Italien, Frankreich, England, und besuchte auch zwei deutsche Universitäten bis zu meinem 24sten Jahr, wo ich in aktiven Militärdienst trat. — Daß bei einer solchen Abstammung, Erziehung und Entwickelung von großem Nationalgefühl nicht die Rede sein kann, wird Jeder einräumen müssen. — Hierauf mache ich daher gar keinen Anspruch, und sehe darin mehr Beschränktheit als Ausbildung des menschlichen Geistes, bei dem jetzigen Standpunkt allgemeiner Bildung und unbeschränkten Verkehrs. — Meine Motive sind daher von jeher gewesen, dem anzuhängen und dasjenige zu vertheidigen, welches ich für Recht erkannte. — Ich würde mich im Jahr 1848 deshalb keinen Augenblick bedacht haben, falls ich das Recht auf dänischer Seite geglaubt hätte, — mich für Dänemark zu schlagen, wie ich es für die Herzogthümer gethan habe. — Diese Gefühle haben es daher auch immer verhütet,

daß eine deutsche oder schleswig = holsteinische Cocarde oder
Schleife an meiner Kopfbedeckung oder in meinem Knopfloche
zu sehen gewesen sind. — Nur eine wirkliche einige Nation
oder ein wirklich anerkannter Staat können in meinen Augen
Farben zeigen. Daß aber beides noch sehr weit im Hintergrunde
liegt, bedarf hier nicht bemerkt zu werden; daher ist meine
Antipathie gegen diese Cocarden= und Farbenmanie des Jahres
1848 leicht zu erklären.

Wer das Rechte will, kann auch nur Wahrheit wünschen
und nach seiner Ueberzeugung Wahrheit reden. — Dies zu
thun habe ich auch nie gescheut und genug bewiesen. — Ich
galt daher immer für einen Oppositionsmann, aber man wußte
sehr wohl bei der Regierung in Copenhagen, daß meine Op=
position nur aus Interesse für die Sache, welche ich in Händen
hatte, herrührte. — Meine Berichte wurden von dem sehr ein=
seitigen Kriegscollegium allezeit berücksichtiget; bei Geschäften,
wo Thätigkeit erfordert ward, wurde ich am öftersten verwendet,
und obgleich ich in allen meinen verschiedenen Stellungen fast
jedesmal von meinen Untergebenen mit Kälte empfangen
wurde, hatte ich doch die Satisfaktion, im Laufe der Zeit mir
ihre Anhänglichkeit zu erwerben. — Unerachtet meiner oftma=
ligen Kritik über die Schritte der Regierung, war gewiß kein
festerer Anhänger der gesetzmäßigen Obrigkeit und der strikten
Befolgung gesetzlicher Vorschriften, als gerade ich. — Als die
politische Anregung im Herbst 1830 durch Lornsen und einige
seiner Freunde gemacht ward, war es natürlich, daß ich mich
gleich fester an die Regierung anschloß, als meine damaligen
Feinde unter den Ohrenbläsern des Königs Friedrich VI. er=
wartet hatten. — Es glückte diesen Individuen daher auch nur
den alten Mann dazu zu bewegen, mich durch Zurücksetzung

in meiner Beförderung im Militärgrade zu kränken; die Geschäfte
und sein persönliches Wohlwollen erhielt er mir unausgesetzt.

Als Abgeordneter der Schleswig'schen Provinzialstände=Ver=
sammlung trat ich mit mehreren Gleichgesinnten in eine Art
Centrum, mit dem Grundsatz, sowohl der Regierung zu opponi=
ren, wo sie bestehende Rechte und Verhältnisse kränken wollte,
und zugleich sie anzutreiben, auf gesetzmäßigem Wege die noth=
wendigen Verbesserungen in der Gesetzgebung und Administra=
tion vorzunehmen, als auch besonders den ungereimten An=
forderungen der Radikalen entgegen zu treten. — Dies glückte
uns in mancher Beziehung, obgleich es bei einer prinziplosen
bürcaukratischen Regierung, deren einziger Grundsatz die Durch=
führung ihres collegialen Beschlusses ist, höchst mühsam und
schwierig bleibt; — eben weil die Regierung nur nach der
Majorität strebte und daher bald diese, bald jene Ansicht zur
ihrigen machte, wodurch denn auch Widersprüche in die ganze
Gesetzgebung kamen, welche zu traurigen Resultaten führen
mußten. — Die Stellung als Abgeordneter legte mir die Pflicht
auf, meine Meinung unverholen zu äußern, und da ich nun
eine solche prinziplose Regierung wie die Friedrichs VI. unmöglich
billigen konnte, so war ich natürlich gewöhnlich in der Oppo=
sition. Diese Regierung achtete keine bestehenden Rechte, wenn
sie glaubte, sie bei Seite setzen zu können. — In Dänemark
zeugen davon die Aufhebung der Realfideicommisse, nicht durch
ein Gesetz, aber bei jedesmaligem Nachsuchen der Betheiligten; die
Beschränkung der Präsentationsrechte der Gutsbesitzer und Städte
bei Predigerstellen; die Umgestaltung der adeligen Klöster ꝛc.; in den
Herzogthümern die Auslegung der Grund= und Benutzungssteuer,
der Reichsbanksteuer u. s. w. — Diese Regierung war aber
außerdem so unwissend, kraftlos und feige, daß Dänemark nicht

allein seine ganze Flotte und den größten Theil seiner Handels=
schiffe einbüßte, sondern, nach einem siebenjährigen unnöthigen
Kriegszustand gegen England, der die Finanzen und die Er=
werbsquellen des Landes erschöpfte, auch Norwegen verlor, weil
die große Rolle, die der dänische Staat 1813 hätte spielen
können, nicht allein unbenutzt blieb, sondern gerade das Gegen=
theil alles dessen geschah, welches hätte geschehen müssen, wo=
durch denn das traurige Resultat erreicht ward. — Damit aber
nicht genug, ward der Ruin des Landes nun noch nach dem
Frieden von 1814 bis 1835 fortgeführt, indem der Hofstaat
und die Apanagen der Königlichen Familie nicht nach den
verminderten Kräften des Landes beschränkt wurden, indem
eine schlechte Administration in allen Zweigen der Verwaltung
ohne höhere Controle geführt, und, je kleiner der Staat, desto
größer verhältnißmäßig der Beamtenstand ward, nach dem
Grundsatz, daß nicht das Amt einen Beamten, sondern der
Beamte ein Amt erfordere. — Die Staatsschuld vermehrte sich
daher durch ein jährliches Deficit auf erschreckende Weise, und
nur den fortgesetzten Vorstellungen der verschiedenen Provinzial=
ständeversammlungen gelang es, diesem Unfug im Jahre 1839
ein Ende zu machen. — In dem Finanz=Comité der Schles=
wig'schen Provinzial=Ständeversammlung ward ich jedesmal
gewählt und trat dabei sehr in Opposition mit den Ansichten
der Regierung. — Das Interesse der ländlichen Bevölkerung,
wo es bei neuen Gesetzen gefährdet schien, ward von mir beson=
ders vertheidigt und dies erwarb mir das Vertrauen dieser Klasse
des Volks. — Meine Verhältnisse als Gutsbesitzer hatten mich
auch in Verbindung mit vielen Leuten gebracht, die die Ueber=
zeugung gewannen, daß ich stets nur das als richtig Erkannte
zu befördern wünschte, und keine Mühe noch Opfer scheute, diesen

Zweck zu erreichen. — Dies zusammen genommen erwarb mir eine Popularität, welche die Ernennung zum Statthalter bewirkte, wie ich im Folgenden zeigen werde.

Nachdem das fortgesetzte Klagen und Vorstellen der verschiedenen Ständeversammlungen der Jahre 18³⁵/₃₆ und 1838 sowohl in Dänemark als den Herzogthümern, der ganzen Bevölkerung die Augen über die Regierungsweise Friedrich VI. geöffnet hatte, entschlief dieser Mann, der als Privatmann eine liebe und geachtete Persönlichkeit gewesen wäre, der aber als Regent nur mit Betrübniß auf seine Laufbahn zurückblicken konnte; doch ist auf seine vernachläßigte Erziehung und das junge Alter, in welchem er die Regierung ergriff, mehr Schuld zu werfen, als auf eine mangelhafte intellektuelle und moralische Beschaffenheit. — Er kannte die Welt nur aus seinem Leben in Dänemark, und hatte sich daher weder Menschenkenntnisse noch politischen Scharfblick erwerben können. — Die Entbehrung aller gründlichen Vorkenntnisse brachte seine Liebe zur Thätigkeit auf Aeußerlichkeiten und Nebensachen, ohne den Geist und den Zweck der verschiedenen Gegenstände derselben zu erfassen. — So ging es ihm mit dem Militär, dem er eine ganze Umgestaltung in seiner Regierungszeit, nicht nur ein, sondern mehrere Male gab, die aber stets bei der Aeußerlichkeit blieb. Es ward die Uniform verändert, die Eintheilung anders bestimmt, die Exercierreglements umgearbeitet; dabei aber nur nachgeahmt, was diese oder jene Großmacht gethan hatte. Die eigentliche Frage, wie viele und welcher Art Truppen der dänische Staat bedurfte, wie viele es ohne finanziellen Schaden halten konnte, oder wie viel es aus politischen Rücksichten halten mußte, ob seine Kräfte besser zur See oder zu Lande angewendet werden konnten, ob aus seiner geographischen Beschaffenheit ganz beson-

bere Vertheidigungskräfte durch diplomatische Verhandlungen zu
ziehen waren, — alles dieses wurde nicht gehörig berücksichtigt
im Staatsrathe Friedrichs VI. — Er selbst und einige seiner
Adjutanten dachten sich die Sache aus, daß man so viele Jäger
und so viele Cürassiere, Dragoner, Lanciers und Husaren haben
müsse, mit verhältnißmäßig auf dem Papier registrirter Artil=
lerie, damit theils die Armeeliste eine Art Ansehen bekäme,
dann aber auch damit man jährlich einige Manöver abhalten
könne. — Im Jahre 1807 führte der damalige Kronprinz
Krieg in Holstein, wo kein Feind war, während die Engländer
Seeland bedrohten, besetzten und die Flotte raubten; — 1813
versammelte man die Truppen auf Seeland, während der
Kronprinz von Schweden Norwegen in Holstein eroberte. — —
Nicht unrichtig machte ein Witzbold die Bemerkung, daß Alles
verloren gegangen sei, aber die Armee sei doch glücklich gerettet.

Wie im Militär, so ging es auch im Civil, z. B. mit den Volks=
schulen. Einer seiner Adjutanten hatte eine Reise nach Frankreich
gemacht und sich dort mit der Einrichtung des „gegenseitigen
Unterrichts" in den Schulen bekannt gemacht. Um sich einen
selbstständigen Einfluß beim König zu verschaffen und sich da=
durch den Weg zu höherer Beförderung zu eröffnen, arbeitete
der Mann einen weitgreifenden Plan zur Einführung des
wechselseitigen Unterrichts in Dänemark und den Herzogthümern
aus. Natürlich war dabei gar keine Rücksicht darauf genom=
men, ob eine kleine Zahl von Schulen in einer übergroßen
Bevölkerung, dies System nöthig machte, oder ob die Mittel
der Durchführung aus öffentlichen Geldern oder aus Commu=
nal= oder Privatkassen flössen, nein! Die wechselseitige Lehr=
methode wurde in Frankreich mit Nutzen betrieben, also sollte
sie auch in unserem Lande die zweckmäßigste sein. — Der Um=

bau der Schulen mußte bei der großen Zahl derselben natürlich den Communen unberechenbare Kosten veranlassen, die Schul= lehrer mußten eine ganze Umgestaltung des Unterrichts anneh= men, die Schulseminare eine veränderte Ausbildung der Schul= lehrer anfangen, die Prediger, als Inspektoren der Schulen ihres Kirchspiels, auch ihre Unbekanntschaft mit solchen Neue= rungen eingestehen, kurz das ganze Land ward durch eine solche weiteingreifende Angelegenheit berührt. Dies war dem Könige gar nicht in den Sinn gekommen und es wollte ihm auch nicht einleuchten, als von den Canzleien bis zu den letzten Behörden Alles sich dieser Maßregel widersetzte, und auf die unendlichen Schwierigkeiten aufmerksam machte. Der Adjutant Abrahamson stellte vor, daß es nur die gewöhnliche Abneigung aller Beamten gegen neue Einrichtungen sei, und daß, wenn man ihm die Sache in die Hände gäbe, sie leicht durchzuführen sei. — Ohne den Eingriff in die Rechte oder Kassen der Communen zu ahnen, oder zu fassen was es heißt, bei einer unumschränkten Regie= rungsform alle Stufen der Bürcaukratie zu überspringen, ward Abrahamson mit einigen nichtssagenden Leuten in eine Com= mission gesetzt, deren eigentliche Leitung er nicht allein sich an= maßte, sondern er correspondirte selbstständig mit allen Behörden, ohne Rücksicht auf den vorschriftsmäßigen Geschäftszug. Nach unermeßlichen Kosten für's Land und bei fast gar keinem Nutzen, schlief diese Sache nach und nach ein, nicht weil man höhern Orts das Verfehlte dieser Maßregel erkannte, sondern weil Abrahamson aus der Gunst verdrängt ward, in die er sich zu setzen gewußt hatte. — Dies beweist, wie höhere Regierungs= grundsätze von Friedrich VI. aufgefaßt wurden, während er mit der größten Gewissenhaftigkeit auf seinen Reisen die Spritzen und Gefängnisse, die Schulen und Hebungsbücher der

Beamten, zwar alles in Eile, aber doch mit einer Art Sachkenntniß nachsah. — Daß man solche Prinzipien unmöglich
billigen, noch weniger bewundern konnte, wird Niemand mir
vorwerfen, und daß ich meine Ansicht darüber rücksichtslos
aussprach, wird Jedermann, der mich kennt, gewiß nicht befremden. — Deßhalb darf meine Opposition aber nicht mit einer
systematischen Widersetzung gegen alle Regierungsmaßregeln
verwechselt werden. — Der alte König wußte das auch recht
gut, und liebte es auch, wenn er allein mit mir war, meine
Ansicht gerade heraus zu hören. Wenn sie ihm dann bisweilen
zu kraß erschien, sagte er „Hüm!" oder er lachte laut auf,
wenn er äußerte, daß dieser oder jener Minister ganz anders
über die Sache dächte. — Die Gutmüthigkeit, womit er aber
solche Bemerkungen aufnahm, auf der einen Seite, und der
Eifer, mit welchem er geringe Sachen betrieb, die er als Re-
gierungssachen betrachtete, anderseits, beweisen, wie herrlich
seine Regierung hätte werden können, falls er. die nöthigen
Kenntnisse und Einsichten, welche zum Regieren gehören, besessen hätte. — Seine Gerechtigkeitsliebe, mit Ausnahme, wo
sein persönliches Interesse oder seine vermeintliche Autorität in
Betracht kam, war sehr hervorragend. — Niemand wandte sich
umsonst an ihn, der um rechtliches Gehör bat, oder über Un-
terdrückung klagte. — So war er auch gerecht gegen die verschiedenen Nationalitäten seiner Unterthanen, und gerecht in den
Beziehungen der politischen Stellung Dänemarks zu den Herzogthümern und dieser unter sich. — Er tastete die Unabhängigkeit
der Herzogthümer vom Königreich nicht an, wenngleich er nicht
dieselbe offen einräumte; dies hatte aber gar keinen nationalen
oder dynastischen Grund, sondern man muß die Ursache hierzu
in der verschiedenen rechtlich oder vermeintlich begründeten

absoluten Regierungsgewalt suchen, welche zu behaupten er sehr bemüht war. — Er wollte nichts von Verfassungsrechten der Herzogthümer hören, und um dies möglichst unberührt zu lassen, wurden die schlimmsten Fehler seiner Regierung begangen. — Die wiederholten Staatsbankerotte, die stets durch die gesetz= widrige Vermehrung des Papiergeldes herbeigeführt wurden, hatten besonders ihre Ursache darin, daß man in den Herzogthü= mern ungerne neue Steuern einführen wollte, weil man im Jahr 1802 die große Opposition fand und doch das Geld nicht entbehren konnte. Man wollte den Herzogthümern das Steuer= bewilligungsrecht nicht einräumen, weil man ihre Selbständig= keit dadurch anerkannt hätte, man fürchtete aber, daß die Sache mehr zur Sprache kommen möchte, und daß die Unklarheit welche sowohl bei Dänen als Deutschen über die rechtlichen Verhältnisse in politischer Beziehung herrschte, mehr Luft bekom= men könnte, und dadurch sowohl die unumschränkte Regie= rungsform als die weibliche Erbfolgeordnung gefährdet werden möge. — Welche Prinzipien!? — Geldfälschung, die zum vollkommenen Nationalbankerott führte, denn kaum ist Jemand in ganz Dänemark, der sagen könnte, er besäße, was er im Anfange des Jahrhunderts besessen hatte. — Die innern Ver= hältnisse des Reiches lieber im Dunkeln lassen, damit sie dereinst, wie geschehen, zum unendlichen Schaden des Ganzen wie der einzelnen Theile, durch Partei=Exaltation ans Licht gezogen wurden. — Wäre es nicht die Pflicht eines gewissen= haften und einsichtsvollen Regenten gewesen, solches Unglück durch gegenseitige Verständigung zu vermeiden, und seine Unterthanen und das ganze Land gegen innern Unfrieden zu schützen? — Hierzu schien Friedrich **VI.** ganz beson= ders aufgefordert, weil seine Kinder doch nicht die nächsten

Erben sein konnten, er also gleichsam über den Parteien stand. Aber statt dieses zu thun, suchte er im Gegentheil die großen Mächte zu bewegen, alle Erbberechtigten zu beseitigen, indem sie den dänischen Thron seiner jüngsten Tochter garantiren sollten. — Dies Projekt stockte bei seinem Tode und so ging diese wichtigste Landessache mit der Krone an Christian VIII. über, wo sie freilich in nicht glücklichere Hände fiel, weil dieser theils aus Vorliebe für seine Schwester, theils aus Abneigung gegen den nächsten Agnaten, einen Weg ergriff und Mittel anwendete, die alles Recht zu beseitigen suchten. — Doch bevor ich dies berühre, muß ich über die Persönlichkeit des Königs reden, damit dadurch ein richtiges Urtheil über seine Regierung zu fällen erleichtert werde, — sende aber die Bemerkung voraus, daß, wie strenge ich auch Christian VIII. als König beurtheile, wir gegenseitig eine große persönliche Zuneigung zu einander hegten, und ich werde ihm stets von ganzem Herzen dankbar sein für das feste Vertrauen, welches er in mich als Ehrenmann setzte, und die freundliche Weise, in welcher er meine oft sehr scharfen Bemerkungen über seine Politik aufnahm. — Christian VIII. war mit hervorragenden Eigenschaften ausgerüstet, die zwar durch eine vernachläßigte Erziehung nicht zu der Ausbildung gelangt waren, deren sie fähig gewesen wären, aber durch spätern Fleiß und Verkehr mit gelehrten Leuten hatte er sich sehr vieles Wissen angeeignet und seinem Verstande eine Schärfe gegeben, die nur durch seinen gänzlichen Mangel an Muth oft geringer erschien, als sie es in der That war. Diese Entbehrung sowohl des physischen als moralischen Muthes legte seiner übergroßen Heftigkeit die Zügel auf und ließ ihn stets mit einem Schein von Milde und Güte erscheinen, welcher Jedermann angenehm an ihn heranzog. — Dies be-

nutzte der König in vollem Maße, indem er bei seinem Hofe
die Schranke der Etiquette sehr erweiterte, und auf seinen
Reisen im Lande sie eigentlich ganz abschaffte; daher jeder
gebildete Mann freien Zugang zu seinem geselligen Verkehr
hatte, des Königs Liebenswürdigkeit und Bildung allgemeine
Anerkennung fand, und ihm einen hohen Standpunkt in der
Achtung und Anhänglichkeit seines Volkes verschafft haben würde,
wenn nicht allezeit eine gewisse Zweideutigkeit über seine Vor=
liebe für eine oder die andere Nationalität seiner Unterthanen,
und damit Furcht vor Bevorzugung oder politische Einwirkung
verbreitet gewesen wäre. — Wenn der König in Dänemark
reiste, war er mehr als Landesvater unter seinen Kindern,
sympathisirte mit den Gefühlen und Gesinnungen, welche sich
rein dänisch darlegten, er vermißte dahingegen die höhere wis=
senschaftliche Bildung, welcher er so großes Gewicht beilegte.

Sobald er in die Herzogthümer kam, trat er mehr als Landes=
herr auf; er war stets mehr zurückhaltend in seinen öffentlichen
Aeußerungen, dabei merkte man ihm aber deutlich an, wie ange=
nehm ihn der gesellige Verkehr ansprach, und wie der mehr aristo=
kratische Ton für ihn eine gewisse Erleichterung im täglichen
Lebensumgange darbot. — Hierauf gründeten sich die gegen=
seitigen Befürchtungen in den zwei Nationalitäten. — Die
Herzogthümer fürchteten, daß sie der Vorliebe des Königs für
Dänemark als Opfer fallen möchten, und die Dänen fürchteten
einen aristokratischen Einfluß aus den Herzogthümern.

Das Benehmen des Königs in Norwegen im Jahre 1814
und die unter ihm daselbst gegebene Verfassung, seine später
in Italien bewiesene Theilnahme für eine freie politische Ent=
wickelung, und seine bis zu seiner Thronbesteigung gezeigte
Zuneigung zum constitutionellen System, hatten in Kopenhagen

bei der liberalen Partei den Glauben erregt, daß sein erster Schritt als König die Ertheilung einer demokratischen Verfassung sein würde. Hierin getäuscht, bot diese Partei alles auf, die allgemeine Stimmung gegen ihn aufzuhetzen und bei der Feierlichkeit seiner „Silbernen Hochzeit" und „Krönung", sprach sich kein großer Enthusiasmus aus, welches ihn persönlich affizirte. Seine nachfolgende Reise durch Jütland, wo der Empfang ein wärmerer war, linderte seine Gereiztheit; der ausgezeichnete Enthusiasmus, mit dem er überall in den Herzogthümern empfangen wurde, und der seine Reise von Colbing bis Altona und nach Kiel zurück als einen Thriumphzug darstellte, wie auch der große Zudrang des ganzen Adels und aller Beamten nach Ploen, um ihre Huldigung bei seiner Geburtstagsfeier daselbst an den Tag zu legen, stimmten das königliche Gefühl sehr zu Gunsten der Herzogthümer und ihrer Bevölkerung. — Ein kalter Empfang bei seiner Rückkehr nach Copenhagen wirkte aber dämpfend hierauf, weil eine Hauptschwäche Christians VIII. in dem Bestreben bestand, sogenannte Popularität zu genießen. Der Liebe und Anhänglichkeit der Herzogthümer versichert, ergriff er daher verschiedene Maßregeln, um das dänische Volk mehr zu gewinnen, und leider auch einige von denen, welche gerade den Interessen und Ansichten in den Herzogthümern widerstritten, z. B. die Gangbarmachung des Reichsbankgeldes als Scheidemünze, die Einführung der dänischen Gerichtssprache im nördlichen Theile des Herzogthums Schleswig ic. — Die Diskussion in der Schleswigschen Provinzialständeversammlung über diesen Gegenstand und ein zu dem Ende in Gang gebrachter Adressensturm schwächte sehr das Vertrauen der Herzogthümer zum Könige; es verbreiteten sich dabei auch Gerüchte über eine beabsichtigte Trennung der Statthalterschaft und des

Generalcommando's in eine und eins für jedes Herzogthum, welches eine sehr deutlich ausgesprochene Mißstimmung im Lande hervorrief. — Der König, welcher nichts weniger als ein Gönner demokratischer Verfassungen war, fürchtete nun, daß er das Gegengewicht, welches die Herzogthümer ihm gegen die Kopenhagener Parteien boten, durch ihre Abkühlung verlieren möchte, glaubte es nöthig, eine Manifestation für die Gesinnung der Herzogthümer machen zu müssen, und benutzte dazu die Gelegenheit des Abganges des derzeitigen Statthalters Landgraf Friedrich von Hessen-Cassel. — Es war zugleich auch, den beständigen öffentlichen Aeußerungen im Lande über die veralteten Mitglieder des Ministeriums zufolge von einem Ministerwechsel, oder wenigstens einer theilweisen Erneuerung des Ministeriums die Rede, so daß sich dem König eine Gelegenheit darbot, für beide Parteien etwas im beruhigenden Sinne zu thun.

Wie ich oben gesagt habe, genoß ich dermalen sowohl bei den Truppen als im Lande überhaupt ein nicht unbedeutendes Vertrauen. Der König hatte mir im Dezember des Jahres 1841 die sämmtlichen Berichte einer Commission zur Reorganisirung der Armee, mit dem Befehl darüber zu berichten, mittheilen lassen, und ich hatte diese Arbeit in der ersten Hälfte des Februars 1842 beendigt und überreicht. Der König hatte mir seine Zufriedenheit mit meiner Arbeit ausgesprochen, ich hielt mich folglich für weitere Verhandlungen entledigt. Am 7. März erhielt ich per Estafette einen Brief vom Könige, der mich bat, am 10. b. M. in Kopenhagen mit dem Dampfboot einzutreffen, indem er über einige Militär-Angelegenheiten mit mir zu conferiren wünsche. Dies war mir auffallend, weil nicht gesagt war, welche Punkte diese Conferenz betreffen sollte, und ich brachte es mit dem umlaufenden Gerüchte über eine Trennung des Generalcommando's in Verbindung. — Bevor ich mich also am 9. März in Kiel einschiffte, hatte ich eine Conferenz mit dem Etatsrath Falk, in welcher ich mir seine Meinung erbat, ob ich den Interessen der Herzogthümer in Betreff ihrer rechtmäßigen Unzertrennlichkeit entgegen treten würde durch Annahme eines dieser projektirten Commando's, weil ich dann lieber meine Entlassung einreichen wolle. — (Dies führe ich an, weil es auf meine künftige Handlungsweise Licht wirft). — Als ich in Kopenhagen angekommen war, sagte mir der König, daß er wünsche, ich möge mit dem fungirenden Generaladjutanten über die Organisirung der Armee conferiren, weil einige Punkte noch Schwierigkeiten darböten. Diesem Befehl folgte ich den nächsten Tag, und nachdem der Generaladjutant sowohl als ich unsere Ansicht dem Könige vorgelegt hatten, ward Alles beendigt und beschlossen. (Ich glaube hier zu meiner nachträglichen Rechtfertigung bemerken zu dürfen, daß die Reorganisation der Armee im Jahre 1842 dennoch nicht nach meinem Vorschlag und nach meiner Ansicht ausgeführt wurde, obgleich man mir später oft die Schuld für manche Mängel derselben aufgebürdet hat.)

Eine Selbstfolge war, daß ich meinen Aufenthalt in Kopenhagen als beendet ansah und den König um Erlaubniß bat, abreisen zu dürfen; ich erhielt aber zur Antwort, daß es sein Wunsch sei, mich noch einige Tage dort zu behalten, weil Geschäfte vorlägen. Nicht einsehend, welche Geschäfte mir obliegen könnten, fragte ich Tags darauf den dienstthuenden Generaladjutanten, was wir denn noch abzumachen haben würden, und ward sehr überrascht, als dieser mir sagte, man denke daran, mich zum Statthalter in den Herzogthümern zu machen. In der Vermuthung vielleicht meine Entlassung nehmen zu müssen, um in meiner Ansicht über die Unzertrennbarkeit der Herzog-

thümer consequent zu bleiben, war ich nach Kopenhagen ge=
reist, und fand nun, daß man gerade mich ausersehen habe,
um ihre Einheit zu repräsentiren, denn anders war die da=
malige Stellung des Statthalters nicht. Dies konnte mit Fug
mich sehr überraschen. Meine politische Ansicht in dieser Be=
ziehung hatte ich wiederholt in den Ständeversammlungen aus=
gesprochen, und im täglichen Leben nie damit zurückgehalten.
Der König kannte sie vollkommen, wie er auch wußte, daß ich
meiner Ueberzeugung nie zuwider handeln würde. — Wenn
er mich daher zum Statthalter ernannte, so hieß dies die Un=
trennbarkeit der Herzogthümer öffentlich anerkennen. — Aus
diesem Gesichtspunkte faßte ich die Sache auf, und obgleich es
mir völlig klar war, daß ich in vielen Beziehungen eine schwie=
rige Stellung einnehmen würde, hielt ich es für meine Pflicht,
sie nicht abzulehnen. — Um die allgemeine Aeußerung des
Generaladjutanten näher zu ergründen, wandte ich mich Tags
darauf an meinen alten Freund, den derzeitigen Staatssekretär
Adler, und fand sie durch ihn bestätigt, äußerte deßhalb gegen
ihn, daß ich nicht ohne weiteres auf die Sache eingehen könne,
weil der öffentliche Grund, über die politische Stellung der
Herzogthümer, und der private Grund, über das Gehalt, welches
mir zugelegt werden würde, um dem nöthigen Aufwand, welchen
der Posten erforderte, zu begegnen, vorhergehende Verhandlungen
erforderten. — Adler übernahm es, dieß einzuleiten, und in
Folge dessen beschied der König mich zu einer Unterredung we=
nige Tage später. Ich sprach mich in derselben dahin aus, daß
es meine unerschütterliche Ansicht sei, daß die Herzogthümer
rechtlich unzertrennbar wären, und erklärte nur unter der Be=
dingung das Amt übernehmen zu können, daß in ihrer gegen=
seitigen Stellung keine Aenderung eintreten würde. Der König

2

äußerte, daß Ersteres allerdings nicht seine Ueberzeugung sei, allein es würde auch keine Aenderung der bestehenden Verhältnisse von ihm beabsichtigt, und eine Verschiedenheit der Ansichten würde daher zu keiner Collision führen können. Jedenfalls hege er zu mir das feste Vertrauen, daß ich meine Stellung nicht mißbrauchen würde, wo meine Ansichten von den seinigen abwichen, — worauf ich damit schloß, daß meine Stellung eine administrative sein würde; die Versicherung daher, daß die bestehenden Verhältnisse zwischen den Herzogthümern erhalten werden sollten, mir genüge, und daß ich als Beamter meine Pflicht zu thun wisse, dessen sei er ja überzeugt, wie ebenfalls davon, daß ich als Ehrenmann keine Minute länger dienen würde, als ich es mit meiner Ueberzeugung vereinbar finden würde. — Die Conferenz schloß hiermit, und meine Ernennung zum Statthalter, wie zum commandirenden General in den Herzogthümern erfolgte in einigen Tagen.

Im derzeitigen Ministerium rief dieselbe verschiedenartigen Widerspruch hervor, namentlich wollte der damalige Präsident der Schleswig=Holsteinischen Kanzlei, Graf Otto Moltke, durchaus sie nicht billigen, und bot seine Entlassung an, die der König willig annahm und mich zu Rathe zog, welchem Manne aus den Herzogthümern er diesen Posten übertragen solle. — Er wünschte einen populären und besonnenen Mann, der die dortigen Verhältnisse genügend kenne. — Ich nannte ihm den damaligen Amtmann des Amtes Rendsburg Graf Reventlow=Criminil als eine äußerst angenehme Persönlichkeit, der durch seine vieljährige Stellung als Auskultant im Schleswig'schen Obergericht, später als Amtmann höchst geachtet, als Vicepräsident der holsteinischen Ständeversammlung sich das Vertrauen des Landes erworben habe und nach meiner Meinung sich völlig qualificire. Es kam aber nicht gleich zur Entscheidung, und ich verließ Kopenhagen, um am 31. März meine Aemter zu übernehmen. An demselben Tage erhielt ich per Estafette einen Brief des Königs mit Einlagen an den Grafen Criminil, und den Auftrag, denselben zur Annahme der Präsidentur zu bewegen. Dies geschah auch sofort, indem er gerade anwesend war, und auf solche Weise hatte der König seine Absicht, eine vortheilhafte Stimmung in den Herzogthümern hervorzurufen, und alle Gerüchte über veränderte Stellung derselben niederzuschlagen, erreicht, indem er zwei Personen auf die höchsten Posten gestellt hatte, welche von Jedermann als ganz durchdrungen von dem Recht der Herzogthümer anerkannt wurden. Leider hat die Zukunft gezeigt, daß hiermit nur eine einstweilige Täuschung beabsichtigt ward, und die nach und nach eintretende Zurückhaltung des Königs gegen mich, mit Beziehung auf seine Regierungsmaßregeln, zeigten mir bald, daß meine Stellung nur eine vorübergehende sein konnte, und daß es nicht Ernst mit einer gründlichen Administrativ=Reform sei. — Indessen war der erste Effect sehr eklatant, und als der König in demselben Sommer eine Reise durch beide Herzogthümer machte, war der allseitige Empfang ein so herzlicher und feierlicher, wie er es nur wünschen konnte.

Da sich in den Herzogthümern über meine Wirksamkeit als Statthalter sehr verschiedene Ansichten ausgesprochen haben, so darf ich mir hier wohl eine kurze Darlegung meiner Stellung erlauben, weil Manchem es einleuchten wird, wie oberflächlich und einseitig über alle Männer in amtlicher Stellung gewöhnlich abgeurtheilt wird. — Nachdem der alte Landgraf Carl von Hessen=Cassel während 69 Jahren den Posten des Statthalters verwaltet hatte, war der früher so einflußreiche

Geschäftskreis, welcher die Präsidentur der beiden höchsten Ge=
richtshöfe, die ganze Administration mit Ausnahme der Finanz=
und Domainenverwaltung in sich faßte, bis auf den Punkt
herabgesunken, daß thatsächlich nur das Concessioniren von her=
umziehenden Musikanten, Schauspielern und wilden Thieren
das selbstständige Geschäft des Statthalters verblieben
war. — Es stand ihm zwar frei über Alles und Jedes unmit=
telbar an den Landesherrn zu berichten, aber meine Vorgänger
hatten dies nur selten benutzt, weil ihre Berichte den verschie=
denen Immediatcollegien zum Bedenken mitgetheilt wurden,
welche dann nichts eiliger zu thun pflegten, als mit einem
gewissen Superioritätsanstrich gleichsam den Statthalter zu be=
klagen, daß er etwas besser als sie wissen wollte. Das Resultat
solcher Eingaben war deßhalb völliges Ignoriren von Seiten
des Regenten oder eine gelegentliche spitzfindige Bemerkung der
Immediatcollegien, unter irgend einem Prätert, an die Statthal=
terschaft. Wie gesagt dies große Vorrecht des Statthalters war
ganz abgekommen, und man betrachtete seine Stellung mehr
oder weniger als eine bloße Sinecure. Daß ich nicht der Mann
sei, eine Sinecure zu füllen, wußte die ganze Welt, daher
die verschiedensten Ansichten über meine Stellung im Lande
herrschten. Darin waren fast alle einig, daß die Selbstständigkeit
der Herzogthümer einen Vertreter durch meine Ernennung ge=
funden habe, und so lange ich den Posten inne haben würde,
man sich in dieser Beziehung beruhigen könne. Von meiner
Thätigkeit und Neigung zu durchgreifenden Maßregeln, erwarteten
Viele eine Belebung der Administration, aus demselben Grunde
fürchtete aber besonders ein großer Theil der Beamten, daß
ihnen Ungelegenheit erwachsen möchte. Namentlich war dies in
den dermaligen Regierungscollegien der Fall, deren Oberpräsi=

dent ich nominell war. Es mochten wohl einige der Mitglieder
derselben die beschränkte Ansicht hegen, daß ich meine Stellung
dazu mißbrauchen werde, frühere Streitigkeiten, welche ich als
Gutsbesitzer mit den Collegien gehabt hatte, jetzt dieselben wieder
fühlen zu lassen.

Mein erstes Auftreten konnte unter solchen Umständen nur
ein höchst vorsichtiges sein, und um über die Absichten des
Königs sowohl ins Klare zu kommen, als auch das Vertrauen
des ganzen Beamtenstandes mir durch ruhiges Beobachten zu
erwerben, beschränkte ich meine Wirksamkeit größtentheils auf
eine Privatcorrespondenz mit Ersterem, in welcher ich ihm die
vorhandenen Mängel und meiner Ansicht nach wünschenswerthen
Verbesserungen mittheilte. Dies hatte dann zur Folge, daß es
mir bald klar ward, der König habe nichts anderes mit meiner
Ernennung bezweckt, als die Aufregung in den Herzogthümern
zu beschwichtigen, während er andere Wege einschlagen wolle
zu seinem endlichen Ziele zu gelangen, und ich gab die Hoffnung
fast auf, jemals etwas wahrhaft Gedeihliches durchführen zu
können.

Kaum war ein Jahr in solcher Weise vergangen, als schon
vielseitig im Lande geäußert ward: „Man habe ganz etwas
anderes vom Statthalter erwartet, es geschehe ja nichts und
man bemerke nicht, daß das Amt in kräftigere Hände gekommen
sei ꝛc." Ich hatte mich indessen sehr mit der Geschäftsführung
des Regierungscollegiums beschäftigt und mußte zu dem Resultat
kommen, daß die Instruktion desselben eine durchaus mangelhafte
sei. Zu wiederholten Malen hatte ich den Präsidenten desselben
aufgefordert, über bestimmte feststehende Grundsätze in der Ver=
waltung eine Discussion zu veranlassen, die endlichen Resultate
derselben als allgemeinen Leitfaden zu Protokoll zu nehmen, und

jedem Regierungsrath aufzulegen, seine spezielle Branche conform solchen generellen Maximen zu leiten. Statt dessen fuhr man fort, allgemeine Maßregeln nach jedesmaligem Majoritätsbeschlüssen zu behandeln. Es hing daher von der Abwesenheit einzelner oder mehrerer Mitglieder ab, ob ein Beschluß im Prinzip mit einem früheren oder nachfolgenden harmonirte oder nicht. Es wurden die besonderen Branchen ohne Analogie nach dem Gutdünken oder der individuellen Ansicht des Referenten geleitet und daher der Mangel an allgemeinen Anhaltspunkten den unteren Beamten in ihrem Wirkungskreise um so mehr fühlbar, als in den Ständeversammlungen Gelegenheit zu Klagen und Beschwerden über widersprechende Anordnungen gegeben war.

Das Regierungscollegium wollte mir nicht folgen, und ich wollte nicht eine unwirksame Stellung einnehmen, indem ich das, was ich für nachtheilig ansah, gerade bei einer Behörde, als deren Oberpräsident ich auch, nominell wenigstens, die Verantwortlichkeit trug, duldete. Ich trug daher beim Könige auf eine Abänderung der Organisation und Instruktion der Schleswig-Holsteinischen Regierung an, worauf derselbe resolvirte, daß ich als Präses einer Commission die neue Organisation berathen und Vorschläge zu derselben ihm einreichen solle. Dies war der erste Schritt, den ich that, um zu einer Besserung zu gelangen, nachdem ich zwei Jahre im Amte gewesen war, und nachdem man mir Unthätigkeit vorgeworfen hatte. Kaum war er geschehen, so entstand wieder ein Geschrei, daß dies ganz den Interessen der Herzogthümer entgegen sei, weil es Gelegenheit gäbe, dänische Maßregeln einzuschmuggeln u. s. w. Dies glaube ich deßhalb anführen zu dürfen, weil es den Bewohnern der Herzogthümer zeigen wird, wie oberflächlich stets ihr Urtheil gewesen ist, und wie undankbar es sein muß, ihnen zu

dienen. Kein besonnener Mensch kann doch leugnen, daß ein
Land nur gekräftigt wird, wenn in die Leitung seiner Admini=
stration Prinzip, Kraft und Selbstständigkeit gebracht wird Dies
waren die Hauptpunkte, welche sich die Commission vorhielt,
und ich darf es hier öffentlich aussprechen, daß jedes einzelne
Mitglied mit Eifer und Liebe zur Sache sich dieser nicht leichten
Arbeit unterzog. Das Resultat war ein völlig befriedigendes,
welches aber leider durch spätere Ereignisse nicht in der Weise
zur Ausführung kam, wie es vorgeschlagen wurde, und daher
mit Recht getadelt werden kann.

Während dieser inneren Begebenheiten hatte der König durch
seine diplomatischen Verhandlungen mit den größeren Höfen eine
vortheilhafte Ansicht über die nothwendige Erhaltung der derzeit
bestehenden Monarchie hervorgerufen, und glaubte, nachdem er
dem Herzoge von Augustenburg eine Abhandlung seiner Erb=
rechte auf die Herzogthümer angeboten, welches von diesem
resüsirt ward, daß er Schritte thun müsse und könne, um seinen
Lieblingsplan durchzuführen. Unter dem 8. Juli 1846 erließ
er deßhalb den sogenannten „Offenen Brief", in welchem er
erklärte, daß nach Erwägung aller Gründe für und wieder, er
zu der Ueberzeugung gekommen sei, daß das Herzogthum
Schleswig in gleicher Weise wie das Königreich Dänemark ver=
erbe, daß dagegen in Holstein Theile wären, welche einer andern
Erbfolge unterlägen, er aber bemüht sein werde, diese Differen=
zen auszugleichen. Daß ein solcher Schritt sowohl in den Herzog=
thümern als in Dänemark unendliche Aufregung, und zwar ganz
entgegengesetzter Art, hervorrief, war natürlich. Aber ehe ich die
Folgen anführe, muß ich zu den Beweggründen mich wenden,
weil hierüber Viele sich jetzt noch nicht klar sind.

Drei verschiedene Parteien waren hierbei im Spiel. Erst=

lich der König, getrieben durch seine dänische Individualität und durch die Intriguen seiner Schwester, der Landgräfin Charlotte. Zweitens die Ministerialbüreaukratische und Hof-Partei. Drittens die dänische Volks-Partei.

Christian VIII. war trotz der Werthschätzung, welche er der deutschen Bildung widmete, durch und durch ein Däne. Die Erhaltung der dänischen Monarchie, wie sie unter seinem Scepter bestand, lag ihm daher sehr am Herzen. Wäre er dabei unpartheiisch gewesen, und hätte nur dieser eine Beweggrund vorgeherrscht, so könnte er, ohne ungerecht zu werden, auf gesetzmäßigem Wege die Sache so eingeleitet haben, daß alle Feindseligkeiten, ja auch nur Animositäten vermieden und beseitigt wären, und die Europäischen Mächte ihre Zustimmung nicht versagt hätten. Der Akt, welcher 1660 die weibliche Succession in Dänemark einführte, war ein gesetzwidriger, indem durch die Wahlakte von 1448 der dänische Reichsrath sich verpflichtet hatte, stets aus den männlichen Descendenten Christian I. seine Könige zu wählen. Es hatten die Agnaten niemals ihre Einwilligung zum Erbfolgegesetz von 1665 gegeben, also waren ihre Rechte nicht erloschen. Durch das allgemeine Gesetz vom 28. Mai 1831 war aber eigentlich das sogenannte Königsgesetz schon alterirt. Hätte daher der König bloß die Sicherstellung der dänischen Monarchie beabsichtigt, so war der einfache Weg dazu, die weibliche Erbfolge aufzuheben, und die männliche Erbfolgeordnung in Dänemark wieder einzuführen, wodurch gerade dieselbe Person für beide Theile die nächstberechtigte ward. Ein Gesetzentwurf zu diesem Ende den vier Provinzialständeversammlungen vorgelegt, würde sich unbedingt der allseitigen Annahme erfreut haben, und damit wäre unendlichem Nachtheil und Erbitterung der beiden Nationalitäten gegen einander vorgebeugt,

wie auch Ströme von Blut und Massen von Geld erspart wor=
den. Ein anderer Weg würde gewesen sein, die zweifelhaften
Paragraphen des Königsgesetzes so zu interpretiren, daß die
cognatische Erbfolge im Königreich mit der agnatischen in den
Herzogthümern zusammenfiel, und dies war durch die Heirath
meiner Eltern bereits vorbereitet. Allein diese beiden gesetz=
mäßigen Wege wollte der König, getrieben durch seinen bösen
Dämon, seine Schwester, und durch seine Abneigung gegen den
Herzog von Augustenburg, nicht betreten, sondern er wählte den
schlechtesten, nämlich den gesetzwidrigen. Daß er dies selbst
erkannte, geht deutlich daraus hervor, daß er dem Herzoge zu
wiederholten Malen eine Abhandlung anbot, daß er mir in
dem privaten Schreiben, welches das mir zugesandte Exemplar
des „Offenen Briefes“ begleitete, sagte: „er bedaure innig,
wenn er durch diesen Schritt meiner Familie Verluste bereite.“

Weßhalb that er dies Alles, von dem sein eigenes Gewissen ihm
abrieth? Nur weil er seiner Vorliebe für seine Schwester nicht
Herr war. Er wußte sehr wohl, daß die Hessische Familie in
Dänemark unbeliebt war, und daß die Dänen, nur wenn ihre
Thronbesteigung große Vortheile brächte, sie auf den Thron
kommen lassen würden. Er wußte ebensowohl, daß Dänemark
alles daran setzen würde, die Trennung von den Herzogthümern
nicht zu gestatten; er wußte endlich auch, daß die Herzogthümer
alles daran setzen würden, ihre Vereinigung unter sich zu er=
halten. Darauf basirte sich also sein Plan, dem Prinzen Frie=
drich von Hessen, Sohn der Landgräfin Charlotte, die Erbfolge
in Schleswig und einem Theil von Holstein zu verschaffen, auf
solche Weise ihn den Dänen annehmbar zu machen und die
anderen Theile Holsteins zu bewegen, sich dieser Erbfolge anzu=
schließen, um ungetrennt zu bleiben.

Die Zustimmung Rußland's hatte er sich bei der Vermäh= lung des Prinzen von Hessen mit der Großfürstin Alexandra verschafft, die Einwilligung Louis Philipp's hatte er sich auch zu sichern gewußt, und sein intriganter Minister in London hatte ihm auch von dort aus Hoffnung gemacht. — Unter sol= chen Auspicien zögerte er nicht länger, sondern that den Schritt, welcher so viel Unheil stiftete, und doch ganz das Gegentheil von dem, was er wollte, hervorrief.

Die zweite Partei in Dänemark und den Herzogthümern, welche diese Katastrophe mit zu verantworten hat, war die ministerialbüreaukratische und Hofpartei. Diesen Leuten und Fa= milien war es darum zu thun, den Staat möglichst groß zu erhalten, weil sie sich selbst dabei um so wichtiger glaubten, weil sie ihre Verwandten und Freunde besser anstellen, ihr Ansehn verbrei= ten konnten, weil die Importance eines Königlichen Hofes mehr Gewicht in den Augen der Welt gab, weil mehr Orden und Flitter dabei vorherrschen konnten, und weil sie ihre Faulheit und Vergnügungssucht besser zu befriedigen hofften, als wenn das Königreich ohne die Herzogthümer hätte sich in ein Groß= herzogthum verwandeln müssen, damit der Aufwand des Hofes und diplomatischen Personals nicht alle finanziellen Mittel über= steigen sollte.

Die dritte Partei war die eigentliche Volkspartei. Das dänische Volk kann mit Recht auf das nationale Gefühl, welches es beseelt, stolz sein. Es hat eine schöne Geschichte, die es als Beherrscherin England's, Schweden's und Norwegen's, der gan= zen Küste der Ostsee und dieses Meeres selbst in den verschiede= nen Zeitabschnitten darstellt. Tief muß es daher jeden Dänen schmerzen, wenn er bedenkt, wie nach und nach sich ein so großes Reich verkleinert hat, und daher ist nichts natürlicher, als

der eventuelle Verlust von ²/₅ der Monarchie nicht ohne Schrek-
ken sich ihm darstellen konnte. Es kamen aber hierzu noch andere Gründe, welche tief eingriffen in die Ansicht und Absicht
verschiedener Klassen. Durch den unglücklichen Schritt von 1660,
wodurch der ungebundenste Despotismus gesetzlich eingeführt
ward, wurde das ganze Volk dem absoluten Willen des Regenten und seiner Minister überliefert. Obgleich die inneren Verhältnisse des Landes wesentlich unverändert blieben, indem eine
mächtige Partei die großen Grundbesitzer mit selbstständiger innerer
Administration und großentheils Patrimonialgerichtsbarkeit, im
ersten Jahrhundert der Centralisation widerstand, so hatte sich doch
in diesem Seculum ein zahlreiches Beamtennetz über ganz Dänemark ausgebreitet, und die beständige Folge der unumschränkten
Monarchie, die Bevormundung des Volkes bis in die kleinsten
Details, und dadurch Zerstörung eines freien Gesichtskreises
desselben, sich eingestellt. In den Schulen, auf der Universität
ward nur gelehrt, was der Regierung genehm war; Bücher
konnten bei der kleinen Volkszahl nur von angestellten Schul-
männern oder Professoren, oder mit Unterstützung aus Staatsmitteln geschrieben werden, also auch bloß im Sinne der Regierung. Auf solche Weise ist es nicht auffallend, daß es zur
allgemeinen Volksansicht ward, das Königsgesetz sei völlig rechtlich begründet, das beste der Welt, und das Herzogthum Schleswig sei ein Bestandtheil Dänemark's. Durch eben diese unumschränkte Regierungsform hatte sich eine eigene Kaste in Dänemark
gebildet, die einen rechtlichen Anspruch auf Beamtenstellen zu haben glaubte, und durch die lächerliche Titel- und Rangsucht, die
auf systematische Weise der Nation eingeimpft ist, indem Jedermann nur dadurch eine gesellschaftliche Stellung bekommt, daß
ihm irgend ein Amt, ein Titel oder ein Rang allerhöchst ge-

geben wird, ward die Zahl dieser Stellenjäger so vermehrt, daß im eigentlichen Dänemark nicht Anstellungen genug für sie zu finden waren. Deßhalb ward das Streben dieser Individuen stets angespornt, das eigentliche Dänemark zu vergrößern, und Schleswig bot ihnen das einzige Feld dar, wo sie solches zu erreichen hoffen konnten. Thätig unterstützt durch alle Literaten, welche den Leserkreis der dänischen Literatur auszubreiten wünschten, weil der Absatz kaum die Verlagskosten eines Buches deckte, arbeitete sich die sogenannte Eiderpartei hervor, und vereint mit der Demokratie überwältigte ihre Ansicht bald das ganze Volk zu dem Grade, daß es ein Ehrenpunkt ward, Schleswig mit Dänemark zu vereinigen.

Der König fand also bei seinen dänischen Ministern und Beamten keinen Widerstand gegen seine Wünsche, und konnte sich die demokratische Partei, die ihm sonst gar nicht genehm war, dadurch zugethan erhalten. In solcher Einigkeit und gestützt auf den sogenannten Volkswillen, trat der König im „Offenen Brief" mit seiner An= und Absicht hervor; jedoch nicht in bestimmter Form, sondern seinen furchtsamen Charakter nicht verläugnend, erklärte er es für seine Ansicht, daß die Herzogthümer, mit Ausnahme einiger Distrikte, in gleicher Succession mit der Königlichen Krone gingen. Er hatte sich dadurch die Thüre zu Modificationen oder gänzlicher Rücknahme offen gehalten. Er hatte aber auch durch die Art des Ausdrucks manchen Widersacher gelähmt, indem keine eigentliche Rechtskränkung schien, was bloß als Ansicht des Regenten ausgesprochen ward.

Der Eindruck, der hierdurch in den Herzogthümern hervorgerufen ward, war ein allgemein erschütternder. Loyalität und Gehorsam gegen die Gesetze haben von jeher den Hauptcharakter der Bewohner der Herzogthümer gebildet. Durch die Anzapfung der dänischen Presse und die Aeußerungen in den dänischen Ständeversammlungen seit der Thronbesteigung Christian **VIII.**, waren sie aus ihrer Sorglosigkeit über ihre Nationalität und Grundrechte erweckt, durch Bestrebungen der liberalen deutschen Partei war ihre Aufmerksamkeit immer mehr und mehr auf die Danisirungsprojekte und Versuche sowohl der Regierung, als der Volkspartei in Dänemark rege erhalten und auf die bestehenden Rechte der Herzogthümer hingelenkt worden. Es war aber ein fester Grundsatz im ganzen Land, immer nur den legalen Weg zu befolgen und keine Widersetzlichkeit sich zu erlauben. Man begreift daher leicht, welche Wirkung eine solche Erklärung des eigenen Regenten, die gerade das theuerste Recht, worauf die Bewohner der Herzogthümer ihr ganzes Wohl und Wehe gebaut betrachteten, nämlich ihre Untrennbarkeit, haben mußte. Jetzt waren sie in die Stellung gebracht, entweder sich selbst dem Verderben hinzugeben, oder ihrer Regierung entgegen zu treten. Ersteres konnten sie nicht zugeben, Letzteres war ihnen ein ebenso fremder als unheimlicher Schritt. Sie wählten deßhalb den ihnen offenstehenden Weg, durch ihre Ständeversammlung einen Protest gegen die Erklärung einzulegen; aber es entwickelte sich seit dem Augenblick ein allgemeiner Argwohn gegen die Regierung und eine Animosität gegen alles Dänische. Der Verlauf der Ständeversammlung und der sonstigen Begebenheiten vom Jahre 1846 bis 1848 ist zu oft Gegenstand der Presse gewesen, als daß ich darüber mehr anführen könnte, und ich will nur einige Worte über mein eigenes Verhalten hinzufügen.

Nachdem die Privatcorrespondenz des Königs mit mir in den Jahren 1844 und 1845 stets seltener geworden war, weil ich die Danisirungsversuche stärker bekämpfte, hörte fast jede

Privatmittheilung von demselben im Jahre 1846 auf, und
ich konnte daraus abnehmen, daß er Schritte beabsichtigte, welche
er mir nicht im Voraus mittheilen wollte, um nicht meine Ein=
wendungen beantworten zu müssen. Von meinem amtlichen
Geschäftskreise lag dies ganz fern, ich hatte daher keinen Grund
unberufen mich an ihn zu wenden. Demunerachtet kam mir
der Brief des Königs, welcher mir das erste Exemplar des
„Offenen Briefes" mit der Bemerkung brachte, „daß ich der
Erste sein müßte, der von dieser Erklärung in Kenntniß gesetzt
würde," sehr überraschend, und der doppelte Gesichtspunkt trat
mir besonders entgegen: dies ist der Angriff auf die Selbst=
ständigkeit der Herzogthümer, die du als Statthalter repräsen=
tirst, und ferner: dein politischer und officieller Charakter ist
hier compromittirt, weil Jedermann sagen muß, entweder hast
du deine Pflicht nicht erfüllt solches abzuwehren, oder: thut
man solches ohne des Statthalters Ansicht einzuholen, so ist er
eine Null. Mein erster Gedanke war daher sofort meine Ent=
lassung zu fordern. Ich entwarf ein Schreiben an den König
in diesem Sinne; bevor ich es aber abgehen ließ, kamen von
mehreren Seiten gediegene Männer zu mir und baten mich
inständig, vorläufig meinen Posten zu behalten, um die Auf=
regung im Lande nicht noch höher zu steigern als sie es schon
war, weil Aller Augen auf mein Verhalten gerichtet seien, und
meine Ansicht eine leitende sein würde. Dies bewog mich zur
größten Vorsicht, und ich schrieb deßhalb einfach an den König
als Antwort auf seinen Brief:

„daß es mich sehr betrüben und befremden müsse, wenn
er einen so wichtigen Schritt in Betreff der Herzogthümer
gethan habe, ohne seinem ersten Beamten und Stellver=
treter in denselben Gelegenheit gegeben zu haben, seine

„Meinung hierüber auszusprechen. Daß ich in der mir gemachten Mittheilung keine Gründe angeführt sähe, mir aber aus der mir von ihm zugesagten näheren Erklärung eine Ansicht bilden würde, und mich bis dahin eines Urtheils über ein Vorhaben, welches ich befürchtete als ein Unglück vorläufig betrachten zu müssen, enthielte."

Im Zeitraum von drei Wochen erwartete ich den König in den Herzogthümern zu seinem jährlichen Besuch des Seebades auf Föhr; bis dahin würde die holsteinische Provinzialständeversammlung zusammengetreten sein und also die öffentliche Stimme ihr Organ gefunden haben. Ich kannte genug den Nationalcharakter, um zu wissen, daß dann die Aufregung keine übersprudelnde sein würde, und konnte mit Ruhe mich aus einer Stellung ziehen, worin ich nach meinen Grundsätzen unmöglich bleiben durfte. Auf einem so hohen Posten mit einer Ansicht derjenigen des Regenten entgegengesetzt zu stehen, wäre gegen meine Amtspflicht gewesen; mein Amt in Uebereinstimmung mit der Regierung zu verwalten, wäre meine Ueberzeugung ableugnen; das konnte ich eben so wenig. Ich blieb daher nur erst um Ruhe zu erhalten, dann aber auch um mündlich dem Könige noch Vorstellungen über das Gefahrvolle und Rechtswidrige seines Schrittes zu machen. Der König kam nach Flensburg, wo ich ihn empfing, statt sonst in seinem Reise=Dampfboot, auf einer armirten Dampf=Fregatte; ich führte ihn durch's Herzogthum Schleswig nach Föhr, statt sonst im freudigen Triumphzuge, mehr einem Leichenzuge ähnlich, ohne irgend eine Theilnahme der Bevölkerung, die sonst so freudig ihn begrüßte. Nachdem wir einige Tage mit einander verlebt hatten, und da der König stets eine Unterredung mit mir vermied, bat ich um eine Privatunterhaltung; in dieser setzte ich ihm meine Gründe gegen den

„Offenen Brief" aus einander, und führte ihm die nachtheiligen Folgen vor, die nicht ausbleiben würden. Alles war umsonst, und ich schloß daher mit der Bitte, mich Tages darauf wieder entfernen zu dürfen. Bevor ich mich Abends bei ihm beurlaubte, wollte er mich überreden, eine Anerkennung der Ansichten des „Offenen Briefes" ihm zu geben, welches ich selbstverständlich ablehnte; nun hatte ich um so triftigeren Grund, mich aus jedem Staatsdienste zurückzuziehen. Kaum nach Hause gekommen, schickte ich unterm 13. August mein Entlassungsgesuch als Statthalter und commandirender General ein, und erhielt unterm 15. d. M. ein Privatschreiben des Königs, in welchem er unter Anerkennung meiner Gründe, meinen Rücktritt aus dem Staatsdienste annimmt, indem er sich in den unzweideutigsten Ausdrücken anerkennend über meine Amtsführung ausspricht, und mir für die redliche Aufrichtigkeit, mit welcher ich stets gegen ihn gehandelt habe, dankt. Ich erhielt unterm 18. August mein officielles Entlassungspatent als Statthalter und commandirender General, und fand mich als General=Lieutenant a la Suite darin bezeichnet.

Diesen Umstand berühre ich hier, weil er später Veranlassung zu Angriffen in der dänischen Presse gegen mein Verhalten gegeben hat, indem man daraus einen Verrath, Eidesbruch u. s. w. hat herleiten wollen. Die Sache verhielt sich aber folgenderweise, wie aus einem darauf folgenden Briefe des Königs hervorzuleuchten schien. Die persönliche Freundschaft des Königs wollte mich nach 24jährigem Dienste nicht aller Einkünfte berauben, welche ich während desselben gehabt hatte, und um mir diese zufließen lassen zu können, wählte er eine Entlassungsweise, die eine jährliche Competenz mir sicherte. Dieser Competenzgenuß ward mir aber nie zu Theil, und ich konnte mich also mit Fug und Recht, als völlig aus dem Dinste entlassen betrachten, und bezog mich auch hierauf, als ich im Februar 1848, nach der Thronbesteigung Friedrich VII. vom General-adjutanten aufgefordert wurde, einen Eid abzulegen. Ich erklärte demselben nämlich in einer Correspondenz über diesen Gegen-stand, daß ich erstlich als Prinz des Hauses niemals den Eid der Treue abzulegen pflichtig sei, und ausdrücklich von meinem Onkel Friedrich VI. bei meiner Anstellung in der Armee 1814 dazu instruirt sei; zweitens, daß ich mich nicht als à la Suite stehend betrachten könne, weil ich meinen Abschied ge-fordert hätte, und wenn demnach der König mich à la Suite gestellt habe, dies durch den Nichtgenuß der Competenzen hin-länglich als eine leere Form sich bewiesen habe; drittens, daß ich jedenfalls keinen Eid ablegen würde — und folglich es Seiner Majestät überlassen müsse, wie Allerhöchst derselbe mich betrachten wolle. Daraus dürfte sehr deutlich hervorgehen, aus welchem Gesichtspunkte meine Stellung von mir aufgefaßt wurde.

Nachdem es im Lande bekannt ward, daß ich mich aus dem öffentlichen Leben zurückgezogen hatte, kamen aus allen, sowohl den nördlichsten als den südlichsten Gegenden der Herzogthümer Adressen in Fülle an mich, worin man sich dankend und aner-kennend über mein Festhalten an den alten Rechten des Landes aussprach; doch war dies großentheils als Vorwand benutzt, um die schon große Aufregung noch mehr zu steigern, und sagte in einer Zeit, wo Adressen zur Modesache geworden waren, nicht so viel, als es den Anschein hatte. Indessen ward doch der Eindruck ein mehr allgemeiner, daß das Festhalten an Recht und Gesetz die Beweggründe meiner Handlung seien, und weil ich von dem Zeitpunkte an bis zum 23. März 1848 mich aus allen öffentlichen Verhältnissen und Versammlungen fern hielt,

so war meine Theilnahme an den Ereignissen des 24. März
gleichsam das Zeichen, daß die Rechte, welche ich stets vertheidigt
und denen ich viel geopfert hatte, wirklich in Gefahr wären.

Soweit habe ich die Geduld des Lesers in Anspruch genom=
men, um ihn mit der Persönlichkeit des Verfassers bekannt zu
machen, und darf es ihm jetzt überlassen, in wiefern er seinen
Anführungen mehr Glauben als andern schenken will oder
nicht. Es wird in den folgenden Blättern sehr vieles vorkom=
men, welches mit den exaltirten Aeußerungen der Presse von
dem Jahre 1848, und später herausgegebenen einseitigen Partei=
schriften in direktem Widerspruche steht. Mit einer Widerlegung
mich zu befassen, würde eine ebenso nutzlose als überflüssige
Arbeit sein; nicht einmal das Lügengewebe des Herrn Wegener
in Kopenhagen werde ich ausnehmen, da jetzt wohl jeder denkende
Mensch, dem diese Schrift in die Hände gefallen oder gesteckt
ist, sich davon überzeugt haben wird, daß solches Zeug nur
zusammengesetzt sein konnte, um fanatische Individuen noch mehr
zu exaltiren, oder mit Personen und Verhältnissen gänzlich
Unbekannte zu täuschen. Ich werde daher ein Bild entwerfen
von dem, bei welchem ich selbst Theilnehmer war, wovon ich
zuverlässige Kunde habe, wie meine Auffassung und Ansicht es
mir darstellt, und überlasse es Jedem sich daraus eine Ansicht
zu bilden oder dagegen zu opponiren; nur verlange Keiner, daß
ich weiter mit ihm über diesen Gegenstand in die Schranken trete.

I.

Bildung der provisorischen Regierung am 23. und 24. März.

Um den rechten Gesichtspunkt zu fassen, aus dem die Begebenheiten in den Herzogthümern im Frühjahr 1848 betrachtet
werden müssen, ist es nöthig, nochmals der Erlassung des „Offenen Briefes" zu erwähnen und zu erwägen, in welcher Weise
ein Schritt sich hätte vermeiden lassen, der den bestehenden
Rechten zuwider, das National- und Rechtsgefühl der Bewohner
der Herzogthümer verletzend und ein politischer Fehler der
Regierung war.

In der Einleitung habe ich die dänischen Beweggründe angegeben, welche zu der Erklärung des Königs über seine Ansicht mit Bezug auf den Erbfolgegang in den Herzogthümern
führten, und die günstige Aufnahme derselben bei der liberalen
Partei in Dänemark beförderten. Es dürfte daher nicht aus dem
Wege sein, hier zu erwägen, welches die Ansichten in den
Herzogthümern vor und nach Erlassung derselben waren.

Jedermann fühlte den Wohlstand, in welchem die Herzogthümer sich unter dem milden Scepter der dänischen Könige befanden. Es blühte Handel und Verkehr, die Abgaben, obgleich
hoch, waren in Verminderung begriffen; durch die Vorstellungen
der Provinzialständeversammlungen waren aus Staatsmitteln
Chaussee- und Hafenbauten ausgeführt, und durch die Ordnung,
welche in den Finanzen eingeführt war, fernere Verbesserungen
in Aussicht gestellt. Die innere Verfassung war erhalten und

daher die Verwaltung der Communen, Landschaften und Städte größtentheils den eigenen Beschlüssen der Municipalitäten über- lassen. Eine völlige persönliche und Redefreiheit, und theils auch Preßfreiheit fand statt; durch die Anordnung der Provinzial- ständeversammlungen war Sicherheit gegeben, daß keine Gesetze erlassen und Abgaben gefordert werden konnten, ohne die An- sicht derselben zu vernehmen; kurz die Herzogthümer befanden sich unter den glücklichsten Verhältnissen. Es herrschte als Folge dessen, und gestärkt durch den schon an sich loyalen und gesetz- lichen Sinn der Bevölkerung, eine große Anhänglichkeit an den Regenten und an das Bestehende. Zwar war durch die Ver- ordnung vom 14. Mai 1840 wegen Einführung der dänischen Sprache als Gerichtssprache im nördlichen Schleswig, der Ver- breitung des dänischen Reichsbankgeldes, der sorgfältigen An- wendung des dänischen Wappens bei allen Regierungsbehörden, des Verbots der schleswig = holsteinischen Farben bei allen Em- blemen, sowie des Absingens des Liedes „Schleswig = Holstein meerumschlungen", und mancher anderer Kleinigkeiten, seit der Thronbesteigung Christian VIII. eine allgemeine Aufmerksam- keit auf jeden Schritt der Regierung rege geworden, daher das rechtlich geschlossene und gesetzlich bekräftigte Band, welches die Herzogthümer vereinigte in der allgemeinen Ansicht mehr als je als das Pal- ladium ihres Wohlstandes und der Erhaltung ihrer selbstständigen Gesetzgebung und Administra- tion hervorgetreten; aber mit Ausnahme einiger exaltirter Köpfe dachte Niemand daran, eine Trennung vom Königreiche als ein Glück für die Herzogthümer anzusehen. Ein solches war das Nationalgefühl, welchem gegenüber Christian VIII. seine Operation führte. Es war sein Unglück, daß er auch hierbei

feinen Charakter nicht verläugnen konnte, und statt offen und
gerade heraus die Sache den Ständen vorzulegen, und in solcher
Weise sowohl den Erbberechtigten als dem Lande Gelegenheit
zu geben, ihre Rechte und Wünsche kund zu geben und zu er=
wägen, welches zu einem gegenseitigen Verständniß hätte führen
können und müssen, unter der Hand sowohl im Inlande als
bei den fremden Höfen seine Intriguen spielen ließ. Dies
ward allerdings wohl zum Theil dadurch befördert, daß er in
seinem eigenen Gefühl von der Rechtswidrigkeit seines Vorhabens
überzeugt war, aber anderentheils fürchtete er auch, daß er den
Ständen dadurch mehr Rechte würde einräumen müssen, als ihm
nöthig schien, und so ergriff er denn den allerschädlichsten Weg,
den es gab, mit lauter halben Maßregeln ans Werk zu gehen.
Schon im Sommer 1842 schlug er dem Herzoge von Augusten=
burg vor, sich mit ihm wegen seiner Erbrechte auf die Herzog=
thümer abzufinden. Dies lehnte dieser unbegreiflicherweise mit
der Erklärung ab, daß er nichts verlange, als sein Recht, aber
auf dieses unter keiner Bedingung verzichten könne und dürfe.
Statt solches zu thun, hätte er den Vorschlag annehmen müssen,
und zwar unter der Bedingung, daß a. die Verhandlungen unter
Mitwirkung zweier Großmächte geschehen, und b. das Resultat
den Ständen zur Genehmigung vorgelegt würde. Durch eine
solche Bedingung würde der Herzog erreicht haben, daß seine
Rechte, den Großmächten gegenüber, anerkannt und erwogen
worden, und daß dem Lande Gelegenheit gegeben worden wäre,
seine Rechte, die mit denjenigen unserer Familie eng verbun=
den waren, ebenfalls wahrzunehmen. Dem Herzoge blieb ja
immer noch vorbehalten, in eine Abfindung zu willigen oder
nicht, die Sache wäre dann aber vor das Schiedsgericht der
Großmächte Europa's gekommen, und hätte damals eine gütliche

Beilegung gefunden, die ohne Zweifel, weil auch die dänischen Stände daran Theil genommen haben würden, zu einer allgemeinen Befriedigung geführt hätte. Wollte der Herzog auf den Vorschlag des Königs nicht eingehen, so hätte er demselben gerade heraus erklären müssen, daß er seine Rechte zu schützen sich an die Großmächte wenden würde, um dadurch den König zu nöthigen, die Sache offen zu betreiben.

Der König seinerseits, durch die Weigerung des Herzogs sich abfinden zu lassen, in seiner Hoffnung getäuscht, ging mit seinen geheimen Intriguen vorwärts, und fand besonders beim derzeitigen französischen Hofe Louis Philipp's Gehör, wie aus der nach dessen Flucht gefundenen Correspondenz hervor geht. Es wurden ferner die verschiedenen Staatsarchive durchsucht, um Akten zu finden, die dem Wunsche des Königs eine rechtliche Stütze geben könnten, und zuletzt eine Commission niedergesetzt, die ein hierauf bezügliches Bedenken beurtheilen und bestätigen sollte. Die Wahl der Mitglieder ließ an dem Ausfall nicht zweifeln, und nun ward nochmals Louis Philipp consultirt, der den Herzog von Decaze nach Kopenhagen sandte, um den König in seinem Vorhaben zu bestärken, was ganz natürlich war, indem ein Schuldiger gerne andere Schuldige sieht. Der Herzog Decaze war auch ganz der Mann für eine solche Mission, denn ein Mantelträger sein ganzes Leben hindurch konnte er nun noch nach längst beendigter Laufbahn mit Vergnügen eine politische Intrigue ohne Gefahr für sich selbst führen. Das traurige Resultat aller dieser Verhandlungen ward denn freilich wieder eine halbe Maßregel, nämlich der 1846 erschienene „Offene Brief," in welchem der König nicht sagte, daß die Erbfolgeordnung künftig eine solche sein sollte, sondern daß es seine Ansicht sei, daß sie so und so sei! Gegen diese Ansicht

protestirte sowohl die holsteinische als die schleswigsche Provinzialständeversammlung, als auch die Herzöge von Augustenburg
und Glücksburg, Ersterer auch beim deutschen Bundestage. Dabei
blieb es aber, und es wurden keine weiteren Schritte bei den deutschen Höfen gemacht, auch nicht finanzielle Maßregeln getroffen,
um in vorkommenden Fällen außerhalb Landes leben zu können.
Es verging das Jahr 1847 unter wachsender Besorgniß
in den Herzogthümern, doch war Jedermann überzeugt, daß
der König nicht den Muth habe, die Sache weiter zu führen,
und da man ihm noch ein langes Leben zutraute, so hoffte
man auf die Hülfe, welche die Zeit bringen würde.

Ganz unerwartet starb aber Christian VIII. am 20. Januar
1848. Die Persönlichkeit Friedrich VII. flößte keiner Partei
Vertrauen ein, und als dieser 8 Tage nach seiner Thronbesteigung das Patent vom 28. Januar erließ, welches theils von
den vier Provinzial-Versammlungen aus ihrer Mitte gewählte,
theils vom Könige ernannte Personen in eine Vorberathungsver-
sammlung, in der das dänische Element das der Herzogthümer
bei weitem überwog, berief, da regten sich sowohl in Dänemark
als in den Herzogthümern die Gemüther auf. Es versammelten
sich in Kiel sämmtliche Mitglieder beider Provinzialständeversammlungen der Herzogthümer, um sich darüber zu berathen,
ob sie zur Wahl schreiten sollten, oder durch die Verweigerung
derselben von vornherein eine gemeinschaftliche Versammlung
für die sämmtlichen Staaten des Königs als gesetzwidrig und
ungültig erklären wollten. Das Resultat war mit meiner Ansicht übereinstimmend, man wollte wählen. In Kopenhagen
wurde inzwischen das neuerbaute Casino benutzt, um erst wöchent-
liche, später tägliche Volksversammlungen zu halten, in welchen
sich exaltirte Redner ereiferten, die Herzogthümer als rebellische,

abtrünnige Theile der dänischen Monarchie zu schildern, und die Unterjochung derselben in den grellsten Farben anzurathen. Daß solche Aeußerungen nicht unbeachtet von den Bewohnern der Herzogthümer blieben, daß die aufkeimende Besorgniß vor Gewaltmaßregeln, um ihre Gerechtsame und ihre rechtlich begründete unabhängige Stellung anzugreifen, mehr und mehr rege ward, wird Niemand wundern können, und daher fand die Stimme des Demokraten Olshausen und seiner Anhänger leichtes Gehör, besonders da dieser schlaue Mann sehr gut seine Absichten unter dem Deckmantel der Vaterlandsliebe zu verbergen wußte. Der sogenannte Bürgerverein in Kiel gab ihm hierzu ein bequemes Feld, und die dort von ihm gehaltenen Vorträge, die man in allen anderen Theilen der Herzogthümer verlachte, wurden wiederum von den Kopenhagener Casino-Männern benutzt, um dort Antworten und Aufhetzungen hervorzurufen. Um diese Schilderung richtig zu verstehen, muß man sich erinnern, daß gerade damals die Februar-Revolution in Paris die Republik schuf, daß in Deutschland es sich zu regen anfing, und endlich die Verhältnisse in Wien und Berlin eine so traurige Gestalt bekamen. Jeder Tag brachte Nachrichten von dem Nachgeben der Regierungen den Volkswünschen gegenüber und stellte die Ueberzeugung allgemein fest, daß man sich bloß zu rühren brauche, um seinen Willen durchzusetzen. Nicht allein von Seiten der Bevölkerung ward in solcher Weise die Aufregung angeschürt, sondern auch die Regierung selbst trug dazu nicht wenig bei, indem man das Arsenal in Kopenhagen aufräumte, sich dem Zustande der Kriegsbereitschaft näherte, unter dem albernen Vorwand, Kopenhagen gegen einen Coup de main, bald England's, bald Rußland's, wie es hieß, sicherzustellen, die Artillerie, Remontirte und Beurlaubte einrief. Anfangs März nahmen diese Rüstungen einen solchen Aufschwung, daß auf Seeland 6000 Mann und in Jütland 10,000 Mann zusammen gezogen wurden. Letzteres Truppencorps konnte nur zur Besetzung der Herzogthümer bestimmt sein. Besonders ward man in dieser Ansicht dadurch bestärkt, daß gleichzeitig die in den Herzogthümern garnisonirenden, aus dort ausgehobenen Leuten formirten, Bataillone den Befehl erhielten, alle Mannschaft bis auf das Minimum zu beurlauben. Ein Hauptmoment war auch noch, daß der König sich mit ultra dänisch=gesinnten Leuten umgab, und Jedermann nur zu gut wußte, daß er ein Spielball in den Händen dieser und seiner jetzigen Gemahlin war. Die Herzogthümer hatten stets eine Ehre darin gefunden, loyale Unterthanen zu sein, und in gesetzmäßiger Form ihre Beschwerden über gekränkte Rechte oder Bedrückung dem Landesherrn vorzutragen; jetzt sollten sie sich mit Bajonetten aus ihren Rechten gedrängt sehen! Dies trug nicht wenig zur Unzufriedenheit und zum Mißtrauen in die Regierung Friedrich VII. bei.

Ich muß hier einen Absatz machen, um von meinem Benehmen während dieser Zeit zu sprechen. Oben habe ich bereits bemerkt, wie ich nach meinem Abgange im Jahre 1846 mich von jedem öffentlichen Auftreten zurück gehalten hatte. Im Herbste 1846 nahm ich meinen Platz als Abgeordneter für Eckernförde in der Ständeversammlung nicht ein, weil ich es unpassend fand, aus einer so hohen Stellung ausgetreten an den Verhandlungen, die selbstverständlich nur in einer starken Opposition gegen die Regierung bestehen würde, mich zu betheiligen. Im Winter 1847 von den großen Gutsbesitzern einstimmig zu ihrem Abgeordneten gewählt, lehnte ich die Wahl ab, weil ich durch eine Intrigue des Herrn Beseler und seiner Genossen der Vertretung meines früheren Wahldistrikts enthoben wurde. Ich stand also ganz außerhalb aller politischen Verhält= nisse. Im Februar 1848, als die Aufregung im Steigen war, hatten sich unter Beseler's Aegide, wie solches mir e r ft im Jahre 1851 bekannt geworden ist, mehrere Männer besprochen, daß man im schlimmsten Falle sich den Eingriffen der Dänen wider= setzen und zu diesem Ende eine provisorische Regierung schaffen müßte, wozu, wie Jemand mir im Jahre 1856 versichert hat, eine Namensliste verfertigt war, auf der auch mein Name paradirte. Von allem diesem hatte ich nicht die entfernteste Kunde. Wer mich nach meiner Ansicht fragte, erhielt stets die Antwort, daß ich den gesetzmäßigen Weg für den besten halte und daher zu den Wahlen für die Vorversammlung in Kopen= hagen riethe. In den ersten Tagen des Monats März wandte sich einer meiner Bekannten in einem Gespräch, das ich mit ihm über die vaterländischen Zustände führte, mit der Frage an mich: „Wenn aber die Verhältnisse sich so gestalten sollten, daß es nöthig wäre, sich den Eingriffen der Regierung zu widersetzen, würden Sie alsdann an einer provisorischen Regierung sich be= theiligen?“ Meine Antwort war: „ich habe stets mit der Re= gierung gehalten und werde so auch ferner thun, wenn sie das Recht nicht verletzt und ungesetzmäßige Maßregeln ergreift.“

Es war deßhalb auch bei mir Grundsatz, an keiner Ver= sammlung, während der ganzen Zeit, Theil zu nehmen, und mich so wenig als möglich von meinen Gütern zu entfernen.

Doch mußte ich am 14. März einer Operation halber nach Kiel. Beim Einfahren in die Stadt hielt einer meiner Bekann= ten mich an, um mich zu fragen, ob ich in eine Unterredung mit Herrn Olshausen willigen wolle. Ich sagte ihm, ich hätte noch nie ein Wort mit demselben geredet, aber da ich für Jeder= mann zu sprechen sei, so könne ich gerne mit Olshausen sprechen, falls er es besonders wünsche. Die Unterredung fand also im Hause desselben statt. Ich sende hier voraus, daß Olshausen in seinem Correspondenzblatte schon seit 8 Tagen zu einer großen Volksversammlung bei Rendsburg auf den 18. März aufgefordert hatte. Seine Absicht war es jedenfalls, mich zur Theilnahme zu bewegen, um durch meine Anwesenheit und Thätigkeit hierbei ganz besonders auf die dortige Garnison zu wirken. In der kurzen Unterredung mit ihm hat er freilich dieses nicht ausgesprochen; allein einen anderen Grund vermag ich mir nicht zu denken. Die Unterredung war sehr kurz; ich leitete sie mit der Bemerkung ein: „Wir haben uns nie gesprochen, aber dennoch wissen wir beide sehr gut, daß unsere politische Ueberzeugung diametral sich gegenüber steht, nur glaube ich, daß wir in einem Punkte einig sind, nämlich in der Vaterlandsliebe; was wollen Sie daher von mir?" Er antwortete mir, daß die Zeit schwer und außerordentliche Anstrengungen nöthig seien, daß er zur Belebung des Geistes im Volke eine große Versammlung nöthig halte, und hoffe, ich würde mich bei derselben einfinden. Hierauf erwiderte ich kurzweg, daß Volksversammlungen nur zu Unordnungen führen könnten; wenn er solche veranlasse und hervorrufe, dann lade er auf sein Haupt die Verantwortlichkeit, den ruhigen, gesetzlichen Weg verlassen zu haben, und Gelegenheit zu Eingriffen von der anderen Seite zu geben. Wolle er daher meinem Rathe folgen, so bestelle er die Rendsburger Versammlung ab und lasse überhaupt das Aufregen bei Seite, denn es sei ein lebendiges Gefühl fürs Recht im Volke, und es bedürfe keiner anderen Beimischung! Hiermit brach ich die Unterredung ab, und nach zwei Stunden ritten schon die Staffetten aus Kiel, um die Volksversammlung in eine Versammlung der Abgeordneten umzuwandeln. Auch das Correspondenzblatt

vom selbigen Abende enthielt einen Artikel, der von der Volksver=
sammlung abrieth. Der 18. März versammelte daher nur die
Abgeordneten und Personen, die bei dergleichen Gelegenheiten
sich immer einstellen, die aber weder an der Berathung ersterer
Theil nahmen, noch selbst sich zu einer berathenden Versamm=
lung constituirten. Von den anwesenden Abgeordneten ward
beschlossen, eine Deputation an den König nach Kopenhagen
zu senden, um Sr. Majestät vorzustellen, wie die Besorgnisse
in den Herzogthümern aufs Höchste gestiegen wären, und den
Angriffen der dänischen Presse und den Rednern des Casino's
gegenüber, das beste Beruhigungsmittel die nachstehenden Con=
cessionen sein würden:

1) Sofortige Einberufung der vereinigten Schleswig=Holstei=
nischen Stände, und Vorlage eines Verfassungsentwurfs
für die Herzogthümer;

2) völlige Preß= und Associationsfreiheit;

3) beim deutschen Bunde die erforderlichen Schritte zur Auf=
nahme des Herzogthums Schleswig in denselben zu thun;

4) sofortige Einführung der Volksbewaffnung;

5) sofortige Entlassung des Regierungspräsidenten Scheel.

Von diesen fünf Forderungen konnte selbstverständlich der
König auf die dritte und vierte nicht eingehen, denn Dänemark
gegenüber blieb der Antrag in einem solchen Augenblicke un=
richtig und unpolitisch: eben den Landestheil, der die Aufregung
daselbst veranlaßte, dem deutschen Bunde zu offeriren, zumal da
überdieß in allen Theilen der Monarchie die größte Gährung
und die Volksmeinung herrschte, daß das Volk bewaffnet werden
müsse. Eine derartige Concession der Regierung würde ihren
eigenen Untergang unterschrieben haben. Man hatte ferner in

Rendsburg beschlossen, den Grafen Reventlow-Preetz, Hrn. Beseler und Bargum zu beauftragen, gemeinschaftlich die Ereignisse zu beobachten, und falls sie es nöthig erachteten, die Mitglieder der Ständeversammlung zu einer ferneren Besprechung zu berufen. Die Wahl der fünf Deputirten, welche nach Kopenhagen gehen sollten, fiel in der allerunglücklichsten Weise auf Personen, die schon ein abstoßendes Gefühl dort erregen mußten, und durfte deßhalb die ganze Maßregel als eine verfehlte von vorne herein angesehen werden.

Wißbegierig auf das Resultat der am Sonnabend den 18. März abgehaltenen Versammlung in Rendsburg, fuhr ich Sonntag Morgen nach Kiel, und erhielt von einigen bei meinen Bekannten versammelten Freunden die Mittheilung über die Verhandlungen und Ergebnisse des vorigen Tages. Letztere forderten mich hiernächst auf, jener Deputation einen Brief an den König mitzugeben, gleich wie es der Herzog von Glücks-burg thun würde, damit von allen Seiten die Nothwendigkeit der Abhülfe vorgestellt würde. Nichteinverstanden mit einer solchen Maßregel, lehnte ich dies ab, zumal ich beim König doch kein Gehör gefunden haben würde! Bei meiner Rückreise überlegte ich mir alle diese Erlebnisse recht reiflich, wozu eine zweistündige Fahrt auf bekanntem Wege sich sehr geeignet erwies, und kam hier zu dem Entschlusse, durch das dem König zu machende Aner-bieten meiner Dienste vielleicht nach allen Seiten hin Beruhi-gung zu schaffen.

Daß dies keine leichte Aufgabe für mich sei, war mir voll-kommen klar, aber ich war der Einzige, der solches thun konnte, weil in den Herzogthümern Jedermann von meiner Gesinnung überzeugt, und auch in Dänemark derzeit mein Charakter zu sehr respectirt war, als daß nicht die Ueberzeugung von meiner reblichen, strengen und gesetzlichen Ausführung übernommener Verpflichtungen wach gewesen wäre.

Um 3 Uhr Nachmittags, bei meinem Eintreffen auf Noer, fand ich einen Eilboten mit einem Briefe meines Bruders, des Herzogs von Augustenburg, des Inhaltes, daß er die Idee habe, nach Berlin zu reisen, um den König von Preußen zu bewegen, einen Ausspruch zu thun, der sowohl den dänischen, als den holsteinischen Demagogen, einen Damm vorsetzen und die Angelegenheit der Herzogthümer auf den gesetzmäßigen Weg verweisen würde. Er wünschte meine Ansicht hierüber. Ich antwortete sofort, daß wenn eine solche Maßregel zu erreichen sei, dann würde ich sie gewiß mit Freuden begrüßen; aber was er thun wolle, müsse ohne Aufenthalt geschehen, denn es sei unmöglich jetzt von einem Tage auf den andern zu schließen, was er bringen würde. Noch am selbigen Abende, als mein ganzes Haus zur Ruhe gegangen war, schrieb ich den angelegten Brief an den König von Dänemark. (Siehe Anlage 1).

Es geht aus diesem Briefe hervor, daß ich die Aufnahme Schleswig's in den deutschen Bund sowohl, als die Volksbewaffnung, für eben so überflüssig zur Beruhigung der Gemüther ansah, als ich eine Zusicherung der Unzertrennbarkeit für durchaus nothwendig erachtete, denn die Furcht vor der Trennung war der einzige wahre Beweggrund der Aufregung. Daher wußte ich auch, daß mit meinem Wiedereintritt als Statthalter, ausgenommen wenige Exaltirte, sich Alles befriedigen würde. Mit diesen einzelnen Unruhestiftern hätte ich leicht fertig werden können, wenn ich ausgedehnte Gewalt gehabt hätte. Daß ich aber zur stärkeren Einwirkung auf die Gemüther und zum Behuf kräftiger Stützen bei der Last der schweren Arbeit drei Männer, die derzeit in der allgemeinen Meinung so hoch standen, mir zugetheilt wünschte, wird Niemand wundern, besonders, weil dieselben schon von den Mitgliedern der Ständeversammlung mit einem Vertrauensvotum bezeichnet waren.

Es bleibt mir über den Brief weiter nichts zu sagen übrig, als daß ich ihn nach reiflicher Ueberlegung und Erwägung alles dessen, wozu er mich verpflichtete und wofür er mich verant= wortlich machen konnte, in der Ueberzeugung schrieb, daß ich damit sowohl dem König, wie dem Vaterlande einen Dienst thun, und, wie ich noch zur Stunde glaube, es gethan haben würde.

Es konnte daher nur Achselzucken bei mir hervorrufen, als ich im darauffolgenden Winter erfuhr, daß man im Kabinet des Königs, wo auch derzeit Etatsrath Francke gegenwärtig war, den Brief als eine Kriegslist, um Aufschub zu veranlassen, oder als ein ehrgeiziges Streben nach meiner frühern Stellung auslegte. Letzteres war die Ansicht Francke's, der wohl von sich auf andere schloß. Von Kriegslist zu reden, wo an Krieg nicht gedacht ward, war absurd und ebenso albern die Idee, ich thäte dies aus Ehrgeiz; denn unter so schwierigen Ver= hältnissen konnte dies leicht fehl schlagen. Mit Bestimmtheit konnte ich voraus wissen, daß die ganze liberale Presse in Däne= mark sowohl, als in den Herzogthümern, mir solchen Falls kein ehrliches Haar lassen würde. Waren einmal die Angelegenheiten der Herzogthümer geordnet, dann würde ich keine Stunde länger im Amte geblieben sein, denn ich bin nicht zum Diener des jetzigen Königs geeignet. Ueberdieß hatte ich meine Privatstel= lung zu lieb, als daß ich mich mit danklosem Dienst beschweren sollte. Die Bedingung einer sofortigen Antwort war nöthig; erstlich, weil wirklich der Strudel der Aufgeregtheit in jenen Augenblicken ganz Europa so ergriffen hatte, daß man gar keinen

Calcül machen konnte, dann aber auch, damit ich vor Rückkehr
der Deputation nach den Herzogthümern die Maßregeln treffen
konnte, um dem Eindrucke einer abschlägigen Antwort entgegen
zu wirken. Am folgenden Dienstage Morgens sandte ich einen
Boten mit dem Brief an einen Freund in Kiel, der denselben
dem Commandeur des nach Kopenhagen gehenden Dampfbootes
übergab, mit der Bitte, ihn in die Hände des Königs zu geben,
welches derselbe auch selbst gethan hat. Ich konnte Donnerstag
Vormittags die Antwort haben, falls ein Dampfboot direkt nach
Noer sie gebracht hätte. Ich war aber überzeugt, daß man in
Kopenhagen nicht der Vernunft, sondern der Leidenschaft Gehör
geben würde und richtete deßhalb nicht einmal ein Fernrohr
aufs Meer, um den rauchenden Schornstein eines Dampfbootes
zu entdecken.

Dienstag Abend den 21. langte mein Bruder, auf seiner
Reise nach Berlin, bei mir an, Mittwoch Morgens fuhren wir
zusammen nach Kiel, wo er sofort nach unserem Eintreffen, bei
seiner Absicht, mit dem Nachmittagszuge nach Hamburg zu reisen,
mit Etatsrath Falck noch über sein Vorhaben zu sprechen gedachte.
Alldort sah ich, wie ein Volkshaufe die nach Kopenhagen aus-
geschriebenen Matrosen verhinderte, an Bord des Packetdampf-
bootes zu gehen. Die gewohnte Ordnung begann also zu er-
schlaffen.

Weil ich meine Post über Eckernförde erhielt, die erst Abends
8 Uhr eintraf, sandte ich jeden Tag seit dem Aufstande in Berlin
einen reitenden Boten nach Kiel, um mir die Morgens von
Hamburg angekommenen Zeitungen bringen zu lassen. Am
Donnerstag Morgens den 23. sollte das Dampfboot, welches
die Deputation nach Kopenhagen geführt hatte, in Kiel eintreffen. Um über deren Aufnahme und überhaupt die Vorgänge

in Kopenhagen etwas zu hören, schrieb ich an den Advokaten Sammer, er möge mir doch mittheilen, was er darüber wüßte. Zur Notizerlangung über die Aufnahme der Deputation und die übrigen Vorgänge in der dänischen Residenz, bat ich den Advokaten Sammer in Kiel um schriftliche Mittheilung darüber. Nachmittags 4 Uhr erhielt ich eine solche, in welcher die Rede von der Bildung einer provisorischen Regierung war. Nachdem ich den Brief gelesen hatte, sagte ich lächelnd: es sind doch rechte Wichtigkeitsmacher, die Kieler! nun wollen sie eine provisorische Regierung schaffen und die dänische Armee bereits in Eckernförde wissen. Vor beendeter Mahlzeit brachte man mir einen per Estafette aus Eckernförde kommenden Brief, worin mir der Abgang des bisherigen Ministeriums mitgetheilt und die Herren Lehmann, Hvidt und Tscherning als neue Minister genannt wurden.

Dies waren die Führer und Redner des Kasino's, und somit der Angriff auf die Herzogthümer und ihre Trennung ein ausgesprochenes Program der dänischen Regierung! Ich wußte, daß die Folge hiervon ein allgemeines Indignationsgefühl in den Herzogthümern sein würde; denn ich kann es nicht oft genug wiederholen, daß die Erhaltung der gemeinschaftlichen Administration und Gesetzgebung den einzigen Beweggrund der Erhebung abgab. Nach Durchlesung des letzterwähnten Briefes gebot ich meinem Bedienten, meinen Wagen zu bestellen, und erwiederte der Frage meiner Frau, daß ich nach Kiel müsse. Sie bemerkte: du wirst dich doch nicht mit den Leuten befassen? Ich muß verhüten, daß man Unsinn mache, lautete meine Antwort. Ich ließ für eine Nacht meine Toilette packen, nahm vorkommenden Falles, hätte mich die Annahme meines Vorschlages an den König noch in Kiel erreicht, meinen alten Militär-

oberrock und Säbel mit, zog meinen Feldrock an und nahm den
Hut und Knittel, den ich gewöhnlich bei dieser Kleidung trug, ließ
meine Papiere und Sachen wie gewöhnlich auf meinem Schreib=
pult liegen und gab keine Befehle an meine Leute, so sicher war
ich, wenn nicht schon in der Nacht, so doch am nächsten Tage
zurück zu sein. Kaum war ich unterwegs, so kam ein Eilbote
mit einem Brief des Herzogs von Glücksburg, in dem derselbe
mich bat, um Gotteswillen nach Kiel zu eilen, wo alle besonne=
nen Leute meiner harrten, um Ruhe und Ordnung zu erhalten.
Eine Meile weiter kam wieder ein reitender Bote an den Wagen
gesprengt, mit der Frage, ob darin der Prinz von Noer sich
befinde, er habe mir einen Brief von Herrn Samwer zu über=
reichen. Die Dunkelheit verhinderte das Lesen, daher rief ich
dem Boten zu: „Hier bin ich selber!" reite voraus und sage
Herrn Samwer, ich sei bereits unterwegs. Nicht wissend, was
schon in Kiel passirt sein konnte, und befürchtend, daß meine An=
kunft zu Aeußerungen des Haufens Anlaß geben könne, stieg ich
vor der Stadt aus und ging unbemerkt nach der Wohnung des
Herrn Bargum, die mitten in der Stadt lag. Unterwegs fand
ich die Stadt theilweise erleuchtet und großes Wogen in den
Straßen; man sagte mir, daß das dortige Jägercorps (größten=
theils Lauenburger) die dänische Cocarde abgerissen und in den
Schmutz geworfen habe, daß der Commandeur des Corps, ein
Däne, das Commando dem Nächstbefehlenden, einem Holsteiner,
übergeben, und die dänische Herrschaft jetzt hier aufgehört habe.
Diese Mittheilungen wurden von Herrn Bargum bestätigt,
und er unterrichtete mich auch, daß Graf Reventlow per Eilbote
ersucht sei zu kommen, sowie, daß Herr Beseler aus Schleswig
schon angelangt wäre. Ferner theilte mir Bargum mit, daß
auf dem Rathhause sich sämmtliche Liberale und volksthümliche

Literaten, Advokaten ꝛc. aus Kiel über die Verhältnisse und deren Lösung beriethen. In dem Moment, als wir diese einleitende Unterredung geschlossen hatten, trat Dr. Stein ins Zimmer und sagte mir, er sei vom Rathhause geschickt, um im Auftrage der dort Versammelten mich aufzufordern, mit meiner Person in eine von denselben zu bildende provisorische Regierung einzutreten. Nach meiner kurzen und bestimmten Antwort, daß ich wegen Unkenntniß, in welcher Eigenschaft sich daselbst eine Versammlung befände, mit derselben nichts zu thun hätte und haben wollte, entfernte sich derselbe und ließ Herrn Bargum und mich wieder allein, um unser Gespräch fortzusetzen. Herr Sammer, der Herzog von Glücksburg und mehrere andere Bekannte traten hierauf ein; Alle waren der Ansicht, es müsse ein entscheidender Schritt geschehen, um die Ordnung zu erhalten, und ich ward wiederholt aufgefordert, in eine provisorische Regierung zu treten, die bei dem gänzlichen Mangel an Achtung für die Persönlichkeit des Regierungspräsidenten von Scheel (jetzt Scheele) eine Autorität bilden könne, um sowohl den gesetzlichen Zustand in den Herzogthümern zu erhalten, als auch den Uebergriffen des neuen dänischen Ministeriums entgegen zu treten.

Eine Reflexion über den augenblicklichen Stand der damaligen Verhältnisse dürfte hier nöthig sein.

Das durch die erste französische Revolution gesäete Gefühl für politische Freiheit war unter dem darauf folgenden Regimente Napoleons I. in Deutschland und Skandinavien fast wieder erstickt. Der Befreiungskrieg von 1813 und 14 mit den den Völkern verheißenen politischen Rechten hatte eine große Bewegung in alle Gemüther gebracht, die aber wiederum durch die mannigfaltigen nach dem Wiener folgenden Congresse in

Täuschungen endete. Die Juli=Revolution in Paris zündete das gedämpfte Feuer abermals an, und obgleich es nur in Belgien und Polen zum Ausbruche kam, ward doch den meisten Regierungen einleuchtend, daß ein theilweises, dem Volkswunsch Rechnung tragendes Nachgeben zeitgemäß sei. Die Büreaukratie, die freilich als solche in den mehrsten deutschen Ländern und auch in Dänemark eine eigene Kaste bildet, sah sehr wohl ein, daß eigentlich freie politische Verhältnisse ihrer Omnipotenz mehr oder weniger ein Ende machen mußten, arbeitete fortwäh= rend an der Schmälerung der dem Volke eingeräumten Rechte, und so erhielt sich denn nicht allein, sondern vermehrte sich fortwährend die Idee, als seien die Regierungen in Opposition mit den Unterthanen, und als suchen jene so viel als möglich von den Unterthanen Geld zu bekommen, um die Beamten und das Militär damit zu versorgen. In manchen Ländern war dies wohl leider nur zu wahr, die mögliche Befestigung eines solchen Glaubens ward aber besonders dadurch veranlaßt, daß man nie das Versprochene gewährte, sondern dasselbe entweder von vornherein nicht erfüllte, oder, wo dies geschah, sofort be= gann die eingeräumten Rechte auf die eine oder die andere Art zu neutralisiren. In diesem Zustande des gegenseitigen Miß= trauens fand die Februar=Revolution Frankreich's Deutschland und seine angrenzenden Länder vor; es war daher natürlich, daß bei einer ebenso unerwarteten als eklatanten Durchführung der öffentlich anerkannten Ansicht der Pariser Bevölkerung, in einer mehrentheils politisch unbedeutenden Sache eine Anregung lag, daß auch in anderen Staaten, wo Versprechungen nicht gehalten oder eingeräumte Rechte geschmälert worden waren oder überhaupt Unzufriedenheit über die Executive existirte, die Oppositionspartei den rechten Moment gekommen glaubte, um das Nichterhaltene

oder Verlorene wieder zu erzwingen, und daher der in allen
Residenzen Deutschlands nach und nach losbrechende Sturm,
der mit dem Nachgeben und Einräumen überall endete. Dieser
Strudel ergriff unbewußt Jedermann, und es war zur festen
Ueberzeugung gekommen, daß, wenn man sich nur bestimmt
den Regierungen gegenüber aussprächc, diese auch das Verlangte
einräumten!

Von dem Gedanken beseelt, die bisherigen Verhältnisse der
Herzogthümer zu einander fester zu knüpfen und eine ihre Rechte
sichernde Stellung Dänemark gegenüber erhalten zu können,
wenn das gesammte Land sich einstimmig erwies, erschien mir
die Bildung einer provisorischen Regierung nicht nur als Bedürfniß, sondern als Nothwendigkeit. Mit dieser Anschauung waren
auch die Herren Bargum und Graf Reventlow am 23. März
in Kiel einverstanden und Herr Beseler sprach die gleiche Gesinnung aus, obschon ich später daran zweifeln mußte. Dieses
war die Sachlage in dem Augenblicke! Die Beweggründe aber,
weßhalb ich mich entschloß, der Sache mich nicht allein an
zuschließen, sondern selbst Mitglied der provisorischen Regierung
zu werden, waren folgende: in Kiel war man schon zu
weit gegangen; bei dem derzeitigen Ministerium blieb es ganz
gleichgültig, ob sich das Land dabei betheiligte oder nicht;
ferner war die Behauptung Dänemarks zu befürchten, daß
die Herzogthümer im Aufstande wären und daß in dessen
Folge die 10000 Mann Truppen, die in Jütland, und 6000 M.,
die auf Seeland zusammengezogen waren, in die Herzogthümer
einrücken und diese für eroberte Länder erklären, ihrer Rechte
berauben und gerade dasselbe Regiment einführen würden, welches seit 1851 eingeführt ist. Deutschland war in einem völligen
Zustand der Auflösung, von dorther konnte kein zuverläßiger

Einspruch erwartet werden, also blieb nichts anderes übrig, als eine solche Stellung zu nehmen, daß zwischen Dänemark und den Herzogthümern ein Verständniß auf dem Wege der Verhandlungen herbeigeführt werden konnte. Dazu war aber vollständige Einigkeit, Ruhe und Ordnung bei der ganzen Bevölkerung erforderlich. Dieses wußte ich, und so war ich auch von der Wahrheit durchdrungen, daß nur ich die Einigkeit, Ruhe und Ordnung zu erhalten vermochte. Sowohl der Beamtenstand, als das Militär kannten meine Grundsätze, und mein Name war hinreichend, um die Rechtlichen zu stärken und die Unruhigen zu bändigen. Ich entschloß mich also mit den drei Männern, die ich dem Könige zu meinen Mitarbeitern empfohlen hatte, eine provisorische Regierung zu bilden und zwar, weil sie durch die Wahl der Ständeabgeordneten gleichsam schon einer Stellung genossen, dann aber auch, weil ich, sollte sich noch eine meinen Vorschlägen günstige Antwort aus Kopenhagen einstellen, es allezeit in meiner Macht haben würde, die provisorische Regierung in die Statthalterschaft umzuwandeln. Die Conzessionen, die ich verlangt hatte, waren Alles, was die Bewohner der Herzogthümer wünschten; mit deren Gewährung wäre einentheils jeder Grund zum Widerspruche weggeräumt gewesen, anderentheils hätte ich keinen Augenblick gezögert, gestützt auf die mir vom Landesherrn ertheilte Autorität, die strengsten Mittel zu ergreifen, um die gewohnte Ordnung zu erhalten. Vor Opposition bei dieser Gelegenheit war mir nicht bange.

Während der Verhandlungen zwischen den drei Herren und mir stellte sich wieder Herr Stein als Abgeordneter vom Rathhause ein und trat etwas gedämpfter auf. Nach meiner Erklärung, daß ich lieber sogleich nach Hause reisen wollte, als mich mit seinen Consorten einzulassen, entfernte er sich.

Obwohl diese Schrift zugleich eine Rechtfertigung meiner Handlungsweise sein soll, so darf ich dennoch dabei behaupten, bei dieser Gelegenheit den Dank der deutschen Fürsten in Sonderheit verdient zu haben und in Anspruch nehmen zu können, den sie aber wie Allen, so auch mir entzogen, ja mir meine ihnen geleisteten Dienste durch Undankbarkeit gelohnt haben. In einem Augenblicke, wo Alles in Deutschland locker sich gestaltete, verhinderte ich, daß in Kiel die Republik proklamirt ward, denn die Absicht jener Gesellschaft auf dem Rathhause war keine andere. Mich wollten sie benutzen, um die Kastanien aus dem Feuer zu holen und nachher hätte sich diese provisorische Regierung in eine republikanische verwandelt. Bei der Wichtigkeit, welche die Herzogthümer derzeit in den Augen von ganz Deutschland hatten, hätte dies unfehlbar weiter geführt, und jedenfalls wären alle kleinen Fürsten, die der Freiherr von Stein (in seinem Leben von Pertz) so treffend bezeichnet, entfernt worden.

Nachdem nun Graf Reventlow, Beseler, Bargum und ich uns darüber verständigt hatten, daß der Zweck einer provisorischen Regierung allein derjenige sei, das Bestehende in den Herzogthümern, sowie Ordnung und Gesetzmäßigkeit in ihrem ruhigen Gange zu erhalten, machte Beseler es zur Bedingung, daß auch Advokat Bremer Mitglied werde, um den Norden Schleswig's zu vertreten. Hiergegen hatten wir nichts einzuwenden, weil Bremer als ein ruhiger, besonnener und ehrenwerther Mann bekannt war, obgleich weder Reventlow noch ich persönlich mit ihm bekannt waren. Herr Beseler übernahm es jetzt, nach dem Rathhause zu gehen und die dort tagende Versammlung von unserem Vorhaben in Kenntniß zu setzen, damit nicht anderweitige Auftritte die Ruhe stören möchten, die wir zu erhalten strebten. Nach längerer Verhandlung versprach jene

Versammlung, die provisorische Regierung anzuerkennen, wenn Bargum von dem Commandeur der Kieler Bürgergarde, dem Kaufmann M. T. Schmidt, in der provisorischen Regierung ersetzt würde, jedoch mit der Bedingung, daß zuvörderst ihnen das Program derselben vorgelegt würde. Mir war dieser Mensch keineswegs genehm, doch als Herr Bargum selbst erklärte, er sähe es eben so gerne, nicht in die provisorische Regierung zu treten, und Graf Reventlow einstimmte, so gab ich meinen Widerspruch auf, und die Sache war folglich bis auf die Abfassung unserer Proklamation abgemacht. Mit der Redaktion derselben beschäftigten sich sofort Beseler und Reventlow, während ich sofort die nöthigen Maßregeln zum Zuge nach Rendsburg traf. Der Major Sachau, nach dem Rücktritt des Oberst Hoegh Commandeur des Jägercorps, meldete sich bei mir und gab mir die Stärke desselben auf 250 Mann an. Ferner wünschten 250 Kieler Studenten und Turner mitzugehen und außerdem wollte sich ein Theil der Kieler Bürgerbewaffnung anschließen. Da Kiel in jenem Augenblicke ein so wichtiger Punkt war, ließ ich den besonnenen und umsichtigen Major von Sachau als Commandant daselbst bleiben und gab das Commando der Jäger an den Hauptmann von Michelsen, der ein großes Vertrauen bei den Studenten und Turnern genoß und daher bei ihnen leichten Gehorsam finden konnte. Die Ordre war, daß wir mit dem Eisenbahnzug, der am 24. Morgens 7 Uhr nach Rendsburg abfuhr, dorthin gehen sollten.

In der Zwischenzeit hatte ich den sich mir zur Verfügung stellenden Herzog von Glücksburg gebeten, daß sowohl er als sein Bruder, welcher die in Kiel garnisonirende Schwadron des 2. Dragoner-Regiments commandirte, sich von dieser ganzen Sache fern halten möchten, weil es keine dynastische, sondern eine Landesangelegenheit sei! Ich sei durch meine Stellung in der allgemeinen Meinung genöthigt zu handeln, ich wisse vollkommen, daß ich Alles dabei aufs Spiel setze; aber meine Pflicht erheische und das Vaterland gebōte es mir; deßhalb wolle ich es aber nicht auf mein Gewissen nehmen, die Betheiligung ihm nicht widerrathen zu haben. Hiermit einverstanden, verzichteten beide Brüder auf jede Theilnahme und der Prinz gab das Commando der Schwadron am nächsten Morgen an den Premier=Lieutenant von Bernstorf ab.

Während diese Angelegenheit von mir besorgt wurde, hatten Beseler und Reventlow den Entwurf zur Proklamation vollendet und bis auf den Satz: „Wir werden uns mit aller Kraft den Einheits= und Freiheitsbestrebungen Deutschlands anschließen", stimmte ich demselben bei. Meinen Widerspruch gegen diese Worte fand auch Reventlow richtig, denn ein solcher Anschluß lag weder in unserer Absicht, noch in der Gesinnung des Volks. Beseler behauptete aber, daß dies der Leute auf dem Rathhause halber bleiben müsse und auch um den Enthusiasmus in Deutschland für die Herzogthümer rege zu halten. Wir gaben nach, unter der Voraussetzung, daß auf diese Worte doch wohl kein besonderes Gewicht gelegt werden würde. Es blieb aber ein Fehler, solches zu thun, denn gerade bei solcher Gelegenheit darf kein Wort mehr, als was wahr ist, gebraucht werden, wenn man keine Täuschung beabsichtigt.

Mit dem solchergestalt genehmigten Entwurf gingen wir um 1 Uhr Nachts in die Versammlung auf dem Rathhaus und Beseler verlas die Proklamation, die einen Sturm von Widerspruch hervorrief, in welchem man hörte: „Dies sei gar Nichts. Es sei durchaus nicht, was man wolle! Hier fehle Alles darin, das Ding sei faul ꝛc."

Reventlow trat hierauf hervor und sprach mit einer Wärme und Bestimmtheit, die ich hier um so lieber anerkenne und hoch schätze, als er später sich schwach und wankelmüthig und gegen mich persönlich sehr ungentlemenisch gezeigt hat. Nachdem derselbe dieser Versammlung gerade heraus gesagt hatte, daß ihre Ansichten sehr weit von der allgemeinen Meinung im Lande entfernt seien, daß das Land Ruhe und Ordnung bei der Erhaltung seiner bisherigen Verhältnisse wünsche, ferner daß es sich hier nicht um Neuerungen handle, sondern daß sich gerade, um den, von Dänemark ausgehenden Eingriffen zu begegnen, die provisorische Regierung bilde, erklärte er, weder er noch ich würden an der Sache Theil nehmen, falls in dem Wortlaute der Proklamation eine Silbe geändert würde; er verlange, daß sämmtliche Anwesende sich mit derselben einverstanden erklärten und ihm darauf die Hand gäben. Dies geschah und wir gingen nach unserem Hotel wieder zurück, um noch bis zum Morgen 6 Uhr des 24. März die nöthigen Briefe zu schreiben und sonstige Vorkehrungen zu treffen. Herr M. T. Schmidt fand sich auch ein, um mir Vorschläge über sein Dampfboot zu machen, auf die ich später zurückkommen werde.

Als am 24sten März 5¾ Uhr sämmtliche Glocken Kiel's läuteten, strömte die Bevölkerung nach dem Marktplatze, und die um 6 Uhr aufgehende Sonne beschien die dort versammelte Garnison, die bewaffneten Bürger, Studenten und Turner und den gänzlich mit Menschen gefüllten Platz, wo vom Rathhause herab Beseler die Proklamation vorlas und darauf ein dem Vaterlande geltendes Hoch aus aller Munde erscholl. Es tönte dies nicht als ein gellendes, rohes Geschrei von Unruhestiftern oder eines befriedigten Haufens, der sich über das abgeworfene Joch, das ihm Gesetze und Obrigkeit auflegen, entzückt fühlt, nein! es lag in der ganzen Scene ein Ausdruck des Ernstes, der Ruhe und der Entschlossenheit, daß jeder Unbetheiligte gefühlt hätte, hier herrscht nicht Uebereilung vor, sondern der Entschluß, in aller Ordnung seine Rechte gegen äußere Angriffe zu schützen. Ich vermag auch gleich im Anfange dieser Schrift zu sagen, daß während der ganzen Zeit der Bewegung von 1848 bis 1851 keine Behörde über verweigerten Gehorsam in den Herzogthümern hat klagen können, mit Ausnahme einiger, von den dänischen Propagandisten im Winter 1849 angefachter Unordnungen im nördlichen Schleswig.

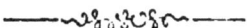

II.

Besitznahme Rendsburgs.

———

Vom Rathhause weg ging ich zu den aufgestellten Truppen, um sie nach der Eisenbahn zu dirigiren, und folgte dann meinen Herren Kollegen wieder nach Brandt's Hotel. Unterwegs sagte mir Graf Reventlow, daß er nothwendig mit mehreren Freunden heute in Kiel Rücksprache nehmen müsse, und daher erst Nachmittags nachkommen könne. Ich verlangte, daß nur e i n e r von ihnen, entweder er oder Beseler mitgehe, weil sonst die Sache als eine blos von mir unternommene erscheine, welches ich unter keiner Bedingung wünschen könne; ferner dürfte auch Manches zu befehlen und zu unterzeichnen sein, wozu zwei Mitglieder erforderlich seien, allein könne und wolle ich keineswegs gehen. Ich muß hier Herrn Beseler bezeugen, daß er ohne alle weitere Einwendungen sich bereit erklärte, diesen Zug mitzumachen, der ebenso leicht mit unser Aller Füsilirung, als mit der Einnahme Rendsburgs enden konnte.

Voraus bemerken muß ich hier, daß mir bisher noch keine wahre Schilderung dieses Zuges vorgekommen ist, denn theils hat Niemand der dabei Betheiligten ihn beschrieben, theils haben die Schriften darüber die partheiischen Ansichten ihrer Autoren zur Geltung bringen wollen, oder letztere haben den Zug sich von Personen erzählen lassen, die exaltirt waren, oder sonstige Absichten verfolgten. Hierbei kann ich nicht unterlassen darauf aufmerksam machen, daß in den „Denkwürdigkeiten zur neueren Geschichte Schleswig-Holsteins" vom Verfasser der Schrift: „Willisen und seine Zeit" theils überhaupt eine Masse von Unwahrheiten und Verdrehungen sich auffinden, theils und insbesondere auch die Angabe über die Besetzung Rendsburg's nur ein Gewebe der verkehrtesten Auffassungen ist! Dieses erscheint um so auffallender, als der Verfasser, wenn er sonst gewollt, sich ganz correcte Nachrichten hätte verschaffen können, indem er vom Anfange an in meinem Büreau arbeitete, und später von mir in der Armee angestellt wurde. Ob Beschränktheit seines Verstandes oder sein Wunsch der Broschüre Absatz zu verschaffen, ihn geleitet hat, scheint nicht schwer zu entscheiden, — da er Persönlichkeiten rühmt oder tadelt, jenachdem sie ihm schaden können, oder ihr Tadel Anklang finden mochte.

Um 7 Uhr waren unsere 250 Jäger unter dem Hauptmann Michelsen und 50 Kieler Bürger unter Führung des Herrn Sanwer auf dem Kieler Bahnhofe in einen Zug placirt. Die Turner und Studenten hatten sich Nachts keine Ammunition geholt, und wurden daher durch die verspätete Vertheilung jetzt zurück gehalten. Es war keine Kleinigkeit von einer so unbedeutenden Stärke fast die Hälfte, und gerade den verwegensten Theil zu entbehren; ich ließ daher das Zeichen zur Abfahrt nicht geben, sondern den Bahninspektor Dietz neben mein Coupé stehen, um so lange als möglich noch warten zu können. Da lief ein Dampfboot plötzlich um die Hafenbucht, und legte an die Brücke. Meine Reflexion war in dem Augenblicke, welche Nachrichten wohl mit demselben aus Kopenhagen kämen. War in letzteren die Annahme meiner Vorschläge vom Könige enthalten, so war mir klar, daß die Zustände in Kiel deren Durchführung unmöglich machten. — Ich mußte vorerst Rendsburg und die Militärmacht zur Durchführung derselben in Händen haben; anderentheils konnte auf meine Vorschläge insgesammt abschlägige Antwort in solcher Weise erfolgt sein, daß die Durchführung der provisorischen Maßregeln dadurch vereitelt wurde. Endlich konnten vermittelnde Maßregeln vorgeschlagen werden, die alle Conservative bedenklich machten, und dadurch uns in die Hände der Demagogen trieben. In jedem Falle war es zweckmäßig auf der begonnenen Bahn so lange fortzufahren, bis ich einen festen Halt hatte, von welchem aus ich allem Ueberjprudeln entgegentreten konnte. Ich gab daher Befehl zur Abfahrt und der Zug eilte sofort Neumünster zu. Um nicht ganz ohne Hülfe bei dieser Unternehmung zu sein, hatte ich den Hauptmann im Ingenieurcorps, von Leffer, der in der Nähe von Kiel Chausseearbeiten leitete, rufen lassen und ihn gebeten, Adjutantendienste bei mir zu verrichten. Er nahm dies an und er, Herr Beseler und ich befanden uns in einem Coupé; von Neumünster aus gesellte sich auch der jüngste Sohn des Generals Krohn zu uns, der in Rendsburg seine Schulbildung erhalten hatte, und deßhalb mit der dortigen Lokalität und dem Personal sehr bekannt war. Ich gab ihm den Auftrag, sofort bei unserer Ankunft zu dem Küster der Garnisons=Kirche zu eilen und die Glocken ziehen zu lassen, damit das Militär, im Glauben es sei Feuerlärm, unbewaffnet die Baraken verlassen möge und den Vorstellungen und dem Einflusse der dänischen Officiere entzogen würde. In Neumünster trafen wir einen Gutsbesitzer, der in der Nacht aus Kiel nach Rendsburg geritten war, um daselbst zu erkunden, ob etwas über die Kieler Auftritte bekannt sei. Er brachte mir die Nachricht, daß man in Rendsburg keine Ahnung von

den Vorfällen habe, daß ferner von dem Bahndirektor, den er
benachrichtigt habe, die Anstalten getroffen wären, den Zug
bis an die Stadt fahren zu lassen und die Brücke über den
Eiderarm gangbar zu machen, endlich daß die Bürger an demselben Morgen 9 Uhr Waffen aus dem Arsenal erhalten hätten,
und daher bereit sein würden, an einem Gefechte Theil zu nehmen.
Diese Nachrichten waren sehr günstig, da sie die Vergießung
von Blut unwahrscheinlich machten. Ich ließ die Gewehre
laden, aber verbot die Zündhütchen aufzusetzen, damit keine
Schüsse abgingen; verbot ebenfalls Tschakos aus den Coupés
blicken, sowie den Maschinisten, die Lokomotive pfeifen zu lassen,
kurz alles zu vermeiden, wodurch Aufmerksamkeit erregt werden
konnte. Noch muß ich bemerken, daß in Neumünster der Advokat Stoch aus Segeberg an der Spitze von etwa 60 mit
Knitteln bewaffneten Flecken- und Landbewohnern sich uns zu-
gesellte. Ein Beweis davon, wie Jedermann in den Herzogthümern von dem Gefühle durchdrungen war, das Vaterland
retten zu müssen; denn es konnte in Segeberg die Nachricht
aus Kiel erst am frühen Morgen eingetroffen sein und daher
diese Leute stante pede, nach dem ersten besten Knittel greifend,
sich auf den Weg gemacht haben, um zu der Eisenbahn-Stunde
in Neumünster zu sein.
Daselbst traf ich auf den Oberstlieutenant Fabricius, derzeitigen Postmeister in Glückstadt, der mit dem Eisenbahnzuge und
der Diligence direkt aus Kopenhagen kam und mir mittheilte,
wie die Sachen dort standen und wie jedem Holsteiner die Abreise von dort erschwert würde, damit keine Kunde des Vorge-
fallenen zu uns kommen solle. Fabricius bot mir seine Dienste
an, die ich annahm, und ich gab ihm einige Exemplare der Proklamation, die ich bei mir hatte, mit dem Auftrage, sie dem

Commandeur des in Glückstadt garnisonirenden Bataillons einzuhändigen und ihn aufzufordern, sich uns anzuschließen.

Der Bahnzug setzte sich darauf in Bewegung und eilte nach Rendsburg, wo er ganz geräuschlos bis in den Festungsgraben fuhr. Ein Blick auf die Wälle zeigte mir, daß wir ganz un= erwartet kämen. Die Compagnien der Jäger traten an, setzten die Zündhütchen auf, und zwei, unter Michelsen's Führung, marschirten gerade nach der Hauptwache, während ich eine dritte bei den Barak= ten herum sandte, um die Garnison nach dem Paradeplatz zu locken, selbst aber mit der 4. Compagnie und den übrigen Bewaffneten und Unbewaffneten in einiger Entfernung Michelsen folgte, um einer aus der Altstadt kommenden Truppe den Weg zu sperren.

Ich muß, als Anekdote, erzählen, daß Herr Beseler mich beim Aussteigen fragte, wie er sich jetzt zu verhalten habe, denn ein Regenschirm sei seine einzige Waffe? worauf ich antwortete: „Gehen Sie nur immer mir zur Seite, und treffen wir auf Widerstand, so spannen Sie den Parapluie auf, damit Sie nicht sehen, daß man auf Sie schießt." Ersteres that er auch die ganze Zeit und zu letzterem hatte er, Gottlob, keine Gelegenheit.

Obgleich keine 10 Minuten vergangen waren, ehe wir die Allee erreicht hatten, die von dem Altstädter Thor gerade nach der Hauptwache führt, hatte bereits unser Krohn die Glocken der Garnisonkirche in solche Bewegung gesetzt, daß der Com= mandant, Oberst v. Seyffarth, in voller Eile aus der Altstadt kam, um sich nach dem Paradeplatze (Sammelplatz) zu verfügen und dem commandirenden General v. Lützow über das vermu= thete Feuer Meldung zu machen. Ich ging auf denselben zu und ließ mich mit ihm in ein Gespräch ein, in welchem ich ihm das Geschehene mittheilte, ihm das mir einzig verbliebene Exemplar der Proklamation gab und ihn, trotz seiner Eile zum

commandirenden General zu kommen, so lange mit mir fort=
führte, bis ich sah, daß die Hauptwache von den Jägern um=
stellt war. Ich zeigte ihm dies und bat ihn, zum commandiren=
den General zu gehen und ihm zu sagen: „daß jetzt ich in
Rendsburg commandire.“

Nach der Hauptwache gekommen, sagte ich dem wachthaben=
den Officier: „er sähe ja, daß ein Widerstand von seiner Seite
zu nichts führen könne; ich bäte ihn daher, die Mannschaft von
den Gewehren abtreten zu lassen,“ was er auch that. In
diesem Augenblick strömten sämmtliche bewaffnete Bürger Rends=
burg's heran und der Paradeplatz fing an sich mit einer Menge
Bewaffneter zu füllen, während die Garnison in ihren Dienst=
jacken ohne Waffen, zum Feuerlöschen adjustirt, sich auch dort
einfand. Daß unter solchen Umständen an keinen Widerstand
zu denken war, ist einleuchtend, und deßhalb kam der Com=
mandant, im Auftrage des commandirenden Generals, zu mir,
den Vorschlag machend, die Garnison in n i c h t feindlicher Ab=
sicht unter die Waffen zu rufen, damit sie sich darüber entscheiden
könne, welche Partei sie ergreifen wolle. Dies nahm ich sofort an
und ging nun selbst zum General v. Lützow, wo wahrlich keine
solch alberne Scene vorfiel, als der oben genannte Verfasser der
Denkwürdigkeiten sie beschreibt, sondern für mich ein schmerzlicher
Moment eintrat. Mit Lützow hatte ich während 17 Jahren
dieselbe Garnison getheilt, ich hatte ihn, als Nächstcommandiren=
den, unter mir gehabt und fand ihn jetzt nach 2 Jahren wieder
mit seinem Stabe, der auch der meinige gewesen war, in diese
peinliche Stellung versetzt. Wer ein Herz für Kameraden hat,
kann leicht begreifen, welche Gefühle mich hier bewegten. Ich
wußte sehr gut, daß er einsah, wie wir nur unser Recht ver=
theidigten, er konnte aber, als geborner Däne, als verantwort=

licher Höchstcommandirender, nicht die Festung und das Armee-
commando abgeben, er mußte in dem Augenblick mich als
Unberechtigten ansehen und in diesem Lichte, wenn auch nur
anscheinend zu stehen, war für mich ein tiefer Schmerz.

Wir verständigten uns darüber, daß die drei Bataillone der
Garnison die drei Seiten eines Quarrees, und meine Jäger die
vierte bilden sollten, wo dann der General die Officiere zusammentreten lassen und es ihnen frei stellen sollte, wohin
sie sich erklären würden. Der Generalmarsch war inzwischen
schon geschlagen und in kurzer Frist war das Quarree geschlossen.
Während der General v. Lützow sämmtliche Officiere vor das
mittelste der drei Infanteriebataillone rief und mit ihnen fast
eine halbe Stunde redete, ohne zu einem Resultat zu kommen,
stellte ich mich mit übergeschlagenen Armen, ganz allein, mitten
ins Quarree. Ich werfe es den dänischen Officieren noch heute
vor, daß nicht Einer oder Mehrere gleichzeitig hier auf den
Gedanken kamen, mich zusammen zu hauen. Man hat mir
später gesagt, dies sei ihnen auch in Kopenhagen zum Vorwurf
gemacht worden und sie hätten sich damit entschuldigt, „ich habe
zu imponirend ausgesehen." Das Imponirende kann doch wohl
nur in dem Ausdruck gelegen haben, der stets demjenigen eigen
ist, welcher fühlt, daß er das Recht unterstützt, demjenigen
gegenüber, der wohl weiß, daß er eben dies Recht kränken will.

Hier ist auch der Ort, die schändliche Verläumbung zu widerlegen, welche Herr Wegener in sein Libell aufgenommen,
und die fälschlichen Thatsachen, welche wirklich dadurch einer
Masse Menschen glauben gemacht wurden; er sagt nämlich:
ich hätte eine Zeitung vorgezeigt, in welcher ein Artikel aus
Kopenhagen die dortige Revolution beschrieben und den König
als gefangen erklärt habe. Die Erfindung ist zu albern, als

daß ein etwas nachdenkender Mensch nicht leicht die Unmöglich=
keit einsehen sollte; denn woher sollte ich ein solches Fabrikat
beschaffen? Und wie hätte ich dies thun können, da ich erst
Nachmittags 5 Uhr des vorhergehenden Tages von den Vor=
gängen in Kopenhagen unterrichtet sein konnte? Auch befand
sich auf Neer keine Druckerei, noch war ich im Stande, einige
Zeit zu dergleichen Beschäftigung in Kiel zu finden, wie aus
der obigen Beschreibung zur Genüge einleuchten muß. Am
bündigsten wird aber die Sache durch meinen ganzen Lebens=
lauf widerlegt. Jedermann weiß, daß ich mich niemals mit
Täuschungen befaßt habe und lieber Alles ertrage, als mit
Unwahrheiten zum Ziele zu kommen. Diese saubere Historie
ist daher einzig aus des Herrn Wegener Hirngespinnst entstan=
den, um in dieser Schandschrift, die er auf Befehl der dänischen
Regierung zur Vertheilung bei den fremden Höfen verfaßte, die
Verdächtigung meiner Person nicht fehlen zu lassen; sie kann
auch als eine Entschuldigung einiger von Rendsburg zurückge=
kehrten dänischen Officiere dienen, und solches zugleich bezwecken.

Als die Unterredung des Generals v. Lützow und der Offi=
ciere zu keinem Resultat zu führen schien, ging ich zu Ersterem
und sagte ihm, daß ein längeres Berathen vor den Truppen
dem Ansehen der Officiere schaden müsse, ich wolle daher ein=
mal die Truppen anreden. Er willigte ein, und ich wendete
mich darauf an das ganze Quarree mit folgenden Worten:
„Soldaten! es hat sich in Kopenhagen ein Volkshaufe gegen
das Schloß gewendet und den König gezwungen, sein bisheriges
Ministerium zu entlassen, und statt dessen ein neues aus den
Leuten zu wählen, welche sich seit einiger Zeit so entschieden
gegen die Rechte der Herzogthümer erklärt haben. Diese Nach=
richt hat mich und mehrere vaterländisch gesinnte Männer be=

wogen, eine provisorische Regierung zu bilden, deren Aufgabe
es ist, im Namen unseres, jetzt nicht freien Landesherrn die
Regierung zu führen, bis dieser die Rechte des Landes sichergestellt haben wird. Meine Frage ist daher die an Euch, ob
ihr mit mir für diese Rechte Euch erklären oder ob Ihr nach
Norden ziehen wollt? Wer dies Letztere will, der trete vor!"
Kein Mensch rührte sich; ich machte dem General v. Lützow
ein Compliment, indem ich ihm sagte: „Herr General, Sie sehen,
die Mannschaft stimmt mir bei." Er wendete sich zu den Officieren, die noch immer zusammen standen und sagte: „meine
Herren, jeder handle nach seiner Ueberzeugung, ich reiche meine
Entlassung ein."

Die in Schleswig-Holstein gebornen Officiere traten wieder
ein und ich beorderte die Garnison in ihre Quartiere, mit dem
Befehl, um 4 Uhr Nachmittags auf dem Paradeplatz zu sein
zur neuen Vertheilung der Compagnien unter die zurückgeblie-
nen Officiere. Wie ich über den Platz zurück nach der Hauptwache ging, stellten sich mir mehrere Officiere und Artilleristen
der aus dänischer Chikane vor 2 Jahren aufgelösten Bürger-
artillerie vor, und ich erklärt ihnen, daß ihr früheres Corps
jetzt wieder errichtet würde, damit sie zur Sicherung der Festung
beitragen könnten. Es brach bei diesem Anlaß ein bedeutender
Jubel unter der großen Masse aus, die den Platz füllte, so daß
man wirklich nahe daran war, mich zu erdrücken, und ich, der
stets solchen Demonstrationen abhold war, auf Plattdeutsch ausrief: „Kinder! Kinder! laßt uns das Jubeln aussetzen, bis
wir die Katze in den Sack gethan haben, wovon wir bis jetzt
noch weit entfernt sind."

Dies war denn die Einnahme Rendsburg's, die so verschie-
dentlich beurtheilt wird: von den Dänen als Hochverrath, von

Unwissenden als ein Fehler im conservativen Princip, von manchen Regierungsleuten als Zeichen der Revolution, von Niemandem aber als eine rühmenswerthe That angerechnet wird. Ich habe mich so sehr ins Detail dabei eingelassen, eben damit Jedermann sich ein eigenes Urtheil bilden und es Jedem klar werden möge, daß die Besetzung dieser Festung eine unumgäng= liche Nothwendigkeit war, sobald der provisorischen Regierung ein Halt gegeben werden sollte. Dennoch will ich nochmals hier recapituliren, aus welchen Gründen ich mich keinen Augenblick bedenken konnte, die Festung in meine Gewalt zu bringen:

Erstlich, daß sich die provisorische Regierung bilden mußte, war ein unumgängliches Bedürfniß, um Anarchie und Unord= nung zu vermeiden. Daß sie diesen Zweck erreicht hat, habe ich oben bereits gesagt. Sollte diese Behörde ihre Aufgabe erfüllen, so mußte sie die Geldmittel, die bewaffnete Macht und das Arsenal des Landes in ihren Händen haben. Diese waren alle drei in Rendsburg concentrirt, folglich war die Constituirung der provisorischen Regierung mit der Besetzung Rendsburg's identisch.

Zweitens, nach meinem speciellen Gesichtspunkte war es nothwendig, das Militär und die Festung in meine Gewalt zu bekommen, weil ich noch die Hoffnung nicht ganz aufgeben wollte, daß der König auf meine Vorschläge eingehen werde und ich also ein kräftiges Auftreten gegen die Demagogen zu bestehen haben würde, das aller vorhandenen Mittel bedurfte, wenn sofortige Ruhe hergestellt werden sollte. Daß sich die dänischen Officiere entfernten, war mit meinem Verlangen über= einstimmend und zwar je eher, je besser, weil diese Leute durch ihr Benehmen sehr zur Anregung der Animosität beigetragen hatten.

Drittens, ward durch die Einnahme von Rendsburg, die ganze Leitung aus Kiel verlegt, wo es nicht möglich gewesen wäre, den gährenden Stoff vom Einflusse auf die Mitglieder der provisorischen Regierung fern zu halten. Dies konnte in Rendsburg ohne Schwierigkeit geschehen, weil in der Festung die militärische Polizeigewalt vorwaltete.

Endlich ward der ganzen Bewegung dadurch ein ernstlicher Ausdruck verliehen, daß mit einem Streiche die Landeskasse, die Landesbefestigung und die Landesmacht in die Hände der vom ganzen Lande gebilligten Behörde kamen, und dabei war überdem zu hoffen, daß die dänischen Machthaber sich nun eher auf Verhandlungen einlassen würden und dadurch die Sache selbst sich in Güte und Freundschaft beendigen lassen könne.

Diese Gründe sind gewiß hinreichend, um jeden denkenden Menschen davon zu überzeugen, daß es kein besonderer revolutionairer Akt gewesen ist, die Festung in Besitz zu bekommen, wenn man ohne einen Schuß zu feuern in dieselbe geht und sich mit dem Commandanten und dem Höchstcommandirenden darüber verständigt, wer künftig daselbst commandiren soll. Es ist mir aber von so vielen Seiten entgegnet worden: „aber Rendsburg! but Rendsbourg! mais Rendsbourg!» als ob mir besonders dies zur Last fiele, und deßhalb will ich hier es weiter aufklären. Den Dänen war die Einnahme Rendsburg's ein Donnerschlag, denn sie glaubten dieselbe bei den getroffenen Maßregeln unmöglich, und ferner fand sich ihre Nationaleitelkeit durch die Art und Weise, wie ich ihnen diesen Anhaltspunkt genommen hatte, entsetzlich gekränkt. Also nur durch ein Verbrechen, welches sie mir nicht zugetraut hätten, oder eine Lüge, die ich der Garnison vorgetragen hätte, konnte dies geschehen sein, oder wenigstens mußte es der Welt so vorgestellt werden. — Daß die Zeitungsgeschichte eine solche Erfindung ist, habe ich bereits gesagt, und daß ich nicht mehr oder weniger als jeder Andere bei dieser Gelegenheit schuldig war, werde ich am Schlusse beweisen. — Ich meines=theils habe hierüber stets ein ebenso ruhiges Gewissen gehabt, als jeder Augenzeuge der Einnahme Rendsburg's bezeugen kann, daß ich mit Ruhe und Kaltblütigkeit die kleine Schaar von Kiel aus bis auf den Rendsburger Paradeplatz führte. — Das thut keiner, der in seinem Gefühl sich einer schlechten That bewußt ist, denn es waren 10 gegen 1 zu wetten, daß wir alle maf=sakrirt werden würden. Deshalb habe ich mich immer mit dem Gedanken beruhigt, daß die Schreier über die Einnahme Rends=burg's mir dies nur vorwerfen, weil sie nicht den Muth gehabt hatten, es selbst zu thun. — Muth gehört nicht viel dazu seine Haut den Kugeln preiszugeben; aber seinen guten Namen den Lästerzungen darzubieten, damit diese mit scheinbarem Rechte über einen herfallen können, dazu gehört viel Charakterfestigkeit. — Genug aber hiervon; wer kein Nationalgefühl hat, kann die ganze Begebenheit in den Herzogthümern nicht begreifen. — Wer aber ein Volk begreift, das Gesetz und Ordnung im Herzen trägt, das seine Rechte als sein Heiligthum ehrt, der wird ein=sehen, daß hier keine Habsucht, Herrschsucht oder Lust zur Revo=lution gegen die bestehende Ordnung zum Grunde lag, noch be=absichtigt wurde, sondern daß jeder glaubte, zum Schutze der Landes=rechte auch dem Landesherrn zu dienen, wie es wirklich geschehen wäre, sobald der Landesherr ein anderer gewesen.

III.

Schwierigkeiten, welche sich der Einrichtung der allernothwendigsten Vertheidigungsmaßregeln in den Weg stellten.

Morgens 6 Uhr, den 24. März, hatte die provisorische Regierung ihre Proklamation auf dem Kieler Marktplatze verlesen, um 7 Uhr ging der Zug nach Rendsburg von Kiel ab, und um 10 Uhr Vormittags hatte ich die Festung mit allem darin Vorhandenem in meiner Gewalt. — Wie sah es aber dennoch mit der Macht aus?

Die Festungswerke waren sehr vernachläßigt, kein Geschütz auf den Wällen, die Zugbrücken konnten kaum aufgezogen werden. — Nach dem Rücktritte der gebornen Dänen blieb mir bei der Artillerie 1 Stabsofficier, 1 Hauptmann und 1 Lieutenant; Ingenieur-Officiere gar keine. — Ich nahm daher die, als Wegeinspectoren verwendeten drei Ingenieur-Officiere wieder in aktiven Dienst. Bei den 4 Infanteriebataillonen war gerade 1 Offizier pr. Kompagnie verblieben, bei den 2 Jägercorps war nicht einmal dieses Verhältniß vorhanden, indem das 1. Jägercorps nur 3 Officiere behielt. Die beiden Kavallerieregimenter hatten auch nur 1 Officier pr. Schwadron. Von Generalstabsofficieren war gar nicht die Rede, und die ganze Militairadministration fehlte ebenfalls, indem alles von Kopenhagen verwaltet worden war. Unter den Waffen stand nur die 2jährige Mannschaft, also im Ganzen 1500 Mann. Die älteren Leute waren beurlaubt und seit 2 Jahren nicht zum Dienst gerufen worden. Waffen und Bekleidung für diese waren auf den Montirungsböden der einzelnen Abtheilungen vorhanden, und das Arsenal enthielt 13,000 Gewehre nebst Säbeln und Pistolen, sowie auch ein schöner Vorrath von sowohl Feld= als Festungsgeschütz sich vorfand. Die Hauptkasse hatte einen Inhalt von 2½ Millionen Reichsbankthaler. Es sollte aber alles jetzt organisirt, einexercirt, vertheilt und commandirt werden.

Wer den kleinsten Begriff von der combinirten Maschine hat, die eine Armee genannt wird, kann es sich denken, welche Last auf mir ruhte, um es einigermaßen nur so weit zu bringen, den ersten Stoß abhalten zu können, welchen die Dänen versuchen konnten. Man wird dies um so leichter begreifen, wenn ich chronologisch fortfahre, die Verrichtungen, Anordnungen und Einrichtungen zu beschreiben, die ich zu diesem Ende traf.

Sobald ich mit dem commandirenden General und dessen Stabe, so wie mit der Garnison in vorbeschriebener Weise geendigt hatte, bezog ich ein Quartier, und beschied den Oberauditeur Brackel, Rechnungsführer des 14. Bataillons dorthin. Ihm gab ich den Auftrag, mit einigen Officieren meine Absicht näher zu besprechen, daß denjenigen, welche unter der Bedingung: in unserer Landessache nicht gegen die Herzogthümer dienen zu wollen, zurückzutreten erklären würden, 1 Monat Gehalt, 50 Rthlr. Reisegeld und ihre in Rendsburg vorhandenen Schuldposten bezahlt, sowie Pässe ertheilt werden sollten. Ich glaube daher, daß die Herren mir in dieser Beziehung nichts vorzuwerfen haben werden. Die zurückbleibenden Officiere verlangten von mir die Zusicherung, daß es sich hier nicht um eine Absetzung des Regenten, oder Trennung von Dänemark handle, welches ich ihnen mit vollster Ueberzeugung geben konnte. Ich theilte diese bei den verschiedenen Truppenabtheilungen ein.

Sofort hatte ich den obgenannten Hauptmann v. Lesser beauftragt, die Festung in Vertheidigungsstand zu setzen, und dem
Artillerie-Major v. Schütz befohlen, so viele Geschütze als möglich auf die Laffetten zu bringen, um die Festung zu armiren.
Hiermit ward am ersten Tage so weit vorgeschritten, daß die
Zugbrücken aufgezogen werden konnten, alle Boote vom jenseit-
tigen Ufer der Eider entfernt und die Thore mit Geschützen
besetzt wurden, und somit um 11 Uhr Abends der Commandant mir melden konnte, daß gegen einen nächtlichen Ueberfall
vorläufig Sicherheit vorhanden sei. Der derzeitige Rektor der
höheren Bauernschule, Lüttens, erbot sich, durch seine Bekanntschaft mit dem Landvolke Proviant und Mannschaft zu verschaffen; ich nahm solches Anerbieten an und er führte sein
Vorhaben mit solchem Erfolge aus, daß vom nächsten Tage an
große Transporte von Lebensmitteln und Fourage anlangten,
die freiwillig das ganze Land uns schickte, und gleichzeitig eine
solche Masse freiwilliger Mannschaft eintraf, die ihre Dienste anbot, daß sie in Rendsburg nicht untergebracht werden konnte.
Ich ließ daher diesen Leuten meinen Dank für ihre Bereit-
willigkeit, dem Vaterlande zu dienen, aussprechen, und sie bitten,
vor der Hand nach Hause zu gehen, da die beurlaubten Soldaten jetzt einzutreffen anfingen, und ich sie augenblicklich nicht
nöthig hätte, dann aber wieder zu erscheinen, wenn ich ihnen
eine Aufforderung zukommen lassen würde, sich wieder einzu-
stellen. Lüttens ernannte ich, mit Rücksicht auf seinen Eifer und
seine Stellung zur Landbevölkerung, zum Generalordinateur für
das gesammte Verpflegungswesen. Ich selbst hatte noch keinen
einzigen Adjutanten und habe die ersten Tage alle Befehle
eigenhändig schreiben müssen. Am Abend des 24. März kam
der Oberstlieutenant Fabricius aus Glückstadt zurück mit der

Meldung, das dort garnisonirende Bataillon würde mit dem ersten Eisenbahnzuge des nächsten Tages eine Deputation sen-
den, um sich über die stattgehabten Vorfälle zu erkundigen, und sich dann zu erklären. Ich ernannte Fabricius, der den Krieg in Griechenland mitgemacht hatte, und später Adjutant des Königs Otto gewesen war, zum Adjutanten bei mir, und als ältester Officier blieb er vorläufig Chef meines Stabes. Dies wird erklären, weshalb er diese Stellung einnahm, der er übrigens weder durch seine militärische Ausbildung gewachsen war, noch durch sein auffahrendes und rücksichtsloses Wesen zu behaupten vermochte. Tags darauf sandte ich ihn nach Itzehoe, um das 2te Dragoner-Regiment aufzufordern sich zu entscheiden. In Folge dessen schloß sich dasselbe nach dem Rücktritte der dänischen Officiere der Sache der Herzogthümer an. Am Abend des 24. März um 10½ Uhr zog das erste Dragoner-Regiment, unter Führung des Rittmeisters v. Fürsen-Bachmann, in Rends-
burg ein und brachte die Nachricht, daß das 1. Jägercorps unter der Führung seines Commandeurs nach Flensburg mar-
schirt sei. Kaum dort angekommen, hatten sich aber die ganze Mannschaft und die Unteroffiziere am folgenden Morgen unter der Leitung des Hauptmanns v. Lange wieder nach Schleswig in Marsch gesetzt, und alle übrigen Offiziere mit dem Commandeur sich nach Norden begeben. Der Hauptmann v. Lange kam am selbigen Abend nach Rendsburg, um mir dieses zu melden und meine Befehle zu holen. Ich ernannte ihn zum Comman-
deur des Korps, und befahl ihm, vorläufig in Schleswig zu bleiben.

Man wird aus dieser ebenso detaillirten als gewissenhaften Darlegung sehen, daß von gar keiner Ueberredung noch Ver-
leitung der Truppen die Rede war, sondern daß diese ganz aus

eigener Ueberzeugung sich der Seite zuwandten, wo sie das Recht wußten. Ihnen kam es ebensowenig in den Sinn ihren Landesherrn zu bekämpfen, als dies je meine Absicht gewesen ist.

Sofort rief ich alle Beurlaubte bis zum 6. Dienstjahr ein. Weiter zu gehen, fand ich bedenklich; denn die 7= und 8jährige Mannschaft betrachtete sich eigentlich nicht mehr als pflichtig, sie war großentheils auch verheirathet und in einer Stellung, die es den Leuten gerade in der Frühjahrs=Saatzeit sehr beschwerlich machte, Haus und Heerd zu verlassen. Schon die 3=, 4=, 5= und 6jährigen Beurlaubten setzten eine Menge Höfe und Bauern in bedeutende Verlegenheit, und ich fürchtete, daß die Vaterlands= liebe hier gegen den Privatvortheil einen harten Stand haben würde; doch kamen die Beurlaubten mit wenigen Ausnahmen rasch ein. Zwar war meine Thür von Morgens 6 Uhr bis Abends 8 beständig bestürmt von Frauen und Müttern oder Vätern und Brodherrn, die um Wiederbeurlaubung ihres Ver= sorgers oder Dieners nachsuchten, aber die Reihen der Bataillone füllten sich dennoch. Hier muß ich bemerken, daß die Pflichtig= keit zum Militärdienst allein auf den Landbewohnern ruhte; davon befreit waren die Städter, Kinder des Adels, der Be= amten, Prediger und Schulmeister. Es war daher natürlich, daß ich wünschte, theils gerade diesen bisher Freien Gelegenheit zu geben, dem Vaterlande zu dienen, theils dadurch auch die wogende Jugend aus den Städten zu entfernen, damit Ord= nung und Ruhe viel weniger einer Störung ausgesetzt würde. In dieser Absicht, und ebenfalls um die Zahl der Bewaffneten zu vermehren, forderte ich jetzt alle Waffenfähige auf, sich in Rendsburg einzufinden und sich in neuerrichtete Korps zu for= miren, welche ich Freicorps nannte, weil sie aus freiwillig

Tienenden bestanden, die übrigens Löhnung und Verpflegung wie die Soldaten bekamen und vom Staate die ihnen fehlenden Waffen, aber keine Uniform erhielten, übrigens aber unter den Militärgesetzen standen. Die Stabsofficiere und die Hauptleute ernannte ich, die übrigen Offiziere durften sie selbst wählen.

Man wird hieraus sehen, daß mit Freischaaren diese Formation keine Aehnlichkeit hatte, denn es war nur von Inländern die Rede, und die Schleswig-Holsteiner sind viel zu ruhige, gesetzliebende Leute, als daß ein Ausarten in wilde Rohheit zu befürchten war. Zur Enrollirung dieser Mannschaft ernannte ich Herrn Samwer mit einigen anderen Personen und Aerzten, welche die Legitimationspapiere und die Leibesbeschaffenheit untersuchen mußten und sie dann bis zu einer bestimmten Anzahl in Kompagnieen und Corps eintheilten. Der Hegereiter und Forstrath Braklow hatte einen Aufruf an alle Forstleute und Jagdbediente erlassen, sich der Vertheidigung der Rechte der Herzogthümer anzuschließen. Diese aus circa 150 geübten Schützen bestehende Abtheilung bildete die erste Kompagnie des 1. Freicorps, welches 550 Mann zählte und zum Commandeur den früheren Artillerieofficier, damaligen Amtsverwalter Krogh bekam. Das 2. Freicorps hatte ebenfalls eine Elitenkompagnie in einer Abtheilung junger adeliger und Beamten-Söhne wie sonstiger studirten Leute aus Holstein; das Korps zählte über 600 Köpfe und ward dem Grafen Rantzau-Breitenburg, früher bairischem Officier, zur Führung übergeben. Das 3. Korps bestand aus ganz unerfahrenen Leuten und ward 450 Mann stark dem Hauptmann v. Waßmer zur Leitung und Einübung angewiesen. Hiermit sollte die Enrollirung auch beendigt werden, weil der Zuzug so geringe ward, daß an die Komplettirung eines vierten Corps nicht zu denken war. Wie verwundert war ich daher,

als eines Morgens Herr Sammer mit der Cölner Zeitung zu
mir kam, und mir darin einen Aufruf des Etatsraths Esmarch
und Advokaten Clausen zeigte, die, auf der Reise zum Vorparlament nach Frankfurt begriffen, aus Cöln einen Aufruf an
ganz Deutschland erlassen hatten, den Herzogthümern zu Hülfe
zu eilen, um thätigen Antheil an deren Vertheidigung zu nehmen.
Abgesehen von dem Nachtheile, den dieser Aufruf uns gebracht
hat, indem wir, wie später gezeigt werden wird, einerseits eine
Menge unruhiger Köpfe und Barrikadenhelden ganz nutzlos ins
Land hinein bekamen, andererseits es in den Augen der conservativen Leute der Sache selbst den Anstrich gab, als habe
sie mit den andern Unruhen in den deutschen Residenzstädten
etwas gemein; abgesehen hievon halte ich diesen Aufruf für
eines der größten Zeichen der Verwirrung jener Zeit. Zwei
ganz unberufene Männer, die nach eigener Werthschätzung
sich als Theilnehmer beim Vorparlament einfinden, erlassen auf
eigenen Antrieb einen Aufruf, durch welchen sie ihre Heimath
in Kosten und Verlegenheit setzen und einen ungesetzlichen Schritt
thun, der gar keinen andern Grund haben konnte, als daß der
Demagoge Clausen eine Masse Menschen ins Land bringen wollte,
die an unsere Ordnung und Gesetze nicht gebunden waren, und
mit denen er und Konsorten hofften, bei vorkommenden Fällen
ihre revolutionären Pläne durchführen zu können. Noch auffallender als das Ereigniß, daß zwei ganz unbekannte Personen einen solchen Aufruf ergehen ließen, ist die Erscheinung, daß
demselben Gehör und Glauben geschenkt ward, und zwar nicht
bloß von einzelnen Personen, sondern von ganzen Kommunen
und selbst Regierungen. Es kamen nicht bloß Freiwillige, sondern
Kommunen statteten ihre Verarmten, ja Regierungen ihre Sträf-
linge aus, um sie den dänischen Kugeln oder der holsteinischen

Verpflegung zu überliefern. Nachdem Sammer mir diese Mit=
theilung gemacht hatte, erließ ich sogleich in den meist ver=
breiteten deutschen Zeitungen eine Bekanntmachung, in welcher
ich erklärte, nur völlig ausgerüstete Individuen könnten ange=
nommen werden, und stationirte einen besondern Angestellten auf
dem Altonaer Bahnhofe, um Jeden zu untersuchen, der auf Grund
eines Legitimationsscheines freie Beförderung als Vaterlands=
vertheidiger forderte. Alle Unbewaffneten wurden zurückgewiesen.

In Folge hievon konnte das Enrollirungsbüreau der Frei=
corps nicht geschlossen werden. Selbst nach dem Einmarsche der
preußischen Truppen stellten sich noch manche Individuen ein,
die gegen letztere in den Straßen Berlin's gekämpft hatten,
was keinen guten Eindruck auf diese Bundeshülfe machte.

Ich habe, um den Grund zu der Formirung der Freicorps
und diese selbst zu beschreiben, etwas vorgegriffen; denn es ver=
gingen fast 14 Tage, bis das 3. Korps aus Rendsburg mar=
schirte; daher muß ich wieder zum 25. März zurückkehren, und
auf die unendlichen Schwierigkeiten, die sich mir an allen Enden
entgegenstellten, aufmerksam machen. Hätten die Sachen derge=
stalt gestanden, daß es eine **tabula rasa** gewesen, auf der man
eine neue selbstständige Armee hervorrufen sollte, dann wäre
die Aufgabe eine bei weitem andere gewesen, ich würde die
tüchtigsten Leute, unbekümmert, ob eingeboren, ob fremd,
an den Platz gestellt haben, an welchem ich sie am geeig=
netsten glaubte. Ganz anders aber mußte ich hier verfahren;
denn ich wie das gesammte Land dachten nicht daran, uns
von Dänemark zu trennen, sondern strebten nur, uns eine
Garantie für die Landesrechte zu sichern, dann aber wie
bisher zu dem Königreiche zu stehen. Es würden also un=
sere Bataillone und Regimenter dann wieder in ihre frühere

Verhältnisse getreten sein, und daher mußte ich die bisherige Anciennetät so viel möglich im Officiercorps gelten lassen. Ich war aber auch verpflichtet, diejenigen, welche der Sache des Vaterlandes besondere Dienste geleistet hatten, dafür auszuzeichnen, z. B. Michelsen für den Einmarsch in Rendsburg, Lange für die Rückführung des 1. Jägercorps, Fürsen für die Erhaltung des 1. Dragoner-Regimentes. Ferner kamen viele in Ruhestand befindliche Offiziere, die sich zum Dienst meldeten; diese hatten eine viel ältere Anciennetät, sie waren aber theilweise nicht mehr von den Truppen gekannt, theilweise auch schwächlich oder zu alt. Endlich mußte ich die große Anzahl fehlender Officiere durch Fremde ersetzen, und, um diesen den temporären Eintritt bei unserer Truppe anziehend zu machen, ihnen Vortheile bieten, die sie bei der niedrigen Gagirung in unserer Armee gänzlich entbehrt haben würden. Hier den richtigen Weg zu finden, theils einer Wiedervereinigung mit dem dänischen Theil der Armee keine zu große Schwierigkeit in den Weg zu stellen, theils den schleswig-holsteinischen Truppen einen vaterländischen Charakter zu erhalten, theils der Intelligenz die Bahn offen zu lassen, theils fremde Officiere anzuziehen: erforderte mehr Ueberlegung und Erwägung, Lokal- und Personenkenntnisse, als, ich darf es wohl behaupten, irgend ein Mensch auch nur vermuthet hat. Ferner darf ich dreist behaupten, daß Niemand anders als ich dies thun konnte, und es auch so ausgeführt haben würde, als es mir gelang. Die Einheimischen hatten Vertrauen in meine rechtliche Absicht, und Anhänglichkeit an ihren früheren General. Die Fremden fanden meinen Eifer für die Sache, und die Art, wie ich ihnen entgegentrat, ansprechend; daher ging es ohne größere Unzufriedenheit von Statten, und darf ich gleichfalls hier behaupten, daß, wenn ich

das Kommando der Armee während des Waffenstillstandes fort=
geführt haben würde, wo Muße zum Poliren und Revidiren
vorhanden war, eine große Satisfaktion mir durch den Zustand,
in welchem sie 1849 ausmarschirt wäre, geworden sein würde.
Aus der ferneren Darlegung der Begebenheiten wird es aber
sich zeigen, daß an Muße und Ruhe nicht zu denken war wäh=
rend des ganzen Sommers des Jahres 1848.

Am 24. Nachmittags hatte ich den obengenannten jungen
Krohn an seinen Vater nach Glücksburg abgesandt, um ihn zu
bitten, ein Kommando unter mir anzunehmen. Am 26. Mor=
gens traf der derzeitige Oberst v. Krohn in Rendsburg ein,
und ich übergab ihm das Kommando der damals disponiblen
Truppen in eine Brigade formirt, um damit nach Flensburg
zu marschiren, welches die provisorische Regierung, trotz meines
Widerspruchs wegen unvollendeter Ausrüstung und Formirung,
verlangte. Die ungünstigen Folgen dieser Uebereilung blieben
nicht aus, und werden näher beleuchtet werden. Diese veran=
laßten ein großes Geschrei gegen Krohn sowohl, als auch wegen
seiner Wahl gegen mich. Ich will jedoch hier sofort beweisen,
daß ich in meiner Wahl vollkommen gerechtfertigt dastand.
General Krohn war einer der wenigen kriegserfahrenen Offi=
ciere, die sich im Lande befanden. Er hatte seine erste Bildung
auf der Rendsburger Freicorporalschule (Kadettenschule) erhalten,
hatte darauf im sogenannten Ewald'schen Jägercorps seine prak=
tische Ausbildung bekommen, und war ein von dem tüchtigen Ge=
neral Ewald geschätzter Officier, mit dem er 1809 den Zug nach
Stralsund machte. Als Adjutant des Prinzen Friedrich von
Hessen, der die dänische Division unter Marschall Davoust 1813
commandirte, machte er den Feldzug in Mecklenburg und Hol=
stein, dann den Marsch an den Rhein 1814, und endlich den

6

Feldzug 1815 nach Frankreich mit, wo das dänische Auxiliar=
corps bis 1819 im Felde stand. Keiner wird läugnen, daß
bei solcher Verwendung General Krohn, der mit Lust und Eifer
seinem Fache anhing, Gelegenheit gehabt habe, eine praktische
Kenntniß der Kriegführung sich zu erwerben, überdies hatte er
aber auch das Studium derselben im Frieden nicht aufgegeben,
sondern mehrere Schriften im Druck erscheinen lassen, die nicht
ohne Werth sind. Daß ein dreißigjähriger Friede immer nach=
theilig wirkt, ist eine anerkannte Sache; daß ein 60jähriger
Mann mehr Bedenklichkeiten sehen wird, als ein 30jähriger,
ist gewiß auch einleuchtend; daß ich aber keine bessere Wahl
hätte treffen können, darf gewiß von Niemandem, der die Per=
sönlichkeiten in den Herzogthümern kannte, bezweifelt werden.
Am gegebenen Orte werde ich den General Krohn gegen die
unbilligen Vorwürfe vertheidigen, und dabei wird es Jedermann
klar werden, welche ungereimte Forderungen man an uns stellte
und welche ungerechte Urtheile man über uns fällte.

Am 25. März kam der Herzog von Augustenburg mit
dem bekannten Briefe des Königs von Preußen aus Berlin zu=
rück, leider zu spät, denn ich bin vom ersten Augenblicke ab der
Ansicht gewesen, daß dieser Brief am 23. jeder Bewegung vor=
gebeugt haben würde. Von fast allen Seiten ist derselbe später
getadelt worden, weil niemand bedachte, daß er geschrieben
wurde, ohne eine Ahnung von dem, was inzwischen sich zu=
trug. Setzt man aber voraus, daß keine Handlungen geschehen
wären; so muß man einräumen, daß einerseits die Herzog=
thümer im Ausspruche des Briefes ihre Rechte beschützt sahen,
andrerseits die Dänen der einen Hälfte ihrer falschen Behauptung
widersprochen, und ihren Plänen einen nicht zu verachtenden Damm
vorgeschoben fanden, indem sie Preußen nicht unbeachtet lassen

konnten; also sich wohl gehütet haben würden, thätig einzuschreiten. Wie es stand, war die Sache allerdings nicht genügend. Doch gab uns der Brief das Recht die Hülfe Preußens anzusprechen. Dieses benutzte ich, um den König zu bitten, mir Officiere zu senden, welche dem dringendsten Bedarf abhelfen konnten. Der König bewilligte dieses und sandte mir sogleich fünfundzwanzig Officiere und erlaubte noch anderen, bei uns freiwillig einzutreten,, so daß im Laufe des ersten Monats sich deren Zahl im Ganzen bis gegen 50 belief. Dieselben waren mir von unersetzlichem Nutzen. Ich erlaube mir deshalb hier, diesen Ehrenmännern wiederholt meinen Dank auszusprechen, und ihnen das Zeugniß zu geben, daß sie sowohl mir wie der Armee eine wahre Stütze, und Männer gewesen sind, denen wir unerschütterliches Vertrauen geschenkt und die wir innig lieb gewonnen haben. Auf vorbeschriebene Weise vermehrte sich die Zahl der Bewaffneten bis zum 8. April auf 6150 Mann, die freilich nichts weniger als wohl formirt waren. Bevor ich aber die weitere Organisation der Truppen berühre, muß ich wieder auf die allgemeinen Begebenheiten und die auf die Schicksale der Herzogthümer Einfluß äußernden Ereignisse und Thatsachen zurück kommen.

IV.

Installirung der provisorischen Regierung und ihre ersten Schritte.

———

Nachmittags den 24. März trafen Graf Reventlow und Herr M. T. Schmidt aus Kiel in Rendsburg ein, und am 25. Morgens Herr Bremer aus Flensburg. Die provisorische Regierung konnte daher ihre erste Sitzung halten. Natürlich mußte ihr Verhältniß zu den Behörden und der Wirkungskreis ihrer Thätigkeit hier der erste zu verhandelnde Gegenstand sein. Ich brachte ihn daher zur Sprache und legte meine Ansicht dahin dar, daß die gesammte Administration dem schleswig-holsteinischen Regierungscollegium übertragen werden müsse, und wir nur die Decisionen zu geben haben würden, welche sonst von den Immediatcollegien oder aus dem Cabinet ertheilt würden. Diese Ansicht rechtfertigte ich dadurch, daß von Neuerungen oder Gesetzesänderungen, in Folge unseres Zweckes, das Bestehende erhalten zu wollen, nicht die Rede sein könne, und da die Centralisation in der Verwaltung uns noch nicht beglückt habe, so wäre kein Einmischen in die inneren Angelegenheiten der Kommunen und Districte nöthig. Gegen diese meine Meinung trat Herr Beseler mit der sehr naiven Aeußerung auf: „Dann würden wir sehr wenig zu thun haben!" Graf Reventlow war unentschlossen, Herr Schmidt, der sein Privatinteresse stets jedem anderen vorzog, hatte natürlich seine Gründe, Beseler beizustimmen, und Herr Bremer äußerte keine Meinung; also drang Beseler durch. Es ward aber dennoch kein fester Beschluß gefaßt, wie eigentlich der Geschäftsgang sein solle. In einer Sache waren wir ganz einig, nämlich: sofort ein allerunterthänigstes Schreiben an Se. Majestät, unseren Landesherrn, zu senden, in welchem wir die Gründe unseres Verhaltens darlegten, und die Versicherung gaben, daß wenn die Rechte und die Stellung der Herzogthümer sichergestellt sein würden, wir sofort dem rechtmäßigen Herrscher die Gewalt wieder zu übergeben bereit seien. Dies Schreiben ward an selbigem Tage Abends unterzeichnet und abgesandt. In derselben Sitzung brachte Beseler die größtmöglichste Truppensendung nach dem Norden Schleswigs als eine Nothwendigkeit zur Sprache, um den dortigen Einwohnern die Beruhigung zu gewähren, nicht sofort einem Angriffe der Dänen ausgesetzt zu sein. Ich wendete hiergegen ein, daß die Bataillone noch zu incomplet und die eingekommenen Permittirten zu neu seien, um ohne einige Tage vorher stattgefundener Uebung gleich ausmarschiren zu können; daß ich weder Bespannung für die Artillerie, noch Officiere für dieselbe hätte, sowie daß es alle Ordnung stören würde, falls jetzt ausmarschirt und ein großer Theil der einkommenden Beurlaubten nachgesandt werden müsse. Alles dieses ward aber überhört und die Regierung beschloß, daß am 28. bereits Alles, was formirt sei, gen Norden ziehen solle.

Sonntag den 26. trafen aus Copenhagen, nebst einer Menge Schleswig-Holsteiner, die in den verschiedenen höheren Collegien dort angestellt waren, auch die 5 Mitglieder der Deputation der Ständeabgeordneten in Rendsburg ein. Der Erfolg der Sendung übertraf jede Erwartung, denn die Antwort des Königs an die Deputation war eine Mittheilung des Patents, durch welches das Herzogthum Schleswig dem Königreiche Dänemark so gut wie incorporirt ward.

Die Vorgänge und Ereignisse hatten sich folgendermaßen gestaltet:

Am 21. März zogen die Führer der demokratischen Partei in Kopenhagen, begleitet von den Mitgliedern des Casino's, nebst einem Volkshaufen von mehreren tausend Menschen, gegen das Königliche Schloß, um die Verabschiedung des bestehenden Ministeriums zu ertrotzen. Der König, statt einige Schwadronen gegen diese Revoltanten zu senden, wodurch alles hätte beseitigt werden können, entläßt seine Minister in aller Eile, empfängt die Ruhestörer, welche sich ihm als Deputation vorstellen, und bittet drei aus ihrer Mitte, die Bildung eines neuen Ministeriums zu übernehmen. Zwei Tage später trat die Deputation der Abgeordneten der Provinzialständeversammlungen der Herzogthümer vor den König, um ihre Vorstellung und Bitte ihm vorzutragen, und er zerreißt vor ihren Augen das Band, durch welches diese Lande seit dem Jahre 1326 unerschütterlich verbunden waren, und dessen Erhaltung er wenige Wochen zuvor beschworen hatte; ein Band, welches nach vieljährigen Kämpfen der Graf Gerhard erkämpft und das Blut der heldenmüthigen Schauenburger besiegelt hatte; er zerreißt eine Vereinigung, welche die erste Bedingung in dem Vertrage war, den der erste Oldenburger mit den Ständen der Herzogthümer 1460 geschlossen hatte, als diese das Oldenburger Haus zu ihrem Regentenhause wählten. Diese theuer erkaufte, treu erhaltene, von den jedesmaligen Regenten immer auf's Neue beschworene Verbindung der Herzogthümer, die sollte dem Kopenhagener Pöbelhaufen zum Opfer gebracht werden, und das sollte den Herzogthümern die Antwort auf eine Vorstellung sein, die sie in der Absicht, Frieden zu erhalten, ihrem Landesherrn vortrugen! Richte darüber jeder unparteiische Mensch, und ich fürchte nicht, daß er sagen wird und zu behaupten vermag, daß diese Handlung des Königs eine Folge des Aufruhrs in den Herzogthümern gewesen sei; denn es ist wohl zu bemerken, daß die Antwort des Königs am 24. Vormittags gegeben ward, wo Niemand in Kopenhagen eine Ahnung von dem hatte, was sich an demselben Tage in Kiel und Rendsburg zutrug.

Trotzdem, daß weder die Deputation noch die in Copenhagen angestellten Schleswig=Holsteiner im Entferntesten wußten, was sich in den Herzogthümern an diesem Tage zutrug, hatte Jeder eingesehen, daß es unmöglich wäre, länger dort zu bleiben, wo eine so feindliche Stimmung gegen sein Vaterland sich zu entwickeln begann, und daß nur mit Lebensgefahr ein Schleswig=Holsteiner sich öffentlich zeigen konnte. Diese Facta werden gewöhnlich übersehen oder sind meistentheils gar nicht bekannt, aber sie beweisen klar, wo der Anfang zu dem Zerwürfniß zu suchen und zu finden ist.

Die Rückkehr der Deputation mit der trostlosen Antwort, ihre Erzählungen der überstandenen Gefahren bei Ausführung ihres Mandats, und die Ankunft so vieler Landsleute, über deren Verhalten und Schicksal manche Besorgniß gefühlt ward, gaben der allgemeinen Stimmung einen Impuls, der von Herrn Beseler benutzt wurde, um am 27. März in der provisorischen Regierung vorzuschlagen, Herrn Olshausen als Mitglied in dieselbe aufzunehmen. Da die Genehmigung dieser Proposition und die geschehene Aufnahme Herrn Olshausens in die Regierung von Vielen ihr zum Vorwurf gemacht worden sind, und auch sehr traurige Folgen gehabt haben, so will ich hier detaillirt über diese Sache mich äußern. Schon am 26. hatte Beseler sich gegen dritte Personen dahin geäußert: „wenn wir uns jetzt nur des Prinzen entledigen könnten, dann wäre ein großer Gewinn errungen." (Ein Ohrenzeuge hat mir dies im Jahre 1849 selbst erzählt). Beseler hatte es nämlich nicht mit seiner Idee vereinigen können, daß ich in der ersten Sitzung der provisorischen Regierung den Grundsatz aufgestellt hatte, wir müßten nur die Stelle der Immediatcollegien vertreten. Ueberhaupt waren ihm meine conservative Ansichten, sowie die Popularität, die ich damals genoß, sehr zuwider und seinen endlichen Plänen hinderlich. Graf Reventlow war zu dieser Zeit auch noch mehr auf meiner Seite, und Advokat Bremer neigte sich mehr dem Bestehenden zu. Beseler hatte also nur M. T. Schmidt für sich, und daher das Bedürfniß, eine Stimme mehr sich zu sichern, indem er die Aufnahme Olshausen's in die Regierung betrieb. Die Gründe, welche er hierfür in der Sitzung anführte, waren folgende: Olshausen stehe an der Spitze der liberalen Partei; wenn wir ihn nicht aufnähmen, würde er stets Opposition machen und dadurch die Einigkeit, welche jetzt erstes Erforderniß sei, beeinträchtigen; ferner habe er sich bereitwillig den Gefahren unterzogen, denen er in Copenhagen ausgesetzt gewesen sei und dafür müsse man ihm hier eine öffentliche Auszeichnung beweisen; drittens würde er ohne Zweifel von der am 3. April zusammentretenden gemeinschaftlichen Ständeversammlung in die provisorische Regierung gewählt werden und wir uns der Gefahr aussetzen, daß alsdann auch Advokat Clausen hineingebracht würde, während wir nach Olshausen's Aufnahme unseren Antrag bei der Ständeversammlung so zu stellen vermöchten, daß eine bloße Bestätigung der vorhandenen Mitglieder genügte. Mich mit einem in jeder Beziehung politisch so entgegenstehenden Manne, wie Olshausen, in demselben Collegium zu befinden, war natürlich eine ganz eigene Sache, und ich opponirte daher dem Vorschlage, wobei Graf Reventlow mich in vollem Maße unterstützte. Nach längerer Diskussion, in welcher besonders der Umstand: Clausens Eintritt in die provisorische Regierung zu verhindern, in Erwägung gezogen ward, willigten Graf Revent= low und ich ein, und Herr Olshausen ward als Mitglied der provisorischen Regierung aufgenommen.

Ich will mich hier nicht von der Schuld freisprechen, durch mein Nachgeben ein so intrigantes, dem Sinne unserer Prokla= mation so gänzlich heterogen gegenüberstehendes Individuum uns beigesellt zu haben; aber mir lag nichts mehr am Herzen, als eben die Erwägung, wie in der einen oder anderen Weise die Ruhe und Einigkeit am besten erhalten werden könne. Bei Graf Reventlow war es etwas anderes, und den ersten der vielen Fehler, welche ihm zur Last fallen, beging er hierbei. Mehrere angesehene Diplomaten, welche bei den größten eu= ropäischen Höfen als Gesandte des Königs von Dänemark accreditirt gewesen waren, hatten sich gegen ihn dahin ausge= sprochen, daß sie bereit wären, an diesen Höfen die Sache der Herzogthümer zu vertreten, wenn man im conservativen Sinne zu handeln fortfahren würde, und man namentlich Olshausen außerhalb der Regierung lassen wollte. Die Wichtigkeit, bei den Großmächten unsere Sache in dem richtigen Lichte erschei= nen zu lassen, und durch Männer, welche von früher her eine ausgebreitete Personalkenntniß besaßen, vertreten zu wissen, hätte Graf Reventlow einsehen müssen, und er hätte nur die Absicht der vorbezeichneten Männer können durchblicken lassen, um sicher zu sein, daß ich unter keiner Bedingung die Aufnahme Ols= hausen's gestattet haben würde. In den damaligen Tagen hatte die Intrigue gegen mich noch keine Wurzel geschlagen, und ein

unbedingtes „Nein!" von mir war genug, um die Sache ab=
zuweisen.

Der Geschäftsgang ward nun auch geregelt, da die Mitglie=
der sich durchaus in die Details mischen wollten, und zwar so:
daß Beseler die Präsidentur des Collegiums und die inneren,
so wie Reventlow die äußeren Angelegenheiten, ich die Kriegs=
angelegenheiten, Bremer die Justiz, Olshausen die Polizei und
M. T. Schmidt die Finanzen übernahm; dazu muß ich bemer=
ten, daß die bisherige schleswig=holsteinische Regierung in ihrer
Wirksamkeit bestehen blieb, von welcher alle Communal=, Wege=,
Polizei=, und Preßsachen ressortirten.

Um meiner Ansicht, daß dieser Behörde die ganze innere
Verwaltung übergeben werde, möglichst Nachdruck zu geben,
unterstützte ich aus allen Kräften den Vorschlag Beseler's, die
durch die Flucht des Kammerherrn von Scheel erledigte Präsi=
dentenstelle in der schleswig=holsteinischen Regierung durch den
aus Copenhagen angelangten Etatsrath Franke zu besetzen. Ob=
gleich ich diesen Mann nie für das Lumen gehalten habe, als
welches er durch seine Freunde der Welt vorgestellt wurde, so
kannte ich ihn als einen tüchtigen und energischen Geschäfts=
mann, und wußte, daß er sehr gerne seinen Einfluß so weit als
möglich ausbreitete. Wenn er folglich an die Spitze des schles=
wig=holsteinischen Regierungscollegiums kam, so zweifelte ich
nicht daran, daß seine Geschäftskunde, vereinigt mit seinem per=
sönlichen Verhältniß zu mehreren Mitgliedern der provisorischen
Regierung, es ihm leicht machen würde, die Mehrzahl aller lau=
senden Geschäfte in den Wirkungskreis seines Collegiums zu
ziehen, um solchergestalt den Unfug zu verhüten, der durch die
gänzliche Geschäftsunkunde der Mitglieder der provisorischen
Regierung dem Lande drohte. Franke ward zum Präsidenten

der schleswig=holsteinischen Regierung ernannt, und würde in dieser Stellung von großem Nutzen gewesen sein und sich um sein Vaterland unendlich verdient gemacht haben, wenn er nicht in die Nationalversammlung nach Frankfurt gekommen wäre, von wo er weder Ehre noch Vortheil zurückbrachte. Bevor ich auf meinen speziellen Wirkungskreis komme, will ich hier be= merken, daß die Wirksamkeit der provisorischen Regierung jetzt hauptsächlich im Anstellen der aus Copenhagen retournirten Schleswig=Holsteiner, im Absetzen der ihr verdächtig scheinenden oder ihr als solche unter der Hand bezeichneten Beamten, und in einer von Herrn M. T. Schmidt vorgeschlagenen totalen Veränderung der Kassenrechnung aller Hebungsbehörden bestand. Meine Herren Collegen wunderten sich dabei zu wiederholten Malen darüber, daß das Regieren nicht mehr zu thun gäbe.

Wie ich oben schon gesagt habe, die Provinzialversammlung der beiden Herzogthümer war zum 3. April in eine vereinigte Versammlung berufen.

V.

Erster Ausmarsch gen Norden.

———

Wenn meine Collegen nicht viel zu thun hatten, so lag mir
eine um so größere Last auf. Wie bereits gesagt, es existirte
von alle dem, welches eine Armee bildet und zur Bewegung
derselben gegen den Feind erforderlich ist, — nichts, als die
zum größten Theile noch auf Urlaub befindliche Mannschaft,
die für sie vorräthigen Montirungen und Waffen, und fast nur
1 Officier pr. Kompagnie, nebst einer beschränkten Zahl Unter=
officiere. Dann waren zwei complete 6 pfündige Feldbatterien,
eine 12 pfündige Reservebatterie und eine uncomplete 6 pfündige
Feldbatterie nach altem System brauchbar im Arsenal, aber
nur 80 Pferde vorhanden. Festungsgeschütze und eine Batterie
Belagerungsgeschütz befanden sich auch im Arsenal, aber die
Laffetirung der ersteren war so alt und von zweifelhafter So=
lidität, daß sie mehr zum Schein als zum wirklichen Gebrauch
auf die Wälle gebracht wurden. Was mir gänzlich fehlte, war
der Generalstab, der Artillerie= und Ingenieur=Stab, die ganze
Administrationsbehörde, das Verpflegungspersonal, das Hospital=
wesen, nebst drei Viertheilen der nöthigen Officiere, bei der Ar=
tillerie und dem Train alle Pferde, denn die vorhandenen hatten
genug mit dem Festungsdienste zu thun. Bei der Kavallerie
mangelten desgleichen einige hundert Pferde. Wer einigermaßen
einen Begriff davon hat, was alles erforderlich ist, um eine
große Anzahl Truppen in Bewegung zu setzen, der stelle sich

vor, daß ich erst am 24. März Nachmittags die genaue Zahl der vorhandenen Officiere ermitteln konnte, daß am 25 und 26. die nächst wohnenden Beurlaubten eintrafen und nun erst eingekleidet und bewaffnet werden mußten, nachdem sie 2½ Jahre die Garnison nicht gesehen hatten; und dennoch verlangte die provisorische Regierung, ich solle die vorhandenen Truppen sofort, also am 27. und 28. nach dem Norden senden, wie Beseler wünschte nach Habersleben! Dies Verlangen war zu unsinnig, denn einmal würde das Nachsenden der immer noch einkommenden Beurlaubten bei der Entfernung sehr bedenklich, andererseits aber das Blosgeben der rechten Flanke gegen Alsen ein solcher Fehler gewesen sein, daß fast jeder noch so wenig militärisch Gebildete denselben erkennen mußte, und ich in der That mich zu dem Glauben berechtiget fühlte, daß Beseler hoffte, ich würde mit den Truppen ziehen, und von den Dänen gefangen werden.

In diesem Drange der Umstände ernannte ich den Oberstlieutenant Fabricius zu meinem ersten, den Hauptmann Lesser zu meinem zweiten Adjutanten. Der Major du Plat vom Generalstabe, aus einer deutschen Familie stammend, in Dänemark aber geboren, konnte eigenthümlicher Verhältnisse halber nicht im Felde, seinem Bruder gegenüber dienen; er übernahm aber die Leitung des Büreau's, und so bildete sich durch Anstellung mehrerer Canzelisten und Schreiber nach und nach das spätere Kriegsdepartement. Der Oberauditeur Brackel wurde Oberkriegscommissair und erhielt die Kassenführung, der Direktor Lüttgens die Ordinateurgeschäfte, der Regimentsquartiermeister Boysen als Oberverpflegungscommissair das Verpflegungswesen der im Felde stehenden Truppen, und Etatsrath Professor Langenbeck ward Generalstabsarzt. Jeder mußte sich sein Büreau

bilden und mir Abends melden, wie sein Geschäft fortgeschrit=
ten sei.

Die Landschaft Eiderstedt, welche mir persönlich allzeit sehr
zugethan war, schrieb mir am 26. März, daß sie mir 100 Pferde
zur Disposition stelle, und sich ausbäte, die sogenannte Eider=
stedter Garde mir zu schicken. Ich nahm beides sehr dankbar
an und schrieb sogleich an die Landschaften Dithmarschen, deren
Gouverneur ich einst gewesen war, ob sie nicht auch ein ähn=
liches Geschenk machen wollten; diese vaterländisch gesinnten
Friesen zögerten nicht einen Augenblick, sondern jede der Land=
schaften sandte 100 Pferde; in dieser Weise hatte ich also 300
Pferde für die Artillerie bekommen, und es konnten hiermit die
2 Feldbatterien sofort marschfertig gemacht, wie auch ein Theil
Train bespannt werden. Im Laufe der folgenden Tage kaufte
ich noch 4 bis 500 Pferde, welche in Folge ergangener Be=
kanntmachung von der Umgegend Rendsburg's mir angeboten
wurden.

Die Kieler Studenten und das Turnercorps hatte ich dem
Lauenburger Jägercorps unter dem Kommando des Hauptmanns
Michelsen abjungirt, weil dieser von Kiel her eine Art Autori=
tät bei ihnen war; und hatte ferner, um die jungen Leute den
Versuchungen einer Stadtgarnison zu entziehen, sie auf die
Dörfer vor Rendsburg verlegt.

General Krohn kam Sonntag Mittag aus Glücksburg an,
und ich übergab ihm das Kommando sämmtlicher Truppen, die
am Dienstag Morgens Rendsburg verlassen sollten, mit der
Instruktion, bis Flensburg zu marschiren und eine Avantgarde
nach Apenrade vorzupoussiren, während er die Straße nach
Sonderburg beobachten ließ.

Damit dieser Vormarsch um so schneller gehen möge, ließ

ich die nöthige Anzahl Wagen vom Lande requiriren und die halbe Mannschaft wechselsweise fahren und marschiren. Dies war ein Fehler, der später, besonders im Jahre 1850, zu Unfug Anlaß gab, indem bei allen Märschen die Tornister gefahren wurden. Der Soldat muß nicht allein seine Füße zur Fort-bewegung gebrauchen, er muß auch sein Gepäck selbst tragen, sonst wird er immer von Zufälligkeiten abhängig, wird mehr an sein Hab und Gut, als an seine Pflicht denken, und befällt Truppen ein Unfall, dann geht die Bagage verloren, oder wird längere Zeit hindurch entbehrt. — So ging es der russischen Infanterie bei Austerlitz; sie hatte die Tornister hinter die Front gelegt und, als das Gesecht die veränderte Stellung der verschiedenen Divisionen herbeiführte, kamen die Regimenter von ihren Tornistern fort und bekamen sie auch nicht wieder zu sehen. Als die Engländer in der Krim landeten, glaubte Lord Raglan, bei der warmen Temperatur und dem Mangel an Wasser den Truppen eine Erleichterung für den bevorstehenden Marsch nach Sebastopol dadurch zu schaffen, daß er die Torni-ster an Bord der Transportschiffe ließ, die der Armee längs der Küste folgen sollten. Es kam aber zur Schlacht an der Alma, zu dem darauf folgenden sehr langsamen Vorgehen, und endlich zu dem anfangs so hoch gepriesenen, jetzt doch mit Recht mehr getadelten Flankenmarsch nach Balaclava. Die Flotte segelte fort, unabhängig von der Armee, und so geschah es, daß meh-rere Regimenter erst nach 6 Wochen, wo schon die rauhe Wit-terung begonnen hatte, ihre Tornister wieder bekamen. Also die Wäsche, die Strümpfe, jeder Kamm und jede Bürste, ja auch die Stopfnadel und Zwirn, um ihre Kleider auszubessern, fehlten den Leuten.

Diese Bemerkung soll den Unwissenden dienen, die da glauben es sei eine Härte, den Soldaten sein Gepäck tragen zu lassen. Wie viel größer ist indeß die Plage, ohne Wäsche und Reinlichkeit mehrere Wochen im Felde zu liegen.

Durch die Hülfe der Wagen wurde es dem General Krohn möglich, schon am Mittwoch Vormittag, den 29., Flensburg zu erreichen, und das derzeitige 5. Jägercorps mit dem annexirten Studenten= und Turnercorps nördlich gegen Apenrade vorzupoussiren, wo es am 30. einrückte. Der Kommandeur Hauptmann Michelsen überzeugte sich aber von der ausgesetzten Stellung, in welcher er sich hier befand, und marschirte Tags darauf wieder nach Flensburg zurück. Die Truppen, welche General Krohn unter seinem Kommando hatte, bestanden aus dem 1., 2., 3. und 4. Infanterie=Bataillon, dem 1. und 2. Jäger= corps, den Stämmen des 1. und 2. Dragoner=Regimentes und den Studenten= und Turnercorps, nebst 2—6 pfündigen Feld= batterien, jede von 8 Geschützen. Die Stärke der Bataillone war in den Tagen, wo noch bei weitem nicht die Hälfte der permittirten Mannschaft eingekommen war, nicht über 400 Mann, bei der Kavallerie bestand die Anzahl aus nicht mehr, als aus 250 Köpfen per Regiment. Die numerische Stärke überstieg demnach nicht die Zahl von 2500 Mann, die unter den Waffen standen; denn wenn sie auch auf 2700 damals angegeben ward, so war darin alles Personal mitgerechnet, welches einer Truppe folgt, das aber nicht vor den Feind tritt. Man wird sich leicht davon überzeugen, daß General Krohn jeder billigen Forderung entsprach, wenn er Flensburg besetzt hielt.

Während des Verlaufs dieser Woche kamen immer mehr Beurlaubte ein, so daß ich sowohl an Infanterie als Kaval= lerie täglich Detaschements zur Kompletirung der Bataillone und Regimenter nachsenden konnte. Auch die freiwillig dienenden

Nicht-Militairpflichtigen strömten herbei und am 30. marschirte das 1. Freicorps, 500 Köpfe stark, die erste Kompagnie aus den Brallower Schützen gebildet, unter dem Kommando des Majors v. Krogh aus Rendsburg ab, und zwei Tage später das 2. oder Ranzau'sche Freikorps, 600 Mann stark, die erste Kompagnie aus jungen Leuten der gebildeten Stände bestehend, unter der Führung des Grafen Ranzau-Breitenburg nach Norden. Von diesem edlen Geschlechte, welches jederzeit mit seinem ritterlichen und patriotischen Sinne unter den ersten in der Vertheidigung der Rechte und der Grenze der Herzogthümer sich befand, fochten noch 4 jüngere Söhne unter den Studenten mit.

Weil die Sachen nun doch eine ernstere Wendung nahmen (denn Anfangs hatte ich die Ansicht, daß es zum wirklichen Kriege gar nicht kommen würde), ließ ich auch die 7- und 8jährige Mannschaft einrufen, und bildete aus dieser ganz besondere Bataillone, nämlich das 5. unter der Führung des am 3. April angekommenen Majors von Zastrow, und das 6. unter der Führung des sich zum Dienst meldenden Majors von Hedemann. Den Kompagnien wurden preußische Officiere zugetheilt. Die Einmontirung war indeß sehr mangelhaft, da für diese Mannschaft auf den Montirungskammern keine Bekleidung vorräthig war. Die Bewaffnung geschah aus dem Arsenal. An Unterofficieren war besonders Mangel; daher ist es ein wahres Wunder, daß sich diese Truppen noch so gut herausarbeiteten, und muß ich hier wieder die hierbei sichtbar gewordenen Verdienste der preußischen Officiere preisen. Von diesen kamen jetzt täglich immer mehrere an, die mir und der ganzen Organisation von größtem Nutzen waren. Im Laufe der ersten Woche marschirte auch das 6. Bataillon nach Flensburg, und am 4. April das 3. Freicorps unter Major H. v. Wasmer, welches aber aus Leuten bestand, von denen viele niemals eine Flinte in der Hand gehabt hatten. Der General Krohn sandte dasselbe des= halb nach Cappeln zurück, theils um es daselbst etwas in dem Gebrauch der Waffen üben zu lassen, theils um nicht zu viele undisciplinirte Truppen auf einer Stelle zusammen zu haben, wo von einem Theile der Stadtbewohner alles aufgeboten ward, die Soldaten zu indiscipliniren. Am 2. April ging ich selbst nach Flensburg, um mich von den dortigen Verhältnissen zu überzeugen, und brachte den Hauptmann v. Katzler aus dem 2. preußischen Garderegiment, zum General Krohn, um als Chef seines Stabes zu fungiren. Auch die Hauptleute von der Heyde und Sandrart waren mir gefolgt, und jeder übernahm eine Kompagnie im 1. Jägercorps. Die Besichtigung der Stellung von Bau bis Krusau überzeugte mich davon, daß auf einen längeren Widerstand bei der Ausdehnung derselben unter den jetzigen Stärkeverhältnissen nicht zu rechnen sei. Der General Krohn hatte es versäumt, größere Recognoscirungen zu machen, bei welchen die Truppen sich an's Feuer gewöhnen konnten. Dies ward daher am 4. April unter der Leitung des Haupt= mann v. Katzler begonnen, indem eine Recognoscirung nach Hokerup, wo es zum Wechseln einiger Schüsse kam, unternom= men ward.

Alsen war von einem Theil der dänischen Armee besetzt, der seine Vorposten in Sundewit bis Rinkenis und Hokerup vor= geschoben hatte, der andere Theil derselben, nämlich die Kaval= lerie, rückte von Jütland durchs nördliche Schleswig heran. Im Laufe der Woche vom 2. bis 9. April stieg die Anzahl der Truppen unter General Krohn's Befehl durch die fortwährende Zusendung von einkommenden Beurlaubten und der 3 Freicorps bis auf 6150 Mann; davon ging indeß das 3. Freicorps mit

450 Köpfen ab, also war ihre numerische Stärke 5600 Bajo=
nette und Säbel; doch sind hiervon die geborenen Lauenburger
abzuziehen, so daß nach gleichzeitiger Abrechnung der Kranken und
Officiersbedienten, nicht viel mehr als 5000 wirklich Waffentra=
gende gerechnet werden können.

VI.

Bestätigung der Prov. Regierung durch den Bundes-tag. Lauenburgs Verhältnisse. Andere Vorfälle als Kennzeichen der Zeit.

Es ist nöthig, hier wieder auf die politischen Verhältnisse zurückzukommen, um die allgemeine Auffassung nicht zu schwächen.

Die provisorische Regierung hatte an den König von Däne-mark ein allerunterthänigstes Memorandum gerichtet, in welchem sie die Motive ihres Verhaltens ausgesprochen und die Erklä-rung gegeben hatte, sofort die Zügel der Leitung Se. Majestät wieder zu überliefern, wenn Allerhöchst dieselbe den billigen Wünschen des Landes Gehör gegeben haben werde. Die Ant-wort, welche ihr ertheilt ward, war, daß die Personen, welche diese Eingabe gemacht hatten, zur strengsten Verantwortung ge-zogen werden würden; das hieß nach der derzeitigen Stimmung in Copenhagen, daß wir gehenkt werden sollten. Daß diese Auffassung die richtige ist, geht aus folgendem Factum hervor. Nach der Schlacht von Schleswig, wo ein großer Theil des Terrains mit hunderten von weggeworfenen Tornistern besäet war, ließ ich diese aufsammeln, um sie dem 5. und 6. Bataillon zu geben, die nur leinene hatten bekommen können. In jedem einzelnen Tornister befand sich ein Steindruck, der mich mit einem Strick um den Hals vorstellte. Auf Befragen der Gefangenen über dieses empörende Konterfei, sagten sie aus, daß auf aller-höchsten Befehl jedem Soldaten der dänischen Armee ein solches Bild zugetheilt worden sei. Die königliche Antwort hieß also so viel, als: Rechte erkennen wir nicht an, Wünschen geben wir kein Gehör, aber Strafe und R a ch e wollen wir üben.

Gleichzeitig mit der Eingabe an den Landesherrn hatte die provisorische Regierung ein Promemoria nach Frankfurt an den Bundestag gesandt, in welchem sie ebenfalls die Gründe ent= wickelte, die ihre Schritte geleitet hatten, und den hohen Bun= destag um seine Unterstützung bat. Der Bundestag, welcher damals noch in voller Wirksamkeit bestand, beauftragte den Kö= nig von Preußen sofort mit der Ueberwachung des am 17. September 1846 gegebenen Beschlusses in Sachen der Herzog= thümer, und erließ unter dem 9. April ein Schreiben an die provisorische Regierung, in welchem er ihre Stellung anerkannte, sie für ihr Vorhaben b e l o b t e und a u f f o r d e r t e, in ihrer Wirksamkeit f o r t z u f a h r e n.

Der König von Preußen hatte unter dem Befehle des Oberst v. Bonin, bei Havelberg schon eine Brigade zusammenziehen lassen, dieser fügte er 2 der aus Berlin zurückgezogenen Garde= Regimenter bei, nebst dem 2. Kürassier=Regimente, 2 Schwadro= nen des 3. Husaren=Regimentes und einigen Batterien Artillerie und sandte sie nach Rendsburg, wo der Oberst v. Bonin sich am 3. Abends bei mir meldete. Er ging am 4. Morgens wie= der nach Hamburg zurück, wo an demselben Tage die erste Ab= theilung seines Truppencorps einzog, um am 5. weiter nach Rendsburg zu gehen. Es langten an diesem Tage die beiden Grenadier=Bataillone des Alexander=Regimentes an, und an allen nachfolgenden Tagen zog das preußische Militär, so viel als die Eisenbahn im Stande war deren zu befördern, ein. Weil aber dasselbe damals nur als Bundesexecutionscorps zu betrachten war, so überschritt es nicht die Grenze des Herzog=

thums Schleswig. Es gewährte uns dennoch den großen Vortheil, daß wir jetzt Rendsburg unbesorgt vor einem dänischen
Ueberfall von Eckernförde her verlassen konnten. In Folge dessen
marschirte der Major v. Zastrow mit dem 5. Bataillon, 900
Mann stark, der 4. Schwadron des 2. Dragoner-Regimentes,
160 Pferde, und einer halben 3 pfündigen Batterie nach Schleswig,
um daselbst theils das Bataillon noch etwas einzuexerciren, theils
auch um als Reserve für General Krohn zu dienen.

Wie ich oben angeführt habe, verließen die gebornen Lauenburger nach und nach das 2. Jägercorps unter dem Vorwande,
sie hätten mit dem Streite der Herzogthümer und Dänemarks
nichts zu thun. Hierin gab ich ihnen vollkommen Recht
und befahl, daß man sie ungehindert gehen lassen möchte; nur
sollten sie ihre Waffen und Montirungsstücke in Rendsburg ab-
liefern.

Es möchte hier am Orte sein über das Herzogthum Lauenburg zu sprechen, weil seine Sache später mit der Sache der
Herzogthümer indentificirt worden ist, und weil sich dadurch
recht deutlich die Motive, welche die dänische Regierung in der
ganzen Angelegenheit leiteten, erkennen lassen.

Lauenburg war wie bekannt in Folge eines Austausches gegen das frühere „Schwedisch-Pommern", welches Dänemark im
Wiener-Kongresse als Entschädigung für Norwegen erhielt, im
Jahre 1815 an die dänische Krone gekommen unter Bestätigung
seiner Verfassung und seiner anderen Landesrechte. In den
inneren Verhältnissen war wenig geändert, es fungirte allda
ein Gouverneur mit einem Regierungs-Kollegium, und der
Ueberschuß der Steuern floß mit circa 160 bis 170,000 Reichs-
thalern jährlich in die dänische Finanzkasse. Zu dem sogenannten Lauenburgischen, späterem 5. Jägercorps, lieferte das Her-

zogthum reichlich die Hälfte der Mannschaft, als seine Rate der vorschriftsmäßigen Aushebung. Durch den offenen Brief von 1846 war selbstverständlich kein Haar in den Lauenburger Rechtszuständen gekrümmt, wie es überhaupt von Schleswig-Holstein als ein unbekanntes Ländchen angesehen wurde. Das Patent vom 28. Januar 1848 zog es allerdings mit in die Berathung wegen einer Gesammtverfassung für die Monarchie, allein dies konnte bei den ihm einmal garantirten inneren Verhältnissen keine Gefahr für seine Rechte bringen. Als im März 1848 der allgemeine Schwindel durch ganz Deutschland ging, und die Lauenburger von unserer Bewegung in den Herzogthümern hörten, wurden auch dort viele Gemüther aufgeregt und einzelne Beamte weggejagt; übrigens blieb alles in seinem gewohnten Geleise, bis später der Bundescommissär Welker ankam und den Gouverneur absetzte.

Der dänische Officier, der das in Ratzeburg stationirte Detaschement des 5. Jägercorps am 24. März commandirte, verließ sein Kommando, und der älteste Unterofficier führte die 50 Jäger nach Rendsburg, woselbst er sich bei mir meldete. Ich ließ ihn zu seinem in Flensburg stationirten Korps abmarschiren. Ob nun die Verbindungen der dänisch-gesinnten Flensburger, oder angeborner Widerwille gegen Kriegsbeschwerden und Gefahren, welcher dem niedersächsischen Landbewohner innewohnt, die Ursache war, lasse ich dahingestellt bleiben; es ist indessen Thatsache, daß die eingebornen Lauenburger zum größten Theil beim Korpscommando sich dahin erklärten, daß, da Lauenburg nicht mit in den obwaltenden Streit verwickelt sei, sie nicht gegen die Dänen fechten wollten. Dies meldete mir General Krohn. Ich gab ihm Befehl, sofort alle Lauenburger, welche es verlangten, zurück zu senden, und benach-

richtigte die Oberbehörde in Lauenburg von dieser Maßregel.
Später, in der Mitte des Monats Mai, gab mir General v. Wran=
gel als Bundes=Oberbefehlshaber die Ordre, zwei Officiere
nach Rendsburg zu senden, um die dort wieder in Folge von
Befehlen aus Frankfurt von Lauenburg hinbeorderten Lauen=
burger Jäger in Empfang zu nehmen und meinem Truppen=
corps zuzuführen. Die 2 Kompagnien stießen auch wirklich am
25. Mai an der jütländischen Grenze zu uns, waren aber so
unwillig und nachläßig, daß ich sie bald wieder nach Heide in
Dithmarschen zurücksandte, um sie besser zu discipliniren, wäh=
rend ich darüber correspondirte, mir sie vom Halse zu schaffen.
Nach weitläufigem Hin= und Herschreiben glückte es endlich, sie
los zu werden, und nachdem sie sich durch ihr Benehmen den
Namen „Laufenburger" zugezogen hatten, ließ ich sie wieder nach
ihrer Heimath zurückführen, wo sie zu einem eigenen Bataillon
organisirt wurden.

Die Verhältnisse in Lauenburg wurden von der Frankfurter
Versammlung in die Hand genommen. Zuvörderst wurde ein
Kommissarius hingesandt, später ein Statthalter eingesetzt, und
so auf kurze Weise die dänische Herrschaft ganz annullirt,
während in den Herzogthümern Schleswig und Holstein nach
den Waffenstillstandsbedingungen von Malmö seit dem 12. Au=
gust 1848 die dänische Oberhoheit durch die gemeinschaftliche
Wahl der gemeinsamen Regierung ausdrücklich und factisch an=
erkannt wurde. Trotz dem aber ward nach dem Friedensschlusse
von 1851 und 1852 Lauenburg als ein sehr loyales Land
gepriesen und behandelt, während Schleswig=Holstein auf die
empörendste Weise sich gemißhandelt sah. Nur auf eine Per=
sönlichkeit concentrirte sich der Grimm der Dänen, nämlich
den Kapitän du Plat, der allerdings dem dänischen Ingenieur=

corps angehörte, aber von diesem abcommandirt und als Chaussee=
inspektor im Herzogthum Lauenburg angestellt war. Als im
Frühjahr 1848 die Erhebung Schleswig=Holsteins stattgefunden
hatte, ward ihm von dem Chef des Ingenieurcorps, General
v. Quade Befehl ertheilt, sich fertig zu halten, um auf den ersten
Befehl Lauenburg verlassen zu können. Dieser Befehl kam nicht,
und du Plat blieb in seiner Civil=Anstellung ganz ruhig auf
dem ihm angewiesenen Posten, der mit den politischen Verhält=
nissen des Landes in gar keiner Berührung stand. Als in Folge
des Krieges mit Dänemark der Geheimrath Welker von der
Frankfurter Nationalversammlung mit der Einsetzung einer in=
terimistischen Regierung zur Verwaltung Lauenburgs während
des Krieges beauftragt worden war, verlangte dieser von sämmt=
lichen Beamten einen Revers, daß sie sich den Anordnungen der
vom deutschen Bunde eingesetzten Regierung unterwerfen und
während des Krieges ihre Verbindung mit den Behörden in
Kopenhagen einstellen wollen. Da hiervon durchaus nur der
Geschäftsgang berührt wurde, und die Rechte des Königs als
Landesherrn im Revers ausdrücklich vorbehalten wurden, konnte
du Plat denselben ohne Bedenken ausstellen, zumal er von sei=
nem Posten nicht abberufen worden. Ein Schreiben des General
Quade nach dem Abschlusse des Waffenstillstandes, betreffend
Einsendung seines Officierpatents zum Umtausch, als Folge des
Thronwechsels, konnte er des gegebenen Reverses wegen nur in
privativer Form beantworten. Du Plat verwaltete ruhig sein Amt
während der Jahre 1849, 50 und 51, nachdem die Königliche
Autorität bereits im Januar 1851 in Lauenburg wieder her=
gestellt war; wie mußte er jedoch erstaunen, als er im Frühjahr
1852 seinen Namen auf der Liste der Officiere fand, die wegen
Gebrauch der Waffen gegen Dänemark exilirt wurden! Er wandte

sich an den Grafen Reventlow = Criminil als Minister für Lauen=
burg, auf dessen Befehl er sein Amt fortsetzte. Bereits
früher hatte er sich mit einem Gesuch an den König gewandt,
damit seine Verhältnisse endgültig regulirt werden möchten.
Diese Bittschrift hatte eine Königliche Resolution vom 19. Sep=
tember 1851 zur Folge, dahin lautend: daß Se. Majestät
in Erwägung der ihm vorgetragenen Umstände sich bewogen
gefunden habe, den Minister für Lauenburg zu autorisiren, mit
dem Kriegsminister in Korrespondenz zu treten wegen du Plat's
frühern militärischen Verhältnissen, eventuell wegen seiner Ent=
lassung aus dem Militärdienst. Dabei bestätigte der Kö=
nig denselben bis weiter in seinem Posten als Chaussee=Inspektor,
und bestimmte ferner, daß er auch mit der Besorgung der Land=
wege=Inspektoratsgeschäfte beauftragt werden sollte für den Fall
der Pensionirung des Landwege=Inspektors. Trotz dieser Kö=
niglichen Resolution, die als eine Königliche Begnadigung
angesehen werden darf, konnte der Minister für Lauenburg
du Plat nicht schützen, da der Kriegsminister Hansen keine Rücksicht
auf dieselbe nahm. Die Sache endigte damit, daß du Plat im
Frühjahr 1852 vor ein in der Stadt Schleswig tagendes Kriegs=
gericht gestellt wurde. Nach Verlauf von 8 Monaten ward
ihm ein Urtheil publicirt, wonach er als Deserteur und wegen
Eidbruchs zum Verluste seiner Charge und Ehre condemnirt
ward. Die Ehre gab der König aus besonderer Gnade ihm
wieder, bestätigte aber sonst das Urtheil.

Diese Bemerkungen über Lauenburg habe ich hier zusam=
mengestellt, theils damit ich nicht genöthigt werde, in der Dar=
stellung des ferneren Verlaufs der Begebenheiten mich durch deren
Auseinandersetzung aufhalten zu lassen, theils damit man gleich
übersehen kann, welche Rechtsprincipe und Begriffsverwirrungen

in Kopenhagen vorherrschend waren. — Von Dänemark aus war, wie oben bemerkt, der provisorischen Regierung die strengste Strafe angedroht, vom Bundestage in Frankfurt sie belobt und gebeten worden in ihrer Thätigkeit fortzufahren; sie selbst hatte beim Zusammentritt der vereinigten Provinzialständeversammlung am 3. April aber erklärt, in die Hände derselben ihre Autorität niederlegen zu wollen, damit diese Versammlung über die fernere Leitung der Landesangelegenheiten bestimmen könne. Der 3. April brachte die Provinzialstände zum ersten Mal vereinigt zusammen. Der erste Act der vereinigten Provincialstände durch den Kirchenbesuch war feierlich und ergreifend, das Sitzungslokal aber weniger ansprechend, indem man das Theater hierzu erwählt und eingerichtet hatte. Die Abstimmung in der ersten Sitzung bestätigte die provisorische Regierung in ihrer Wirtsamkeit und die bisherigen Mitglieder in ihrer Theilnahme an derselben.

Die Kieler Demokraten versuchten an eben demselben Tage in Rendsburg einen Krawall zu Gunsten ihrer Leute zuwege zu bringen, um die Wahl einiger derselben in die provisorische Regierung zu erringen; aber die conservativen Landleute warfen diese Männer, welche sich auf dem Markt auf Tische gestellt hatten, während sie die Volksmenge harangirten, ohne weitere Umstände mit einem soliden Griffe in die Halsbinde von ihrem erhöhten Standpunkte herunter, und damit hörte die ganze Komödie auf.

Von diesem Tage stammte das spätere Zerwürfniß, welches sich zwischen mir und meinen Collegen nach und nach so ausbildete, daß ich aus aller Verbindung mit Leuten treten mußte, in deren Fähigkeiten ich mich eben so sehr als in ihrem Character getäuscht hatte.

Wie überall in Deutschland im Jahre 1848, sollten auch in

den Herzogthümern die unschuldigen Rehe und Hasen dem öffent=
lichen Unwillen erliegen. So sehr hatte Herr Olshausen die
Mitglieder der provisorischen Regierung mit dem angeblichen
Unwillen der ländlichen Bevölkerung über die Jagdgerechtigkeit
der Krone und Gutsbesitzer in Schrecken gesetzt, daß mehrere
derselben befürchteten, die Bauern des Amtes Rendsburg wür=
den sich zum Aufstand erheben, falls man nicht sofort die Jagd
frei gebe. Ich war aber immer auf dem Standpunkte, daß
wir die bestehenden Gesetze, Rechte und die öffentliche Ordnung er=
halten wollten, also nicht solche Eingriffe in die Rechte der Krone
und der Privaten uns erlauben dürften, und erklärte mich in
der Sitzung der provisorischen Regierung gegen diese Maßregel.

Von Morgens 6 Uhr bis Abends 11 Uhr fortwährend
durch die Formirung, Equipirung und Absendung der neu ge=
bildeten Bataillone, Korps und Reiterabtheilungen, durch zum
Dienst bei uns sich meldende Officiere, durch Besprechungen mit
dem Obersten Bonin und andern Officieren der preußischen
Truppen u. s. w. in Anspruch genommen, konnte ich unmög=
lich viele Zeit in den Sitzungen der provisorischen Regierung
verlieren, und hatte hierzu um so viel weniger Veranlassung,
als keine laufenden Geschäfte darin vorkommen konnten, wenn
wir unseren Standpunkt inne hielten. Was nun die anderen
fünf Mitglieder im Konseilzimmer vorhatten, weiß ich nicht; ich
glaube aber, daß sie dort ganz gemüthlich die Zeit verschwatzten
und dadurch Herrn Olshausen Gelegenheit gaben, bei seiner Ge=
wandtheit der Rede sie zu allerhand überstürzenden Ansichten hin=
zuleiten. Wahrscheinlich war es denn auch das Resultat solch
einer Unterredung, welches den Grafen Reventlow zu mir führte,
um mich zu bereden, der projektirten Jagdfreiheit meine Zu=
stimmung zu geben. In dem sich entspinnenden Gespräch führte

der Graf unter anderen Gründen auch an: „uns beiden kann dies ziemlich gleichgültig sein, denn unsere Gutsangehörigen sind ja Zeitpächter." Erstaunt sah ich ihn an, und erwiderte: „Ich bitte Sie, sind das Betrachtungen und Gründe, die bei Beurtheilung einer gesetzlichen Bestimmung in Erwägung kommen dürfen? Wir sollen die Rechte Anderer schützen und nicht unseren eigenen Vortheil oder Schaden erwägen?" Dies Gespräch öffnete mir über die Charakterfestigkeit des Mannes die Augen. Es wurden immer mehr und mehr Angriffe gegen mich unternommen und die Sache so als nöthig zur Erhaltung der Ordnung und Einigkeit von so verschiedenen Seiten mir vorgestellt, daß ich endlich am 1. April Abends, ehe ich den nächsten Morgen nach Flensburg ging, nachgab und in der Sitzung der provisorischen Regierung genehmigte, daß der am 3. April zusammentretenden Provinzialständeversammlung eine Proposition dahin lautend vorgelegt würde: „Die Jagdgerechtigkeit solle jedem Besitzer eines Grundstückes auf demselben zustehen."

Als ich in der Nacht zwischen dem 2. und 3. April aus Flensburg retournirte, hatte ich selbstverständlich keine Zeit, mich um die gedruckten Vorlagen für die Ständeversammlung zu bekümmern, und sah dieselben erst durch, als ich mich auf meinen Platz im Versammlungslokal gesetzt hatte. Man kann sich mein Erstaunen denken, als ich bei der Jagdproposition die Worte eingeschaltet fand hinter „jedem Besitzer," — „denen Erbpächter gleich zu achten sind." Dies änderte namentlich im Herzogthum Schleswig, wo ein großer Theil der Krondomainen in Erbpacht gegeben ist, den ganzen Sinn der Sache, wie sie am 1. April von uns beschlossen wurde. Ich fragte nach der Sitzung den Grafen Reventlow, wie eine solche Abweichung von dem einmal gefaßten Beschlusse hätte geschehen können, und wie so etwas mir nicht mitgetheilt worden sei? Er antwortete, daß es ihnen in meiner Abwesenheit nöthig erschienen wäre, die Erbpächter mit in die Jagdberechtigung hinein zu ziehen. Also konnte ich mich auf die gefaßten Beschlüsse nicht mehr verlassen! In diesen Tagen fingen auch die persönlichen Verfolgungen an; z. B. forderte die provisorische Regierung von mir, daß ich den Oberst v. Seyffarth (Kommandant von Rendsburg) verabschieden sollte, weil er dänische Sympathien hege; und der pensionirte Oberst v. Hoegh sollte Rendsburg verlassen, weil er Spion sei; so auch sollten von den tüchtigsten Unterofficieren der Artillerie, die später sehr hochgeschätzte Männer waren, als ich sie zu Officieren ernannte, Jordan, Christiansen und Peters ꝛc., entfernt werden, weil sie dänisch gesinnt wären! Ja, sogar Kapitän Donner und die beiden Brüder Christensen, der Deichinspektor und der Wasserbaudirektor, wurden verdächtigt, und von mir verlangt, daß ich sie nicht anstelle. Den Oberst Seyffarth, der sein ganzes Leben hindurch ein Mantelträger gewesen war, ließ ich mit vollem Gehalt abgehen. Der Oberst Hoegh stand nicht unter mir; also überließ ich dies der Festungspolizei. Die anderen Männer erklärte ich aber für völlig rein in ihrer Gesinnung, und wies diese Beschuldigung in der Regierungssitzung ohne weiteres als faule Intrigue zurück. Die beiden Christensen haben mir später ihre Verwunderung darüber ausgesprochen, daß ich sie nicht in den Militärdienst wieder aufnahm, sondern ihnen sagte, sie möchten ihre Civilämter fortführen. Der Grund hierzu ist aber leicht einzusehen, denn ich wollte so anerkannt tüchtige und patriotische Leute nicht weiteren Verfolgungen aussetzen.

Bei dieser Gelegenheit muß ich eines entgegengesetzten Falles erwähnen, der mir später zum Vorwurfe gemacht ward. Als nämlich im Herbst 1850 unter dem Kommando des Generals

Willisen der in jeder Beziehung unverantwortliche Angriff auf Friedrichstadt gemacht worden war, der, wie jeder es hätte voraussehen können, mit der Einäscherung der Hälfte der eigenen Stadt, einem bedeutenden Verlust an Todten und Verwundeten und einem totalen Abschlag endete, sollte ich, der seit 2 Jahren zurückgetreten war und seit 6 Monaten ruhig in den Sudeten lebte, dennoch dafür den Sündenbock abgeben, indem es in den öffentlichen Blättern hieß: „der Angriff auf Friedrichstadt ist nur verunglückt durch die umsichtigen Maßregeln, welche der dortige Kommandant Oberst v. Helgesen getroffen hatte, dieser ausgezeichnete Mann, der im Frühjahr 1848 der provisorischen Regierung seine Dienste anbot, vom Prinzen von Noer aber auf eine höhnische oder barsche Weise zurück gewiesen ward u. s. w." Diese schönklingende Phrase ward dadurch veranlaßt, daß die älteren Soldaten, welche unter mir gedient hatten, sich im Gespräche dahin äußerten, falls ich sie noch kommandirt hätte, würden solche tolle Sachen nicht vorgekommen sein. Auf dergleichen Aeußerungen mußte sofort ein Dämpfer gedrückt werden, und deßhalb der Zeitungsartikel.

Die angeblich höhnische oder barsche Zurückweisung Helgesens war folgende: Er war ein geborner Norweger, der den militärischen Dienst verlassen hatte, nachdem er mit der Okkupationsarmee aus Frankreich 1819 zurück gekommen; ich glaube er hatte später in Griechenland oder Algier noch etwas Krieg gesehen und lebte jetzt seit einigen Jahren auf Johannisberg beim Landinspektor Tiedemann, wo er als passionirter Jäger die Jagd exercirte. In der zweiten Woche nach der Erhebung ließ er sich, wie so viele Andere, bei mir mit der Erklärung melden, bereit und willig in Dienst treten zu wollen. Ob er dies aus Interesse für unsere Sache that, oder der Ueberredung Tiedemann's folgend, oder, was mir wahrscheinlicher ist, um sich der Verdächtigung zu entziehen, kann ich natürlich nicht bestimmen. Einen nicht einheimischen früheren dänischen Officier aber in einem Augenblicke, wo sogar die Ein= heimischen verfolgt wurden, anzustellen und diesem ein Bataillon zu geben, indem er Oberstlieutenant war, und denselben also unseren Schleswig = Holsteinern vorzuschieben, das konnte mir im Entferntesten nicht einfallen. Ich eröffnete daher meinem persön= lichen Adjutanten, Hauptmann v. Berger (dessen Dienstverrich= tung damals darin bestand, die meine Thür Bestürmenden zu em= pfangen, zu verzeichnen und nach meiner Entscheidung zu bescheie= den): sagen Sie dem Oberstlieutenant v. Helgesen, „daß ich ihm für sein Interesse für unsere Sache vielmals danken ließe, daß ich mich aber außer Stand fühlte, ihm eine seiner Anciennetät ent= sprechende Anstellung zu geben.“ Ob diese Antwort barsch oder höhnisch war, überlasse ich dem Urtheile der Leser, aber ich bitte zugleich zu bedenken, welch ein Zetergeschrei die provisorische Regie= rung erhoben haben würde, wenn ich diesen so zu sagen dänischen Officier angestellt hätte. Herr Helgesen ging sofort nach Kopen= hagen und trat daselbst in Dienst gegen uns. Tiefer waren seine Sympathien für die schleswig = holsteinische Sache nicht.

Diese Details führe ich hier an, damit der Leser sich das Bild der damaligen Zeit verdeutlichen und zugleich sehen könne, in welche peinliche Lage ich gestellt war, wie alle Partheien Forderungen und Erwartungen an mich stellten, die ich unmög= lich befriedigen konnte und durfte; wie die provisorische Regie= rung hinter meinem Rücken Sachen that, die sie mir nachher Schuld gab, oder meine Person vorschützte, wo sie mich über= stimmt oder umgangen hatte. Nachdem die Mitglieder der pro= visorischen Regierung von der Ständeversammlung mit der Fort= führung ihrer Wirksamkeit beauftragt waren, traten sie jetzt mehr und mehr in ihrer individuellen Gestalt auf; dies war besonders der Fall mit M. T. Schmidt. Wie oben gesagt, war ihm das Finanz= und Postfach überwiesen. Er änderte die ganze Rech= nungsweise der Hebungsbeamten ab, obgleich wir Alles im In= teresse des Bestehenden unternommen hatten.

Der ausgezeichnete, anerkannt tüchtige und rechtliche Ober= kassier an der Hauptkasse, Generalkriegskommissär Fischer, der hiergegen remonstrirte, ward entlassen, gleichfalls unter dem Vor= wande, daß er dänische Sympathien hege. Welche Absicht und Beweggründe Herrn Schmidt hierbei leiteten, weiß ich nicht, aber gleichzeitig trat er mit einer Proposition hervor, oder ließ sie durch Olshausen oder Beseler vortragen, die nichts weniger war, als sein Dampfschiff „Christian VIII.," welches seit 1840 zwischen Kiel und Kopenhagen fuhr, dem Lande zu verkaufen, damit es als Kriegsschiff verwendet werde. Der Vorschlag war zu lächer= lich, um nicht von mir gleich als nutzlos bezeichnet zu werden. Lächerlich, sage ich, denn Jeder, der von Marine= und Seewesen auch nur den kleinsten Begriff hat, weiß, daß man Kriegsschiffe nicht so bald herstellt, und daß man Seeofficiere und Seeleute, die den Dienst auf diesen Schiffen zu verrichten im Stande sind, nicht aus dem Aermel schüttelt. Was sollten wir mit einem Schiff gegen die alte wohlausgerüstete und bemannte dänische Flotte thun? und wo war die Zeit und das Material, um mehrere zu bauen und zu renoviren? Wir konnten doch unmöglich beab= sichtigen, den unglücklichen Krieg über viele Jahre in die Länge zu ziehen. Diese Gründe, welche ich anführte, wurden aber vom Kollegium mit einer Art Stumpfsinn angehört, und darauf unter der Behauptung bestanden, die Sache sei nicht abzuweisen, es könne der Anfang zu einer deutschen Flotte werden u. s. w. Ich sagte den Herren, daß ich bei meiner Ansicht beharre, aber um ihnen jede Chance zu geben, wolle ich das Schiff untersuchen lassen, in wie weit es überhaupt sich zum Kriegsdienste eignete. Den Kapitän Donner beauftragte ich daher, es mit einem erfahrenen Schiffsbaumeister zu untersuchen und das Resultat zu berichten. Diese Untersuchung ergab denn auch, daß das Schiff a. zu schwach gerippt war; b. daß es zu alt sei, um bedeutende Umänderungen zu erlauben; c. daß es zu viel Ueberbord und nicht genug Tiefgang habe, um die Maschine einigermaßen vor den feindlichen Kugeln zu decken; d. daß die ganze innere Einrichtung total verändert werden müßte, und dasselbe folglich als bewaffnetes Schiff gar nicht zu verwenden wäre. Hiermit war dieser Plan gescheitert. Dies ereignete sich vor dem 9. April.

Um dem Leser eine klare Einsicht in diese gemeine Intrigue zu geben, muß ich wieder etwas zurück gehen.

Oben ist angeführt, wie am 23. März Abends in Kiel zwischen Herrn Beseler und den Demokraten auf dem Rathhause eine Vereinigung dahin getroffen wurde, daß statt Advokat Bargum der Kaufmann M. T. Schmidt in die provisorische Regierung treten solle. Nachdem also dieselbe sich auch über ihre Proklamation mit diesen Leuten verständigt hatte und nach dem Hotel Brandt zurück war, um die erforderlichen Briefe und Ordres abzufertigen, kam Herr Schmidt, um sich uns als College vorzustellen. Ueber die Wichtigkeit des Augenblicks, die Größe unserer Verantwortlichkeit, den Zweck unserer Bestrebungen sagte er keine Silbe, sondern suchte mich allein zu sprechen und machte mich hier auf die Gefahr aufmerksam, die aus einem plötzlichen Erscheinen einer dänischen Flotte und damit verbundener Landung dänischer Truppen entstehen könnte. Ich erwiderte ihm, daß ich daran nicht glaubte, und weniger einen solchen Angriff als das Einrücken von der Landseite her befürchte. Da meinte er,

daß die Aufregung und Aengstlichkeit vor solch' einem See=
Angriff viele Menschen lähmen und Kiel und seine Umgegend
in einer beständigen Unruhe erhalten würde. Er habe mir des=
halb den Vorschlag machen wollen, sein Dampfschiff, das jetzt
doch nicht nach Kopenhagen fahren könne, in der Höhe zwischen
Fehmarn und Laaland zu stationiren, damit es gleich Nachricht
bringen könne, falls sich eine Flotille zeigen sollte. Darauf be=
merkte ich ihm, daß dies uns ein theurer Spaß werden könne,
denn wenn die Dänen das Schiff nehmen sollten, dann würde
er von uns den Werth ersetzt verlangen. „Oh!“ sagte er, „die
Dänen haben kein Schiff von derselben Schnelligkeit und die
Kosten der Kohle, welche mir allerdings ersetzt werden müssen,
sind nicht bedeutend!“ Nun erwiderte ich: wenn Sie wirklich
davon überzeugt sind, daß die Gemüthsruhe der Kieler dadurch
gefördert werden kann, so habe ich für meine Person nichts da=
gegen, daß das Schiff in den ersten Tagen, bis sich die Sache
etwas geordnet hat, ausläuft, um als Aviso zu dienen, und will
auch sogleich meinen Herren Collegen die Annahme des Vor=
schlages proponiren. Ich vollbrachte Letzteres und Graf Revent=
low und Beseler stimmten bei. Als ich dies Schmidt eröffnete,
bemerkte derselbe: nun muß ich gleich mit dem Kapitän sprechen,
der nicht der Mann ist diesen Auftrag auszuführen (ich glaube,
er war ein Däne) und werde dem früheren ersten Steuermann,
der seit 10 Jahren mit dem Schiffe gefahren ist, das Kommando
geben. Herrn Schmidt sah man bis zum nächsten Tage nicht
wieder. Das Schiff lief in die Ostsee, aber es kehrte immer
nach Kiel zurück, ohne daß sich dänische Kriegsschiffe hatten sehen
lassen wollen. Nach 4 bis 5 Tagen kam plötzlich die Nachricht
nach Rendsburg, der „Christian VIII.“ sei auf dem Bülker Riff
gestrandet, als er in der Nacht nach Kiel habe einlaufen wollen.

Es muß wohl bemerkt werden, daß das Schiff seit 10 Jahren wöchentlich zwei Mal im Sommer, und ein Mal im Herbste und Frühjahre seine Fahrten machte, und jedesmal nach Kiel zwischen 4 und 6 Uhr Morgens, also zum Oefteren im Dunkeln einge= laufen war, und daß es jetzt von demselben Mann geführt wurde, der, wie ich bei meinen vielen Reisen auf diesem Schiffe selbst zu sehen Gelegenheit hatte, die Wachen am Morgen stets ver= sehen mußte. Also dieser Mann konnte zu einer Zeit, wo er alle Muße und Ruhe hatte, das Schiff zu führen, solch ein Ver= sehen begehen? Das Wetter war neblicht, welches in jener Jahreszeit bezeichnet, daß der Wind von Osten weht, dem das Bülker Riff ganz exponirt ist, und dann geht dort die See hoch. Der Ostwind wollte aber an diesem Tage nicht stärker werden als nöthig war, um das Wasser aus der Ostsee herzutreiben, und so gelang es dem Dampfboot Löwen bei solch erhöhtem Wasser= stande, den „Christian VIII." noch an demselben Tage wieder flott zu machen und unbeschädigt nach Kiel zu bringen.

Die Nachricht, daß sich die dänische Armee auf Alsen und an der nördlichen schleswig'schen Grenze concentrire, machte die ferneren Bemühungen des Herrn Schmidt überflüssig. Er sandte das Schiff nach Lübeck, in welcher Absicht habe ich nicht erfah= ren; ob es nun als neutrales Schiff auf Schweden oder Peters= burg fahren, oder ob es dort verkauft, oder zur Disposition von C. H. Donner, dem die Hypothek darauf zustand, gestellt werden sollte, habe ich damals keine Gelegenheit gehabt zu erforschen.

Nachdem die Ständeversammlung uns bestätigt hatte, tauchte der erwähnte Vorschlag, für das Land das Schiff anzukaufen, wieder auf. Die Antwort des Kapitäns Donner lief ein, wäh= rend ich mich am 9. und 10. April bei den Truppen befand. Die sehr mißmuthige Stimmung, in welche ich nach dem Rück=

zuge von Bau nach Rendsburg kam, ließ Herrn Schmidt einige Hoffnung gewinnen, mich jetzt bezüglich des Schiffankaufes nachgiebiger, zu finden. Als ich eines Morgens, ich glaube den 17. April, ins Versammlungszimmer trat, waren bloß Graf Reventlow und Herr Olshausen dort; ersterer sagte mir: „Herr Olshausen wünscht mit Ihnen etwas zu bereden," und setzte sich, uns den Rücken kehrend, an den Schreibtisch.

Olshausen begann mit einer langen Einleitung über die mißliche Zeit für den Handelsstand u. s. w., welches zu pekuniärer Verlegenheit des Herrn M. T. Schmidt geführt habe und schloß damit, daß derselbe bankerott sei, falls wir ihm nicht das Dampfschiff abkauften. Dies war mir doch zu überraschend, und brachte mich zu dem Ausruf: „Was! und dieser Mensch hat die Frechheit, sich am 3. April der vereinigten Ständeversammlung vorzustellen, um in der provisorischen Regierung zu bleiben? Jeder Kaufmann weiß doch gewiß 14 Tage voraus, wie seine Umstände stehen? Welch' ein Skandal! während fremde Truppen, Generäle und Fürsten bei uns einziehen, soll Einer aus der provisorischen Regierung als Bankerotteur bezeichnet werden!" Schlimm genug, sagte Olshausen, die Sache ist aber nun einmal so. Was will er denn für den veralteten Kasten haben, fragte ich? Er giebt an, daß er unter 45,000 Species-Thaler nicht frei kommt. Es kommt hier das Schiff gar nicht in Betracht, wendete ich ein, sondern die Rede ist hier, unser Land und unsere Sache des Skandals zu überheben, und in einem Augenblicke, wo alle Augen Deutschlands auf uns gerichtet sind, nicht eine solche Blamage zu gestatten. Ich setzte hinzu: „Wir können das alte Wrack vielleicht künftig als Postschiff verwenden, und ich will mich durch die Ueberzeugung beruhigen, daß die große Summe von 67500 Thalern preuß., für die Ehre des Landes verwendet werden

darf." „Nun Gott Lob!" sagte nach dieser meiner Erklärung
Reventlow, sich umkehrend. Er war also der ganzen Verhand=
lung mit dem Ohre gefolgt. Beseler trat gerade auch zur Thüre
herein; ihm rief Reventlow entgegen: „Der Prinz hat einge=
willigt!" So? dachte ich bei mir selbst, also war es gar nicht
nöthig zu sagen, worein ich gewilligt habe? Also wird hier in
solcher Weise mit mir Komödie gespielt und mit dem Gelde und
der Ehre des Landes Haus gehalten?

Von diesem Augenblicke an war jedes Vertrauen in den
guten Willen und die rechtliche Ueberzeugung meiner Kollegen
schwankend geworden, und die spätere Erfahrung bestätigte mein
damaliges Urtheil nur allzu sehr.

In der Woche zwischen dem 2. und 9. April fand auch die
Sendung des Majors v. Wildenbruch statt. Dieser ebenso un=
bedeutende Geist als ungeschickte Diplomat trat bei einem
Besuche, den er mir machte, so merkwürdig auf, daß ich ihn ge=
rade heraus fragte: „wie sind Sie hier zu betrachten, als Spion,
oder als Diplomat?" Hätte Preußen damals einen gewandten
Mann gesandt, so wäre die ganze Sache wahrscheinlich in eini=
gen Wochen ohne Blutvergießen beendet worden. Wie wider=
sinnig Herr v. Wildenbruch sich dabei benahm, ist oft genug
öffentlich beurtheilt worden, um hier noch wiederholt zu werden.

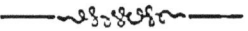

VII.

Anfang der militärischen Operationen.

———

Die militärischen Operationen hatte ich bei der am 4. April stattgehabten Recognoscirung verlassen; am 5. des gl. M. bekam ich hierüber die Meldung des Generals Krohn, und gleichzeitig die Anzeige, daß die Dänen auf Holnis gelandet seien und daselbst einen Posten etablirt hätten, indem die Landenge, welche die Halbinsel mit dem Festlande verbindet, durch die Schiffskanonen so beherrscht werde, daß nicht daran zu denken gewesen sei, deren Festsetzung alldort zu verhindern, und eine Möglichkeit sie zu vertreiben, nicht existire. Ich antwortete dem General Krohn, daß er diesseits der Landenge eine Truppe postiren möge, welche ein unerwartetes und plötzliches Vordringen verhindern oder aufhalten könne. Am 6. April schrieb mir der General Krohn wieder, seine Stellung würde bedenklicher; die Dänen hätten mehr Truppen gelandet, etwa ein Bataillon! Der Geist seiner Truppen sei durch die Einflüsterungen und Intriguen der Flens= burger Bürger sehr zweifelhaft geworden, er glaube nicht, daß er sich in Flensburg länger halten könne, und dürfe die Verant= wortlichkeit für ein längeres Stehenbleiben nicht übernehmen; solle die Stellung behauptet werden, so müsse er bitten, daß ich selbst hinkäme. Diesen Brief brachte mir der Oberst Fabri= cius in der Nacht um 2 Uhr, zwischen dem 6. und 7. April. Ich antwortete sofort am Morgen dem General Krohn, daß nebst anderen Gründen ich hauptsächlich hier den Entschluß des Königs von Preußen darüber abwartete, ob die preußischen Truppen nach dem Herzogthum Schleswig marschiren dürften; davon hinge die ganze Führung des Krieges ab, und ich müsse sodann erst mit dem Obersten v. Bonin darüber Rücksprache nehmen, wie die Operationen eingeleitet und ob offensiv oder defensiv verfahren werden sollte; sobald ich hierüber im Klaren sei, würde ich sofort kommen, er erhalte aber hiermit meine völlige Genehmigung, sobald als er sich nicht länger in seiner jetzigen Stellung behaupten könnte, dieselbe zu verlassen und sich bei Schmedeby oder Idstedt aufzustellen.

Hierauf bekam ich am 8. April Morgens, vom 7. Abends datirt, ein Schreiben des Generals Krohn, worin er mir für meine Auseinandersetzung dankte, und erklärte, er sei jetzt vollständig klar über meine Absicht, und werde nach der gegebenen Einwilligung zurückgehen, sobald er es nöthig halte.

Die Gründe, welche mich nebst dem angeführten Hauptgrunde in Rendsburg zurückhielten, waren: daß hinter meinem Rücken die provisorische Regierung Gott weiß was hätte vornehmen, besonders die Reihen der Officiere mit allerhand verlaufenen Subjekten hätte füllen können, wozu sie sich stets bereit fühlte. So lange also keine drohende Gefahr vorhanden war, hielt ich es für meine Pflicht, in Rendsburg zu bleiben und selbst die Ausrüstung und Eintheilung der Truppen zu überwachen. Am 8. April Vormittags erhielt ich noch eine Meldung des Generals Krohn, worin er mir anzeigte, daß die Dänen sich auf Holnis zu verstärken schienen, und er daher nebst dem 1. Jägercorps noch einen Theil des 4. Bataillons dorthin gesandt habe, um Glücksburg zu besetzen. Ich ließ sogleich eine Staffette an ihn abgehen, daß ich, da man in Berlin nicht zu einer Entscheidung kommen zu können schien, den nächsten Vormittag, 9 April, in

Flensburg eintreffen würde, indem ich Abends nach Schleswig gehe und die Stellungen zwischen Schleswig und Flensburg auf dem Wege nach letzterem Orte noch besehen wolle.
Nachdem ich daher am Sonnabend den Bahnzug abgewartet
hatte, falls eine Entscheidung aus Berlin kommen sollte, und die
nöthigen Befehle und Anordnungen für meine Abwesenheit im
Bureau gegeben hatte, fuhr ich Abends nach Schleswig. Hier
beredete ich mit dem Major von Zastrow, wie er die Stellung
bei Idstedt zur Aufnahme der Truppen, welche ich aus Flensburg zurückziehen wollte, vorbereiten lassen solle. Den Hauptmann von Jeß vom Ingenieurcorps hatte ich mit einer Abtheilung Pionniere nach Schleswig beordert, um zu diesem Zwecke
zu wirken. In derselben Nacht erhielt ich wieder vom General
Krohn Meldung, daß die Feldwache in Bau von den Dänen
angegriffen und geworfen worden sei; daß aber eine ihr zu
Hülfe gekommene Kompagnie die Dänen wieder herausgeworfen
habe und diese sich zurückgezogen hätten. — Sonntag Morgen
vor Sonnenaufgang war ich mit Zastrow und Jeß bei Idstedt
und ordnete die Anlage einer Redoute für die 4—12 pfündigen
Kanonen, die ich sofort aus Flensburg zurücksenden würde, an,
gab den Befehl, längs der Lisiere des Walbrückens Kommunikationswege auszuhauen und das Defilé von Welspang zur
Barrikadirung vorzubereiten. Nach Ausgabe dieser Vorschriften
eilte ich nach Flensburg, wo ich 9½ Uhr eintraf.

Was war hier während der Zeit geschehen, und wie standen die Sachen?

General Krohn hatte nach Empfang meines Briefes, der
die Einwilligung zum Rückzuge gab, am 8. eine Menge Wagen
requirirt, welche während des Tages auf der Flensburger Straße
hielten und zu Unfug Anlaß gaben. Diese Maßregel konnte

auch nicht den Geist der Truppen kräftigen, denn es bewies, daß der Anführer sich nicht sicher hielt. Die Anstalten waren getroffen, um den Rückzug in der Nacht zwischen dem 8. und 9. zu bewerkstelligen. Am Nachmittage des 8. machten die Dänen bei Holnis noch größere Demonstrationen und unterhielten von der Korvette, welche vor Langballig lag, ein fortwährendes Feuer auf die dort aufgestellten Jäger. Dies veranlaßte Krohn, auch das 1. Bataillon nach Glücksburg zu dirigiren. Es blieben also in der Stellung vor Flensburg nur bei Krusau das zweite Jägercorps (von dem die Lauenburger fortgegangen waren), nebst Studenten und Turnern; ferner zwischen Krusau und Niehusen, längs der Höhe über den Mühlen-Teich und -Strom zur Verbindung mit dem 2. Bataillon eine Kompagnie des 4. Bataillons, desgleichen in Niehuus und Bau das 2. Bataillon, südwestlich von Niehuus über Woldmerstorf und Harrislev das dritte Bataillon; daran schloß sich das 1. Freicorps und die Kavallerie bei Schäferhuus. In Flensburg selbst standen das 6. Bataillon und das 2. Freicorps als Reserve.

Weil die Dänen Sonnabend Nachmittag den 8. doch zu keinem wirklichen Angriff bei Holnis übergingen, der Angriff derselben aber auf Bau zurückgewiesen worden war und Krohn meine Anzeige, daß ich am 9. nach Flensburg kommen würde, erhielt, gab er den gefaßten Entschluß, zurückzugehen, auf, und setzte sich dadurch in die unhaltbare Lage a cheval auf der Flensburger Höhe mit 5000 Mann zu stehen, während er mit 10,000 Mann von der einen Seite angegriffen wurde.

Eine starke Recognoscirung von Krusau aus am Sonnabend Nachmittag würde die feindliche Stellung aufgeklärt haben; die Unterlassung dieser Hauptvorsichtsmaßregel hat sich der General Krohn in der ganzen Zeit trotz meiner Monitos zu Schulden kommen lassen. Das Ergebniß dieser Recognoscirung mußte entscheiden, ob das Truppencorps die Stellung nördlich von Flensburg einnehmen, oder den Rückzug in der Nacht antreten sollte. Daß Krohn dies versäumt hat, kann ihm mit Recht vor= geworfen werden; daß er sich durch mein Kommen oder Nicht= kommen leiten ließ, wenn dies nicht eine später erdachte Ent= schuldigung gewesen ist, war eine Furcht vor Verantwortlichkeit, die man doch am Ende dem Manne von über 60 Jahren, der seit 25 Jahren aus dem aktiven Dienst getreten war, nicht zu hoch anrechnen darf. Er hatte eine sehr schwierige Stellung; denn mit einer lose zusammengesetzten Truppe, ohne organisirten Stab oder Adjutantur, war er in Flensburg einmarschirt, wo dann an ihn eine Masse von Requisitionen jeder Art von den einzelnen Truppenkörpern ergingen, und ihn, da er ein sehr akku= rater Geschäftsmann mit der Feder war, fast den ganzen Tag mit Schreibereien hetzten. Ueberdieß sollte derselbe die Organi= sation hier fortsetzen und zugleich den Dienst im Felde über= wachen. Es wäre unrecht, dem Manne, der sich ganz dem Dienste seines Vaterlandes aufopferte, in der Geschichte solche Vorwürfe machen zu wollen, wie sie ihm gemacht worden sind.

Als ich in Flensburg ankam, fand ich Krohn in seinem Quartiere auf= und abgehend in großer Aufregung. Nun! sagte ich, wie steht die Sache? Schlecht! sagte er; was wollen Sie daß ich thun soll mit Leuten, welche mir fortwährend melden: ich werde angegriffen und ziehe mich zurück! Das ist freilich eine schlimme Meldung, erwiderte ich, lassen Sie doch nun die Karte sehen, um die Stellung in diesem Augenblick zu beur= theilen. Wie ich hier gesehen hatte, daß Woldmerstorf in den Händen der Dänen sei, sandte ich den Rittmeister Grüter, der damals bei mir Adjutantendienste that, nach Harrislev, um zu sehen, wie weit unser linker Flügel schon umgangen und der Rückzug längs der Chaussee nach Schleswig bedroht sei. Da fast die Hälfte des regulären Militärs bei Glücksburg stand, so war an kein Bleiben in Flensburg mehr zu denken, und ich gab daher an Krohn den Befehl, sofort Alles was nördlich von Flensburg sei, durch die Stadt zu ziehen und nach Glücksburg den Befehl zu dem nach Schleswig anzutretenden Rückzuge zu senden, mit dem Bemerken, daß ich, wenn wir hinter Flensburg eine vorläufige Stellung genommen haben würden, um die Bagage und den Train zu decken, die näheren Befehle geben würde, auf welchem Wege der Rückzug anzutreten sei.

Vor Flensburg streckt sich nämlich ein großes Torfmoor in südwestlicher Richtung fast $^3/_4$ Meilen weit bis gegen Bilschau hin, wo wieder ein moorigter Bach, der in den Oever See fällt, die linke Flanke deckt; wenn wir folglich erst aus Flensburg heraus waren, dann konnte so leicht keine Flankenumgehung stattfinden. Was kam aber aus der Stadt heraus? Das sechste Bataillon und 2. Freicorps nebst 12 Geschützen, darauf folgten einzelne Kompagnien des 2. und 3. Bataillons, theilweise in aufgelöstem Zustande. Die Kavallerie war verschwunden, sie hatte einen mißglückten Angriff auf eine dänische Batterie nebst Kavallerie gemacht, und sich dann empfohlen; erst nach Wanderup und von dort nach Langstedt. Das erste Freicorps war durch diesen Rückzug allein auf dem offenen Terrain geblieben, und mußte sich vor dem Andrange der dänischen Kavallerie in's Hannewitter Holz werfen, von wo es Nachts über Husum sich zurückzog.

Hauptmann Michelsen mit dem 2. Jägercorps, den Studenten und Turnern und der 4. Kompagnie des 4. Bataillons fehlten noch. Ich ließ das 6. Bataillon und das 2. Freicorps, welche

unter dem General Krohn die Arrieregarde bilden sollten, vor
Flensburg stehen, um den Rückzug Michelsen's zu erwarten,
während die Artillerie, der Train und das 2. und 3. Bataillon
sich in Marsch auf der Schleswiger Chaussee setzten. Da sahen
wir wie nördlich vor Flensburg in der Vorstadt sich ein heftiges
Feuer von Kleingewehr und von den Kanonenböten entspann,
und in kurzer Zeit kam mein entsendeter Adjutant Grüter an
und meldete, es sei der Eingang nach der Stadt von den Dä=
nen besetzt, und keine Möglichkeit für Michelsen durchzukommen;
mit genauer Noth sei er mit der Kompagnie des gefallenen Ka=
pitän Schmidt durch die Vorstadt gekommen.

Herr v. Grüter erreichte die Gefechtslinie zwischen Harrislev
und Flensburg gerade, als der Hauptmann Schmidt durch eine
Kugel im Kopf getroffen geblieben war. Wie früher gesagt,
war bei jeder Kompagnie nur ein Officier, also war das Kom=
mando so gut als erloschen. Ohne sich zu bedenken gab Grüter
sein Pferd einem Soldaten in die Hand und etablirte längs dem
Knick, der zu beiden Seiten des Weges sich ausbreitete, die
Kompagnie in offener Stellung. Es gelang ihm hierdurch, den
Fortschritt der Dänen zu hemmen und das 2. Bataillon sowie
die 4 Geschütze von Michelsen bekamen Zeit, Flensburg zu er=
reichen. Grüter selbst hatte 2 Streifkugeln bekommen, deren
eine ihm einen Knopf seines Dollmans fortriß, die andere seine
Karte, die er in der Brusttasche trug, streifte.

Als die Unmöglichkeit für Michelsen durchzukommen consta=
tirt war, setzte sich auch die Arrieregarde in Marsch und wurde
nur durch einige feindliche Kanonenkugeln molestirt. Die dänische
Kavallerie, die südlich von Schäferhaus stand, hätte es ganz in
ihrer Gewalt gehabt, uns den Rückzug sehr schwierig zu machen,
that es aber nicht, sondern zog triumphirend in Flensburg ein.

Einem meiner Adjutanten, der sich über die bedenkliche Lage äußerte, in welcher wir waren, sagte ich: „Glauben Sie mir, die Dänen sind so froh darüber, Flensburg in ihren Besitz bekommen zu haben, daß sie nicht mehr an uns denken." Diese Vermuthung hat sich vollkommen bestätigt, und wir zogen ganz unmolestirt nach Schleswig.

Ich muß hier den Rückzug Michelsen's berühren, weil die Gefangennahme der 1000 Mann unter ihm eigentlich das Unglück von Bau ausmachte und zu ganz verkehrten und ungerechten Ansichten und Beschuldigungen Anlaß gab. Die übrigen Truppentheile hatten nur 29 Mann Todte und Verwundete. Daß Flensburg verloren ging, lag in dem Stärkeverhältnisse und dem Unterschied der Ausrüstung der streitenden Truppen. Ja! als im darauffolgenden Monat Juni General v. Wrangel dieselbe Stellung bei Bau wählte und sie durch Feldbefestigungen sehr verstärkte, glaubte er sie mit 25,000 Mann kaum besetzen zu können; wie vermochte sie daher mit dem zehnten Theil dieser Stärke gehalten zu werden?

Hauptmann Michelsen hatte das Defilé, welches durch den großen Mühlenstrom und Mühlenteich bei Krusau gebildet wird, besetzt und lehnte sich mit seinem rechten Flügel an den Wald, der vom Flensburger Hafen bis dahin sich erstreckt, und dessen Lisière längs dem Mühlenstrome läuft. Vor seiner Front war eine Hügelreihe, auf welcher seine Vedetten standen, die eine weite Aussicht über das vorliegende Terrain gestattete. Die Chaussee geht von Krusau durch ein Gehölz nach Wassersleben, wo sie ungefähr 1000 Schritt am Ufer des Flensburger Hafens hinläuft, dann wieder durch einen tiefen Einschnitt sich bis an die Vorstadt zieht, wo ein ziemlich hoher Damm von 300 Schritt Länge sie über eine Schlucht führt, ehe sie die ersten Häuser erreicht. Am frühen Morgen marschirte das ganze dänische Truppencorps bei den Vorposten Michelsen's vorbei, er mußte die Bataillone zählen können, denn die Entfernung war kaum ¼ Meile. Nichts deutete auf einen Angriff gegen ihn, seine ganze Aufmerksamkeit mußte also nach Bau und Niehuus sich wenden, indem der dazwischen hinlaufende Mühlenteich keinen Uebergang zuließ. Er hätte, sobald das Gefecht sich bei Niehuus engagirte, mit Zurücklassung eines starken Postens entweder auf der Chaussee sich bis hinter Wassersleben zurückziehen, oder durch den Wald westlich rücken müssen, um in die Flanke der Dänen eine Diversion zu machen. Er that von allen Diesem nichts, sondern blieb stehen, bis das Gefecht über Niehuus heraus war und die Kanonenbote sich vor der Chausseestrecke ans Ufer gelegt hatten. Nun beschloß er den Rückzug, und um dem Schiffsfeuer sich zu entziehen, marschirte er durch den unwegsamen Wald, statt die Leute in aufgelöster Ordnung hinter dem Chausseedamm gehen zu lassen. Im Einschnitt angekommen, hielt er sich daselbst auch noch unentschlossen auf, weil er sich nicht gehörig mit dem hinterliegenden Terrain bekannt gemacht hatte und glaubte, den Schiffskanonen auf der Chaussee ausgesetzt zu sein. Während dessen drängte das Gefecht immer heftiger nach Flensburg zu; endlich entschloß er sich, in aufgelöster Ordnung über das eingekoppelte Feld nördlich der Chaussee zurück zu marschiren. Wohl muß hier bemerkt werden, daß er noch gar keinen Feind vor sich hatte. Hätte er in dieser Zeit einen raschen Entschluß gefaßt und wäre mit seiner ganzen Stärke in einer geschlossenen Kolonne der Chaussee gefolgt, so würde er vor den Dänen in der Vorstadt angekommen sein; ja! falls diese schon dort gewesen wären, hätte er sich durchschlagen können und vermochte westlich um die Stadt herum, wenn auch mit einigem Verluste, so doch mit dem größten Theil seines Korps und der Kompagnie des 4. Bataillons zu entkommen.

Es ist unmöglich, den Oberbefehlshaber für die Fehler der Untergebenen in Anspruch zu nehmen, so lange ihm noch keine Gelegenheit geworden ist, sich von ihren praktischen Fähigkeiten zu überzeugen. Es ist aber ebensowenig dem Oberbefehlshaber möglich, jede einzelne Truppenabtheilung selbst zu leiten; daher kann weder dem General Krohn, noch mir in Bezug auf das Verhalten Michelsen's etwas zur Last fallen, denn derselbe war durch seine Bildung und Erfahrung völlig berechtigt, ein Kommando zu führen.

Krohn sowohl als ich haben das Zetergeschrei des ganzen Landes über das Gefecht bei Bau über uns ergehen lassen, wie wir überhaupt so viele Beschuldigungen und Verläumbungen aus dem Grunde mit Geduld ertragen haben, damit keine Spaltung hervorgerufen werde. Die Wahrheit bricht sich aber doch zuletzt Bahn, und so wird der Verfolg dieser Aufzeichnungen noch zeigen, daß die Bewegung und beschuldigende Stimmung im Lande mehr ein ungerechtes Geschrei war, als eine aus wirklicher Ueberzeugung hervorgegangene Volksansicht.

Nachdem der Leser das Benehmen Michelsen's hier in dem wahren Lichte gesehen hat, bitte ich sich zu erinnern, daß die spätere sogenannte Landesversammlung darüber berieth, wie und wo sie dem gestorbenen Michelsen ein Ehrendenkmal setzen sollte.

Auf dem Rückmarsche nach Schleswig wurde es mir klar, daß mit den Truppen, wie ich sie hier sah, im offenen Felde nichts zu thun sei, bevor sie eine solidere Organisation bekommen hätten, und diese Ueberzeugung machte auf mich einen so schmerzlichen Eindruck, daß ich ihm fast erlegen wäre. Ich kann dreist behaupten, von dieser Stunde an keinen frohen Augenblick genossen zu haben bis zum 28. Juli, wo ich im Gefechte bei Hadersleben sah, daß ich wieder eine Truppe führte, auf deren Ruhe und Muth ich mich verlassen konnte.

Von Flensburg aus hatte ich den Befehl an Zastrow gesandt, bis Idstedt vorzugehen, um uns in dieser Stellung aufzunehmen. Aber daran konnte bei der Auflösung in der sich das 2. und 3. Bataillon befanden, bei der fehlenden Meldung über das 1. Freicorps und dem unbestimmten Zeitpunkt des Eintreffens des 1. und 4. Bataillons und 1. Jägercorps gar nicht gedacht werden, daher blieb das 5. Bataillon nur als Sicherheitsposten für die nach Schleswig rückenden Ueberbleibsel der nördlich Flensburg gestandenen Truppentheile.

Das Herzogthum Schleswig zu verlassen und die Stadt Schleswig preiszugeben, war für mich eine schwere Sache. In Angeln hatte sich ein großer Enthusiasmus für unsere Sache gezeigt; es ist ein so fruchtbarer Landstrich, daß sich daselbst ein Truppencorps leicht nähren kann. Es sind in demselben 3 regelmäßige Fährverbindungen über die Schlei mit dem Lande Schwansen vorhanden, und es wird von zwei Seiten von der Ostsee, von der dritten durch die Schlei begränzt. Kavallerie kann daselbst gar nicht verwendet werden, Artillerie nur in sehr beschränkter Weise. In Cappeln lag das 3. Freicorps, und die aufzubietende ländliche Bevölkerung würde uns, wenn auch nicht im Gefechte, doch als Observationsposten und Verbindungsmittel leicht manche Dienste geleistet haben. Hätte ich mich mit 5000 Mann nach Angeln werfen und von dort aus Flensburg und die Operationslinie der Dänen bedrohen können, so durften diese nicht weit über Flensburg hinausgehen, und somit wäre der deutsche Theil des Herzogthums geschützt geblieben. Mit dem Major

v. Gerstorf besprach ich diese Sache und schickte ihn sofort mit
der Anfrage zum Oberst v. Bonin nach Rendsburg, ob derselbe
sich berechtigt glaube, bis Schleswig vorzugehen, um unseren
Rückzug zu decken, falls die Dänen durch ihre Uebermacht uns
dazu drängen würden, und ob er nach einen bejahenden und
meinem Gesuche zustimmenden Beschlusse mir 10 bis 12 Officiere überlassen könne, um eine Art Landsturm in Angeln zu
organisiren? Der Major v. Gerstorf brachte mir am 10. April
um 5 Uhr Morgens die Antwort des Oberst von Bonin, daß
er sich berechtigt hielt, falls unser Truppencorps sehr gedrängt
würde, bis zur Schlei vorzugehen, um uns aufzunehmen, und
daß er mir die gewünschte Anzahl Officiere über Missunde senden würde. Nun gab ich nachstehenden Befehl:

Die Batterie Weinrebe, die 4. Escadron des 2. Dragoner-
Regimentes, die Infanterie-Bataillone und die Freicorps stellen
sich um 8 Uhr respektive auf dem Hesterberge und dem Pferde-
markt auf, um unter meinem Befehl nach Angeln zu marschiren.
Der Major von Lesser führt die Batterie Lorenzen, die vier
12 pfündigen und vier 3 pfündigen Geschütze nebst Train unter
der Deckung der Kavallerie nach Rendsburg.

Als ich um 7 Uhr mich zu Pferde setzte, um die einzelnen
Truppen-Abtheilungen auf ihren Sammelplätzen zu inspiciren,
ward mir gemeldet, daß die beiden Schwadronen Kavallerie, die
am Abend vorher in den Kavallerieställen einquartirt gewesen
waren, während der Nacht von Oberstlieutenant Fürsen-Bachmann
Befehl bekommen hätten, sofort aufzubrechen und nach Rendsburg zu marschiren. Eine spätere Erforschung zeigte, daß die
vom Oberstlieutenant Fürsen ausgestellten Vedetten auf dem
Wege zwischen Langstedt und Wanderup das nach Husum in
der Dunkelheit ziehende 1. Freicorps für Feinde gehalten hatten,

und daß die Meldung hiervon den Kommandeur zu diesem über-
eilten und unüberlegten Schritt gebracht hatte. Ich empfahl
dem Major v. Lesser so bald als möglich und so schnell als es
sich thun ließ, den Marsch nach Rendsburg anzutreten und auszuführen, da ich ihm keine Bedeckung geben konnte.

Ein Kundschafter, den ich am 9. Abends in westlicher Richtung abgesandt hatte, um das 1. Freicorps zu suchen, kam gleichzeitig mit der Meldung zurück, es habe sich nach Husum zurückgezogen. Als ich den Hesterberg hinaufritt, um die dort aufgestellten Bataillone zu treffen, kamen mir die Bataillons-Kom-
mandeure des 1., 2. und 4. Bataillons mit sehr bedenklichen
Gesichtern entgegen und meldeten, ihre Leute wären so demoralisirt, daß dieselben sich gegen den Feind jetzt nicht gleich
würden führen lassen; nur wenn der Marsch nach dem Süden
führte, könnten sie für Gehorsam einstehen. Auch der Major
v. Zastrow, der von den Vorposten bei Idstedt zurück kam,
sagte mir, daß ich nicht zu sehr auf die Kampflust der Mannschaft bauen möge; was er in der Nacht am Bivouakfeuer gehört habe, sei nicht dahin deutend gewesen. Hier war also die
Wahl zwischen einer gewagten Expedition oder einer allgemeinen
Insubordination, die vielleicht die gänzliche Auflösung der bisher nur sehr locker zusammengesetzten Truppe zur Folge haben
konnte. Das Herzogthum Schleswig wollte ich aber dennoch
nicht verlassen; ich gab deßhalb den Befehl, durch die Stadt
Schleswig nach der Hüttener Harde zu marschiren, weil auch
dort im coupirten Terrain zwischen Gehölzen und Seen eine
gegen Uebermacht zu haltende Stellung vorhanden war, und ich
den linken Flügel an Rendsburg, den rechten an die Schlei oder
den Eckernförder Hafen stützen konnte.

Mit dem 1., 2., 3. und 4. Bataillon, dem 2. Freicorps und

der 4. Schwadron des 2. Dragoner-Regiments marschirte ich
als Gros voraus, das 5. Bataillon ward vom 6. abgelöst,
welches die Arrieregarde übernahm, und daher blieb ersteres eine
Stunde hinter uns zurück und ward durch den Wegweiser des
Major von Zastrow nach Rendsburg über Breckendorf, statt
nach Fleckeby irre geführt. Die Arrieregarde, welche folgte, ließ
sich dadurch auch irre leiten, und so geschah es, daß diese beiden
Bataillone am Abend in Rendsburg einmarschirten, während
wir sie bei Wittensee erwarteten. Nachdem den verschiedenen
Truppentheilen das Kantonnirungsquartier in den Dörfern innerhalb der zu besetzenden Linie zugetheilt war und sie von dort
aus die Vorpostenlinie besetzen sollten, sandte ich meinen Adjutanten v. Berger aus, um die Vorpostenkette nachzusehen. Den
rechten Flügel bildete das 3. Bataillon und hatte seine Vorposten auch gehörig ausgestellt, an dieses schloß sich das 2. Freicorps an. Hier ritt Berger lange hin und her, ehe er einen
Posten fand, zuletzt ward auf ihn gefeuert und die Kugeln pfif-
fen ihm um den Kopf. Dadurch entdeckte er denn endlich, daß
sich die Postenkette bedeutend weiter zurückgezogen hatte, als es
vorgeschrieben war.

Bei diesem Anlaß muß bemerkt werden, daß von Dänen
noch gar keine Spur zu sehen war.

Abends meldete mir Berger diese Verhältnisse, aber gleichzeitig bekam ich eine Meldung vom Grafen Baudissin, Kommandeur des 3. Bataillons, daß das 2. Freicorps, weil es feindliche Schüsse gehört, sich in Bewegung gesetzt habe, um über den
Kanal zurück zu marschiren, und daß er jetzt auch nach Sehestedt marschire, da er seine Leute nicht mehr halten könne. Eine
einzige angenehme Meldung bekam ich in der Nacht, nämlich
daß das 1. Jägercorps mit den 4 Geschützen über Missunde

gekommen sei und zwischen Hütten und Holm stehe. Die Situation, in welcher ich mich befand, kann sich Jeder leicht denken. Es blieb mir daher nichts übrig, als allen Truppen zu befehlen, sich am 11. April Morgens bei Sehestedt zu sammeln, um daselbst die näheren Befehle zu gewärtigen. Aus Rends= burg bekam ich Nachricht, daß der Durchmarsch der Kavallerie dort am Morgen erfolgt wäre und sie hinter der Eider kanton= nire, daß die Artillerie sowie das 5. und 6. Bataillon daselbst glücklich eingerückt seien und daß die Preußen den Kanal bis Kö= nigsförde besetzt hätten. In Folge dieser Mittheilungen traf ich nachstehende Anordnungen: Die Freicorps bleiben in der Hüt= tener Harde und dem zweiten dänisch=wohlder Distrikt, wo sie eine Vorpostenstellung zwischen dem Wittensee und dem Eckernförder Hafen nehmen, um sich sowohl in diesem Dienst als auch über= haupt im Exerciren zu üben. Die Artillerie und reguläre In= fanterie geht hinter den Kanal und vollendet ihre Organisation und Equipirung. Die Kavallerie formirt sich in eine Brigade unter dem Befehle des Prinzen Woldemar zu Schleswig=Holstein, der die Ausgleichung der Stärkeverhältnisse in den Schwadro= nen und die Besetzung der Officiersstellen u. s. w. zu regeln hat.

Das 1. Freicorps kam über Friedrichsstadt südlich von der Eider wieder nach Rendsburg und nach Hütten. Das 3. Frei= corps ging bei Cappeln über die Schlei und schloß sich uns ebenfalls an.

Während meiner Abwesenheit waren in Rendsburg aus Deutschland verschiedene ausgerüstete Trupps angelangt, die, in ein 4. Freicorps gesammelt, 600 Mann stark bei Sehestedt sich einfanden, aber noch keinen Kommandeur hatten.

Ehe ich hier auf andere Sachen übergehe, will ich noch be= merken, daß vom 12. bis 22. April die Bataillone, alle von sehr verschiedener Stärke, durch eingekommene Beurlaubte ziemlich in der Mannschaftszahl ausgeglichen wurden, daß die Equipirung möglichst vervollständigt ward, daß die Vertheilung der immer noch ankommenden preußischen Officiere bei den Kompagnien geschah, und daß Morgens bis Abends exercirt und nach der Scheibe geschossen ward, so daß, als wir am 23. April wieder gen Norden marschirten, die Truppe in guter Ordnung sich befand.

Bevor ich zu der Darstellung der Zeit zwischen dem 9. und 23. April übergehe, während welcher ich sehr bitteren Vorwürfen mich ausgesetzt sah, muß ich hier noch einer Persönlichkeit erwähnen, deren Name sehr viel Lärm gemacht hat. Ich meine den Herrn v. d. Tann. Als ich den 10. April Abends in Klein=Wittensee mit den angeführten Meldungen und Befehlertheilungen beschäftigt war, ließen sich 5 bairische Officiere, deren ältester der Major v. d. Tann war, bei mir melden. Ich empfing die Herren sofort und freute mich, daß auch sie für unsere Landessache fechten wollten. Man hat mir vorgeworfen, daß ich nicht sofort dem Major v. d. Tann das Kommando eines Infanterie=Bataillons gegeben, oder ihm eine andere höhere Anstellung in der Armee angewiesen hätte. Es ist mir 1854 während meines Aufenthalts in Heidelberg, wo ich einen früheren bairischen Officier, der ebenfalls 1848 bei uns diente, traf, von diesem gesagt worden, daß die Officiere auf Befehl ihres Königs zu uns gekommen wären. Ich habe Herrn v. d. Tann selbst im Jahre 1857 darnach gefragt, ob er eine schriftliche Mittheilung hierüber nach Rendsburg gebracht und an wen er diese abgegeben habe, allein er wußte mir diese Frage nicht zu beantworten. Ich kann bestimmt sagen, daß mir nicht die entfernteste Ahnung hiervon aufgestiegen ist und aufsteigen konnte, erst=

lich weil Herr v. b. Tann mir einen Königlichen Befehl nicht
übergeben, ebensowenig eine Namensliste der commandirten Of=
ficiere mir eingehändigt, und endlich sich nicht in seinem Dienst=
anzuge mir vorstellte. Er erschien in einem offenstehenden Uni=
formrock, einer grauen seidenen Civil=Kravatte mit großer Tuch=
nadel, einer grauseidenen umgeschlagenen Weste und karrirten
Civil=Beinkleidern, und auf diesem phantastischen Costüm trug
er eine dreifarbige deutsche Binde über die linke Schulter und
eine gleichfarbige Schärpe um den Leib. Ich hatte Herrn
v. b. Tann als aufwartenden Adjutanten beim derzeitigen Kron=
prinzen von Baiern gekannt, wo er mehr den Hofmann als den
Krieger machte. Kann es mir Jemand verdenken, daß ich diesem
Manne, der sich solchergestalt in einem Augenblicke präsentirte,
wo der Zustand der Truppe eine ungewöhnliche Dienststrenge
und Disciplin erforderte, keine Anstellung im regulären Militär
anbot? Die Bataillone waren damals alle vergeben, daher sagte
ich Herrn v. b. Tann, daß ich sehr bedaure, ihm keinen seiner
Charge entsprechenden Platz in der Infanterie geben zu können;
wenn er aber das Kommando des 4. jetzt gebildeten Freicorps, wo
Kommandeur und Hauptleute noch nicht ernannt seien, überneh=
men wolle, so würde dessen Uebernahme sofort am folgenden
Tage erfolgen können. Hiermit waren v. b. Tann und seine
Begleiter sehr zufrieden, und er selbst hat auch nie ein Wort
gegen mich fallen lassen, welches mich zu vermuthen berechtiget
hätte, daß ihm diese Verwendung unerwartet oder unangenehm
gewesen wäre. Herr v. b. Tann ist ein Gentleman, er ist außer=
ordentlich brav im Gefecht, kaltblütig bei jeder Gefahr, ein ge=
bildeter Militär, aber kein praktischer Soldat; er hat nie
anhaltend den inneren Dienst getrieben und kennt daher die Er=
fordernisse nicht, welche nöthig sind, um eine Truppe zu dressiren

und in Ordnung zu halten. Zwischen ihm und mir ist nie ein unfreundliches Wort gefallen, ich glaube daher mit Recht sagen zu können und würde v. b. Tann es gewiß bezeugen, daß all das einfältige Gerede, welches über die oben angegebenen Verhältnisse in Gang gesetzt wurde, reine Erfindung war.

Das 4. Freicorps, das auch den Stamm zu dem späteren v. b. Tann'schen Korps abgab, war nicht aus Schleswig=Holsteinern, sondern aus den in Folge des Clausen=Esmarch'schen Aufrufs aus Deutschland kommenden sehr gemischten Freiwilligen gebildet. Es waren darunter viele Literaten und halbgebildete Subjekte, die sich selbst preisen wollten, indem sie ihren Kommandeur und sein Korps lobten, und so geschah es denn auch, daß jeder Sperling, der ihnen in den Weg kam, ein Adler wurde, jede Kugel die sie pfeifen hörten, ins Hundertfache vermehrt ward. Sie thaten indeß nicht bloß dieses, sondern es wurden von ihnen auch geflissentlich über die anderen Truppen ungerechte und abgeschmackte Bemerkungen in ihren Zeitungsartikeln gemacht.

VIII.

Beginn der Intriguen der Prov. Regierung gegen den Verfasser. Der Landsturm.

Nachdem ich die vorerwähnten Aenderungen für die Truppen getroffen hatte, ging ich nach Rendsburg, um daselbst wieder die Fortsetzung der Rüstungen zu betreiben und an den Sitzungen der provisorischen Regierung theilzunehmen, soweit der Druck der mir speziell obliegenden Geschäfte es gestattete. Hier fand ich natürlich eine große Verstimmung. Der alberne Glaube, daß man die Dänen umblasen könne, war verschwunden; das Gegentheil hatte sich jetzt den Leuten in den Kopf gesetzt, nämlich daß wir ganz unfähig wären, uns zu vertheidigen, und daß alles von der deutschen Hülfe abhinge. Diese Gelegenheit ward von den Mitgliedern der provisorischen Regierung in jeder Weise ausgebeutet, um wo möglich mich los zu werden. Erst wendeten sie sich an den Oberst v. Bonin (wie derselbe es mir später selbst gesagt hat), um von ihm zu erfahren, ob es nicht zweckmäßig sein würde, mir das Kommando über die Truppen zu nehmen. Dieser widerrieth ihnen dieses ganz bestimmt. Als am 12. April die Anerkennung des deutschen Bundes eintraf, stieg ihnen der Kamm wieder, und nachdem nun alle Schuld des Rückzuges aus Flensburg mir aufgebürdet, ja unter anderem auch gesagt ward, daß es unverantwortlich von mir gewesen sei, die Studenten und Turner so zu exponiren, als ob erstlich ich sie in Krusau aufgestellt hätte, und zweitens, als ob diese jungen braven Patrioten sich deßhalb bewaffnet hätten, um hinter anderen Kämpfern Schutz zu erlangen! — erschien am 14. April Graf Reventlow in meinem Quartier mit einem sehr langen kalten Gesichte, um mir, wie er behauptete, einen guten Rath zu geben. Er hob damit an, daß ich gewiß erkannt habe, wie ich das Vertrauen sowohl des Landes als der Truppen vollständig verloren habe, und es daher in meinem eigenen Interesse läge, mich zurück zu ziehen. Darauf erwiderte ich ihm, daß ich ihm für diesen freundlichen Rath sehr verbunden sei, aber ihn nicht befolgen würde, und zwar aus folgenden Gründen. Welche Meinung und Stimmung im Lande herrsche, wollte ich dahin gestellt sein lassen, denn ich räume demselben keine Urtheilsfähigkeit über militärische Bewegungen ein; was aber das Urtheil der Truppen beträfe, so sei er sehr im Irrthum. Es möchten vielleicht einige naseweise Subjekte sich mit einer Beschuldigung meiner Person zu entschuldigen suchen, die Masse der Truppen aber habe sehr wohl erkannt, daß sie meinem Entschlusse, uns zurückzuziehen, es allein zu verdanken hätten, daß das ganze Truppencorps aus einer verzweifelten Lage gerissen und daß es nicht gefangen worden sei. Der Soldat habe allezeit ein richtiges Urtheil über seine Anführer. Bei unseren Truppen sei durch eine unglückliche Affaire, die uns mit Ausnahme des Michelsen'schen Versehens nur 30 Mann gekostet habe, das Vertrauen zu mir nicht geschwächt worden. In den nächsten Tagen, theilte ich ihm mit, würde ich die einzelnen Bataillone wieder inspiciren, und fände ich in der Gesinnung der Truppen gegen mich eine Aenderung, dann würde ich ihn davon in Kenntniß setzen. Nun wendete er ein: „ich hätte eine beständige Unentschlossenheit gezeigt, erst hätte ich nach Angeln, dann nach den Hüttener Bergen gehen wollen, und gleich-

zeitig sei wunderbarer Weise ein Theil der Truppen nach Rends=
burg ohne weitere Befehle gekommen." „Nun," erwiderte ich,
„wer anders trägt daran die Schuld, daß die gehörige Disciplin
nicht in den Truppen herrscht, daß das Kommando nicht förm=
lich geregelt ist u. f. w. als die provisorische Regierung, welche
sie ohne vorhergegangene Erlangung der nöthigen Organisation
einer Feldarmee sofort nach dem Norden der Herzogthümer aus=
rücken lassen wollte? Kann man mich verantwortlich dafür ma=
chen, daß nicht mehr Officiere in den Kompagnien sind? Ich
vermag sie nicht aus den Aermeln zu schütteln! Bin ich daran
Schuld, daß General Krohn seine Stärke theilte, anstatt wie ich
in dem obenerwähnten Briefe vom 7. April gerathen hatte, zu=
rückzugehen, und die von mir bezeichnete Aufstellung zu nehmen?
Kann ich nach Angeln marschiren, wenn die Bataillonskomman=
deurs mir feierlich versichern, daß ihre Leute nicht gehen wollen?
Sollte ich es auf eine Emeute ankommen lassen? Kann ich verant=
wortlich sein für die falsche Führung eines Wegweisers und die
fehlerhaft überbrachte Ordre einer von General Krohn ausge=
sandten Ordonnanz, welcher er nur einen mündlichen statt schrift=
lichen Befehl gegeben hatte?" Hierauf hatte Graf Reventlow
selbstverständlich nicht viel zu antworten und zog unverrichteter
Sache ab.

Als ich in die Sitzung der provisorischen Regierung kam,
ward ich von meinen Kollegen mit einer merklichen Kälte auf=
genommen. Es sollte mir vermuthlich auf diese Weise das
Bleiben verleidet werden. Da ich aber das Truppencorps in einer
Ausdehnung von 5 Meilen liegen hatte, war selbstverständlich
nicht viel Zeit für mich übrig, die langen Gesichter der Herren
der provisorischen Regierung zu betrachten. In diesen Tagen
fiel auch die oben erwähnte Dampfbootgeschichte vor. Eine

Hoffnung blieb ihnen noch), mich über Bord werfen zu können, welche sie in der zu treffenden Bestimmung des Oberbefehls= habers zu dem jetzt ernstlich beginnenden Kriege suchten und gefunden zu haben glaubten. Es ward nämlich sowohl nach Berlin, als nach Frankfurt geschrieben, daß mir das Oberkom= mando nicht anvertraut werden könne und ein höherer General ernannt werden müsse. Es ward auf General Halkett reflek= tirt. Diesen General kannte ich persönlich, jedoch nur als einen braven, tüchtigen Haudegen; deßhalb erklärte ich, daß allerdings, insofern das 10. Bundesarmeecorps in Betracht komme, er das Kommando übernehmen könne; aber da die schleswig'schen Trup= pen mit diesem Armeecorps nichts zu thun hätten, würde ich mich nicht unter seinen Befehl stellen. Der Oberst v. Bonin und ich hatten während der Zeit schon einen Plan entwor= fen, wie wir die dänische Stellung bei Schleswig und hinter der Schlei angreifen wollten; über die Angelegenheit des Ober= kommandos waren wir miteinander im Reinen. Das beständ= bige Intriguiren der provisorischen Regierung ließ uns keine Ruhe, und durch die continuirlichen Anträge in Berlin kam ein General nach dem andern, so daß wirklich hier das alte Sprüch= wort zur Wahrheit ward: „Viele Köche verderben den Brei!" Denn obgleich der von Bonin und mir entworfene Plan bei den Berathungen über die Art und Weise der künftigen Krieg= führung zum Grunde gelegt blieb, so ward er doch so ver= pfuscht, daß nicht das Resultat erfolgte, welches ohne Zweifel sich herausgestellt haben würde, wenn man uns die Ausführ= rung des unsrigen allein überlassen hätte.

Nach der am 9. April erfolgten Besetzung Flensburgs durch die Dänen dachten dieselben, von Jubel ergriffen, nicht weiter an unsere Verfolgung. Am 11. rückten sie erst vorsichtig in

die Stadt Schleswig ein, am 12. erschienen dänische Kriegs=
schiffe im Eckernförder Hafen und landeten daselbst Truppen,
die theils über Missunde, theils über Fleckebye mit der in
Schleswig stehenden Armee sich in Verbindung setzten, so daß
nun die dänischen Vorposten südlich von der Schlei aufgestellt
wurden. Die Waffenruhe, die von Oberst v. Bonin dem dä=
nischen Oberbefehlshaber während eines Depeschenwechsels an=
getragen und vom Letzteren genehmiget worden war, ging am
16. zu Ende. Am 18. warb eine dänische Feldwache von
einer Patrouille der Freicorps unter der Anführung des Haupt=
manns Alboffer überfallen und ihr 16 Gefangene abgenommen.
Die Freicorps hatten jetzt schon mehr Haltung gewonnen und
größere Streifereien unternommen, wodurch der dänische Ober=
befehlshaber veranlaßt ward, seine Vorpostenstellung so abzu=
ändern, daß diese vom Selker Noer oder Habbebyer Damm west=
lich dem Dannewerker Wall bis nach Kurburg folgte und öst=
lich von Missunde über Cosel bis Eckernförde sich ausdehnte.
Die Strecke zwischen Cosel und Habbebye, südlich der Schlei,
blieb unbesetzt.

Der von Bonin und mir verabredete Angriffsplan ging
dahin, daß ich mit den regulären schleswig=holsteinischen Trup=
pen und dem Kaiser=Alexander=Regiment auf der Chaussee von
Rendsburg nach Schleswig als Avantgarde vorrücken und bei
Milberg Halt machen, Bonin aber mit dem Kaiser=Franz=Regi=
ment, dem 12. und 20. Infanterie=Regiment, den übrigen preußi=
schen Bataillonen, Kavallerie und Artillerie bis Groß=Reide
gehen und daselbst Halt machen sollte. Das 5. Bataillon Schles=
wig=Holstein und eine Kompagnie vom 1. Jägercorps (v. d. Heyde)
und die 4 Freicorps (2500 Mann) vier 3pfündige Geschütze
und 30 Dragoner, folglich im Ganzen ungefähr 4000 Mann

unter dem Befehl des Majors v. Zastrow, sollten die Schlei passiren und sich des Defilés bei Welspang bemächtigen, welches sie dann gegen Schleswig zu verhauen und unpraktikabel zu machen hatten.

Gleich nach Mitternacht sollte Bonin aufbrechen, um über Ellingstedt die nördliche Husum-Schleswiger Landstraße zu gewinnen, und mit Tagesanbruch, wenn ich den Angriff bei Busdorf machte, die Dänen in ihrer rechten Flanke nehmen und die Chaussee nach Flensburg abschneiden. Sie würden hierdurch genöthigt worden sein, den Rückzug durch Angeln zu nehmen, und hätten daselbst den Uebergang bei Welspang von Zastrow versperrt gefunden. In dieser Weise hätten wir die ganze dänische Armee gefangen genommen; denn es war unmöglich, hier zu entkommen, weil der Langsee und die Füsinger-Aue, sowie der Tolkersee das Terrain vollständig umkreisen. Daß dieser Plan durch die Dazwischenkunft der höheren preußischen Generale vereitelt wurde, wird die Folge zeigen. Wenn das preußische 2. Kürassier-Regiment 3 Tage früher angekommen wäre, hätten wir die Sache ausgeführt. Bonin wollte aber trotz meiner Aufforderung nicht angreifen, bevor er dieses Regiment heran habe. Er hatte allerdings darin Recht, nachdem er den schmählichen Rückzug unserer Kavallerie gesehen hatte; aber ich wußte dagegen, daß der Prinz Woldemar durch sein Organisationstalent und seinen praktischen Diensteifer der jetzigen Kavallerie-Brigade eine andere Haltung gegeben hatte, die mir erlaubte, von ihr zu erwarten, daß sie ihre Schuldigkeit thun werde.

Bevor ich den Verlauf der militärischen Begebenheiten wieder aufnehme, muß ich noch einige allgemeine Verhältnisse berühren.

Zu den Verirrungen der damaligen Zeit gehörte auch das Gewicht, welches man auf Volksbewaffnung legte, über welche ich zwar nie zweifelhaft gewesen bin, allein ich konnte unmöglich Alles der allgemeinen Ansicht abschlagen, und daher genehmigte ich eine Proklamation, die den Landsturm in's Leben rief und einige allgemeine Anweisungen für seine Wirksamkeit enthielt. Dies konnte ja nicht schaden, wenn es auch nach meiner innersten Ueberzeugung gar nichts nützte. Bekanntermaßen mag der schleswig=holsteinische Landmann von seinem Haus und Hofe, seinen Kühen und Pferden, seinem guten Mittagstisch und reichlichem Abendbrod sich niemals gern trennen, am allerwenigsten auf das Risico hin, einen Arm oder ein Bein dabei zu verlieren. Obendrein traf diese Angelegenheit gerade in die Saatzeit, während welcher in unserem unbeständigen Klima jede Stunde benutzt werden muß und jede Hand einen dreifachen Werth hat. Außerdem hatten wir schon die ganze dienstpflichtige Mannschaft unter Waffen, so daß einer ruhigen Beobachtung nicht entgehen konnte, wie die bewaffnete Theilnahme eines Landsturmes an diesem Kriege in das Bereich der Phantasiegebilde gehörte. Einzelne Wichtigmacher schwatzten der provisorischen Regierung jedoch so viel davon vor und blieben bei ihrer Behauptung, daß es nur an Waffen fehle, um die ganze Bevölkerung auf die Beine zu bringen, so fest stehen, daß mir von ersterer der Auftrag ward, aus dem Arsenal Gewehre an die darum bittenden Distrikte verabfolgen zu lassen. Ich habe oben gesagt, daß 13,000 Musketen und Büchsen im Arsenal vorhanden waren, als ich Rendsburg am 24. März in Besitz nahm. Reichlich 2000 Stück waren zur Bewaffnung der Freicorps verwendet; nach dem 10. April wurden zur Kompletirung der Armatur des regulären Militairs circa 1000 Stück ausgelie=

fert, und trotzdem, daß ich fast immer nur die Hälfte oder den dritten Theil der erbeteuen Flinten verabfolgen ließ, waren 4000 Gewehre in den Landbistrikten, und zwar größtentheils im Herzogthum Schleswig verschleudert. Natürlich nahmen die Dänen diese in dem von ihnen besetzten Theil des Herzogthums den Leuten wieder ab, und, wenn ich nicht irre, gaben sie die Zahl solcher genommenen Flinten auf 2500 Stück an, die fuder= weise nach Alsen gebracht wurden. Als ich am 22. April einer Sitzung der provisorischen Regierung noch vor dem Ausmarsche nach Norden beiwohnte, legte ich es ihr bringend an's Herz, nicht mehr Gewehre zu verlangen, da wir nur noch 6000 Stück übrig hätten, und deren ja täglich für den Abgang im Kriege gebrauchen mußten.

Als ich am 3. Juni wieder nach Rendsburg kam, hatte troz aller Gegenvorstellungen des Generals Krohn, auf Befehl der provisorischen Regierung das Arsenal 5400 Stück auslie= fern müssen, so daß der Bestand jetzt auf 600 Stück reducirt war, und dieses erfolgte zu einer Zeit, wo wir siegreich die Herzogthümer von den Dänen gesäubert hatten und sie mit 40,000 Mann regulärer Truppen besetzt hielten.

Die Landleute verlangten jetzt die Flinten, um sie zur Jagd, die man ihnen freigegeben hatte, zu benutzen; aber wahrlich nicht, um zu kriegerischen Zwecken sie zu verwenden. Damit meine über den Landsturm und dessen Wirksamkeit ausgespro= chene Meinung nicht als unbillig und als eine vereinzelte, sub= jective Ansicht erscheine, will ich hier diesen nicht unwichtigen Gegenstand etwas näher beleuchten.

Als im Jahre 1808 die französische Armee in Spanien die in der Eile aufgebrachten spanischen regulären Truppen, welche entweder von ganz veralteten oder von jungen unerfah=

renen Generälen commandirt wurden, wie Staub auseinander geblasen hatte, erließ die Generaljunta aus Sevilla eine Aufforderung zur allgemeinen Bewaffnung an das spanische Volk. Will man dieser Aufforderung und ihrer Ausführung einigen glücklichen Erfolg nicht absprechen, so muß hierbei wohl in Consideration gezogen werden, daß der spanische Landmann sich oft mit Räubereien abgibt, daß er vermöge Klima und Bodenverhältnisse nicht so an die tägliche Arbeit gebunden ist, als der Nordländer, daß er in dem gebirgigen Theil des Landes, welches damals jeder Art von gebahnten Landstraßen entbehrte, Engpässe und Schlupfwinkel findet, wo er in kleiner Zahl dem Feinde großen Schaden beibringen und auch wieder sich schnell der Verfolgung entziehen kann, falls sein Widerstand überwunden wird.

Die Vertheidigung Saragossa's und die Gefangennehmung des Dupont'schen Korps bei Baylen in Andalusien gaben den sogenannten Guerillas einen großen Eclat. Doch hierbei sind die nähern Umstände und Ereignisse in's Auge zu fassen: Saragossa vertheidigte sich zwar musterhaft, aber das Triumvirat, welches in der Stadt die Herrschaft führte, hatte eine Anzahl Galgen auf dem Markte errichten lassen, und wer im Mindesten Muthlosigkeit zeigte, ward ohne Weiteres aufgeknüpft. Als endlich die Stadt den Franzosen ganz in die Hände fiel, hatten die Belagerten 40,000 Menschenleben verloren.

In der Schlacht von Baylen hatten allerdings Guerilla's mitgewirkt, aber der spanische Befehlshaber Castanos besaß dabei einen großen Theil regulärer Truppen und nicht wenige englische Officiere. Im späteren Verlaufe des Halbinselkrieges ist es nie vorgekommen, daß die Guerillas regulären Truppen gegenüber in einem geordneten Gefechte auch nur eine Stunde

Stand gehalten haben. Durch sie ist den Franzosen unend= licher Schaden dadurch zugefügt worden, daß sie die Kommuni= kation zwischen den verschiedenen Armeecorps abschnitten, Fou= rageure zurücktrieben, Kouriere auffingen, Rekrutenabtheilungen und Krankentransporte aufhoben und den Engländern Nachricht über die Bewegungen der Franzosen brachten; aber von einem geordneten Widerstande war nicht die Rede. Der Widerstand von Saragossa und die Affaire bei Baylen erregten aber in Deutschland im Jahre 1809 eine ungemein große Sensation. In allen franzosenfeindlichen Blättern und Schriften wurde diese Anschauung von dem sich damals unter der Leitung der Herren v. Stein und v. Gneisenau bildenden vaterländischen Bunde benutzt, um eine allgemeine Erhebung gegen den Ur= feind, Napoleon, vorzubereiten. Ich erinnere mich noch voll= kommen, daß man in den Jahren 1811, 12 und 13 sehr wenig von den Siegen der Engländer unter Wellington sprach, aber die Befreiung Spaniens der Volkserhebung zuschrieb.

Der in Deutschland 1813 aufgebotene Landsturm hat wohl seinen Nutzen gehabt, indem er eine allgemeine Anregung der öffentlichen Stimmung hervorrief und erhielt, aber von seinem erfolgreichen Widerstand gegen die Franzosen ist nichts in der Kriegsgeschichte zu finden.

Bei dem Kriege der Sonderbündler in der Schweiz war eine vom General Dufour eingenommene Stellung hinrei= chend, um den Feldzug zu beendigen. Ich glaube daher, meine geringe Meinung von einer Volksbewaffnung regelmäßigem Mi= litär gegenüber völlig rechtfertigen zu können.

Bereits habe ich gesagt, daß die Bewaffnung des imaginären Landsturms im Herzogthum Schleswig nur dazu diente, den Dänen einen Theil unseres Arsenaldepots in die Hände zu lie=

fern, und soweit mir bekannt ist, kam es nur ein einziges Mal vor, daß sich etwas von dem Landsturm blicken ließ. Dies geschah am 25. April, als der Major v. Zastrow mit seinem oben erwähnten Korps durch Angeln gegen Flensburg marschirte.

Bei Satrup hatte er die Nacht angehalten, und als er es am Morgen verließ, meldete sich eine Abtheilung Landsturm aus Angeln bei ihm, um Theil an der Vertreibung der Dänen zu nehmen. Zastrow in seiner liebenswürdigen, und doch launigen Art, mit der er so vortrefflich unter solchen Verhältnissen die Leute zu behandeln weiß, nahm dies patriotische Anerbieten an, und übergab die Brücke und den Engpaß bei Kollerup, eine halbe Meile nördlich von Satrup, dem Landsturme zur Bewachung, falls ihn ein überlegener Feind zum Rückzuge nöthigen sollte. Als Mittags das Truppencorps Halt gemacht hatte, kam ein reitender Bote vom Anführer des Landsturms nachgeeilt, der sich die Besehle des Majors v. Zastrow ausbat, weil sein Kommando nicht länger st e h e n bleiben könnte. — „Warum können Sie denn nicht länger stehen?" fragte Zastrow. — „Se syn all duhn!" war die bescheidene Antwort. — „Nun denn, das ist ein annehmbarer Grund, und so bitte ich den Befehlshaber, sie nach Hause f a h r e n zu lassen, da doch kein Rückzug für mich wahrscheinlich ist."

Schon vor dem 9. April hatte ich mich an den preußischen Kriegsminister mit der Bitte gewendet, mir 2 Officiere vom Generalstabe zu senden; einen, um ihn an die Spitze meines Stabes zu stellen, und den andern, um ihm die Leitung des Militär-Administrationsbureau's zu übergeben. Beide Posten waren durchaus unentbehrlich; denn Oberst Fabricius war nicht geeignet, als Chef des Stabes bleibend zu fungiren. Es mangelte ihm die Gabe, eine Ordre kurz und bestimmt mit der Feder abzufassen, und er betrug sich übermäßig derb gegen Alle, die sich bei ihm wegen Empfang von Instruktionen oder Befehlen meldeten. Auch ich muß bekennen, nicht allzu höflich in solchen Fällen gewesen zu sein, daher gab es oft unangenehme Auftritte, welche bei der schwierigen Stellung, in welcher ich mich den fremden Truppen gegenüber befand, leicht nachtheilige Folgen hervorrufen konnten. Vom Kriegsminister ward mir ein Officier vom Generalstabe als Chef meines Stabes zugesagt, aber für die andere Verwendung konnte man mir keinen abkommandiren.

Ein höherer Officier war für die oberste Leitung des Kriegsbüreau's durchaus nothwendig, sobald ich mit dem jetzt besser organisirten Truppencorps ins Feld rückte. Der General Krohn hatte das Vertrauen der Truppen ziemlich verloren. Für sein Alter, für seine Geschäftsfähigkeit und seinen unermüdlichen Fleiß fand ich keinen besseren Posten, als den, ihn dem Kriegsdepartement als meinen Stellvertreter vorzusetzen. Ich darf wohl behaupten, daß er meine Wahl vollkommen rechtfertigte; denn trotz aller späteren Anfeindungen, Chikanen und Plackereien ist Krohn stets der treue, umsichtige und durchaus ehrenhaft redliche, aktive Kriegsminister geblieben. Ehre sei dem Andenken dieses wahren Patrioten.

Dem Oberst Fabricius gab ich das Kommando der ersten Brigade, welche ich ihm aber bald wieder zu nehmen mich veranlaßt fand, weil alle Unterbefehlshaber sich über ihn beklagten, er auch der Sache in taktischer Beziehung nicht gewachsen war.

An die Spitze meines Stabes trat der Major Leo aus dem preußischen Generalstabe, wodurch ich von einer unaufhörlichen Plackerei mit Kleinigkeiten, Fragen, die sich von selbst beantworteten und Scherereien aller Art befreit ward. Die Geschäfte im Kommandobüreau bekamen einen regelmäßigen Gang, und das sich häufende Archiv ward in eine vorzügliche Ordnung gebracht. Major Leo hatte keine robuste Gesundheit und war deßhalb öfters verdrießlich, aber von Herzen ein vortrefflicher Mensch; gerecht gegen Jedermann, diensteifrig und genau in seinem Geschäfte, scheute er sich nicht, gegen mich eine abweichende Meinung zu vertheidigen, erfüllte aber demunerachtet pünktlich meine Befehle, wenn sie von seiner Ansicht auch abwichen. Ich gewann deßhalb den Mann sehr lieb und fühle mich ihm dafür tief verbunden, daß er die schwere Arbeit, die durch fortwährende Chikanen der provisorischen Regierung und durch ungerechte Angriffe und Beschuldigungen in der Presse mir noch saurer gemacht wurde, unverdrossen bis zuletzt vollführen half.

Wohl nicht ohne Grund mag gesagt werden, daß den Soldaten immer sehr reichliche Löhnung während des Feldzuges ausgezahlt ward, indem sie zu der reglementsmäßigen zwar nur kleinen Löhnung erst die Cantonnementszulage von $1^1/_4$ fl. und dann noch die Feldzulage von 2 fl. täglich bekamen. Ich glaube aber, daß sich dieses vollkommen dadurch rechtfertiget, daß es an vielen Sachen fehlte, welche sie zu einem bestimmten billigen Preise beanspruchen konnten, z. B. an Hemden, Strümpfen, Schuhen, Halsbinden 2c. Die Leute mußten viel von ihrem eigenen Zeuge tragen und sich gut nähren, weil die Bekleidung sie nicht genug gegen das rauhe Klima schützen konnte. Dazu kam aber noch, daß die Freicorps ganz aus eigener Tasche sich equipirten und großentheils sehr zerrissene Kleidung trugen.

Sobald ich am Ende des Monats August die neue Einkleidung der Armee bewerkstelligt hatte, gab ich den Befehl, daß mit dem 1. Oktober diese Soldzulage wegfallen sollte, aber nach meinem Rücktritt dachte Niemand daran, dieses durchzuführen. Der übermäßige Sold wurde daher fortwährend wie im ersten Jahre verabreicht, obgleich es ein großer Fehler ist, dem Soldaten mehr, als er nöthig hat, zu geben. Der Glaube, daß sich die Zuneigung und die Unverdrossenheit des Soldaten durch höhere Löhnung und andere Freigebigkeiten erwerben und erhalten läßt, ist eine Täuschung, in die nur Generale oder Kriegsherren verfallen, welche das Leben und Denken des Soldaten nicht aus der Praxis kennen. Der Soldat verlangt strenge, aber gerechte Ueberwachung der Disciplin, möglichst gute und rechtzeitige Verpflegung, keine unnöthige Fatiguen, welche durch fehlerhafte, unbestimmte oder widersprechende Befehle veranlaßt werden, und keine Bevorzugung, weder einzelner Korps, noch der Officiere vor der untergeordneten Mannschaft. Der Officier, der mit seinen Leuten die Gefahr, wie die Strapazen, die Lebensmittel, wie die Nachtlager theilt, kann sicher sein, daß die Leute ihm immer das Beste und Bequemste bei allen Gelegenheiten aussuchen und anbieten. Wenn der Soldat gehörig equipirt und verpflegt ist, was soll er dann mit der überflüssigen Löhnung anfangen, als sie vertrinken oder vertrödeln!? Beides untergräbt die Disciplin und führt gerade zum Gegentheil des beabsichtigten Zweckes. Ein sprechendes Beispiel bot die französische Armee nach ihrer Rückkehr aus der Krim dar, wo die Sauferei unglaublich überhand genommen hatte. Ich möchte eben deßhalb auch den künftigen Nutzen des Lagers bei Chalons sehr in Zweifel ziehen, wenn nicht mit den Festen und Belustigungen, welche dort den Soldaten gegeben werden, eine Aenderung eintritt. Im Herbst 1850 war das Saufen und Spielen in der schleswig-holsteinischen Armee so eingerissen, daß

es zum allgemeinen Scandal ward. Einigen der alten Solda=
ten, die unter mir gedient hatten, sagte ich damals, „wie doch
solcher Unfug bei den Truppen stattfinden tönne?" und bekam
zur Antwort: „Ja wih seut dat wol in, awers wih könnt uns
man nich enig warn, sönst wören wi all lang davon gaaen!"
Dergestalt also war die Disciplin gelockert, daß die Leute etwas
Arges zu begehen nicht glaubten, wenn Jeder in seine Heimath
sich begab.

IX.

Zweiter Ausmarsch gen Norden.

Es war mir gelungen, zwischen dem 11. und 22. April die Bataillone in ihrer Stärke ziemlich auszugleichen und bis auf 700 Mann durchschnittlich zu bringen, sie taktisch auszubilden und deutsches Kommando einzuführen, und dennoch blieb Vieles sehr mangelhaft. Dazu trug besonders bei, theils daß die erste Ausrüstung und Einkleidung zu übereilt betrieben worden war, theils daß die meisten Kompagnien neue Kommandeurs bekommen hatten, indem an die Stelle der fortgegangenen gebornen Dänen die preußischen Officiere getreten waren. Niemand hatte durch eine förmliche Ablieferung und Annahme die Kompagnie erhalten, die meisten Kompagnien waren im Felde stehend übernommen worden nach Kopfzahl der Einrangirten und der Löhnungsliste des Feldwebels. Die neu errichteten Bataillone (5. und 6.) hatten von den Montirungsböden und Armaturkammern das für sie Brauchbare genommen, und Keiner fühlte eine Verantwortlichkeit, die sich weiter erstreckte, als auf den Bestand im Felde; folglich konnte hier nicht erwartet und gefordert werden, daß nicht Manches noch zu wünschen übrig blieb. In 11 Tagen hatte ich dennoch, trotz des sehr niederschlagenden Rückzugs von Flensburg,

6 Bataillone Infanterie, ...	4200 Mann,
Das erste Jägercorps, ...	1000 =
	5200 Mann.

Uebertrag 5200 Mann.

Die Kavallerie-Brigade, 9 Schwadronen,	1300 =
3—6pfündige Batterien und 1 Brückentrain	400 =
1 Kompagnie Pontoniere 1 „ Ingenieure } . . .	200 =
Das Braklow'sche Jägercorps . .	100 =
Die 4 Freicorps	2400 =

9600 Mann,
wieder so weit organisirt und ausgerüstet, daß ich ohne Scheu
den Dänen entgegengehen konnte.

Während der Zeit war der Fürst Radziwill als preußischer
Divisionär in Rendsburg eingetroffen und die Zahl der preußischen Regimenter hatte sich so vermehrt, daß sie in 2 Brigaden getheilt wurden, von denen die erste oder Gardebrigade
dem Generalmajor v. Möllendorf, die zweite dem jetzt zum Generalmajor ernannten Oberst v. Bonin zugetheilt ward.

Mit dem Fürsten Radziwill hatte Bonin den von uns entworfenen Plan besprochen; er hatte ihn ebenfalls angenommen,
und der 23. April ward zur Ausführung festgesetzt.

Als ich am 21. Morgens mich zu Pferde setzte, um die
verschiedenen Truppenabtheilungen in die ihnen bestimmte Di-
rektion und Bewegung zu setzen, hörte ich den Donner der
Kanonen in der Richtung nach Eckernförde, und als ich mein
Hauptquartier Georgenthal erreichte, war daselbst schon die Meldung von dem Gefecht bei Altenhof und Hoffnungsthal eingetroffen, wo das 4. Freicorps unter v. d. Tann und das 2.
und 3. Korps mit den Dänen ein ernstes Gefecht siegreich bestanden hatten.

Ich muß hier abermals etwas zurückgehen, um die Lage
der Verhältnisse klar zu machen.

Wie ich schon bemerkt habe, war am 24. März in Neumün=
ster der Advokat Koch mit circa 50 Freiwilligen aus der Umge=
gend von Segeberg zu uns gestoßen, um bei der Einnahme von
Rendsburg mitzuwirken. Koch hatte als Unteroffizier früher ge=
dient und sich stets als einen entschlossenen Mann bethätigt. Es
ward nach Errichtung der Freicorps und des projektirten Land=
sturms nothwendig, daß ein Anführer ernannt werde, der diese
ganze undisciplinirte Bewaffnung in Einklang bringen konnte.
Officiere waren keine vorhanden, und würden sich auch nicht gerne
zu letzterem hergegeben haben, so lange im regulären Militär
man ihrer noch bedurfte. Der Oberst Fabricius sowohl, als
der Advokat Samwer schlugen mir daher den Advokaten Koch
als das durchaus dazu brauchbarste Individuum vor; und als
ich Bedenken trug, ihn zu wählen, betheuerten sie, mit Allem
dafür haften zu wollen, daß kein besseres Subjekt zu finden
sei. Dennoch schien mir dessen Wahl nicht zweckdienlich, und
ich trug deßhalb die Sache in der provisorischen Regierung vor,
weil ich die Verantwortlichkeit für einen mir Unbekannten nicht
übernehmen wollte. Die provisorische Regierung fand, daß
Koch wohl einer solchen Anstellung entsprechen könnte, und so=
mit ward er zum Befehlshaber über alle irreguläre Bewaff=
nung ernannt. Aber schon vor dem 9. April bewies er in
Flensburg, daß er diesem Posten nicht gewachsen war, und da
überdieß damals der General Krohn bitterlich über ihn klagte,
gab ich nach dem Rückzuge aus Flensburg dem Hauptmann
v. Gerstorff die Oberleitung der 4 Freicorps.

Mit dem Oberstlieutenant v. Zastrow und dem Hauptmann
v. Gerstorff hatte ich am 19. April den Zug nach Angeln be=
sprochen und ihnen die Instruktion wegen des Ueberganges
über die Schlei, die Besetzung von Welspang, oder den even=

tuellen Marsch nach Satrup und den Flankenangriff auf die zurückgehenden Dänen gegeben.

Durch einen geheimen Boten hatte ich die Cappeler und Arnisser Schiffer und Fischer auffordern lassen, sich mit allen ihnen zu Gebote stehenden Booten in der Gegend zwischen Stübbe und Bünsdorf, am südlichen Ufer der Schlei, in Versteck zu legen; und diese braven, vaterlandsliebenden Leute waren in der Nacht zwischen dem 21. und 22. schon alle an Ort und Stelle eingetroffen. Ohne von den Dänen auffallenderweise bemerkt zu werden, lagen sie dort bis zum 23., wo sie vollkommen den Zweck, zu welchem ich sie bestimmt hatte, erfüllten.

Nach dem Gefechte bei Altenhof sammelten sich in Folge meines am 19. ertheilten Befehls das 5. Infanterie=Bataillon, eine Kompagnie des 1. Jägercorps, die 4 Freicorps, vier 3pfündige Kanonen und ein Kommando Dragoner unter dem Lieutenant v. Bouteville in Habye. Dem Oberstlieutenant v. Zastrow übergab ich den Befehl über dieses aus reichlich 4000 Mann bestehende Korps mit der Instruktion, die Dänen über die Schlei zurückzuwerfen, dann selbst vermittelst der oben erwähnten Bootflottille den Uebergang über die Schlei zu effektuiren und am 24. Welspang besetzt zu haben, um den eventuell zurückgehenden Dänen den Weg zu verlegen; falls diese aber die Chaussee von Schleswig nach Flensburg behaupten würden, solle er am Abend des 24. nördlich nach Satrup aufbrechen und von dort aus eine Diversion gegen die linke Flanke der Dänen unternehmen.

Zastrow marschirte ab und führte mit großer Umsicht und vollständigem Erfolge seinen Auftrag aus. Daß dieser auf das Schicksal der dänischen Armee und des ganzen Krieges keinen Einfluß übte, war weder seine noch meine Schuld, sondern,

wie in Nachfolgendem gezeigt wird, die Folge der von General
v. Wrangel bewiesenen hartnäckigen Zurückweisung meiner Vor=
stellungen gegen die von ihm ohne gehörige Kenntniß des Ter=
rains abgeänderte Marschbestimmung für den Vormarsch gegen
Schleswig.

Nachdem ich am 21. von Georgenthal aus den Befehl er=
lassen hatte, daß das 1., 2., 3. und 6. Infanterie=Bataillon,
die 3 Kompagnien des 1. Jägercorps, das Bratlow'sche Scharf=
schützencorps, die Pontonier= und die Pionnier=Kompagnien, die
drei 6pfündigen Feldbatterien und die Kavalleriebrigade am 22.
aufbrechen, die Infanterie sich zwischen Bünge und Stentener
Mühle sammeln, die Kavallerie vor Rendsburg bivouakiren
sollten, sowie daß das 4. Bataillon mit seinen 3 Kompagnien
Kiel, Eckernförde und Umgegend besetzt halten sollte, ritt ich
am 22. Morgens nach Rendsburg, um noch an diesem Tage
die Geschäfte meines Departements dem General Krohn zu
übergeben und einer Sitzung der provisorischen Regierung bei=
zuwohnen.

Man denke sich mein Erstaunen, als ich sofort nach mei=
ner Ankunft zu General v. Bonin ging und hier erfuhr, daß
jetzt der General v. Wrangel angekommen sei, um als Ober=
befehlshaber des deutschen Bundes den Befehl über sämmtliche
Truppen zu übernehmen. Dabei sagte mir aber Bonin, daß
unser Plan dennoch würde befolgt werden.

Es ward jetzt nöthig, daß ich erst mit der provisorischen
Regierung Rücksprache wegen der Stellung unsers Korps nahm,
weil die schleswig'schen Truppen keine Bundestruppen waren.
Meine Bedenklichkeiten wurden größtentheils dadurch gehoben,
daß von den preußischen Truppen der Feldzug zu unserer
Hülfe geführt ward und daß Wrangeln als einem alten Gene=

rale schon seiner Anciennetät halber der Oberbefehl bei gemein=
schaftlichen Operationen zukommen mußte. Die provisorische
Regierung war nur zu froh, daß ich jetzt unter den Befehl
eines Mannes kam, bei dem sie hoffte, mich gehörig anschwär=
zen zu können. Indessen erklärte ich hier diesen Herren aus=
drücklich, daß ich mich beim General Wrangel nur mit der
ganzen Stärke, welche in's Feld rückte, melden würde, daß
aber die Festung Rendsburg mit ihrem Arsenal und all unse=
rem sonstigen Material nicht unter dem Bundesgeneral stände,
und wir, um unsere Selbstständigkeit zu behaupten, dieses der
eigenen Disposition vorbehalten müßten.

Graf Reventlow war an eben diesem Tage sehr geflissent=
lich beim General Wrangel. Was diesem über mich und über
die Verhältnisse der Dinge bei uns gesagt wurde, kann ich
selbstverständlich nicht wissen, aber die Folge wird die Richtig=
keit meiner Vermuthung zeigen, daß der General Wrangel ge=
beten worden ist, gar nicht auf meine Ansichten zu achten und
mit allem unserem Material und Personal zu verfahren, als
ob es unbedingt zu seiner Verfügung stände.

Am 22. April um 11 Uhr kam Wrangel in Rendsburg
an, und vor 2 Uhr war der Befehl zum Vormarsch für den
andern Tag schon in anderer Weise als ich ihn mit Bonin
entworfen hatte angeordnet. Bereits darin liegt eine Bestäti=
gung der obigen Vermuthung; denn was wäre wohl natür=
licher gewesen, als mit mir, der ich jeden Weg und Steg in
den Herzogthümern kenne, diese auf eine sogenannte Recognos=
cirung des Fürsten Radziwill sich gründende Aenderung erst zu
besprechen? Damit aber nicht genug, sondern, als ich gegen Wran=
gel äußerte, daß die jetzt vorgeschriebene Marschdirektion der
preußischen Gardebrigade schon am 23. zum Gefechte führen

müßte, weil sie wegen des zwischen Breckendorf und Milberg liegenden Torfmoores unmittelbar an den dänischen Vorposten vorbei müsse, um das Bivouak bei Reide erreichen zu können: antwortete dieser, es wäre nun einmal befohlen und sollte dabei bleiben. Nun bemerkte ich, daß dann der ganze Zug Zastrow's umsonst sei, da er unmöglich vor dem 24. in Welspang einzutreffen vermöge. Auch dieser Einwand war dem Bundesoberbefehlshaber einerlei. Ob der Geist des alten Blücher sich seiner bemächtigt hatte, daß es ihm nur darauf ankam, vorwärts zu gehen, oder ob er aus der zögernden Kriegsführung des Fürsten Schwarzenberg ein warnendes Beispiel genommen hatte, weiß ich nicht; nur so viel ist mir bekannt, daß er nicht einmal seinen Gneisenau erwartete, um mit ihm den Plan zur Kriegführung zu entwerfen oder zu besprechen, denn der General Stockhausen kam erst am Tage nach der Schlacht von Schleswig an.

In mein Quartier zurückgekommen, ging ich nochmals die Ordre für den am nächsten Tage zu beginnenden Vormarsch durch, und konnte mich über die Widersinnigkeit derselben nicht beruhigen.

Die Gardebrigade sollte, wie gesagt, über Breckendorf, also 1 Meile östlich der Chaussee, marschiren. General Bonin sollte die Chaussee mit seiner Brigade bei Kropp verlassen und bei Reide ins Bivouak rücken. Das preußische Kürassierregiment und die schleswig-holsteinischen zwei Dragonerregimenter sollten auf der Chaussee vorgehen, durch Torfmoore nach beiden Seiten von der Verbindung mit den Infanterie-Brigaden abgeschnitten, und ich sollte mit den 4 Infanterie-Bataillonen und den Jägern die Reserve bilden; dabei war mir aber vorgeschrieben, von Stenten über Duvenstedt und Sorgbrück zu marschiren, statt auf dem geraden Weg, der für Infanterie vollkommen gut war, von

Stenten nach Kropp über Oschlag, wodurch 1½ Meilen wenig=
stens erspart wurden. Die Reserve sollte erst Stenten verlassen,
wenn die Garde dieses passirt hätte; allein so würde bei ange=
strengtem Marsche die Reserve erst haben ankommen können,
3—4 Stunden nachdem das Gefecht begonnen hatte. Dies war
nun freilich auch einerlei, denn von der Chaussee aus konnte
der Gardebrigade doch keine Unterstützung über das grundlose
Moor gebracht werden, aber ein Frontangriff hätte doch immer
eine große Diversion und Erleichterung hervorbringen können.

Dieser völlig veränderte Angriffsplan, bei dem alle Terrain=
kenntniß und jede Berechnung der erforderlichen Zeit zur Marsch=
vollziehung fehlte, konnte durchaus nicht in meinen Kopf hinein.
Ich entschloß mich deßhalb noch um 3 Uhr einmal zu Wrangel
zu gehen und auf der Karte ihm wiederholt dieses alles genau
zu demonstriren. Er blieb aber dabei, keine Raison anzunehmen,
und ich mußte wieder unverrichteter Sache meinen Aerger in
mein Quartier tragen.

Nachmittags kam mir aus Bunge die Meldung, daß die
schleswig=holsteinische Infanterie vorschriftsmäßig concentrirt sei,
und zum morgenden Aufbruch um 6 Uhr bei Stenten stehen
würde. Ehe ich die Ordonnanz, welche diese Meldung brachte,
zurück sandte, schickte ich nochmals den Major Leo zum General
Wrangel, um ihn zu bitten, ob er nicht erlauben wollte, daß
meine Infanterie den kürzesten Weg über Oschlag nach Kropper=
busch marschiren dürfe. — Nein! war wieder die Antwort, es
solle alles bei dem ersten Befehle bleiben.

Das ganze Benehmen des General Wrangel vom 22. April
bis zum 12. August ist ein unbegreifliches und unerklärliches
für einen Jeden, der den Mann nicht während der Zeit genauer
beobachtet hat, und es hat daher auch nicht an Vorwürfen und

Kritiken über den Feldzug des Jahres 1848 gefehlt. Ich bin mit mir über Wrangel immer im Klaren gewesen und will daher hier meine Ansicht unverholen aussprechen:

General von Wrangel ist ein braver und von Herzen guter Mann, der im Sattel groß geworden und darin fortgelebt hat, dem Riemen, Schnallen, Putzen und Poliren über alles geht. Man kann sich keinen besseren Inspetteur der Kavallerie wünschen. Sonstige militärische Bildung besitzt er nicht im Uebermaße, noch weniger hat er Kenntniß und Wissen von dem, was zur Führung eines Oberkommando's im Kriege gehört; denn von Politik und all den mannigfaltigen Verhältnissen nicht militärischer Natur, die dem Heerführer so unentbehrlich sind, nimmt er keine Notiz. Er sorgt für seine Untergebenen und hat eine große Gabe den Soldaten anzureden und für sich zu gewinnen. Sein politisches Glaubensbekenntniß ist die unumschränkte königliche Gewalt. Durch die Ereignisse in Berlin war dieses noch mehr verstärkt worden, und so blieb die Erscheinung bei seiner wie der meisten preußischen Officiere völligen Unkunde der Verhältnisse der Herzogthümer nicht auffallend, daß er eigentlich unsere Sache für eine insurrettionelle Bewegung hielt und sie nur dazu benutzen wollte, den preußischen Truppen eine Genugthuung für den schmählichen Rückzug aus Berlin zu verschaffen. Mit dem Großkreuz des Dannebrog-Ordens von Christian VIII. im Herbst 1846, bei der Inspektion des holsteinischen Bundeskontingents decorirt, und in jeder Weise fetirt, wollte er den Dänen nicht mehr Uebels anthun, als eben zur Erreichung obigen Zweckes erforderlich war.

Nach und nach im Verlaufe des Krieges änderten sich diese Ansichten und diese Gefühle, aber nur die oben ausgesprochene Ansicht und Wahrheit kann dafür die Erklärung abgeben, daß

am 22. April der Anmarsch des 10. Bundescorps nicht erwartet wurde, obgleich es nur einen Tagemarsch noch entfernt
war; daß die schleswig-holsteinischen Truppen einen solchen Umweg nehmen mußten, nachdem sie erst die Preußen hatten vorbei marschiren lassen, und endlich, daß der Vormarsch in solcher
Weise angeordnet wurde, daß es schon am 23. zum Gefecht
kommen mußte.

Sehr glücklich traf es sich noch für die Ausführung, daß, nachdem die Dänen seit drei Tagen den Angriff erwartet hatten,
sie jetzt wegen des auf diesen Tag fallenden Ostersonntags glaubten, daß an demselben nichts vorgenommen werden würde, und
daß daher ein großer Theil der dänischen Armee zur Kirchen-
parade kommandirt war und bloß die Vorposten unter Gewehr
sich befanden. Wäre dieser Umstand nicht gewesen, so würde
die Ausführung des Planes auf die größten Schwierigkeiten
gestoßen sein mit dieser ganz auseinander gerissenen Armee, bei
welcher kein Befehl zum gleichzeitigen Angriff vorlag, im Gegentheil der planmäßige Angriff erst am folgenden Tage ausgeführt
werden sollte, die feste Stellung der Dänen vor Schleswig zu
nehmen.

Wie ich es vorhergesagt hatte, traf um 11 Uhr der Vortrab
der Gardebrigade auf die ersten dänischen Vedetten. Der Oberst
v. Walderfee (später Kriegsminister), Kommandeur des Kaiser-
Alexander-Regiments, marschirte mit dem Vortrabe und bemerkte,
daß das Dannewerk nicht besetzt war. Trotz der Bedenklichkeit
des Fürsten Radziwill und des Generalmajors v. Möllendorf bestand Walderfee auf ein rasches Vorgehen, und führte eines
seiner Bataillone auf den Wall. Hierdurch kam die Haupt-
position in Besitz der Preußen. Das beginnende Gefecht ward
nun zu einem Dorfgefecht, in welchem es sich um die Verzwei-

bung der Dänen aus dem Dorfe Busdorf und der Vorstadt Schleswigs, dem Friedrichsberge, handelte. Nur auf der westlichen Seite der Chaussee kamen die Dänen noch früh genug, um das Dannewerk (Dänenwall) zu besetzen, wurden aber durch einen wiederholten Angriff des Bataillons vom 31. preußischen Regiment herunter geworfen. Sie ergriffen sodann eiligst die Flucht, warfen Tornister und Gewehre weg und zogen sich hinter den Mühlenteich und nach dem Pulverholze zurück. Dieser Theil des schon um $2\frac{1}{2}$ Uhr beendeten Gefechts nebst der Vertreibung der Dänen aus allem südlich der Schlei und dem Schloßteiche liegenden Terrain ist oft genug beschrieben worden, daß ich eine weitere Erzählung desselben für unnöthig erachte und sie hier nicht wiederhole.

Die Gefechtsregel steht fest, daß man einem in Unordnung sich zurückziehenden Feinde nicht die Zeit lassen soll, sich wieder zu ordnen, namentlich wenn ihm Terrainabschnitte hierzu eine günstige Gelegenheit bieten. Diese Regel galt aber nicht beim General v. Wrangel. Die preußischen Truppen hatten ja schon gefochten, mit vielem Spirit die verschiedenen Angriffe ausgeführt, und der Erfolg war ein bedeutender, indem die so vielbesprochene Position des Dannewerks genommen war.

Was that Wrangel? Er ließ Appel blasen und befahl eine Stunde Ruhe, indem er jetzt zu Mittag essen wollte, „und ich will in Ruhe essen!" waren seine eigenen Worte.

In dieser Ruhe fand ich die Sache bei Schleswig, als ich um 3 Uhr mit meiner Infanterie ankam. Sie war 5 Meilen marschirt und beburfte allerdings der Ruhe, die ich ihr daher auch am Dannewerk gab.

Kaum war ich dort angekommen, so erschien ein Adjutant des General v. Bonin, um mich um Absendung von Hülfstruppen behufs der Einnahme der Dörfer Groß- und Klein-Dannewerk zu bitten, wo die Dänen eine starke Macht concentrirt hätten. Ich ließ daher sogleich 2 Bataillone und 4 Geschütze auf Danne= werk marschiren, wodurch die Dänen in der linken Flanke be= droht als meine Truppen sich zeigten zum sofortigen Rückzug bewogen wurden.

Nachdem Wrangel in Ruhe gegessen hatte und als ihm die Lust ankam, die Dänen wieder zu beunruhigen, sendete er einen seiner Adjutanten zu mir mit den Worten: „nun könne ich auch daran kommen" und möge daher über den Husumerbaum (eine Vorstadt) nach dem Pulver=Holz vorrücken. Eine Feldbatterie hatte er mir schon früher wegholen lassen, eine halbe Batterie hatte ich mit den beiden Bataillonen Bonin zur Hülfe gesendet; also setzte ich die 3 Jägerkompagnien, 2 Bataillone und 12 Ge= schütze in Marsch und ritt selbst voraus zum General v. Wrangel, der sich auf der ersten Höhe des Pulverholzes (ein von Holz entblößtes Terrain, das nur noch den Namen behalten hatte) befand. Hier angekommen beglückwünschte ich den Oberbefehls= haber zum bisherigen Erfolge und bat um seine Befehle.

Die Situation war augenblicklich folgende: Die Dänen hiel= ten das Schloß Gottorf, mit den beiden über die Schlei führen= den Dämmen besetzt; die Höhen des Waldes Thiergarten, das Pöler Gehege und das Terrain zwischen diesen beiden Holzungen, so wie die Dörfer Husbye und Schubye befanden sich in ihren Händen, folglich hatten sie noch eine sehr vortheilhafte Stellung, vermöge welcher sie, wenn ihre Truppen zweckgemäß vertheilt wurden, einen langen Widerstand leisten konnten. Augenblick= lich war aber ihre Hauptmacht in und um Gottorf versammelt, weil sich dahin die ganze Besatzung der Stellung südlich von Schleswig zurückgezogen hatte.

Wrangel nahm eine lange Besichtigung mit seinem Fernrohr vor und sagte mir dann: „ich denke wir hören für heute auf!!" Wozu mich alsdann vorrufen? Es war 4½ Uhr Nachmittags. „Excellenz," erwiderte ich, „werden es mir verzeihen, daß ich hiergegen remonstrire, und zwar weil wir morgen früh dann gerade dasselbe zu wiederholen haben werden, welches wir soeben glücklich ausführten. Die Stellung des Feindes ist, so lange er im Besitze des Schlosses Gottorf und der Hauptlandstraße bleibt, völlig so stark als die von ihm verlassene. Jetzt ist sie nicht gehörig besetzt und er durch das heutige Gefecht erschüttert, wo hingegen unsere Truppen in gehobener Stimmung sind. Wenn Sie mir erlauben, die drüben aufgestellte Batterie zu vertreiben und den Thiergarten zu besetzen, dann muß das Schloß geräumt werden und wir haben morgen leichte Arbeit. (Prinz Friedrich Carl von Preußen war bei dieser Unterredung gegenwärtig). „Nein!" sagte Wrangel wieder, „ich will für heute aufhören."

Während dieses Gesprächs war die Tete meiner Kolonne schon debouchirt, und die beiden dem General Bonin gesandten Bataillone stießen, von Dannewerk kommend, auch von der anderen Seite zu uns. Die Jäger fielen sofort in einer Plänkerkette aus, gingen im Lauf auf die dänische Stellung auf dem Kleiberg los, um den darunter liegenden Busch zu besetzen und sich dann rechts nach dem Walde zu wenden. Als Wrangel dies sah, sagte er nochmals: „Ich sage Ihnen, wir wollen aufhören, verstehen Sie mir!"

Ich schwang mich auf mein Pferd und jagte den entsendeten Bataillonen zu, gab im Fortreiten den Befehl an meine Artillerie, aufzufahren und abzuprotzen, und ging nun mit der ganzen Infanterie vor, um meine Jäger zu unterstützen. Es dauerte auch nicht lange, so protzte die dänische Batterie auf, und die beiden Bataillone, welche die Stellung hielten, gingen gleichzeitig zurück.

Der Oberst Fabricius mit dem 1. Bataillon drang in das Pöler Gehege, welches er ganz vom Feinde säuberte, während die 3 Kompagnien Jäger und das Bracklower Korps den Thiergarten und die Wiese zwischen demselben und dem Schlosse, unter beständigem Tirailliren vollständig in Besitz nahmen.

Hierbei blieb der brave bairische Hauptmann Waldmann, welcher die 1. Kompagnie Jäger commandirte, und der Kommandeur des Bracklow'schen Korps, Hauptmann Hellmundt, verlor den einen Arm.

Als das Gefecht auf die Höhe der sogenannten Ziegelei kam, ritt ich nach einem Punkte, von dem man das Schloß sehen kann, und sah nun wie im wilden Getümmel dasselbe von der dänischen Armee geräumt und die dänische Flagge von demselben herunter genommen ward.

Gerade in diesem Augenblicke kam Wrangel angeritten. Ich ritt mit den Worten zu ihm: „Excellenz werden gütigst meinen Ungehorsam entschuldigen, ich wollte aber gerne meine Truppen im Feuer versuchen, und jetzt habe ich die Ehre Ihnen zu melden, daß das Schloß Gottorf mit der Hauptkommunikationsstraße in unseren Händen ist.“ Da lachte der alte Herr und meinte: „es müsse wohl so gut sein.“

Das Gefecht ging während der Zeit in aufgelöster Ordnung immer vorwärts, bis wir die nördlich der beiden Holzungen liegende offene Gegend erreichten. Hier sahen wir die dänische Arrieregarde vollständig geordnet in einer sehr guten Stellung bei Taterkrug auf dem Höhenrücken aufgestellt und wurden von ihr sogleich aus einer Batterie beschossen.

Als meine Plänkerkette Halt machte, während ich die Bataillone herankommen ließ und Befehl gab, die 12 Geschütze vorzubringen, kam wieder der Oberbefehlshaber und sagte mir, „ich habe Ihrer Artillerie befohlen, dort hinten Halt zu machen, weil sie daselbst ein gutes Unterkommen findet." Befehlen Ex= zellenz denn, daß ich gleich mit dem Bajonnett darauf gehe?" „Nein!" sagte er, „hier hören Sie auf!" Es dauerte nun freilich auch nicht lange, so zogen die Dänen ab und wir stellten die Vorpostenkette aus.

Ich muß hier bemerken, daß die Berichte der preußischen Offiziere, namentlich der des Majors Frankenstein, den ganzen Erfolg der Schlacht bei Schleswig für die preußischen Truppen in Anspruch nehmen, auch ihnen die Einnahme des Thiergartens zuschreiben. Dies ist aber völlig unrichtig, denn es ist kein preußischer Soldat bei dem Gefecht im Thiergarten betheiligt gewesen. Die ganze Gardebrigade hat Nachmittags nicht ge= fochten; nur das Bataillon vom 31. Regiment und die Bonin'= sche Brigade sind nach dem Halte um $2\frac{1}{2}$ Uhr im Feuer ge= wesen, und die Vertreibung der Dänen aus dem Schloß Gottorf ist einzig und allein durch das eben beschriebene Gefecht der schleswig=holsteinischen Truppen bewerkstelligt worden. Ja, der Major Frankenstein ging sogar so weit, daß die seinem Berichte beigegebene Karte nicht weiter als bis Annettenhöhe das Terrain aufgenommen hatte, und daher von der Gegend und den Plätzen unserer Affaire auf derselben nichts aufgenommen war und ge= zeichnet werden konnte.

General v. Bonin hatte inzwischen, nachdem die Dänen aus den Dörfern Dannewerk gewichen waren, sie fechtend nach Husbye gedrängt, woselbst der kühne Angriff eines dänischen Dragoner= Zuges mit dessen Niederlage und Gefangennahme endete. Von Husbye meldete Bonin dem General Wrangel, daß er bis

Schubye vorgedrungen sei, und daselbst seine Vorposten ausge=
stellt habe.

Es war schon nach Sonnenuntergang, als Wrangel mir be=
fahl, das Gefecht abzubrechen und meine Vorposten bis nach
Schubye auszudehnen, um die Verbindung mit Bonin zu suchen.
Vergeblich war aber alles Suchen nach dieser Richtung, denn
in Schubye war kein Soldat zu finden. Ob sich eine Ver=
wechselung der Namen eingeschlichen hatte, oder ob man geglaubt
hatte, Schubye zu erreichen, bevor die Meldung ankam, ist mir
nicht bekannt geworden. Die Folge hiervon war, daß wir eine
ganz vorgeschobene Spitze bildeten, die bei einem unternehmen=
den Feinde zu den schlimmsten Folgen hätte Veranlassung geben
können.

In Folge der Abweichung vom ersten Angriffsplane konnte
der Verpflegungstransport der schleswig=holsteinischen Truppen,
der nach Reide dirigirt war, bei schon eingebrochener Nacht
die Seitenwege, welche nach Königswille führten, nicht auf=
finden, weßhalb wir auf den Brodbeutel bis zum nächsten
Morgen 4½ Uhr angewiesen waren, wo endlich die Provi=
antwagen ankamen. In demselben Augenblick ward aber von
den Vorposten gemeldet, daß eine dänische Kolonne sich nahe.
Alles trat unter Gewehr und die Wagen wurden etwas zu=
rückgesandt. Dadurch bemächtigte sich der Fuhrleute (Bauern)
die Angst, und sie fuhren deßhalb unser sehnlichst erwartetes
Proviant wieder so weit zurück, daß dasselbe erst nach 3 Stun=
den herangebracht werden konnte. Der Allarm zeigte sich als
voreilig und die ermüdeten und hungrigen Soldaten konnten sich
der Ruhe wieder hingeben.

Der erste Befehl des Oberfeldherrn für den 24. April lautete,
daß die schleswig=holsteinischen Truppen und die Brigade Bonin

um 6 Uhr marschfertig nördlich von Schubye stehen sollten. — Morgens 5 Uhr kam ein neuer Befehl, daß wir um 9 Uhr erst aufbrechen sollten, damit das 10. Armeekorps heranzukommen vermöge; dann bekamen wir wieder Befehl, um 11 Uhr in die Marschstellung zu rücken, und unseren Vormarsch über Silverstedt und Treya nach Wanderup zu richten, jedoch nicht eher abzumarschiren, als bis der spezielle Befehl dazu einträfe. Erst nach 12 Uhr kam dieser an. Ich hatte nun dem General Bonin gesagt, daß ich diesen 2 Meilen langen Umweg nicht nehmen wollte, sondern einen Richtweg marschiren würde. Darin stimmte er mir bei, und so marschirten wir über Eggebeck geradezu nach Wanderup, welches wir demungeachtet erst bei einbrechender Nacht mit ganz erschöpften Kräften erreichten.

Auch hier war der Verpflegungstransport nicht rechtzeitig eingetroffen, und die Truppen anderntheils auch zu ermüdet, um noch abkochen zu können. Demungeachtet kam um 2 Uhr in der Nacht vom Hauptquartier der Befehl, um 5 Uhr wieder aufzubrechen und westlich von Flensburg nach Bau zu marschiren. Ich weckte Bonin, um ihn zu fragen, ob er den Truppen bei dem ermüdeten Zustande diesen frühen Aufbruch zumuthen wollte, da es nicht unmöglich sei, daß wir in Bau noch zum Gefecht kommen könnten; ich für meinen Theil refüsire durchaus, eher aufzubrechen, als bis meine Leute abgekocht hätten. Er stimmte mir bei, und wir sandten daher den Hauptmann von Delius mit dem gemeinschaftlichen Auftrage, die Lage der Sache vorzustellen und die Meldung zu machen, daß wir um 9 Uhr abmarschiren würden. Dies geschah, und wir erreichten Bau Nachmittags 4 Uhr, um dort Bivouat zu beziehen. Schon waren wir hiermit beschäftigt, als der Befehl kam, sofort nach Flensburg zu marschiren, wo den Truppen am folgenden Tage ein

Rasttag gegeben werden solle. Wozu denn am Abend vorher diese gewaltige Eile?

Ich muß auf das detaschirte Corps des Oberstlieutenants von Zastrow nochmals zurückkommen.

Am 21. von Habye ausmarschirt trieb er die dänische Postenkette, die von Eckernförde bis Fleckebye stand, am 22. nach Missunde zurück. Während der Oberstlieutenant v. Zastrow mit dem 5. Bataillon, der Compagnie Jäger und 4 Geschützen sich Missunde gegenüber aufstellte und eine lebhafte Kanonade sowohl, als Gewehrfeuer über die 200 Schritt breite Schlei unterhielt und Anstalt zu einem Uebergange traf, ging der Major v. Gerstorff mit den 2500 Mann der Freicorps nach Büsdorf und effektuirte daselbst vermittelst der schon erwähnten Fischerflottille seinen Uebergang, unbemerkt von den Dänen.

Der von ihm gefaßte Plan, die Stellung dieser plötzlich im Rücken anzugreifen und die Besatzung von Missunde gefangen zu nehmen, ward nur dadurch vereitelt, daß ein als Avantgarde vorgeschickter Theil des 4. Freicorps (v. d. Tann), unter Hauptmann Albosser, seine Plünderungssucht nicht bändigen konnte, und über die von den Dänen zurückgesandten Bagagewagen herfiel. Hierbei kam es zu einigen Schüssen mit der Bedeckung, welches dann Allarm gab und das dänische Commando veranlaßte, in der Furcht vor Umgehung eiligst zurückzugehen, ehe die Hauptstärke herankommen konnte. Nachmittags den 23. stand Oberstlieutenant v. Zastrow, meiner Vorschrift gemäß, mit seiner ganzen Stärke bei Welspang. Hätte also Wrangel meiner Vorstellung am 22. Gehör gegeben, so wäre am 24. April der Rückzug durch Angeln den Dänen vollkommen gesperrt gewesen.

Von dem Gefecht bei Schleswig unterrichtet, ging Zastrow auf dem Wege nach Flensburg vor, und traf am 24., Nachmittags, bei Husbye auf dänische Dragoner-Detaschements, die sich eiligst zurückzogen. In der Nacht zwischen dem 24. und 25. April gingen einige Detaschements der Freicorps bis in die Vorstadt Flensburg's hinein; dieß verursachte den panischen Schrecken, der sich der schon durch die Gefechte bei Schleswig und Oversee demoralisirten dänischen Armee bemächtigte und diese veranlaßte, in der wildesten Unordnung Flensburg Morgens 3 Uhr zu räumen. Um 6 Uhr stellte der Oberlieutenant v. Bouteville, vom Zastrow'schen Corps, ein Dragoner-Piket nördlich von Flensburg auf.

Alles dieses wird in dem Berichte des Oberbefehlshabers nicht erwähnt; im Gegentheile, es erging von ihm ein strenger Befehl an Major von Gerstorff, daß kein Mann von seinem vorgeschobenen Posten nach Flensburg hinein gehen dürfe, ehe der Oberbefehlshaber seinen Einzug gehalten habe.

So unbedeutend dieser Umstand auch Manchem erscheinen mag, so deutet er doch auf die Bestätigung meiner Behauptung, daß Wrangel's Hauptaugenmerk war, den preußischen Truppen ein Relief zu geben. Wer dieses noch bezweifelt, der bedenke nur, daß er in Flensburg vollständige Kunde von der gänzlichen Auflösung der feindlichen Armee bekam, wie sie am Morgen des Tages seines Einmarsches, theils bekleidet, theils unter Zurücklassung von Hauptkleidungsstücken, ohne Waffen, sich an die einzelnen, davonjagenden Geschütze festklammernd, oder auf die abgehenden Dampfböte springend, die Stadt verlassen hatte. Hier war doch wohl keine Zeit zu verliern, alle Cavallerie und reitende Artillerie nebst der leichten Infanterie hinterher zu senden. Wäre dies geschehen, so würde auch dann noch die sämmtliche Artillerie der Dänen, sowie ein großer Theil ihrer Infanterie in unsere Hände gefallen sein; denn der Commandant

von Alsen, ein Oberst Riegels, hatte in der Angst seines Her=
zens, als er die Nachricht von der verlorenen Schlacht bei Schles=
wig hörte, die Schiffbrücke, welche bei Sonderburg geschlagen
war, abbrechen lassen, und die Passage war daher auf einzelne
Böte und die beiden Zugfähren beschränkt. Statt dessen ließ
der Oberbefehlshaber sowohl Bonin als mich am 25., Abends,
eine Meile rückwärts nach Flensburg marschiren, und befahl
für die ganze Armee am 26. einen Rasttag. Er behauptete,
die Spur des Feindes verloren zu haben. Warum hatte er den
Freicorps verboten, vorzugehen? Diese, mit dem intelligenten
Bouteville an der Spitze, würden bald die Rückzugslinie der
Dänen entdeckt haben. Drei Tage dauerte es bei Sonderburg,
bevor alle Theile der dänischen Armee (die Cavallerie war den=
noch nach Norden marschirt) Alsen erreichten; dieß bestätigt ge=
wiß hinreichend meine obige Behauptung; denn eine leichte
Truppe Infanterie kann von Flensburg aus Sonderburg sehr
leicht in 16 bis 20 Stunden erreichen, und die Cavallerie hätte
dieß in 8 Stunden vollführt. Auf solche Weise entgingen die
Dänen zwei Mal der totalen Niederlage und Gefangennahme!
Hatte nicht Cäsar Recht, wenn er schon sagte, was Napoleon
und Wellington wiederholten: der Ausfall des Krieges
ist das Resultat von Zufälligkeiten und Fehlgriffen.

Statt dem Feinde auf dem Fuß zu folgen, galoppirte der
preußische Divisionär Fürst Radziwill mit einer reitenden Batterie
südlich vom Flensburger Meerbusen nach Holnis, um die
dänischen Schiffe, welche sich früh Morgens von Flensburg ent=
fernt hatten, also längst aus Gesicht waren, zu kanoniren. Wel=
cher Unsinn! Mit Sechspfündern auf Kriegsschiffe zu feuern,
ist so viel, als mit Pfeifenstielen aus Flitzbögen nach Hirschen
zu schießen. Dazu kommt noch der Umstand, daß der Meer=

busen alldort eine halbe Meile breit sich zeigt und die Schiffe
nur nach der anderen Küste zu gehen brauchen, um nicht einmal
erreicht zu werden. Aber solche Ideen hatten die preußischen
Generäle von den Schiffen. Einestheils fürchteten sie sie selbst
auf dem Lande, wo doch kein Schiff etwas zu bedeuten hat;
anderentheils glaubten sie, daß man sie wie einen Luftballon
beschädigen könne. Hätte ich es nicht mit eigenen Ohren gehört,
würde ich es niemals geglaubt haben, daß Wrangel dem General
Halkett sagte: „Um der Corvette, welche vor dem Sonderburger
Hafen lag, zu schaden, solle er in der Nacht die Jäger sich am
Ufer eingraben lassen, und dann, wenn es Tag würde, aus dieser
Deckung mit ihren Büchsen auf das Schiff feuern lassen!"

X.

Remonstration des Verfassers gegen die Ueberschreitung der dänischen Gränze.

———

Am 26., Morgens, ging ich zum Oberbefehlshaber und stellte ihm vor, wie wichtig es sei, sich der Insel Alsen zu bemächtigen, und erbot mich, da ich ja alle Wege und Stege der dortigen Gegend und gleichfalls fast jeden Einwohner daselbst kenne, wenn er mir 1 oder 2 Regimenter Preußen mitgeben wolle, die Einnahme dieser Insel zu bewerkstelligen. Ich bemerkte auch dabei, daß besonders die Freicorps hiezu sehr gut verwendet werden könnten. „Nein!“ war die Antwort, „Sie werden den linken Flügel der Armee bilden“; das hieß: wir sollten den Haiderücken zur Marschroute haben, während die Preußen die fette Gegend überzogen.

Ich erlaubte mir dagegen Folgendes zu äußern: „Nun, wenn ich keinen Feind vor mir habe, dann erlauben Excellenz wohl, daß ich die Freicorps von hier aus entlasse, denn erstlich sind sie nicht leicht in Ordnung zu halten; zweitens sind wir dem Feinde so überlegen, daß wir ihrer nicht mehr bedürfen; drittens sind sie in der Heimath nöthiger, als hier, weil die meisten der Leute eine Anstellung oder ein Gewerbe haben; viertens sind sie, bisher in eigener Bekleidung gegangen; jetzt wird ihr Zeug so zerrissen sein, daß ich sie auf Staatskosten neu einkleiden lassen muß, und dieses ist sehr kostspielig und dann auch nur zu erreichen, wenn ich den regulären Truppen diesen zu verwendenden Betrag entziehe, weil theils nicht so viel Stoff, theils nicht so viele Arbeitskräfte geschafft werden können. „Nein!" sagte der Oberbefehlshaber, „ich will die Corps noch nicht entbehren!" Nun, dachte ich, der gute Mann nimmt keine Raison an, also muß er künftig unbeachtet bleiben.

Am 27. April marschirten wir aus Flensburg. Am 29. hielten wir Rasttag in der Gegend von Apenrade, wo der Oberbefehlshaber uns zu einem Kriegsrath versammelte. Die Anwesenden waren: General Halkett, ich, der preußische Divisionär Fürst Radziwill, der Chef des Armeestabes General v. Stockhausen nebst den Stabschefs der Armeecorps und der Prinz Friedrich Carl von Preußen, der als Ordonnanz-Officier Wrangeln begleitete. Nachdem ein Armeebefehl über die erreichten Resultate und die ferneren Dispositionen uns vorgelesen worden war, wendete Wrangel sich an den Prinzen Friedrich Carl (damals Lieutenant im ersten Garderegiment und etwa 20 Jahre alt): „Nun, mein Prinz, was sagen Sie dazu?" Der Prinz ward natürlich ebenso überrascht durch diese Anrede, als wir alten Generale, deren Ansicht nicht verlangt ward. Jener aber antwortete gar nichts. Damit hob der Oberbefehlshaber die Sitzung auf. Weil in der Disposition eine Hindeutung auf einen Einmarsch in Jütland gemacht war, stellte ich die Frage an Wrangel, ob er wirklich beabsichtige, die dänische Grenze zu überschreiten? Dieß würde die ganze Sache verändern, weil die Herzogthümer keineswegs einen Angriff auf Dänemark beabsichtigten, sondern nur ihre Verhältnisse und ihr Gebiet frei von dänischen Uebergriffen und Angriffen zu halten gedächten. Mit einer hohe Weisheit affektirenden Miene, die er bei solchen Gelegenheiten anzunehmen strebte, antwortete der Generalissimus: „Ja! wir müssen etwas in der Hand haben, womit man den Frieden erzwingen kann; ich werde aber noch einen Kriegsrath in Christiansfelde halten."

Zwei Marschtage brachten uns in unmittelbare Nähe der nördlichsten Grenze von Schleswig, und am Nachmittage des 1. Mai ward der Kriegsrath in Christiansfelde abgehalten. Derselbe ward dießmal damit eröffnet, daß der Major Kirchfeld aus einer alten Topographie uns vorlas, wie der schwedische General Wrangel Friedericia eingenommen habe; darauf folgte die Disposition zum nächsten Tage, an welchem der Einmarsch in Jütland stattfinden sollte, und da es der 2. Mai war, so sollte die Parole Görschen sein.

Ob die Wiederholung der in der Topographie beschriebenen Erfolge des damaligen Wrangel den jetzigen lockte, oder ob der Jahrestag der Schlacht von Lützen gefeiert werden sollte? darüber sprach sich der Oberbefehlshaber nicht aus; nahe liegt aber diese Vermuthung; denn sonst würde er doch angestanden haben, den ganzen politischen Standpunkt der schwebenden Frage zu verrücken, zumal da ihm vollkommen bekannt war, daß wir nicht einen einzigen feindlichen Soldaten vor uns hatten.

Ich nahm jetzt wieder das Wort und stellte vor, wie ganz anders die Sache sich gestaltete, sobald wir in dänisches Gebiet eindrängen; daß die Schleswig-Holsteiner keine Feindschaft gegen die Dänen hegten, sondern nur ihre eigenen Rechte vertheidigten; daß durch einen Angriff auf Dänemark die Nationalanimosität zum Hasse gesteigert werden dürfte und daß dem künftigen Zusammenbleiben dadurch große Hindernisse in den Weg gelegt werden würden, und schloß mit dem Gesuche, daß, falls der Oberbefehlshaber von seiner Absicht nicht abstehen wollte, er wenigstens mir mit den schleswig-holsteinischen Truppen gestatten möge, die Grenze Schleswigs nicht zu überschreiten.

Die Antwort, welche ich bekam, war: „Sie werden morgen früh 6 Uhr über die Grenze marschiren!" Dann fügte er gleichsam erläuternd hinzu: „Die Herren Kommissäre behaupten, daß wir im Schleswig'schen nicht genug Subsistenzmittel für die Armee fänden." Diese Kommission bestand aus dem Landmesser Thiedemann, Dr. Ahlmann und Hardesvoigt Jakobsen.

Also auf den Rath und das Zureden dieser Männer hörte der Feldherr bei der Entwerfung seines Operationsplanes!? Daß von mangelnden Subsistenzmitteln nicht die Rede sein konnte, das mußte der Augenschein ihm zeigen; denn die Fruchtbarkeit und der Wohlstand der ganzen Gegend, die er durchzogen hatte, zeugten zu sehr dafür, daß eine Armee von 24,000 Mann dort auf lange Zeit zu subsistiren im Stande war. Ein Befehl für ihn irgend welcher Art, die dänische Grenze zu überschreiten, existirte nicht, wie daraus hervorgeht, daß mir am 4. Mai ein königlicher Feldjäger einen eigenhändigen Brief Seiner Majestät des Königs von Preußen brachte, worin dieser schrieb: „Sie gehen doch auf keinen Fall über die dänische Grenze." Hierauf antwortete ich: „Das unten geschriebene Datum wird Ew. Majestät beweisen, daß wir bereits auf dänischem Gebiete stehen. Ich habe allerdings dagegen protestirt, aber der Herr General v. Wrangel hat auf meine Vorstellungen keine Rücksicht genommen."

Wir waren also am 2. Mai in Jütland eingerückt und nahmen am 4. Mai folgende Armeestellung ein: Es standen bei Veile und Umgegend die schleswig-holsteinischen Truppen, in Friedericia und Umgegend die Bonin'sche Brigade, in Colding die Gardebrigade, auf Sundewitt zwischen Flensburg und Apenrade und das 10. Armeecorps zur Deckung gegen Alsen. Wir hielten folglich von Jütland ungefähr vier Quadratmeilen besetzt, gerade genug, um Rußland den Prätext zu geben, sich des angegriffenen Dänemarks anzunehmen, ohne daß wir selbst einen Vortheil davon ziehen konnten. Zwar ließ Wrangel durch seine Husaren einige Razzien nach mehreren hundert Pferden halten und Lieferungen von Proviant eintreiben, obgleich er eine Proklamation erlassen hatte, in welcher er sich als den Freund der Jütländer darstellte. Dieses konnte natürlich gar keinen Einfluß auf die Ansichten jenseits der Belte äußern.

Einmal durfte der Oberbefehlshaber nicht ohne Instruktion das fremde Gebiet betreten; denn er war nur zum defensiven Schutze der Herzogthümer, und nicht zur Bekriegung Dänemarks gesandt; hatte er aber demungeachtet einmal die Grenze Dänemarks überschritten, so mußte er auch ganz Jütland besetzen, um dadurch den größten Theil des dänischen Königreichs in seine Gewalt zu bekommen und unfehlbar ein sehr baldiges Ende des Krieges und Streits herbeizuführen. Daß er dieß ohne alle militärische Bedenklichkeit thun konnte, ist leicht zu begreifen.

Die dänische Armee bestand damals aus 16,000 Mann, war gänzlich demoralisirt und zu keiner kühnen Unternehmung zu verwenden. Dagegen hatte der General Wrangel unter seinem Befehle 14,000 Mann Preußen, 10,000 Schleswig-Holsteiner und das 10. Bundesarmeecorps, derzeit zwischen 10= und 12,000 Mann stark, welches sich durch tägliche Zuzüge verstärkte. Diesem Korps konnte er mit aller Sicherheit die Deckung der Operationslinie überlassen; denn wenn der General Halkett sein Hauptquartier in Flensburg nahm, 4000 Mann in Sundewitt, Alsen gegenüber aufstellte, und seine übrige Stärke nach Flensburg, Apenrade und Umgegend verlegte, dann konnte er in dem dortigen Terrain jeden Angriff der Dänen abweisen und im schlimmsten Falle so lange aufhalten, bis von Colding aus ihm Unterstützung zukam. Wrangel hatte folglich 24,000 Mann, mit denen er in Jütland zu operiren vermochte; davon mußten 4000 Mann zur Beobachtung des Uebergangs= punkts von Fyen in Fridericia und dessen Umgegend statio= nirt bleiben, und mit den andern 20,000 Mann war man im Stande, den Zug nach dem Norden zu unternehmen. Jütland ist so reich und fruchtbar, daß diese Armee Jahr und Tag ohne alle Schwierigkeit dort ihre Verpflegung finden konnte. Am= munition hatten wir reichlich und vermochten stets uns dieselbe nachkommen zu lassen, da eine längere als eventuell einige Tage dauernde Unterbrechung der Kommunikation mit Rendsburg nicht möglich war. Die Städte Horsens, Aarhuus, Randers, Wiburg und Aalborg hätten durch ausgeschriebene Kontributionen sämmt= liche Ausgaben und Kriegskosten gedeckt, während die reichen ländlichen Distrikte Proviant und Fourage lieferten. Dänemark dagegen hätte den Ausfall in seinen Staatseinnahmen und der Konscribirtenzahl für seine Armee in keiner Weise ersetzen kön= nen und würde innerhalb 3 Monaten den Forderungen der Herzogthümer (Anerkennung ihres alten Rechtes auf gemein= schaftliche Verwaltung und Gesetzgebung) gerecht geworden sein.

Ob Wrangel die Absicht hatte, in dieser Weise zu verfah= ren, weiß ich nicht, ob er durch höhere Befehle in seinem Vor= haben gehemmt ward, ist mir auch nicht bekannt; aber in sei= ner Aeußerung in Christiansfelde, daß wir um zu subsistiren nach Jütland gehen müßten, lag nicht die Absicht einer Okku= pation des ganzen Landes. Hätte er mit gründlicher Ueber= legung gehandelt, so würde er selbst ohne meine Einwendun= gen an der Grenze einige Tage stehen geblieben sein, und zwar

erstlich), weil keine Verfolgung eines retirirenden Feindes das
Einrücken in Dänemark herbeiführte, zweitens weil, wie aus
dem Schreiben des Königs von Preußen an mich hervorgeht,
er keine Ordre dazu hatte, und endlich weil er erwarten konnte
daß von dänischer Seite Unterhandlungen versucht werden würden, um den Einmarsch abzuwehren. Dieß wäre auch wirklich
geschehen; denn kaum hatten die verbündeten Truppen die
Grenze überschritten, so kam der schwedische Legationssekretär aus
Kopenhagen als Kourier dem General Wrangel mit Waffen-
stillstandsvorschlägen entgegen. Diesem ward, glaube ich, geantwortet: „Man wollte sich nun erst einmal Fridericias bemächtigen, und dann die Sache höheren Orts referiren."

Trauriges Beispiel, wie durch Mißgriffe und Zufälligkeiten
die Schicksale der Länder und Völker ihre Lösung finden, aber
nothwendiges Uebel, um die menschliche Freiheit mit der gött-
lichen Leitung vereinigen zu können. Wir finden, daß dieselben Sachen in der Kriegsgeschichte stets sich wiederholen. Wo
ein Regent oder eine Persönlichkeit, welche den Regenten leitet,
nicht selbst die Armee befehligt, kommen immer Verstöße gegen
die diplomatischen Rücksichten vor. Der Grund dieser Erfah-
rungssache liegt am häufigsten darin, daß der commandirende
General entweder selbst nicht Einsicht genug in seine Stellung
hat und sich nicht genau genug von allen Verhältnissen instruiren
läßt, oder daß man ihm deren Kenntniß vorenthält und ihn blos
auf die militärische Leitung hinweist. Alexander, Cäsar, Friedrich
der Große und Napoleon hätten nie ihre Siege so benutzen
können, wenn sie nicht zugleich ihrer Politik dabei Rechnung
getragen hätten. Selbst Wellington in seinem denkwürdigen
Feldzuge von 1809 bis 1814 in Spanien hätte niemals so
Großes erreicht, falls damals Dampfschiffe und Telegraphen-

drähte eine schnelle Verbindung mit England gestattet hätten. Er hatte eine allgemeine Instruktion, und darnach richtete er auf eigene Verantwortung theils seine kriegerischen Operationen, theils seine politischen Verhandlungen mit der Cabirer sowohl, als auch mit der portugiesischen Regierung. Auf der andern Seite wurde das Feldherrntalent des Erzherzogs Carl gänzlich gehemmt durch seine Abhängigkeit von den ihm aus Wien nach= gesendeten Instruktionen und Vorschriften.

Wie ist es möglich, daß ein Feldherr einen Feldzugsplan den örtlichen und augenblicklichen Verhältnissen entsprechend aus= führen kann, wenn ihm nicht freie Hand gelassen wird, die Wetterverhältnisse mit ihrem Einfluß auf das Terrain und den Geist der Truppen, die Stimmung seiner Armee, welche durch Erfolg gehoben oder durch Widerwärtigkeit gedrückt sein kann, die augenblicklichen gleichen Verhältnisse bei dem Feinde u. s. w. so zu benutzen, als seine Ueberzeugung es ihm vorschreibt? Wer will behaupten, in der Residenzstadt an einem grünen Tische sitzend, mit der Karte vor sich, nachdem er ruhig geschla= fen, Toilette gemacht, gut gefrühstückt hat, vielleicht gerade den Küchenzettel für sein Diner bestimmt und den Theaterzettel für den Abend durchgesehen hat, mit mehr Einsicht und Umsicht die Bewegungen der an der Grenze stehenden Armee dirigiren zu können, als der bei derselben befindliche commandirende General mit seinem Stabe! Hiergegen wenden die Staatsmän= ner ein: „Die Bewegungen der Armee werden aber durch po= litische Conjunkturen influirt." Ganz recht; aber gerade des= halb soll einem Feldherrn über die politischen Verhältnisse eine völlig klare und offen mitgetheilte Ansicht gegeben werden, und bevor er ins Feld zieht, ihm die ganze Lage, in welcher sich die Sache, um die der Krieg geführt wird, befindet, vollkommen

klar gemacht werden. Wenn er der Mann ist, dem man das
Schicksal der Armee in die Hände geben kann, so dürfen ihm
auch gewiß ohne alles Bedenken die politischen Aufschlüsse ertheilt werden. Vermag man aber nicht, ihm Alles anzuver-
trauen, so darf ihm am allerwenigsten die Macht des Landes
und das Leben von Tausenden der Blüthe der Bevölkerung
in die Hand gegeben werden.

Es kommt leider nur zu oft vor, daß die Eitelkeit oder der
angewöhnte blinde Gehorsam bei der Uebernahme eines selbstständigen größeren Kommando's den Kommandirenden blendet
und daß, indem er sich mit der militärischen Anordnung allein beschäftigt, er sich auch mit der beliebten Phrase: „Das Uebrige
wird sich Alles schon finden!" abspeisen läßt. Wenn dann später
die Ausführung erfolgen soll, dann fehlt bald die eine, bald
die andere unumgänglich nothwendige Instruktion, und die Operationen bleiben halbe oder verfehlte Maßregeln, welche Zeit
und Blut kosten, ohne ein Resultat zu liefern.

In dieser Weise war es, wie ich allen Grund habe zu vermuthen, dem General v. Wrangel auch ergangen. Man hatte
ihm nichts Weiteres als Befehle gesandt, sofort den Oberbefehl
des verbündeten Heeres in den Herzogthümern zu übernehmen.
Im Felde hatte er nie ein höheres Kommando geführt, und
bei Friedensmanövern kommt keine Diplomatie anders vor, als
wenn einmal ein reitlustiger Diplomat vom Pferde fällt, weil
eine Kanone zu nahe bei ihm abgefeuert wird. Also war es
Wrangel nicht in den Sinn gekommen, erst eine gründliche
Instruktion zu verlangen, sondern er kam über Hals und Kopf,
wie ein **deus ex machina** nach Rendsburg, wie oben aus-
führlich angegeben ist.

Verschiedene derartige Gründe waren wahrscheinlich die Ur-

sache, weshalb die verbündete Armee die dänische Grenze überschritt, weshalb Wrangel den dänischen Unterhändler abwies,
und weshalb wir unthätig vier Meilen von der Grenze drei
Wochen stehen blieben.

Diese Zeit benutzte ich freilich, um die schleswig-holsteinischen Truppen tüchtig exerciren zu lassen und eine gründliche
Organisation der Armee einzuleiten. Doch um dies näher zu
beschreiben, muß ich erst wieder zum 22. April zurückkehren.

XI.

Störungen in der militärischen Entwickelung, durch die provisorische Regierung veranlaßt.

———

Als ich am Abend des 22. April der Sitzung der provisorischen Regierung beiwohnte und von meinen Herren Kollegen Abschied nahm, forderte ich den Präsidenten Beseler auf, mich von der Wirksamkeit des Kollegiums durch kurze briefliche Mittheilungen in Kenntniß zu setzen, welches dieser mir auch versprach, aber nie mit einer einzigen Zeile vollbracht hat. Statt dessen schrieb mir Graf Reventlow einige Privatbriefe, in welchen auch einige Mittheilungen über Geschäftssachen enthalten waren. Gewöhnt an einen ordentlichen Geschäftsgang konnte ich mich natürlich hierauf nicht einlassen, und beantwortete diese brieflichen Eröffnungen als eine Privatkorrespondenz, schrieb aber einen Geschäftsbrief an die provisorische Regierung als eine Antwort auf die Geschäftssachen unter Beilegung eines Briefes an Herrn Beseler, in welchem ich ihm erklärte, daß ich keine Privatkorrespondenz mit Graf Reventlow wünsche und ihn daher ersuche, Geschäftsbriefe an mich ausfertigen zu lassen. Dies nahm Graf Reventlow, wie ich später erfahren habe, mir sehr übel; aber in der That hatte ich zu viel zu arbeiten, um einen Briefwechsel über Stadtgerede und Personalangelegenheiten führen zu können. Trotz meiner wiederholten Anmahnung wurde auch nicht ein Wort mehr an mich als eines ihrer Mitglieder von der provisorischen

Regierung geschrieben, sondern mit mir nur, als dem comman=
birenden General der schleswig=holsteinischen Truppen auf Ge=
schäftswegen verhandelt. Man kann mir vielleicht mit Recht
vorwerfen, es sei meine Schuld, daß ich dies duldete und nicht
ernstlich, unter Androhung einer diesfälligen Eingabe an die
Ständeversammlung, darauf bestand, eine Abschrift der Sitzungs=
protokolle zu bekommen. Doch gebe ich zu bedenken, daß die=
ses zu keinem andern Resultate in den Beschlüssen geführt ha=
ben würde; denn in meiner Abwesenheit thaten die Herren
doch Alles, was ihnen durch den Kopf ging, und so hatte ich
vor meinem eigenen Gewissen die Genugthuung, daß all der
Unsinn ohne mein Wissen und Zuthun geschähe.

So albern die Verstimmung nach dem Rückzuge von Flens=
burg sich ausgesprochen hatte, so thöricht machte sich die Freude
über den Sieg bei Schleswig Luft. Jetzt war alle Bedenklich=
keit über die Lage der Herzogthümer verschwunden, ein großer
Theil des Patriotismus ging damit auch über Bord und alle
die verschiedenartig bei der provisorischen Regierung und den
unter ihr stehenden Behörden Angestellten dachten hauptsäch=
lich daran, wie der Staat Schleswig=Holstein zu organisiren sei,
und welche Anstellung ein Jeder darin bekommen würde. So
hatten die Herren der provisorischen Regierung selbst die An=
sicht, die Herzogthümer müßten eine selbstständige, ganz von
Dänemark getrennte Regierung bekommen und Prinz Ferdinand
derselben als Statthalter vorgesetzt werden; die Herren Beseler,
Reventlow, Olshausen, M. T. Schmidt und Bremer aber soll=
ten als die fünf Minister bleiben. Meine Wenigkeit wurde na=
türlich bei dieser Gelegenheit sehr angebrachter Maßen über Bord
geworfen. Im Gegensatze hiezu wurde mir von anderer Seite
der Vorschlag gemacht, ich solle jetzt die provisorische Regierung

davonjagen und selbst die Regierung der Herzogthümer bis auf Weiteres übernehmen.

Meine Antwort war ganz einfach: „Ein solches Verfahren würde ein revolutionäres sein; denn die provisorische Regierung ist von dem deutschen Bunde anerkannt und von der vereinigten Ständeversammlung bestätigt; ich meines Theils wolle, daß durchaus kein revolutionäres Princip sich in unserer Sache finden lasse."

Es waren jetzt viele Freunde und Begünstigte von Beseler und Olshausen zu befriedigen, und daher mußte mancher alte tüchtige Beamte unter allerhand nichtswürdigem Vorgeben seinen Abschied bekommen. Olshausen besonders benutzte diese Zeit, um durch politische Vorschriften wo möglich alles Bestehende zu removiren, und wenn nicht glücklicherweise im Herbste die gemeinsame Regierung wieder Ordnung in all diesen Unfug gebracht hätte, so wäre gar nicht abzusehen gewesen, wohin unser ruhiges und gesetzliches Land gebracht worden sein würde. Die Spannung, die zwischen mir und den andern Herren der provisorischen Regierung seit dem Tage, als ich ihr nur den Wirkungskreis der Immediat-Kollegien zuweisen wollte, ferner seit der Zeit des Einschleichens der Erbpächter in die Jagdfreiheit, seit der Periode der Dampfboot-Ankaufsgeschichte und seit der Remonstration gegen die Privatcorrespondenz mit Reventlow sich entsponnen hatte, entwickelte sich mehr und mehr und trat mir immer hemmender in allen Geschäftssachen entgegen.

In Beile, wo der Dienst regelmäßig eingetheilt seinen unveränderten Fortgang nahm, hatte ich wieder Zeit, mich mit der Organisation der Armee zu beschäftigen, und ging daher von Grund aus an's Werk. Ich legte dabei die auch für Holstein gültigen Bestimmungen der deutschen Militärverfassung zu Grunde, wonach 2 Prozent der Bevölkerung unter die Waffen treten sollten. Die beiden Herzogthümer hatten circa 800,000 Einwohner, also konnten wir 16,000 Mann stellen. Unser bis=heriges Konskriptionssystem war nur auf die ländliche Bevölke=rung ausgedehnt, von der übrigens die Besitzer adeliger Güter, die Kinder der Prediger und Beamten, sowie die immatrikulirten Studenten und die Seminaristen ausgenommen waren. Der Eintritt in den Militärdienst geschah nach vollendetem 22sten Lebensjahre. Die Anzahl dieser Altersklasse betrug circa 3000 Mann, von denen nach Abzug der Exempten, der Dienstunfähi=gen und der das gesetzliche Maaß Entbehrenden 2c., jährlich im Durchschnitt 2300 Mann ausgehoben wurden. Von diesen ging ein Theil zu den beiden Garden (ein Bataillon Fußgarde und zwei Eskadronen Garde zu Pferde) und zum 13. Infanterie=Bataillon nach Dänemark; folglich konnte der Bestand der 6 jäh=rigen in den Herzogthümern vorhandenen Dienstpflichtigen nicht höher als auf 12,000 Mann angeschlagen werden. Davon gingen jedoch noch die Gestorbenen, die Verkrüppelten und die im Laufe der Dienstzeit Befreiten ab. Augenblicklich fehlten auch 1000 Gefangene, so daß nicht mehr als 10,000 Dienstpflichtige zur Armee gehörig gerechnet werden konnten, und selbst diese waren noch nicht alle unter den Waffen. Um die Armee auf 16,000 Mann zu bringen, schlug ich der provisorischen Regierung vor, zuvörderst die allgemeine Dienstpflicht einzuführen, wozu der jetzige Augenblick sich gewiß besonders eignete, dann aber den Eintritt in den Dienst vom 22sten auf das 20ste Jahr festzu=setzen. Auf die Weise, führte ich zur Erläuterung an, würden wir unmittelbar zwei Jahrgänge, also 4600 Mann von den bisherigen Konskriptionsdistrikten gewinnen, durch die bisheri=gen befreiten Klassen, per Jahr auf 500 berechnet, für drei

Jahrgänge, den 20er, 21er und 22er, 1500 Mann bekommen, und somit eine Armee von 16,000 Mann erhalten.

Gewiß wird Jedermann einräumen müssen, daß dieser Vor= schlag den augenblicklichen Verhältnissen vollkommen angepaßt erscheinen mußte und nichts Unbilliges enthielt. Aber die pro= visorische Regierung wollte darauf nicht eingehen, sie wollte den Ständen einen Gesetzentwurf für allgemeine Militärpflicht nicht vorlegen, und verlangte von mir erst einen vollständigen Organisationsplan. Hierauf erwiderte ich, es läge in der Natur der Sache, daß die Organisation einer Armee nicht Gegenstand einer kurzen Zeit sei, sondern Jahre lang dauern könnte und müßte; daß es ferner hier nicht darauf ankomme nach einem bestimmten Systeme die Armee zu schaffen, sondern das Erreich= bare sobald als möglich herzustellen, und alle gebotene Gelegen= heiten zur Erreichung dieses Zweckes zu benutzen, und endlich, daß ein festgestellter Plan derzeit mehr hindern als nützen würde. Bei der Unsicherheit der politischen Verhältnisse beider Herzog= thümer sei auch insofern die Fertigung eines derartigen Organi= sationsplanes nicht möglich, weil erstlich das Herzogthum Hol= stein von der deutschen Bundes=Militärverfassung abhängig, und solches auch vom Herzogthum Schleswig der Fall sein würde, falls es in den deutschen Bund treten sollte; weil zweitens beide Herzogthümer zur Stellung eines Contingentes zu der dänischen Armee bis jetzt verpflichtet wären. Ich forderte Aufschluß von der provisorischen Regierung, auf welche dieser verschiedenartig= sten Grundlagen sie den verlangten Plan gestützt zu haben wünsche? Hierauf bekam ich keine Antwort, wohl aber ward nach einiger Zeit das Verlangen erneuert, jedoch von mir wie= derum abgewiesen.

Sollte ich mit einer ganz überflüssigen Arbeit die kostbare

Zeit vertrödeln, um diesen Philistern, die ja nicht mehr von Armee und Militär verstanden als die Kameele der Wüste, Gelegenheit zu geben, alberne Bemerkungen und unnütze Fragen zu stellen? Nach allem, was mir im Verlaufe dieser Zeit bemerkbar ward, haben die Herren der provisorischen Regierung irgend einen preußischen Officier, vielleicht einen von Schleswig als verwundet Zurückgebliebenen in Rendsburg gehabt, der sich entweder den Spaß machte, sie am Narrenseile zu führen, oder selbst ein Narr war, und sich durch allerhand Theorien bei ihnen Ansehen und Wichtigkeit zu erwerben suchte. Kurz sie däuchten sich zuletzt selbst große Feldherrn und Kriegsminister! Man vermochte sich des Lachens kaum zu enthalten, wenn man in das Konseilzimmer der provisorischen Regierung trat, wo drei Advokaten, ein Landrichter (Probst Graf Reventlow) und ein Kaufmann saßen, und wenn man da mitten auf der Diele einen Tisch mit aus Pappe verfertigten Helmen und Tschako's, und in allen Ecken des Zimmers Modellwaffen, Tornister 2c. herumstehen und hängen sah. Ich glaube die Herren bekleideten sich, wenn sie allein waren, mit diesen Spielsachen und glaubten solchergestalt Cäsar, Hannibal, Miltiades oder Epaminondas vorstellen zu können. Ich habe es wenigstens erlebt, daß M. T. Schmidt, während wir über den einen oder den anderen Gegenstand verhandelten, sich mit einer Muskete amüsirte, die er bald schulterte, bald in Anschlag nahm, bald zum Sturmschritt fällte. Die traurigste Folge dieser Kindereien und Unwissenheit war aber die beständige Verzögerung aller nothwendigen Maßregeln.

Nicht besser ging es mit der Bekleidung der Armee. Selbstverständlich durften die schleswig-holsteinischen Truppen nicht mit den bisherigen rothen Montirungen der dänischen Armee ins Feld rücken. Statt dessen trugen sie auch unter Gewehr die bisherigen

hellblauen Dienstjaken mit rothem Kragen. Sobald der Aus=
marsch aus Rendsburg am 28. März begonnen hatte, ließ ich
daher von den Tuchfabrikanten in Neumünster diese Stoffe an=
kaufen und versah interimistisch die Bataillone hiermit. Nach
dem Rückmarsche von Flensburg und vor dem Ausmarsche am
22. April hatte ich indessen für das 5. Bataillon blaue Waffen=
röcke anfertigen lassen, welche als Probe für die künftige Be=
kleidung dienen sollten. Während wir in Veile lagen, wurde
dieser höchst nothwendige Gegenstand der Armeebekleidung in
Consideration gezogen und zur Ausführung zu bringen gesucht.
Den Tuchfabrikanten in Neumünster, deren Hauptabsatz nach
Dänemark jetzt gehemmt war, beabsichtigte ich dabei eine volle
Beschäftigung zu verschaffen. Durch den General Krohn ward
die Sache so eingeleitet, daß sich die Fabrikanten verpflichteten,
zu vereinbarten Preisen den verschiedenartigen Stoff zum Bedarf
der Armee nach angefertigter Probe innerhalb einer bestimmten
Zeit zu liefern, und einer dazu ernannten Kommission, welche
die Uebereinstimmung der Waare mit der Probe und ihrer Güte
zu beurtheilen und anzunehmen hatte, abzuliefern. Mit Rück=
sicht auf den Kostenpunkt bedurfte es der Genehmigung der
provisorischen Regierung. Wie erstaunte ich, als diese hiergegen
Einsprache that. Aber bald ward mir die Sache klar, denn der
General Krohn meldete mir, daß Herr M. T. Schmidt vorge=
schlagen habe, diese Stoffe viel billiger auf der Leipziger Messe
ankaufen lassen zu wollen, und daß er wirklich einige seiner Kom=
mis dorthin gesandt habe, um Erkundigungen einzuziehen. Also
wieder eine andere Art Dampfschiffshandel! All mein Remon=
striren gegen den Unsinn einer solchen Entreprise half nichts;
ich war weit vom Sitze der Regierung entfernt, und Krohn
hatte nicht Autorität genug den Herren gegenüber aufzutreten.

Den Nachtheil aber mußten die Truppen ertragen, indem die Bekleidung der Armee hierdurch wenigstens um 4—5 Wochen verzögert wurde. Für drei Bataillone kaufte wirklich M. T. Schmidt das Tuch in Leipzig an. Bald aber zeigte sich, daß unsere vaterländischen Fabriken besser und billiger arbeiteten. Die Lieferung ward alsdann, wie von mir vorgeschlagen, auf die oben angegebene Weise diesen letzteren übertragen. Als die mit dem Leipziger Tuch bekleideten Bataillone zum ersten Male im Regenwetter sich bewegten und am nächsten Morgen wieder ausrücken sollten, waren deren Montirungen so zusammengeschrumpft, daß die Aermel nur bis zur Mitte des Unterarmes reichten. So viel über die Lieferungen des Herrn M. T. Schmidt.

Es ging aber nicht blos bei der Bekleidung, sondern bei allen anderen Equipirungsstücken ebenso. Wenn ich über Kopfbedeckung, Tornister, Lederzeug ꝛc. bestimmte, so kamen immer abweichende Ansichten und alberne Bemerkungen von der provisorischen Regierung, die ein längeres Hin- und Herschieben veranlaßten und das Kostbarste von Allem, die Zeit, verlieren ließen. Ob dies in der beständigen Opposition der provisorischen Regierung gegen alles was von mir ausging, seinen Grund hatte, oder, wie oben bemerkt, ihr durch irgend einen Experimentenmacher oder Theoretiker eingeblasen ward, oder ob andere Ursachen dahinter stacken, ist mir immer dunkel geblieben; es war aber zum Verzweifeln, und forderte eine Geduld und Ergebenheit an die vaterländische Sache, die beständig die Verwunderung meines Stabes erregte.

Man wird vielleicht darüber staunen, daß ich immer der provisorischen Regierung diese Sachen vortragen ließ, und es nicht über den Kopf nahm alles ohne Weiteres zu befehlen. Dagegen muß ich bemerken, daß ich in meinem ganzen Leben

und während meiner langen Dienstzeit stets dem Grundsaße ge=
folgt bin, den Weg des Geseßes und des vorgeschriebenen Ge=
schäftsganges zu befolgen. Ueber die Art der Ausrüstung der
Armee hat der Regent das Recht, seinen Geschmack geltend zu
machen; allein über die dadurch veranlaßten Kosten muß der
Finanzminister nothwendig gehört werden. So lange ich Mit=
glied der provisorischen Regierung war und den Befehl über
die Truppen führte, habe ich deßhalb, so schmachvoll es mir
oftmals auch schien, niemals gegen ein mir zustehendes Recht
eigenmächtig verfahren; sondern bin immer der Proklamation,
mit welcher wir die Regierung antraten, eingedenk gewesen,
„um die Ordnung zu erhalten."

Damit der neuen Uniformirung ein gefälliges Ansehen ver=
schafft werde, hatte ich mich an das preußische Kriegsministerium
gewendet, und gebeten, daß man uns einen Regiments=Zuschnei=
der für die Infanterie und einen für die Cavallerie senden
möge, damit der Zuschnitt sowohl bequem, als zierlich werden
möge; aber nach langem Warten kamen diese mir zugesagten
Leute dennoch nicht, und so mußte in anderer Weise für die
Anfertigung gesorgt werden. Dieß verursachte aber wiederum
Aufenthalt, und in Folge davon konnte die Armee erst in
den leßten Tagen des August=Monats vollständig eingekleidet
und equipirt werden, mit Ausnahme eines der neuen Jäger=
und zweier Infanterie=Bataillone, welche die volle Anzahl Tor=
nister noch nicht bekommen hatten, als ich am 9. September
mein Commando niederlegte. Alle späteren Angaben von mangel=
hafter Equipirung sind reine Unwahrheiten, die ausgesprengt wur=
den, theils um mich zu schmähen, theils um für Bonin das Verdienst
zu beanspruchen. Die Bekleidung ist so geworden und geblie=
ben, wie ich sie von Veile aus vorgeschrieben hatte, und die

Bewaffnung, wie sie von mir im Monate Juni festgestellt worden war. Mit Beziehung auf die Bewaffnung bemerke ich noch, daß, wie schon gesagt, die provisorische Regierung den ganzen Vorrath an Gewehren im Rendsburger Arsenal an die Landbevölkerung verschleudert hatte. Vom preußischen Kriegsministerium erwirkte ich, daß uns 8000 Stück Musketen, für den Fabrikpreis von 11 Thlr. 4 Sgr. Preußisch per Stück, überlassen wurden. Man denke sich mein Erstaunen, als General Krohn mir meldet, die provisorische Regierung (natürlich M. T. Schmidt) habe eine Bestellung in Lüttich gemacht auf 8000 Musketen, für 16 Thlr. Pr. das Stück, ohne mir auch nur eine Silbe davon zu sagen. Glücklich konnte dieß noch widerrufen werden, und so ward dem Lande allein in dieser Sache eine Ausgabe von 40,000 Thlrn. erspart.

In solcher Weise hatte ich fortwährend mit Chicanen und Fehlgriffen zu kämpfen, und kann mit Recht behaupten, daß der härteste Widerstand, den ich zu bekämpfen hatte, nicht der Feind, nicht die Intriguen der Dänen, sondern die eigene Regierung war.

Daß ich einen Plan zur Organisirung der Armee entworfen hatte, ist wohl selbstverständlich; aber hätte ich ihn schriftlich mitgetheilt, so würde eine solche Masse von unsinnigen Bemerkungen dazu gemacht worden sein, daß er in einer verstümmelten Gestalt, vielleicht mit ferneren Bemerkungen der Ständeversammlung, und der Himmel mag wissen, welcher anderen Behörden und Personen in der Welt als ein höchst mangelhaftes Product erschienen wäre. Ich hätte dann, wie bei dem 1842 gefertigten Plane für die Uniformirung der dänischen Armee, die Schuld zu tragen gehabt.

Eine der Hauptsachen bei der Organisation einer Armee bleibt immer das Retrutirungssystem, und da die Regierung sich

nicht darauf einlassen wollte, die allgemeine Wehrpflicht einzu=
führen, so konnte vorläufig auch weiter nichts geschehen, als
die unter Gewehr stehende Mannschaft auszubilden. Die Be=
gebenheiten der letzten Tage des Monats Mai kamen mir aber
zu Hülfe. Als Wrangel den Rückzug aus Jütland, unter dem
Vorwande, sich nicht stark genug gegen die vereinigte dänische
und schwedische Armee zu fühlen, antrat, und Beseler hierüber
ihm Vorwürfe machte, antwortete er diesem: „Warum stellen
Sie nicht mehr Truppen zu meiner Disposition? ich verlange
noch 6000 Mann von Ihnen."

Obgleich Wrangel sehr gut wußte, daß man nicht 6000
Mann in 4 Wochen aus den Aermeln schütteln kann, ließ sich
doch Beseler hierdurch in's Bockshorn jagen. Ich benutzte dieß,
reiste mit Wrangels Erlaubniß auf einige Tage nach Rends=
burg und wußte es in der Sitzung der provisorischen Regie=
rung vollständig durchzusetzen, daß die Mitglieder sich entschlossen,
die allgemeine Wehrpflicht provisorisch bis zur Genehmigung
der vereinigten Ständeversammlung anzuordnen, und die Dienst=
zeit mit dem zwanzigsten Lebensjahre anfangen zu lassen. Nun
hatte ich also 6000 Rekruten, um 6 neue Bataillone zu bilden.
Die provisorische Regierung wollte demnächst, um mir wiederum
Schwierigkeiten in den Weg zu legen und sich einen Einfluß
in der Armee zu öffnen, über die Anstellung der Officiere ein
Recht sich aneignen, wahrscheinlich, um die Armee mit solchen
Abenteurern, wie sie Herr Olshausen wiederholt vorgeschlagen
hatte, zu füllen. Dieß schlug ich kurz ab, indem ich die Ver=
pflichtung übernahm, aus der preußischen Armee die nöthige
Anzahl Offiziere und eventualiter auch einen Theil Unteroffiziere
zu schaffen.

Es war am 3. Juli, als diese Beschlüsse in Rendsburg ge=

faßt wurden. Am 4. kehrte ich zur Armee zurück, um am 5.,
Morgens 5 Uhr, mit den Truppen nach Sundewitt zu marschiren, wo das Gefecht von Düppel stattfand. Am 6. standen
wir im Bivouak bei Ulderup, welche Gelegenheit ich benutzte, mit
Wrangel und General v. Stockhausen über die von Preußen
requirirten Offiziere zu reden, und ich machte mit Ersterem
ab, daß ich meine dießfällige Eingabe an das preußische Kriegsministerium ihm zur Uebersendung und Empfehlung geben sollte.
Am 7. verließen wir das Bivouak, marschirten in's Cantonnement zwischen Apenrade und Flensburg, und am 8. Juni überreichte ich Wrangel die erwähnte Eingabe an das Kriegsministerium.

Gewiß ward keine Minute hiebei versäumt, denn dem General Wrangel mußte ich die Sache doch erst, ehe ich sie ihm zur
Beförderung an seine Behörde überreichte, darum vorstellen,
weil es eine das Dienstverhältniß berührende Sache betraf. Im
Bivouak und auf dem Marsche lassen sich aber solche Eingaben,
die zierlich gefaßt und geschrieben sein müssen, nicht expediren;
also konnte die Eingabe, wenn auch Hals und Kragen darauf
gestanden hätten, nicht vor dem 8. abgefertigt werden.

Am 10. Juni erschien Beseler im Hauptquartier, um mit
Wrangel zu verhandeln, aber eigentlich, um den General v. Bonin zu bewegen, das Commando der schleswig-holsteinischen
Armee zu übernehmen, wie dieser mir 4 Wochen später selbst
mitgetheilt hat. Als Bonin sich hiermit nicht befassen wollte,
bat Beseler General v. Wrangel, er möge ihm einen General
für die schleswig-holsteinische Armee verschaffen, welches auch
dieser mir später eröffnet hat. So erbittert war die provisorische
Regierung gegen mich und meinen conservativen Widerstand
gegen all die unsinnigen Neuerungen, welche in ihren unprak-
tischen Köpfen herumgingen.

Von Flensburg aus kam Beseler Abends in mein Quartier nach Bommerlund, um sich darnach zu erkundigen, wie es mit der Officiersangelegenheit ginge, und machte schon einige Bemerkungen darüber, daß der Antrag erst am 8. Juni eingegeben sei, welche natürlich sehr leicht mit den oben angeführten Gründen widerlegt wurden. Zu meiner nicht geringen Ueberraschung erhielt ich aber 3 Tage später ein Schreiben von der provisorischen Regierung, worin sie mir erklärte, daß, da die wichtige Angelegenheit nicht schnell genug betrieben werden könne, sie selbige jetzt selbst in die Hand genommen und sich direkte an den Kriegsminister gewendet habe. „Nun!" sagte ich dem Major Leo, als ich ihm dieß Schreiben gab, „ich bin neugierig zu wissen, was aus der Sache werden wird." „In der That", erwiederte dieser hierauf, wie bei so manchen anderen Verhandlungen mit der provisorischen Regierung, „ich weiß wirklich nicht, wo Euer Durchlaucht die Geduld hernehmen, mit diesen Leuten zu verhandeln". „In meinem Gewissen", war die Antwort, „ich habe gehandelt und werde handeln, wie ich es meinem Vaterlande schuldig bin, und werde mich nicht um die Chikanen dieser von mir sehr gering geschätzten Menschen bekümmern. Wenn sie mich in allen Dingen stören, so ist dies eine Sache, die ich nicht zu verantworten habe; aber ich arbeite treu fort, nach meiner Ueberzeugung."

Das Lächerliche des Vorwandes, daß ich diese Angelegenheit nicht genug beschleunigt habe, liegt offen zu Tage; denn es mußten erst die neuen Aushebungslisten gemacht werden, dann die Dienstpflichtigen nach den bestehenden Gesetzen, auf Sessionen vereinigt, visitirt und enrollirt werden; dieses war eine Sache, die unter 5 bis 6 Wochen nicht vollendet werden konnte, und bevor die Rekruten sich einstellten, vermochte man die Officiere nicht zu verwenden. Es geschah dieses blos, um mich mürbe zu machen und es dahin zu treiben, daß ich meinerseits sagen sollte: wenn Ihr mir immer in den Weg tretet, so will ich den Henker nichts mehr mit der ganzen Geschichte zu thun haben; und andererseits, daß die Anstellung der Officiere in die Hände der provisorischen Regierung gespielt würde. Ich durchschaute diesen Plan sofort und ward um so zäher und kaltblütiger.

Welches Resultat folgte dieser Anhandnahme der Officiersangelegenheit? Daß gar keine Antwort vom Kriegsministerium kam. Als die Zeit darüber hinging und das Ende des Monats Juni sich näherte, ward mir doch die Sache bedenklich, und ich sandte den Major Leo nach Berlin, um mit dem Kriegsminister die Sache mündlich zu besprechen. Diesem sagte daselbst der Minister (General v. Schreckenstein): „Ei, wenn der Prinz die Sache selbst treibt und die Officiere anstellt, dann soll er gleich die gewünschte Anzahl bekommen; aber unmittelbar nach seinem Schreiben ging ein Schreiben von der provisorischen Regierung hier ein, in welchem dieselbe über die Verwendung preußischer Offiziere sich ausließ; und das begreifen sie leicht, daß ich mich nicht darauf einlassen darf, solchen Civilisten dergleichen einzuräumen. Da hatten wir die Bescheerung. Es waren aber jetzt wieder durch die Maßregeln der provisorischen Regierung 3 Wochen Zeit verschleudert! In allen Stücken ward auf solche Weise die Zeit, das Geld und die Thätigkeit der wirklich arbeitenden Leute vergeudet, und, wie später gezeigt wird, ward dabei mir die Schuld gegeben, als hätte ich meine Pflicht nicht gethan.

XII.

Episoden aus dem Monat Mai.

———

Ich kehre jetzt wieder zu den militärischen Ereignissen in Jüt=
land zurück. Kaum hatten wir unsere Stellung bei Veile ein=
genommen, als auch der Oberstlieutenant v. Zastrow zu uns
stieß, nachdem er mit seinem Bataillon und den 4 Freicorps
über Tondern und Ripen auf Befehl des Oberfeldherrn einen
Zug durch die Wüste gemacht hatte. Dieses nutzlose Herum=
marschiren hatte natürlich bei den Freiwilligen nicht den Dienst=
eifer gehoben, und allgemein trat der Wunsch hervor, daß jetzt,
wo sie nicht mehr nöthig wären, man sie lieber nach ihrer Hei=
math entlassen möge, damit sie ihren Geschäften nachgehen könnten.
Zufälligerweise hatten einige Leute des 4. Corps (Nicht=Hol=
steiner) mit der Mannschaft des Kaiser Franz=Grenadierregiments
in Colding Streit gehabt, worüber der General v. Wrangel
ungehalten wurde. Er fürchtete Wiederholungen solcher Scenen
und willigte daher jetzt darein, daß ich die Freicorps nach Rends=
burg zurücksenden und entlassen dürfte. Damit dieß in ordent=
licher Weise von Statten gehen könne, ward eine Etappen=Marsch=
route für sie gemacht, in solcher Gestalt, daß während 4 Tagen
jeden Tag ein Corps abmarschirte und daher immer des nächst=
folgenden Abends die Quartiere bezog, wo Morgens ein anderes
ausmarschirt war. Das 4. Corps machte den Anfang, dann kamen
das 3., 2. und 1. Als nun am 12. Mai General v. Wrangel
von einer Inspektionstour aus Sundewitt retournirte, war gerade

an dem Tage der Jägermeister v. Krogh von einigen dänischen Soldaten, die von Fyen nach dem Stenderuper Gehege an der Schleswigischen Küste in Booten übergesetzt waren, fortgeschleppt worden, und dieß hatte die Bewohner Hadersleben in solchen Schrecken versetzt, daß sie den General v. Wrangel flehentlich baten, er möge ihnen doch eine Garnison senden. Weil Wrangel keine Truppen aus Jütland zurückziehen wollte, befahl er dem 1. Freicorps, das gerade an dem Tage in Hadersleben übernachtete, bis auf weitere Ordre dort zu bleiben und die Küste zwischen Stenderup und Apenrade zu bewachen, und sandte den anderen 3 Corps die Ordre nach, auf ihren Etappen Halt zu machen. Der Commandeur des 1. Corps, Major v. Krogh, war krankheitshalber nicht anwesend, sonst würde er gegen diesen vollkommen unbefugten Befehl remonstrirt haben; der p. t. Befehlshaber aber, ein Wichtigmacher und Mensch, der immer seinen Schnitt zu machen gewußt hatte, befolgte die Vorschrift, obgleich infolge Armeebefehls und der von mir den Freicorps ertheilten Entlassungs = Patente diese Truppen gar nicht mehr zur Feldstärke gehörten. Als mir diese Maßregel des Oberbefehlshabers gemeldet ward, schrieb ich sofort an das Oberkommando, daß infolge Armeebefehls ich die Freicorps entlassen, der provisorischen Regierung dieß mitgetheilt und dem Kriegsdepartement aufgegeben habe, die Löhnung und Verpflegung, übereinstimmend mit der aufgegebenen Marschbestimmung auszuzahlen und zu berechnen; wenn folglich der Oberbefehlshaber demohngeachtet über diese Truppen verfügen wolle, so müsse ich denselben ersuchen, das specielle Commando über sie selbst zu führen und die Löhnung und Verpflegung bei der Landesbehörde zu requiriren, da ich mit den Freicorps nichts mehr zu thun habe. Von diesem Gesichtspunkte ausgehend, erlaubte ich mir, die über die

Freicorps aus den verschiedenen Distritten, wo sie durchmarschirt waren, eingegangenen Beschwerden dem Obercommando zu übersenden, welches diese Sachen wohl untersuchen und abmachen lassen würde. Diese Beschwerden beliefen sich auf mehr als 30 Stück, und setzten den General v. Wrangel in nicht geringe Verlegenheit. Er gab daher sofort dem 2., 3. und 4. Corps Befehl, ihren Marsch nach Rendsburg fortzusetzen; nur das 1. Corps blieb noch einige Zeit im nördlichen Schleswig, wo es sich nach und nach verlief und nur circa 60 Mann stark bis Ende des Feldzuges existirte.

Um noch einige Beispiele zu citiren, wie der Oberbefehlshaber gegen mich verfuhr, will ich hier anführen, daß einige dänische Kanonenboote sich amüsiren wollten, die von den Preußen auf der Flaggenstange der Festung Friedericia aufgezogene deutsche Flagge herunter zu schießen. Der General Bonin ließ dieß Feuer von seiner Feldbatterie tüchtig erwiedern, und nachdem auch mit Shrapnells auf die offenen Kanonenböte gefeuert worden war, zog die Flotille sich zurück. Der Commandeur der preußischen Artillerie, Oberst Fiedler, besuchte mich ein paar Tage darauf in Veile, und äußerte, daß, falls sie nur etwas schweres Geschütz gehabt hätten, die Schiffe nicht so leicht davon gekommen wären. Hierauf erwiederte ich, daß, falls er es wünsche, ich aus Rendsburg schweres Geschütz kommen lassen könne. Dieß nahm er mit Freuden an und glaubte, dann Friedericia gegen solche Angriffe sicher stellen zu können. Natürlich dürfte ich annehmen, daß der Commandeur der Artillerie keine Indiskretion beginge, wenn er für die Sicherheit der besetzten Festung sorgte, und sandte, im Glauben ihrer besonderen Nützlichkeit für Friedericia, den Befehl nach Rendsburg, 4 Stück Bombenkanonen dorthin zu befördern; erhielt auch die Meldung, daß die Geschütze gleich abgesandt worden wären. Mein Vertrauen und meine Meinung, daß diese Geschütze in Fribericia placirt wären, wurde indeß vollständig getäuscht, denn nach einigen Tagen als ich ins Hauptquartier kam, sagte der Oberbefehlshaber so ganz en passant: „Sie haben schweres Geschütz aus Rendsburg kommen lassen, ich habe es aber wieder nach Flensburg zurückge= schickt." „Ich hatte den Wunsch des Oberst Fiebler erfüllt," war meine Antwort.

Die Stellung als Oberbefehlshaber hatte dem General v. Wrangel keineswegs die Disposition über unser Arsenal ge= geben, ich hatte mich daher ausdrücklich nur mit den im Felde stehenden Truppen bei ihm gemeldet, und weiter nichts. Ein solcher alter diensterfahrner General als Wrangel würde daher keine solche Verstöße machen, wenn nicht, wie ich es oben ange= deutet, die provisorische Regierung hinter meinem Rücken ihm Alles zur Verfügung gestellt hätte, wodurch sie wieder dem Lande unendliche Summen aufgebürdet hat.

Gleich nach diesem Vorfall meldete mir General Krohn, daß Wrangel einen neuen Kommandanten für Rendsburg in der Person des preußischen Major v. Schmidt ernannt hätte. Dies war mir doch etwas zu arg, und ich sandte daher den Chef meines Stabes, Major Leo, ins Hauptquartier, um erstlich zu fragen, was denn der von mir eingesetzte Kommandant Major v. Abercron gethan habe, daß man ihn absetze? Und ob man überhaupt absichtlich, oder aus Unkenntniß der Verhältnisse gegen mich alle herkömmlichen Rücksichten verletze? Diese Sendung hatte nun die Folge, daß künftig wenigstens mehr die Außenseite beobachtet wurde, was zuletzt sich zu einem äußerst angenehmen Verhältniß zwischen Wrangel nebst seinem ganzen Hauptquartiere und mir gestaltete.

Bald nach unserem Einmarsch in Jütland erhielt ich von einem Professor einer norddeutschen Universität einen Brief, in welchem derselbe mir mittheilte, daß er das Geheimniß entdeckt habe, wie man Kriegsschiffe erobern könne, ohne selbst welche zu besitzen, und daß nach seiner Angabe wir uns der ganzen dänischen Flotte bemächtigen könnten. Dies Geheimniß war in einem versiegelten Brief enthalten, der als Einlage dem andern folgte, und für die Erbrechung desselben forderte der Uebersender 2000 Rthlr. pr. Crt., oder auch verlangte er den Brief unbeschädigt und uneröffnet zurück. Ich nahm selbstverständlich an, daß der Briefsteller entweder ein Geistesschwacher oder ein Schwindler sei, da aber die provisorische Regierung mir immer vorwarf, daß ich dies und jenes unterließ, von dem man in ihrer Nähe oder im Publikum sich große Dinge verspreche, so wollte ich doch nicht ohne weiteres diesen Brief dem Briefsteller zurück schicken, sondern schrieb der provisorischen Regierung, indem ich ihr denselben zusandte, daß ich die Sache für reinen Unsinn halte, aber doch nicht ohne ihr Wissen den Brief zurückweisen wollte; ich ersuchte sie deßhalb, dem Briefsteller das uneröffnete Geheimniß zu übersenden, falls sie meine Ansicht, daß auf dergleichen Dinge nicht einzugehen sei, theile. Die Neugierde trieb die Herren dazu, den Brief zu erbrechen, der ihnen ja doch nichts kosten würde, denn die Landeskasse müsse ja solche Sachen bezahlen. Was sie darin gefunden haben, weiß ich nicht, aber die Folge der Enthüllungen war der Plan, die Korvette Galathea, welche den Kieler Hafen blockirte, zu nehmen. Zur Ausführung dieser Idee bot sich außerdem noch eine passende Gelegenheit.

Es war gerade zu dieser Zeit in den deutschen Blättern viel davon die Rede, daß die Frankfurter Nationalversammlung eine Parlamentsgarde von 10,000 Mann zu ihrer Disposition haben müsse 2c.

Das große Geschrei, welches von allen Literaten, die im 4. Freicorps dienten, über das Gefecht bei Altenhof, den Uebergang über die Schlei ꝛc. gemacht worden war, hatte den Namen des Kommandeurs dieses Korps, Herrn v. d. Tann, in ganz Deutschland sehr populär gemacht. Als die Freicorps Anfangs Mai aus Jütland entlassen wurden, war Herr v. d. Tann darum in sehr unangenehmer Stimmung, weil er gerne noch einige eklatante Sachen ausgeführt hätte. Ob jetzt auf dem Rückmarsche oder früher der Gedanke in ihm rege ward, der Befehlshaber der Frankfurter Parlamentsgarde zu werden, kann ich natürlich nicht wissen, aber dazu mußte sein Name noch mehr vor das Publikum gebracht werden.

Allbekannt war das schlechte Verhältniß, welches zwischen der provisorischen Regierung und mir herrschte, und so proponirte Herr v. d. Tann derselben ohne mein Wissen, daß sie ihn damit beauftragen solle, ein sogenanntes Freibataillon von 800 Mann aus den entlassenen Freicorps zu bilden, welches sie zur selbständigen Disposition behalten könne. Die provisorische Regierung schloß einen förmlichen Kontrakt mit v. d. Tann, wonach diese Truppe wie alle übrigen bekleidet und armirt werden und in jeder sonstigen Beziehung den regulären Truppen gleich stehen solle. In dies Bataillon traten die anderen bairischen Officiere auch ein, und der Hauptmann Albosser, der auf einem der bairischen Landseen mit einem Kahn herumgesegelt hatte, glaubte ein bedeutender Nautiker zu sein, und ergriff mit großem Eifer die Idee der Eroberung der Korvette Galathea. Auch der sonst so besonnene v. d. Tann sah in diesem Abenteuer ein vorzügliches Mittel, um seinen Namen mit Entzücken durch alle deutsche Blätter verkündigt zu sehen. Die Anstalten zu dem Unternehmen wurden daher eifrigst betrieben.

Aus Cappeln holte man einen alten Trunkenbold, den Piratencapitän Hansen herbei, um mit ihm die Sache zu bereden; dann ward in Hamburg ein Werbebüreau errichtet, wo 250 Matrosen für die Enterung der Galathea mit 5 Rthlr. Courant Handgeld, freier Reise nach und von Kiel und Löhnung während ihres Aufenthalts daselbst, nebst Zusage von 10 Rthlr. Prisengeld im Fall des glücklichen Ausfalls, angeworben wurden.

Man denke sich diesen Unsinn! in Hamburg, welches voller dänischer Spione steckte, solche öffentliche Bekanntmachung zu erlassen, wodurch ja sofort, wenn das Geheimniß etwas werth gewesen wäre, den Dänen dasselbe als in Ausführung begriffen bekannt werden mußte.

Hauptmann Aldosser suchte aus dem Freibataillon eine Schaar heraus, die den Sturm auf das Schiff mitmachen sollte, und ward mit diesen Argonauten nach Kiel verlegt, um dort im Hafen an einem dazu auserwählten Schiffe, das Entern zu üben. Diese Uebung ward mit gewöhnlichen Hafenböten vorgenommen, welche mit hölzernen Leitern versehen wurden, die ans Schiff angelegt werden mußten, wie der Gärtner seine Leiter an die Spaliermauer stellt, und nun ward zwischen der Schiffsbesatzung und der Bootbemannung gerangelt, wobei natürlich öfters einer ins Wasser fiel. Jama behauptet sogar, daß, als die Matrosen aus Hamburg gekommen waren und eine letzte Hauptprobe stattfand, diese drei der Freischärler so auf den Kopf geschlagen, daß sie sich nicht mehr erhoben; doch ist mir hierüber keine Gewißheit geworden. Die Ausführung stand nun vor der Thüre, der Pirat Hansen hatte als Fischer verkleidet einen Besuch auf der Korvette gemacht, eine ganze Bootflottille war bei Holtenau zusammen gebracht; die 250 Matrosen waren

mit vielem Gesang und Triumphgeschrei auf der Eisenbahn nach
Kiel gebracht, der Tag zur Ausführung war bestimmt und alle
Boote waren bemannt, als man nur noch das Zeichen des Be=
fehlshabers Hansen Abends erwartete, um, die Dunkelheit be=
nutzend, sich dem Kriegsschiffe zu nähern und beim ersten Schim=
mer des Morgenlichts die Galathea zu bewältigen. Aber der
Kapitän Hansen gab nicht das Signal, denn leider lag er be=
trunken in tiefem Schlaf und war unfähig, das Gleichgewicht
vor nächstem Morgen zu gewinnen; dann ging es aber vor
Sonnenaufgang los, und bei ganz stillem Wetter war einige
Aussicht das Schiff wenigstens zu erreichen. Doch ward der
Lärm dieser loceren Gesellschaft bald von den Dänen gehört,
es sprang bei Sonnenaufgang eine ziemliche Brise auf, welche
den Booten es nicht erlaubte, sich weit in die offene See zu
wagen. Die Aufmerksamkeit der Schiffsbesatzung ward aber ohne=
dies noch dadurch geweckt, daß sich das hohe Ufer des dänischen
Wohld mit einer großen Anzahl von Kieler Neugierigen füllte,
welche dieser Heldenthat zusehen wollten. Die Galathea lichtete
daher die Anker und stach in See.

Damit war diese Posse zu Ende, und die schleswig=holstei=
nische Landeskasse um 5000 Rthlr. gebracht. Das Lächerliche,
welches eine solche Unternehmung auf das Freibataillon warf,
mußte auf jeden Fall durch eine kühne That verwischt werden,
und dies trieb v. d. Tann zu dem Wagestück, welches glückte
und seinem Namen einen großen Klang gab. Hierauf komme
ich aber später zurück.

XIII.

Zweiter Rückmarsch nach Süden.

———

Wir lagen 3 Wochen in Jütland, wo die preußischen Truppen sich nicht aus ihren Kantonnements bewegten, die schleswig= holsteinischen Truppen dagegen einen sehr angreifenden Dienst hatten, weil sie einestheils die Avantgarde bildeten, und zwar eine weit vorgeschobene, anderentheils aber vom Oberbefehlshaber bald auf Recognoscirungen, bald auf Requisitionen ausgesendet wurden. Zu ersteren gehört der Zug des Oberstlieutenants v. Zastrow nach Aarhuus, zu letzteren desselben Ausmarsch nach Horsens. Durch dergleichen Expeditionen wurde mein Armee= corps in so regem Dienst erhalten, daß z. B. als Zastrow von Aarhuus zurückmarschirte, er mir eine Meldung von einer an= geblichen Landung der Dänen zwischen Horsens und Veiler Fiord sandte, und mich bat, ihm Truppen entgegenzusenden, um ihn aufzunehmen. Es waren aber, mit Ausnahme der abge= lösten und auf Vorposten befindlichen Truppen, nur 2 Jäger= compagnien verwendbar, weil alles Uebrige mit Zastrow auf dem Marsche sich befand, und die Kavallerie zu weit entfernt auf dem linken Flügel der Stellung cantonnirte, um sie sofort herbei zu bringen. Daß es blinder Lärm war, konnte man von Anfang an wissen, denn die Dänen reorganisirten ihre Armee auf Alsen und würden nicht gewagt haben, mit unbedeutender Macht sich uns zu nähern.

Am 22. Mai erhielt ich aus dem Hauptquartier ein enorm

dickes Packet mit drei verschiedenen Dispositionen. Falls wir hier oder dort angegriffen würden, so sollte so und so 2c. ma= növrirt werden. Mir lief ein Schauer über, als ich alle diese De= tails durcharbeiten mußte; denn daß es alles Suppositionen seien, denen jede Wahrscheinlichkeit der Ausführung fehlte, war mir klar. Die Schweden sollten mit den Dänen sich vereinigt haben, und eine ganze Flotte sollte in See sein 2c. Wir wuß= ten, daß dies nicht der Fall war, aber Wrangel fingirte es, um den ihm befohlenen Rückzug aus Jütland damit zu ent= schuldigen. Nachdem alle Befehle und Instruktionen an die ver= schiedenen Truppenabtheilungen ausgearbeitet waren, kam plötzlich am 24. Abends die Ordre, am 26. d. M. den Rückmarsch nach dem Herzogthume Schleswig und für die schleswig=holsteinischen Truppen nach der Westküste des Herzogthums anzutreten.

Ziemlich niedergeschlagen ward der Marsch begonnen, denn Jedem blickte die Wahrscheinlichkeit durch, daß es die Vorboten des Umschwungs in der Politik Preußens seien, das in Folge der Drohungen Rußlands sich herbeiließ, die Sache der Her= zogthümer fallen zu lassen.

In demselben Maße, als Preußen eingeschüchtert ward, wurde den Dänen der Muth durch die russische Zusage gehoben, und daher machten sie von Alsen aus am 29. Mai einen Angriff auf die ganz sorglosen Vorposten des General Halkett, der ihnen vollkommen glückte. Wrangel eilte von Apenrade, wo er an dem Tage sein Hauptquartier hatte, dem Kanonendonner nach, und fand in Sundewitt Alles ziemlich en deroute; auch glaubte er bei einigen Truppen des 10. Armeecorps keinen be= sonderen Geist wahrzunehmen, was ihn sehr kränkte.

Am 30. Mai, bei Tagesanbruch, machte ich mich bereit, mein Quartier, welches ich in der Nacht nicht weit von Tost=

lund auf Marburg bewohnte, zu verlassen, um im Defilé von Lügumkloster mein Truppencorps auf dem Marsche nach Tondern zu vereinigen. In gerader Richtung betrug die Entfernung von Sundewitt zwischen 6 und 7 Meilen, und den Wegen nach, die bei den vielen großen, sumpfigen Bächen und Torfmooren in sehr winklichter Richtung sich in der Gegend herumziehen, circa 9 Meilen von diesem Kampfplatze. Vor meinem Abmarsche kamen plötzlich 2 Ordonnanzen mit dem Befehle des Oberbefehlshabers: „Angesichts dieses marschiren Sie sofort mit sämmtlichen Truppen unter Ihrem Befehle nach Sundewitt, um dem 10. Armeecorps als Soutien zu dienen." Bei der weiten Ausdehnung der Marschcantonnements vermochte ich nichts Besseres zu thun, als das vorgeschriebene Rendezvous in Lügumkloster zu benutzen, um von dort aus den Marsch über Raapsted und Tinglef anzutreten. Nicht zweifelhaft konnte es sein, daß bei den tiefen, sandigen, durch ein mit Gräben überall durchschnittenes Terrain führenden Wegen, wo nur mit sehr kleiner Front marschirt werden konnte, wir in einem Tage nicht 9 Meilen zurückzulegen im Stande waren. Einleuchtend ist es auch, daß hier gar keine Uebereilung nöthig ward. Dem Major Leo, der mir die Ordre gebracht hatte, sagte ich daher: „Angesichts des hier dampfenden Kaffee's wollen wir erst denselben trinken, und dann nach Lügumkloster reiten. Schicken Sie einen Adjutanten voraus, mit dem Befehle, daß alle dort schon befindlichen Truppen sich in Marsch nach Raapsted setzen, wo Ruhe gehalten und fernerer Befehl ertheilt werden wird."

Dies führe ich an, um zu zeigen, wie man uns Schleswig-Holsteiner herumjagte. Abends am 29. Mai, nachdem das Gefecht schon beendet war, waren die Ordonnanzen aus dem Hauptquartiere abgesandt worden und sie hatten 9 Meilen im Dunkel der Nacht über unbekannte, schwer zu findende Nebenwege zu reiten. Man mußte also wissen, daß sie erst Morgens den 30. mich erreichen würden; man hatte uns infolge Armeebefehls die Marschcantonnements vorgeschrieben, mußte also überdieß, daß wir unmöglich **stante pede** abmarschiren konnten, und mußte auch wissen, daß wir nicht 9 Meilen in etlichen Stunden zurück= zulegen im Stande wären. Wozu nun solche Befehle? Aber die Friedensmanöver bringen dergleichen in die Praxis. Wenn man 2 Tage Zeit geben muß, um ein Truppencorps in die Hand zu bekommen, kann man ohne Bedenken eine halbe Stunde darauf verwenden, den Grund der Marschveränderung und die Absicht, in der sie gemacht wird, anzugeben; dann weiß der Unterbefehlshaber, wornach er sich zu richten hat und worauf seine Aufmerksamkeit besonders zu verwenden ist.

Was vorauszusehen war, geschah denn auch. Kaum hatte ich das Truppencorps von Raapsted aus in Marsch gesetzt, so traf ein Adjutant des Oberbefehlshabers mit der Ordre ein, in Tinglef und Umgegend bis auf Weiteres Kantonnements zu beziehen.

Am 31. Mai und 1. Juni blieben wir in diesen Kanton= nements und am 2. marschirten wir durch Flensburg nach dem nördlichen Angeln, wo, wie General Wrangel mir sagte, mein Truppencorps, das so viele Strapazen gehabt habe, sich jetzt recht ausruhen sollte. Am 2. Abends besprach ich mich mit ihm und fragte: wie viel mehr wir an Truppenzahl stellen sollten? Und als er mir die Zahl auf 6000 setzte, antwortete ich ihm, daß dazu ein neues Rekrutirungssystem nöthig sei, zu welchem ich die provisorische Regierung schriftlich nicht hätte bewegen können. Wenn er mir aber erlauben wollte, während meine Truppen der Ruhe pflegten, auf einige Tage nach Rends=

burg zu reisen, dann wollte ich suchen, die Sache in Gang zu bringen. Hierein willigte er, aber mit dem Zusatze: „Doch am 5. müssen Sie wieder hier sein; denn wir wollen den Ge= burtstag des Königs von Hannover mit einer großen Parade feiern." In einer Stunde saß ich in dem Wagen und war Morgens früh in Rendsburg.

Ich habe schon früher angeführt, wie ich es hier fast durch= trotzen mußte, daß die provisorische Regierung die allgemeine Wehrpflicht provisorisch einführte u. s. w.

Da ich meine Familie seit Beginn der Erhebung nicht ge= sehen hatte, eilte ich den 3. Abends nach Hamburg und am 4. wieder zurück nach Flensburg, wo ich in der Nacht auf den 5. eintraf.

Statt der Ordre zur großen Parade fand ich aber den Be= fehl vor, um 5 Uhr Morgens mit meinem Truppencorps nach Holebüll zu marschiren, um dort die Reserve der vereinigten preußischen und Bundesarmee zu bilden. Wrangel, den es sehr ärgerte, daß die Dänen am 29. Mai den glücklichen Ueberfall auf das 10. Korps ausgeführt hatten, und der diese Truppen wieder im Feuer haben wollte, hatte die große Parade des 5. Juni als ein Täuschungsmittel angeordnet, damit seine wirk= liche Absicht nicht errathen würde. In der Wirklichkeit wollte er aber die Dänen aus der auf den Düppeler Höhen genom= menen und behaupteten Stellung wieder nach Alsen hinüber treiben.

Die Anordnungen hierzu waren folgende: das 10. Armee= corps sollte sich zwischen Gravenstein und Rübbel aufstellen und um 9 Uhr zum Abmarsch bereit sein. Die Brigade Bonin sollte von Seegard und Quars über Grüngrift, Kieding, Beul= schau, Ulderup nach Satrup marschiren, wo sie um 10 Uhr

14

zum Angriff auf den dänischen rechten Flügel übergehen sollten, während General Halkett die Front des Feindes angriff. Nun war, wie ich schon früher bemerkt habe, in allen Befehlen des Oberbefehlshabers immer in's Detail vorgeschrieben, so auch hier, die Zeit des Aufbruchs. Wer aber an offenes Terrain gewöhnt ist, kann sich niemals in den Schwierigkeiten der coupirten, eingefriedigten Gegend der Herzogthümer zurecht finden. So ward die Zeit immer zu kurz abgemessen und nicht bedacht, daß wenn eine Truppe mit Front von höchstens acht Mann und oft sogar nur mit vier Mann marschiren muß, doppelt so viel Zeit auf dieselbe Distanz verwendet wird, als wenn man auf einer Chaussee oder über offenes Feld marschirt. Bald muß die Queue anhalten, damit die Tète abbrechen kann, bald muß diese anhalten, damit erstere wieder aufzumarschiren vermag. Die Länge, welche eine solche Marschkolonne einnimmt, hindert die Aufsicht über selbige, und so zögert und stockt es alle Augenblicke.

In dieser Weise war die Brigade Bonin bis 10 Uhr nicht weiter als Kiebing gekommen und konnte vor 1 Uhr Satrup nicht erreichen. Damit würde nun auch nichts versäumt gewesen sein, indem bei der Beschaffenheit der Gegend von den Bewegungen der Truppen dem Feinde nichts verrathen werden konnte, wenn Wrangel nur die allgemeine Regel beobachtet hätte, abzuwarten, bis die Umgehung bewerkstelligt sei, ehe er den Angriff in der Front begann. Auf die Minute pünktlich wie er immer ist, traf er bei Halkett ein, brachte dem Könige von Hannover ein Hoch aus, und ließ nun zum Frontangriff vorgehen.

Die Dänen hatten in der Bevölkerung Flensburgs viele Anhänger. Als wir am andern Morgen um 5½ Uhr sämmt-

lich aus Flensburg ausmarschirt waren, loderte plötzlich eine
der am höchsten gelegenen Windmühlen in Flammen auf. Dies
Signal konnte von der Düppeler Höhe gesehen werden, und
folglich hatten die Dänen vollkommen Zeit, ihre Stellung ein=
zunehmen, die sich hauptsächlich auf mehrere in den letzten Tagen
aufgeworfene und mit Schiffsgeschützen armirte Redouten stützte,
deren Entstehung der Wachsamkeit des 10. Armeecorps ganz
entgangen war. Die Plänkerketten stießen gleich östlich von
Nübbel aneinander, und es entspann sich ein ziemlich belebtes
Gefecht um die Holzungen, welche zu beiden Seiten der Land=
straße nach Sonderburg liegen. Das 10. Armeecorps ging
tüchtig darauf und drängte die Dänen über das Dorf Düppel
hinaus, als plötzlich die 18pfündige Batterie von der Höhe zu
feuern begann, zu der auch noch einige Bombenkanonen sich
gesellt hatten, welche sofort mehrere Häuser im Dorfe in Brand
schossen. Hier standen daher die dänischen Bataillone zwischen
ihren Verschanzungen hinter den Knicken oder Erdwällen der
Feldeinfriedung in einer sehr festen Stellung. Bonin's Flan=
kenmarsch hatte nicht stattgefunden, folglich ließ Wrangel das
10. Armeecorps bis Nübbel zurückgehen. Dieses geschah etwa
um 12 Uhr.

Um 1 Uhr meldete Bonin, daß er in Satrup sei; er er=
hielt die Ordre, anzugreifen! Was? kann man hier mit Recht
fragen; denn die frühere dänische Stellung war verlassen und
ihre augenblickliche Position theils durch die Sonderburger Föhrde,
theils durch die Redouten auf ihrem Flügel vollkommen sicher=
gestellt. Hiervon ward dem General Bonin aber nichts mit=
getheilt, und als er nun nach seiner Instruktion in südlicher
Richtung vorging, traf er auf gar keinen Feind, sondern befand
sich unerwarteter Weise auf der Sonderburger Landstraße mit

freier Aussicht auf die Meeresbucht Venning Bond. Er trat also auch den Rückzug an, als plötzlich die dänischen Geschütze, die bisher geschwiegen hatten, ihr Feuer begannen und ein Theil der feindlichen Infanterie aus ihrer verdeckten Stellung hervorbrach. Es gehörte die ganze taktische Geschicklichkeit Bonin's dazu, um sich aus einer so peinlichen Lage herauszuwickeln; doch erlitt er keinen unbedeutenden Verlust in einem so nutzlosen Gefechte.

Im Armeebefehle, der die Operationen des 5. Juni anordnete, war ausdrücklich befohlen, daß die schleswig-holsteinischen Truppen keine andere Verpflegung mitführen sollten, als was der Brodbeutel enthielte, weil sie am Abend wieder ihr Kantonnements-Quartier beziehen würden; so leicht war die Sache angesehen worden.

Als am Nachmittag die Zeit schon ziemlich weit vorgerückt war und Transporte von Verwundeten zurückkamen, welche angaben, daß die Gefechte ohne Resultat geblieben seien, sandte ich Befehle nach unserem Kantonnement, sofort die Verpflegung herzubringen; allein vor dem späten Abend war sie nicht zu erwarten. Von meinen Adjutanten hatte ich einige abgesendet, um über den Stand der Sache etwas zu erfahren; diese hatten sich aber mit in die Gefechte verwickelt, und so blieben wir bei der Reserve ganz in Unwissenheit über die Ergebnisse des Tages.

Nach Eintritt der Nacht ließ ich die Infanterie sich zur Ruhe legen und war selbst gerade mit einem Tornister unter dem Kopf eingeschlafen, als Pferdetritte mich weckten. Ein Adjutant des Oberbefehlshabers kam, der mir den Befehl brachte, sofort nach Ullberup zu marschiren, weil die Sachen nicht nach Wunsch gegangen wären.

Nach der Aeußerung, womit Wrangel mich bei meiner An-

kunft Morgens 6½ Uhr in dem Pfarrhause zu Ulderup em=
pfing, muß ich annehmen, daß es seine Absicht gewesen sein
muß, uns Alle, einen nach dem andern ins Feuer zu bringen;
denn als ich eintrat, sagte er: „Nun gut, daß Sie da sind;
nun können Sie ins Feuer kommen.“ — „Ja, Excellenz,“ ant=
wortete ich, „ins Kochfeuer; denn meine Truppen haben seit
vorgestern nichts gegessen.“ — „Nun, so lassen Sie abkochen
und suchen Sie sich einen Bivouakplatz zwischen hier und Schma=
beck aus.“ Dies geschah, und wir blieben den ganzen Tag
und die folgende Nacht im Bivouak ruhig stehen, bis wir am
nächsten Morgen wieder über Holebüll nach Bommerlund und
Umgegend marschirten.

Man muß sich wohl fragen, welche Absicht mit dem Nacht=
marsch der schleswig=holsteinischen Truppen verbunden war?
Das 10. Armeecorps hatte am Morgen des 5. ein dreistündiges
Plänkergefecht bestanden, von welchem es um 12 Uhr zurück=
gekehrt war. Bedurfte Bonin Unterstützung, so standen die
Bundestruppen ihm 2 Meilen näher als wir, und mit ihnen
vereinigt, war er den Dänen an Zahl überlegen. Die Dänen
machten aber gar keine Miene, vorzubrechen, sondern verhielten
sich ganz ruhig. Was sollte daher dieses plötzliche Heranziehen
der Reserve, in einem Terrain, wo kein Bataillon sich in Front
entwickeln konnte? Es war doch wohl nicht die Ruhe, die der
Oberbefehlshaber uns versprochen hatte? An diese ward gar
nicht mehr gedacht; denn nun mußten wir von Apenrade bis
Tondern die Vorpostenkette übernehmen, in welcher Stellung wir
bis zum 28. Juni stehen blieben und fast täglich kleine Plänke=
reien hatten.

XIV.

Das v. d. Tann'sche Freicorps.

———

Am 8. Juni, als ich in Bommerlund am Schreibtische saß, wie dies allemal, sobald wir nicht auf dem Marsche uns befanden, der Fall war, kamen mit nicht unbedeutendem Gerassel die von dem v. d. Tann'schen Freicorps erbeuteten Kanonen nebst einem Transport Gefangener durch. Hierdurch erfuhren wir den von Herrn v. d. Tann glücklich ausgeführten Handstreich gegen die dänische Avantgarde bei Hopdrup, und dieß führt mich zurück auf den verunglückten Enterungsversuch der „Galathea" vor Kiel.

Ich sende zum Verständniß voraus, daß die provisorische Regierung mit keiner Silbe sich gegen mich über das Engagement des Herrn v. d. Tann, noch seines Freibataillons hatte vernehmen lassen. General Krohn hatte mich davon in Kenntniß gesetzt, und ich hatte ihm geantwortet, der provisorischen Regierung zu erklären, daß ich unter den jetzigen Verhältnissen die Bildung der Freicorps für nutzlos und die dadurch veranlaßten Ausgaben für Verschwendung halte; daß ich auch kein solches Corps mehr unter meinen Befehl nehmen wolle, weil die Ausbildung unserer Linientruppen nur durch das unvermeidliche undisciplinirte Betragen der Freischärler leiden müsse. Da die provisorische Regierung nun nicht wußte, wo sie mit dieser Truppe hin sollte, ward die letztere nun erst zu Wasser verwendet. Die klägliche und fast lächerliche Rolle, die sie hier spielte, war

selbstverständlich dem Plane des Herrn v. d. Tann ganz ent=
gegen, und es mußte auf jeden Fall ein eclatanter Streich aus=
geführt werden.

Dieß führte ihn denn dazu, während wir nach Sundewitt
gingen, mit seinen 400 Mann gegen Hadersleben zu ziehen,
oder richtiger, zu fahren, denn das v. d. Tann'sche Corps mar=
schirte nie; es fuhr immer; selbst Patrouillen wurden zu Wagen
gemacht. Mit hundert leichten Bauerwagen fuhr v. d. Tann
die sogenannte alte Landstraße über Lügum und Schowby hinauf,
umging solchergestalt den rechten Flügel der dänischen Avant=
garde, welcher bei Hopdrup stand, und fiel nun bei Tagesan=
bruch von Norden her sie an. In dem coupirten, unübersch=
baren Terrain konnten die Dänen nicht die Stärke der Angrei=
fer beurtheilen, welche bei der Ueberraschung um sehr Vieles
größer angeschlagen ward. Einem Angriffe der dänischen Husa=
ren entgingen die Freischärler hinter und unter ihren Wägen,
und wiesen, so gedeckt, denselben mit einer lebhaften Füsillade
zurück. Die Geschützmannschaft der 4 dänischen Kanonen, welche
sich mit Gewehrfeuer durch die Knicke beschossen fühlte, ohne
einen Gegenstand zu sehen, auf den sie ihr Feuer richten konnte,
kniff mit 2 Geschützen und 3 Protzen aus und ließen 2 Ge=
schütze und 1 Protze im Stiche. Herr v. d. Tann, seine kritische
Lage begreifend, zögerte nicht lange, die Trophäen und Gefange=
nen in Bewegung zu setzen, und mußte daher die eine Kanone
ohne Protze und Pferde stehen lassen, trat aber den Rückmarsch
auf der geraden Landstraße nach Apenrade an und marschirte
mit der festesten Haltung nur einige hundert Schritte bei einer
ganz in Ordnung aufgestellten, größeren dänischen Jägerabthei=
lung vorbei, welche sich nicht rührte, obgleich sie ihnen Alles
hätte abjagen können, falls sie kühn darauf losgegangen wäre.

In jener Zeit ist so viel über dieses Gefecht von Hopdrup geschrieben und gesungen worden, daß es nicht unpassend sein wird, nach dem Verlaufe längerer Zeit einige Worte hinzuzufügen.

Das Unternehmen an sich war ein tollkühnes; weil aber v. d. Tann sich mit Recht als Parteigänger betrachten konnte, so ist ihm darüber keineswegs ein Vorwurf zu machen; er konnte es völlig rechtfertigen, daß er den Muth und die Haltung seines Corps auf die Probe stellen wollte. Ein Unterbefehlshaber einer regulären Truppe, der ein solches Unternehmen ohne höheren Befehl versuchen würde und es nicht glücklich durchführte, würde ohne Zweifel vor einem Kriegsgerichte straffällig gefunden werden, aber dem Parteigänger ist Alles erlaubt. Ich habe mich derzeit zu wiederholten Malen mit einzelnen Individuen im v. d. Tann'schen Corps über diese Affaire sehr detaillirt unterhalten; darin stimmten alle überein, daß v. d. Tann wieder bei dieser Gelegenheit eine Kaltblütigkeit, Ruhe und Umsicht bewiesen habe, wie man sie nicht größer wünschen könne; daß aber der vielgepriesene Löwenmuth der Freischärler gar nicht so übermäßig, sondern die Bestürzung der Dänen die Hauptursache des Erfolges gewesen sei. Herr v. d. Tann wurde von einem doppelten Glücke begünstigt, wozu man nicht das Nehmen einer Kanone und einiger Gefangenen in Aufrechnung bringen mag, sondern erstlich daß derselbe ein so gewagtes Eindringen zwischen der Avantgarde und dem Hauptcorps in einer Gegend, wo an ein Seitwärtsausweichen nicht zu denken war, mit Erfolg ausführte, und zweitens, daß dieses gerade zur nämlichen Zeit geschah, als Wrangel einen vergeblichen Angriff auf die dänische Stellung bei Düppel mit seiner ganzen Stärke versuchte. Durch alle deutsche Zeitungen erschollen daher die allerabenteuerlichsten Lobeserhebungen von dem v. d. Tann'schen Freicorps, als ob es ganz Dänemark erobert habe und allein die ganze Welt würde bezwingen können. Eine der Haupttrompeten war die unter der Aegide der provisorischen Regierung von Dr. W. Ahlmann herausgegebene, von Theodor Momsen redigirte Schleswig-holsteinische Zeitung, welche es dabei nicht an Seitenhieben auf Wrangel und besonders auf mich fehlen ließ, indem sie andeutete, daß man hierbei recht sehen könne, wozu die muthigen Freicorps im Stande wären, wenn nur nicht von oben ihre Thätigkeit und ihr kühner Unternehmungssinn gehemmt würde u. s. w. Dieses sonst nichtssagende Blatt hatte es sich scheinbar zur Aufgabe gesetzt, sowohl meine Person als auch mein Wirken anzugreifen und bei meinen Landsleuten zu verdächtigen, und hatte dabei auch sehr guten Erfolg; denn zur Schande der sonst gar nicht leichtgläubigen Holsteiner sei es gesagt, sie glaubten viel von dem dummen Zeuge, welches ihnen von Th. Momsen vorgetragen wurde. Als Beispiel will ich hier nur Folgendes anführen:

Kraft meiner robusten Körperbeschaffenheit, meiner großen Vorliebe für Pferde, meiner Jagd- und Segelpassion hatte ich in meinem Leben viele abenteuerliche Fahrten gemacht, und es war bei den Landleuten zur Gewohnheit geworden, wenn von einer recht tollkühnen That die Rede war, sie als von mir unternommen anzusehen, weil man sich dachte, daß ich der courageuseste Mensch im Lande sei. Diese Ueberzeugung ließen sich sogar die Schleswig-Holsteiner durch die Angriffe der Presse auf mich ausreden, und nach 3 Monaten glaubte wirklich die große Menge, daß es mir an Muth fehle, meine Truppen in's Feuer zu führen; als ob dazu mehr Muth gehöre, den Kugeln sich auszusetzen, als ein wildes Pferd zu bändigen, oder in

einem kleinen Boote im Sturme den Wellen zu trotzen, oder
auf der Parforcejagd über Dick und Dünn zu reiten? Das
Auffallendste bei dieser Sache war aber, daß während die schles=
wig=holsteinische Zeitung perorirte, wie unsere Truppen voller
Kampfbegierde nur von obenher unthätig erhalten würden und
sogar eine Petition bei General Wrangel zu dem Ende einge=
geben hätten, daß sie gegen den Feind geführt werden möchten,
ich von mehreren Bataillonen wiederholt Gesuche mit 80 bis
90 Unterschriften erhielt, worin die Bittenden mir vorstellten, \
daß sie verheirathete Leute seien und baten, nicht auf Vorposten
gestellt, noch zur Avantgarde commandirt zu werden, weil ihr
Leben für ihre Familie zu viel Werth habe! Diese Gesuche
nahmen solchergestalt überhand, daß ich eine Untersuchung an=
ordnete und den Petenten sehr scharf verweisen ließ, solche un=
militärische Gesinnungen nicht bloß zu haben, sondern sie sogar
auszusprechen.

Ich habe derzeit selbstverständlich nichts über diese Sache
verlauten lassen, weil es ein sehr schlechtes Licht auf die Be=
geisterung der untern Volksklasse für die vaterländische Sache
geworfen haben würde; da aber diese Blätter zum Theil auch
deßhalb geschrieben wurden, um alle die hämischen Anschuldi=
gungen, welche seit dem Jahre 1848 ebenso sehr von den Schles=
wig=Holsteinern als den Dänen gegen mich geschleudert worden
sind, zu widerlegen, so habe ich dieses Faktum nicht verschwei=
gen wollen.*) Es war nebenbei für uns Korpsbefehlshaber
gar kein Spielraum eigener Wirksamkeit gegen den Feind ge=
lassen; denn wenn irgend etwas geschah, was der Oberbefehls=

---

*) Es ist zu wünschen, daß Th. Mommsen in seiner römischen Ge=
schichte gründlicher zu Werke gegangen ist, als bei seiner Redaktion der
Schleswig=Holsteiner Zeitung.

haber nicht vorgeschrieben hatte, wurden wir schmählich repri=
mandirt.

Für die Affaire bei Hopdrup erließ nun auch Wrangel ei=
nen Armeebefehl.

Herr v. d. Tann hatte sich nach Apenrade zurückgezogen und
blieb daselbst mit seinem Korps bis zum 20. Juni stehen. Er ver=
schaffte unsern Vorposten dadurch eine sehr große Erleichterung;
denn der Respekt der Dänen vor den Freischärlern war so groß,
daß sie sich nicht über Hopdrup vorwagten, und da v. d. Tann
täglich hundert Bauerwagen sich vom Amte Apenrade zur
Disposition stellen ließ, so machten seine Leute täglich ziemlich
weite Wagen=Patrouillen in allen Richtungen, wodurch die dä=
nischen Recognoscirungen und Patrouillen auf der östlichen Seite
des Herzogthums fast auf nichts beschränkt wurden; dagegen
über Bestoft und westlich dieses Defilés streiften nächtlich dä=
nische Abtheilungen gegen Lügumkloster und Umgegend, doch
ohne ernstliche Angriffe zu machen. Eine Schwierigkeit fand
aber rücksichtlich des Oberkommando's bei v. d. Tann's Korps
statt. Ich hatte mich geweigert, dasselbe, wie alle undisciplin=
nirten Truppen unter meinen Befehl zu nehmen; folglich blieb
nichts übrig, als es direkte unter den Oberbefehlshaber zu stel=
len. Zuerst machte es dem alten Herrn Spaß, mit dieser wil=
den Gesellschaft zu verkehren; aber bald ward ihm dieses doch
zu bunt, weil kein Aufhören ihrer Requisitionen war und die
Bewohner des Amts wie der Stadt Apenrade Klage auf Klage
über den Unfug, der von jenen mit allen Dingen getrieben
wurde, einsandten.

Am 16. Juni hatten wir in der projektirten Stellung bei
Bau, auf welche ich wieder zurückkommen werde, eine Art Probe=
aufstellung und nach derselben hatte Wrangel uns, die höheren

Officiere, zum Diner geladen. Nach Tische nahm mich der alte Herr bei Seite und fragte mich, ob ich ihm einen Gefallen thun wolle? — „Versteht sich, Excellenz, Alles was Sie wünschen, thue ich mit größtem Vergnügen." — „Nun, so nehmen Sie mir die Freischärler ab; denn ich kann mich damit wirklich nicht länger befassen." — „Weil Sie dieß von mir wünschen, werde ich es thun, obgleich es mir in der Seele widerstrebt und ich der provisorischen Regierung bestimmt erklärt habe, nichts mit dem Freicorps zu thun haben zu wollen. Ich bitte aber, daß Excellenz der provisorischen Regierung schreiben lassen, daß auf Ihren ausdrücklichen Wunsch solches nur geschehen sei." Dieß sagte er mir zu, und im Armeebefehl des folgenden Tages bekam ich wieder den Oberbefehl über diese Leute, welche mich als ihren speciellen Feind betrachteten.

Nun mußte ich mich selbstverständlich mit der Organisation und den übrigen Details des Korps bekannt machen und ersuchte Herrn v. d. Tann, mir die erforderlichen Listen einzusenden. Aus diesen ersah ich denn erst, in welchem Grade die provisorische Regierung ohne alle Umsicht gehandelt hatte, als sie den Kontrakt mit v. d. Tann abschloß. Er sollte ein Freibataillon von 1000—1200 Mann stellen; die Löhnung und Verpflegung sollte wie beim regulären Militär für Officiere und Gemeine sein, und die Equipirung sollte stets vollständig erhalten werden. Wie diese Truppe eingetheilt werden sollte, wie viele Officiere der verschiedenen Grade angestellt sein durften ꝛc., alles dieß war nicht bestimmt. Die Folge davon war daher, daß v. d. Tann, obgleich er nicht mehr als 800 Mann zusammengebracht hatte, diese in 2 Bataillone, à 4 Kompagnien jedes, eine Artillerie-, eine Ingenieur- und eine Reiterabtheilung organisirt hatte und einen Kommandostab von 17 Personen um sich versammelte, als ob er eine ganze Division unter seinem Kommando gehabt hätte.

Was thaten aber diese Menschen? sie verbarrikadirten die Stadt Apenrade dergestalt in allen Straßen, daß kein Mensch zu Fuß sich darin bewegen konnte, ohne genaue Kenntniß der Schlupflöcher, die offen geblieben waren.

Als ich einige Tage nach dem 16. Juni zur Inspektion des Korps nach Apenrade kam, machte ich den Herrn v. d. Tann darauf aufmerksam, daß mir diese Art der Befestigung mehr gegen die Bewohner der Stadt, als gegen den Feind gerichtet zu sein schiene. Er gab mir zur Antwort: „Ich muß die Leute in beständiger Beschäftigung halten, sonst treiben sie Unfug." Dieß hat mich in der Ueberzeugung bestärkt, welche ich früher über v. d. Tann ausgesprochen habe, daß ihm die praktische Kenntniß des Dienstes fremd geblieben ist; denn wenn er mit der Truppe täglich tüchtig exercirt hätte, wenn er Märsche und Feldübungen mit ihnen gemacht, die Patrouillen, statt ihnen das Fahren zu erlauben, tüchtig hätte laufen lassen, so würden seine Leute wohl ruhig geblieben sein; aber wenn man den Soldaten nicht dienstlich beschäftigt, verfällt er auf Unfug, dem ist nicht zu entgehen. Daher trieben diese weltberühmten Krieger es denn auch in jeder denkbaren Weise der Ausschweifung bis zum Uebermaß. Unter Anderem war das Spiel in dem Korps so eingerissen, daß sie ihre Montirungen verkauften, um Abends den Erlös zu verspielen. Während der zwei Monate, seit diese Truppe existirte, ist sie zweimal neu bekleidet worden und hat fortwährend mit neuen Schuhen versehen werden müssen, obgleich sie immer zu Wagen sich bewegte, so daß die regulären Truppen wegen dieser fahrenden Gesellen förmlich Mangel an Schuhzeug litten.

Es ist wohl leicht zu begreifen, daß mir die Galle über=
laufen konnte, wenn ich meine Soldaten, die seit Anfang April
ununterbrochen marschirt, gewacht und gefochten hatten, einer
solchen loderen Gesellschaft halber Mangel leiden sehen mußte,
und das hauptsächlich, weil solche unwissende und unpraktische
Männer wie Beseler und Reventlow sich breit machen, und mich
in meinem Wirkungskreis hemmen und chikaniren wollten.

Das Ende der Befestigung von Apenrade war, daß sie am
27. Juni abgerissen wurde, damit wir durchmarschiren konnten,
und daß die Landeskasse 4000 Rthlr. für dazu verbrauchtes Holz
an die Apenrader Holzhändler auszahlen mußte. Um nicht zu
oft auf das v. d. Tann'sche Freicorps zurückkommen zu müssen,
will ich gleich vorgreifen und auf eine andere Beschuldigung
hinzeigen, die mir damals auch in allen öffentlichen Blättern
gemacht wurde.

Als wir am 29. Juni gegen Hadersleben vorgingen, war
die Instruktion des Oberbefehlshabers, die Dänen nach Haders=
leben hinein zu treiben, aber die Stadt und das Defilé nicht
eher anzugreifen, als bis ich die Kanonade auf dem linken Flü=
gel der Armee hören würde, oder falls dies bis zum Morgen
des 30. nicht geschehe, dann um 9 Uhr Vormittags den Ueber=
gang über die Haderslebener Föhrde zu erzwingen und auf Col=
ding vorzudringen.

Unter solchen Verhältnissen war es nöthig eine Truppe, die
nicht gehörig Ordre parirte, so zu verwenden, daß sie mir nicht
Vorwürfe vom General Wrangel bereitete.

Ich beredete deßhalb mit dem Herrn v. d. Tann, daß er
mit seinem Korps von Hopdrup aus östlich über Wilstrup und
Lunding marschiren solle, um auf einer in der Haderslebener
Föhrde befindlichen, sehr schmalen Stelle, wo eine Art Furth ist,

den Uebergang vorzubereiten, sodann am nächsten Morgen überzugehen und die Dänen in der Flanke anzugreifen, während ich
sie in der Front faßte. v. d. Tann war mit dieser Anordnung sehr zufrieden und glaubte, daß er durch Hülfe von Wagen
und Balken sein Korps leicht übers Wasser bringen würde.
Als Abends das Gefecht von Hadersleben beendigt war, und
ich im Biwouak einen kleinen Hügel bestiegen hatte, von dem
man die ganze Gegend recht gut übersah, kam v. d. Tann selbst
angeritten, um mir zu melden, daß er mit seinem Korps vorschriftsmäßig angekommen sei, daß er aber größere Schwierigkeiten für einen Uebergang gefunden als er vorausgesetzt habe,
und mich darauf aufmerksam machen wolle, damit ich nicht zu
viel auf seine Unterstützung rechnen möge. Wir beredeten dann
einige Details, und ich legte es ihm nochmals ans Herz, wo
möglich den Plan auszuführen; falls es sich aber unthunlich
herausstellen würde, mir früh Morgens darüber Meldung zu
machen. Er ritt fort mit der Versicherung, nichts versäumen
zu wollen, und seit dem Augenblick habe ich ihn nicht wieder
gesehen, bis ich ihm 10 Jahre später in Paris begegnete.

Als ich am 30. früh Morgens Hadersleben von den Dänen
geräumt fand, und sofort mit allen Truppen aufbrach, kam die
Meldung des Herrn v. d. Tann, daß er nicht über das Wasser
kommen könne, und daher auf Hadersleben marschire, um sich
mit mir zu vereinigen. Ich gab ihm den Befehl Hadersleben
zu besetzen, damit, falls ich mit einem überlegenen Feinde zu
thun bekäme, meine Rückzugslinie gesichert bleibe.

Am nächsten Tage wurde im Armeebefehl das v. d. Tann'sche
Korps wieder mir abgenommen und ans Meeresufer verlegt.
Die Spielerei nebst sonstigem Unfug ging hier wieder vor sich,
sie entwendeten, wie allgemein behauptet ward, dem v. d. Tann

seine Epauletten, Uhr ꝛc., und daher bat er selbst den General Wrangel, daß er um des Himmels Willen das Korps nach Rendsburg senden und auflösen lassen möge. V. d. Tann fand es nicht der Mühe werth, mich, der ich eine Meile von Hadersleben im Kantonnement lag, hiervon zu benachrichtigen, oder mir Lebewohl zu sagen; sondern ließ troß meiner durch seinen Verwandten, der bei mir Ordonnanzofficier war, an ihn gerichteten Bitte: er möge doch eine öffentliche Erklärung abgeben, daß ich mit der Entlassung des Korps nichts zu thun gehabt habe, sondern solches durch den General Wrangel geschehen sei, gar nicht eine Silbe, weder privatim noch öffentlich hören.

Nach dieser kurzen aber genauen Angabe des Thatbestandes frage ich jeden Leser, ob mich alle die Schmähungen und Beschuldigungen treffen können, die von diesen zum großen Theile verballerirten Menschen durch die ganze deutsche Presse posaunt wurden, und bitte Jeden, der nach wirklich Geschehenem forscht, zu bedenken wie die Welt sich wiederum von Schreibern und Schreiern bei der Nase hat herumziehen lassen.

Das v. d. Tann'sche Korps hätte auf freiem Felde keine 5 Minuten einem regelmäßigen Angriff gegenüber Stand gehalten; mit der ersten Kartätschensalve aus 8 Geschützen auf 600 Schritte würde die ganze Gesellschaft verschwunden sein, darauf würde ich die höchste Wette eingehen. Es hatte sich durch die Holtenauer Entreprise lächerlich gemacht, darauf bei Hopdrup durch ein unbegreifliches Glück 2 Kanonen erobert, und später nichts als Unfug getrieben. Dennoch wiederhallte ganz Deutschland von seinem Ruhm, und es giebt gewiß noch manches Individuum, welches zu demselben gehörte, das nicht allein in seinen eigenen Gedanken ein großer Krieger ist, sondern auch seine

Bekannten von den Thaten des v. d. Tann'schen Korps unterhält.

So weit denn die Geschichte desselben; wie es später in das 9. Bataillon umgewandelt wurde, werde ich seiner Zeit anführen. Ich muß jetzt auf die Stellung zwischen Flensburg, Apenrade und Tondern zurückkommen, um den Faden der Ereignisse bei der Armee fortzuführen.

XV.

Dritter Ausmarsch gen Norden.

————

Wie oben angeführt, ward nach dem abgeschlagenen Angriffe auf die Düppeler Höhen am 7. Juni wieder dislocirt; die meinem Truppencorps am 2. Juni zugesagte Ruhe wurde wieder in einen bis zum 27. Juni dauernden Vorpostendienst verwandelt; die Bonin'sche Brigade besetzte die Vorposten gegen Alsen und das 10. Armeecorps ward in sein Cantonnement weiter zurückgelegt. Die Gardebrigade bezog Cantonnements zwischen Bonin und mir, hatte aber das von dem v. d. Tann'schen Corps besetzte Apenrade vor sich, also einen sehr bequemen Dienst.

Am 10. Juni bekam ich Ordre, eine größere Recognoscirung nach Hadersleben vornehmen zu lassen, welche zeigte, daß die dänische Armee anfing, sich im Norden des Herzogthums zu concentriren. Acht Tage später ward eine Recognoscirung mit 10 Schwadronen und 4 Geschützen in westlicher Richtung gemacht, und auch hier zeigte sich eine ziemliche feindliche Stärke, welches die sonstigen Nachrichten bestätigte, daß die ganze dänische Armee von Alsen nach dem nördlichen Schleswig herüber gebracht worden war. Unter diesen Umständen einen Versuch zur Eroberung der wichtigen Insel Alsen zu machen, fiel dem Oberbefehlshaber nicht ein; dahingegen wurde mit der angeblichen Rücksicht auf die Vereinigung der schwedischen mit der dänischen Armee noch fortgespielt und in der Stellung von Bau, Krusau und Wasserleben wurden große Vorbereitungen getroffen, die, wenn auch mit mehr militärischer Methode angelegt, als die Verbarrikadirung des v. d. Tann'schen Corps in Apenrade, dieser doch darin sehr ähnlich waren, daß sie nutzlos bleiben mußten. Nur General Krohn konnte hieraus den Nutzen ziehen, daß er sich dadurch vollkommen gerechtfertigt fühlen mußte, 10,000 Mann gegenüber diese gleiche Position mit 3000 Mann ver= lassen zu haben, wenn Wrangel es nöthig fand, bei 30,000 Mann, die er um Flensburg und in Sundewitt concentrirt hatte, gleiche Anstalten zu treffen. Nachdem wir zu verschiede= nen Malen diese durch Feldverschanzungen, Barrikaden und Palli= sadirungen verstärkte Stellung zur Probe besetzt hatten, damit Jeder vorkommenden Falls seinen Platz ja nicht verfehlen könnte, wurden wir Corpscommandanten am 25. Juni zu einem Kriegs= rathe nach Flensburg beordert. Hier ward uns der Armeebefehl vorgelesen, der bestimmte, daß 1) am 28. sich die ganze Armee auf der Höhe von Apenrade concentriren solle, und zwar so, daß die schleswig=holsteinischen Truppen diese Stadt und die nächsten Dörfer besetzten, die preußische Division westlich dersel= ben in erster Linie und das 10. Armeecorps in Reserve canton= nirten; daß ich 2) am 29. gegen Hadersleben marschiren, die Dänen in ihrer Aufstellung südlich von der Stadt angreifen und in diese hineinwerfen, aber ihnen nicht folgen sollte, bevor ich nicht die Kanonen des Generals v. Bonin vom linken Armee= flügel hörte, welcher an demselben Tage über Styrstrup mar= schiren würde, um den dänischen rechten Flügel zu werfen und solchergestalt den Feind gegen die Ostsee zu treiben, wo das Gros der Armee mir am 30. in seiner Ueberwältigung be= hülflich sein würde, indem der General Halkett über Törning= Mühle vorbrechen sollte; 3) hätte am 30., Morgens bis 9 Uhr, kein Gefecht zwischen Bonin und dem feindlichen rechten Flügel stattgefunden, so sollte ich Hadersleben angreifen, dasselbe nehmen und den Feind auf der alten (östlichen) Landstraße bis nach Colding zurücktreiben. Zu dieser Ordre gab General v. Wrangel nun noch als mündlichen Commentar folgende Verwarnung: „Ich lege es Ihnen an's Herz, sich genau an diese Vorschriften zu halten unter Vermeidung kriegsgerichtlich'er Behandlung, und befehle, auf das Gewissenhafteste darauf zu halten, daß keine Kugel über die dänische Grenze gefeuert werde, geschweige irgend ein Soldat sie überschreite!" Mir sagte er noch: „Die Brücke bei Hadersleben ist unterminirt und die beiden großen Gebäude an jeder Seite derselben sind krenelirt und blendirt; haben Sie Acht darauf."

Damit war der Kriegsrath geschlossen, denn Wrangel verlangte niemals die Ansicht seiner Unterbefehlshaber zu wissen.

Betrachtet man aber diesen Angriffsplan mit etwas Aufmerksamkeit, so wird meine frühere Behauptung, daß Wrangel den Dänen eigentlich nichts anhaben wollte und daß nicht Rücksicht auf den ihm gegenüberstehenden Feind ihn zum Rückzuge aus Jütland bewogen habe, sondern Befehle aus Berlin, durch russische Drohungen hervorgerufen, völlige Bestätigung finden. Hätten wir der feindlichen Armee ein entscheidendes Gefecht liefern sollen, dann hätten die schleswig-holsteinischen Truppen, welche seit dem 8. Juni die Vorpostenkette von Apenrade bis Lügumkloster besetzt hatten, als Avantgarde vor dem 10. Armeecorps den Marsch nach Norden beginnen müssen, während auf der östlichen Landstraße das v. d. Tann'sche Corps der preußischen Division voranging. Die Dänen, an Recognoscirungen dieser Truppe gewöhnt, würden darin nichts Allarmirendes gefunden und ihre Stellung nicht aufgegeben haben. Die alte Landstraße, oder wie sie auch genannt wird, der Ochsenweg

(weil die großen Heerden jütländischen Viehes, welche alljähr-
lich zur Fettweide nach der Marsch getrieben werden, diesen
offenen Weg [ohne Seitenwälle oder Knicks], über den Sand-
rücken des Landes einschlagen) ist vom Kirchdorfe Ries bis Jarup
und Jersdal, eine Strecke von 2½ Meilen, fast ganz eben und
von der Hügelreihe, die von Jersdal bis gegen Stowby und
Hopdrup sich hinzieht, zu übersehen.

Auf diesen Anhöhen standen die dänischen Vedetten. Es
konnte ihnen am 29. Juni bei schönem Sonnenschein nicht entgehen, die blitzenden Pickelhauben der preußischen und hannoverschen Infanterie, die in einer sehr langen Kolonne sich ihnen
näherte, gewahr zu werden. Dies gab dem rechten Flügel der
feindlichen Armee den Allarm, während im koupirten Terrain
zwischen Apenrade und Hadersleben ich so unbemerkt meinen
Marsch ausführen konnte, daß meine Adjutanten die ersten dänischen Vedetten überraschten und gefangen nahmen. Hätte General Bonin statt dem linken Flügel den rechten gehabt, so würde
es ihm leicht möglich gewesen sein, Hadersleben am 29. nicht
allein zu nehmen, sondern noch bis Christiansfelde vorzudringen
und die dänische Armee von dem Rückzuge auf Colding abzu-
schneiden. Ich hätte dann ihren rechten Flügel gleichzeitig umgangen und Halkett sie im Centrum festgehalten. Der Ausfall
eines solchen Kampfes war wohl kaum zweifelhaft. Wie verlief
aber die Sache nach der Wrangel'schen Anordnung?

Um 1 Uhr Mittags kam das schleswig-holsteinische Truppencorps bei Hadersleben den Dänen ganz unerwartet zu Gesicht.
Der Oberstlieutenant v. Zastrow, der die Avantgarde führte,
hatte seine Maßregeln so gut getroffen, daß der Angriff fast
gleichzeitig mit der Nachricht unseres Anmarsches den Feind traf
und die beiden Compagnien des 1. Jägercorps, welche die Tete

hatten, warfen ein Bataillon, welches das Soutien der Vorposten=
kette bildete, mit sammt dieser im ersten Angriff in die Stadt
hinein. Troß der verbarrikabirten und unterminirten Brücke
und der beiden befestigten größeren Gebäude an derselben, würde
es Zastrow nicht entgangen sein, mit dem retirirenden Feinde
in die Stadt zu bringen und diese in Besiß zu nehmen; aber
der geschärfte Befehl des Oberfeldherrn erlaubte mir nicht, den
Bitten meines Avantgardencommandeurs nachzugeben, und so
mußten wir uns damit begnügen, ein lebhaftes Feuer während
3 bis 4 Stunden mit dem Feinde zu unterhalten. Obgleich
mir verboten war, von meiner Artillerie Gebrauch zu machen,
wenn der Gang des Gefechts es nicht erforderte, ließ ich doch
durch einige Geschüße die beiden bewußten Gebäude, als Vor=
bereitung zum Angriff des nächsten Tages, beschießen, und ver=
trieb durch die wohlgezielten Schüsse, welche die Sandsäcke in
den Fensteröffnungen und unter dem Dache zerstoben, die Be=
saßung.

Ferner ließ ich noch eine Aufstellung gegen einen etwaigen
Ausfall aus Hadersleben vorbereiten, indem die Büsche auf den
Knicks abgehauen wurden, damit die Artillerie ihre Geschüße un=
behindert richten könne u. s. w.; auch einen sehr vortheilhaft
gelegenen Hügel ließ ich für Geschüße vorbereiten und gab
Befehl, dieselben vor Tagesanbruch unbemerkt vom Feinde in
Stellung zu bringen.

(Während dieser Vorbereitungen war es, daß Herr v. d. Tann,
wie vorstehend bemerkt, zu mir kam und wegen des projectirten
Ueberganges über die Föhrde seine Bedenklichkeiten äußerte.)

An demselben Nachmittag war die dänische Besaßung von
Hadersleben durch mehrere hineinmarschirende Bataillone und
Artillerie verstärkt worden, was mich in der That glauben

machte, daß wir mit Tagesanbruch vielleicht ein Gefecht zu er=
warten haben würden.

Durch den kühnen Angriff meiner Avantgarde und den Geist,
der in der ganzen Truppe sich kund gab, war ich jetzt aber voll=
kommen beruhigt und kann es offen bekennen, daß damals erst
mir ein schwerer Stein vom Herzen fiel, der seit Bau mich
gedrückt hatte; denn ich sah, daß ich mich darauf verlassen konnte,
daß, wer stehen sollte, stehen, und wer angreifen sollte, ohne Be=
denken darauf gehen würde.

Ein Jeder, der Truppen befehligt hat, wird mich verstehen;
denn wenn der Anführer nicht darauf bauen kann, daß der
Punkt, den er festhalten will, wirklich gehalten wird, dann sind
alle Combinationen unsicher und gefährlich, welche man in tak=
tischer Hinsicht unternimmt. Hierin zeichnete sich besonders die
kombinirte englisch=portugiesische Armee in Spanien in den Jah=
ren 1812, 1813 und 1814 aus, und daher konnte Wellington
wohl stolz in dem Gefühle, eine solche Armee gebildet und ge=
führt zu haben, ausrufen, als er sie nach der Schlacht von
Toulouse verließ, um den Friedensverhandlungen in Paris bei=
zuwohnen: „Mit dieser Armee würde ich die Welt erobern!"
Wie gesagt, ich hatte volles Vertrauen in die Haltung der Trup=
pen bekommen und sah nicht ohne eine freudige Spannung
einem größeren Gefechte entgegen, weil hier nur schleswig=hol=
steinische Truppen zur Stelle waren.

Mit Ausnahme der Vorposten lagen wir Alle in einem sehr
geschützten Bivouak im ruhigen Schlafe, als gegen 2 Uhr Mor=
gens meine Ordonnanz mich weckte, weil die Geschütze heran=
gebracht wurden, welche auf den oben erwähnten Hügel gestellt
werden sollten. Es war eine der schönsten Sommernächte, deren
ich mich je erinnere, blickstille, die ersten Lerchen fingen an zu

steigen, man konnte in der Dämmerung eben die Habers=
lebener Kirchthurmspitze gewahr werden. Ich bestieg den Hügel
und horchte lange, ob gar nichts zu hören sei, welches doch der
Fall sein mußte, wenn Truppen sich zu einem Angriff vorbe=
reiten. Der Posten, welcher auf dem Hügel stand, hatte auch,
während er dort war, nichts vernommen. Da kam gerade Ma=
jor v. Gerstorff aus dem Bivouak, um die Vorpostenkette zu
visitiren, und ich sagte ihm, er möge doch so weit möglich sich
der Stadt nähern, weil mir diese Stille verdächtig vorkomme.

Kaum war ich wieder in einen guten Schlummer verfallen,
als der Hauptmann v. Katzler mich mit der Meldung von
Gerstorff weckte, daß Hadersleben von den Dänen geräumt sei;
daß 30 Bauernwagen, die er auf dem Markt gefunden habe,
von den Dänen requirirt, aber um geräuschlos die Stadt ver=
lassen zu können, nicht benutzt worden wären; daß diese Wä=
gen von der Kompagnie v. d. Heyde dazu verwendet worden
seien, dem zurückweichenden Feinde nachzufahren; daß er das
Pulver aus der Mine unter der Brücke herausnehmen lasse und
mit Allem, was auf Vorposten gestanden habe, Heyde nach=
marschire.

Es war 3 Uhr, als diese Meldung eintraf und sofort die
Allarmtrommel ging, die das ganze Korps auf den Marsch und
den Dänen nachführte. Man hörte auch bald das Feuern, wel=
ches zeigte, daß v. d. Heyde im Gefechte war. Es währte nicht
lange, bevor Zastrow die Avantgarde zu einem lebhaften Ge=
fecht entwickelte, das sich aber auf der verbotenen Straße nach
Christiansfeld hinzog. Ich durfte ihm daher auf dieser nicht
folgen, sondern mußte ihm den Befehl nachsenden, sich rechts
hinaus auf die alte Landstraße zu ziehen. Dadurch entgingen
wiederum die Dänen einer tüchtigen Schlappe und kamen ohne

weiteren Verlust, außer etwa 60 Gefangenen (von Blessirten und Todten fanden wir nichts) über die dänische Grenze zurück. Dieß war die Folge des beständigen Detailbefehlens des Ober=feldherrn, welches beim Wachtdienst in einer Festung oder Stadt passend sein mag, obgleich es für die Untergebenen quälend ist, aber im Felde ist alles Operiren unmöglich, wenn die Hände durch solche Kriegsgerichtsandrohungen gebunden werden.

Hier mögen zwei Ereignisse des 30. Juni noch als Anet=boten ihren Platz finden.

Als ich gegen 4 Uhr durch Habersleben marschirte, schrieb ich im Posthause eine Meldung an den Oberbefehlshaber, wel=cher nach der Disposition sein Hauptquartier in Arnitslund hatte, um ihn von dem Geschehenen sowohl, als von meiner Absicht, den Feind bis Colding zu treiben, in Kenntniß zu setzen. Hiermit sandte ich eine meiner Ordonnanzen auf dem nächsten Wege, also nördlich des Sees von Habersleben, über Törning=Mühle ab.

Nach dem Armeebefehl sollte General Hallett an diesem Mor=gen die dänische verschanzte Stellung bei eben dieser Mühle forçiren, damit sein Angriff mit dem meinigen auf Habersleben sich gegenseitig unterstützen könnte. Es war in Folge dessen eine Angriffskolonne schon gebildet und im Anrücken gegen das für sehr stark verschanzt gehaltene Defilé begriffen, als sich plötz=lich das Thor der Verbarricadirung ganz gemächlich öffnete und zum nicht geringen Erstaunen der sturmbegierigen Hannovera=ner mein Eiberstedter Freiwilliger ihnen mittheilte, daß kein Feind mehr zu sehen noch zu kübitiren sei.

Nun eilte er mit seiner Depesche weiter zum Armeehaupt=quartier und fand hier den General von Wrangel gerade im Begriff, zu Pferde zu steigen. Kaum hatte dieser die Meldung gelesen, so setzte er sich mit seinem ganzen Stabe in **Train de chasse**, Hauptmann v. Maffot als Vorspitze, in der Richtung, in der man es bei uns knallen hörte, und obgleich nach dem Armeebefehl der Oberfeldherr beim Gros des 10. Armeecorps sich aufhalten und die Meldungen empfangen wollte, ritten die Ordonnanzen und Adjutanten von früh 6 Uhr bis Nachmittags 2½ Uhr ihm nach, ehe sie ihn erreichen konnten.

Wir hatten während der Zeit unsern Marsch über Aller bis Wonsild fortgesetzt, wo wir, an der Grenze angekommen, die Vorposten ausstellten. Im Schatten des Waldes, eine halbe Meile südlich des letztgenannten Orts, hatte ich das Gros und die Reserve Halt machen lassen, um nach einem angestrengten Marsche von 4 Meilen mit nüchternem Magen seit 3 Uhr Morgens, sie etwas ausruhen zu lassen.

Das Ziel unserer Aufgabe war erreicht, also konnte man den Truppen wohl weitere Fatiguen ersparen. Wie mußte es mich überraschen, hier in einer Dislokations-Ordre mir Kantonnements zugetheilt zu sehen, nach welchen ich wieder 2 Meilen zurückmarschiren und preußischen Truppen die nächsten Quartiere überlassen sollte. Es sollte der Lohn für die einzige Truppe sein, welche an selbigem Tage gefochten hatte, daß man sie noch herumjagte, als ob sie nur da sei, um ermüdet zu werden.

Ich bezog, empört über solche Zumuthung, ein Bivouak bei Sjölund und meldete ins Hauptquartier, daß ich in Folge des 4 Meilen langen Marsches und darauf folgenden Gefechts am 29., und des Gefechts und 4 Meilen langen Marsches seit 3 Uhr Morgens am heutigen Tage meinen Leuten nicht einen abermaligen Marsch von 2 Meilen zumuthen könne; daher lieber ein Bivouak hinter meinen Vorposten bei Sjölund bezogen habe. Das Armee-Hauptquartier wurde nach Christiansfeld verlegt.

Kaum graute der Morgen des 1. Juli, als der Major Leo im Dorfe, wo ich mein Quartier genommen hatte, mit der Meldung von den Vorposten ins Zimmer trat, „es rücke eine feindliche Kolonne aus Colding hervor." — „Lassen Sie einen Adjutanten vorreiten," gab ich hierauf die Ordre, „und sehen, ob etwas an der Sache ist, die ich für blinden Lärm halte; ein Bataillon soll das Lederzeug umhängen und sich zum Ausrücken fertig machen; die andern Bataillone können bis auf Weiteres ruhig bleiben." Darauf drehte ich mich nach der andern Seite und schlief noch bis 6 Uhr, wo ich die Meldung von dem grundlosen Allarm vernahm.

Ganz anders aber Wrangel! Der alte Herr setzte sich sofort zu Pferde und jagte vor bis zu den Vorposten; hier war schon Alles in Ruhe, er konnte also wieder umkehren. Um 9 Uhr schoß das Gardeschützen-Bataillon bei Oeddis seine Büchsen ab, weil sie in der Nacht feucht geworden waren; dieß brachte wieder den General v. Wrangel zu Pferde und die ganze preußische Gardebrigade unter Waffen, während wir Schleswig-Holsteiner uns nicht abermals stören ließen. Ob dieser Eifer des Oberbefehlshabers noch zu dem Schauspiel gehörte, welches dem ganzen Manöver zu Grunde lag, weiß ich nicht; vermuthen muß ich es aber fast, denn ein General, der 30,000 Mann unter seinem unmittelbaren Befehle hat, braucht doch wirklich sich nicht durch jeden Schuß, der auf den Vorposten fällt, in den Sattel bringen zu lassen.

Der Grund unseres Vormarsches lag in den Waffenstillstandsverhandlungen zu Malmöe. Hier hieß es nämlich, daß die Stellung, welche die sich gegenüberstehenden Armeen am 1. Juli hätten, die Demarkationslinie während des Waffenstillstandes bezeichnen sollte.

Ich glaube nicht, daß es diplomatisch mit Wrangel abge=
macht war, daß wir vorgehen und die Dänen sich zurückziehen
sollten, aber diese wußten, daß sie hinter ihrer Grenze gegen
jeden Angriff von unserer Seite sicher waren, sonst hätte ihr
übereilter Rückzug nicht so plötzlich in Colding geendet. Und
Wrangels Befehl: „Keine Kugel über die dänische Gränze zu
schießen!" deutet darauf genügend hin, daß ihm höhere Befehle
in dieser Beziehung zugekommen waren. Ob daher die unzweck=
mäßige Anordnung des Angriffs in der Absicht geschah, den
Dänen eine goldene Brücke zu bauen, oder ob Wrangel fürchtete,
daß wenn wir erst ordentlich an einander gerathen seien, es seinem
Soldatenherz nicht möglich sein würde, uns zurück zu rufen, und
wir dann zu weit gehen könnten, das sind Fragen die ich nicht
beantworten kann, weil meine Dienstverhältnisse und Verbin=
dungen in demselben Herbst endeten, und ich seitdem nicht Ge=
legenheit gehabt habe, über diese Sache im Vertrauen etwas zu
erfahren. So viel steht aber fest, daß Wrangel am 28. Juni
nur sehr unbedeutend mehr Truppen zu seiner Disposition hatte
als am 26. Mai; konnte er daher in einer so lockeren Weise
jetzt gegen die feindliche Armee vorgehen, so hätte er nicht nöthig
gehabt, in einer so schmachvollen Art damals zurück zu gehen,
folglich geschah beides nicht aus militärischem Grunde, sondern
auf höheren Befehl, der auf die unstäte und principlose Politik
Preußens ein unzweideutiges Licht wirft.

Nachdem wir 4 Tage in unveränderter Stellung geblieben,
ward wieder eine Dislokation der ganzen Armee gemacht, und die
schleswig=holsteinischen Truppen wurden nach der Heidegegend ver=
legt, um den linken Flügel der Armee zu bilden; die Bonin'sche
Brigade blieb im üppigen Theile des Landes als rechter Flügel,
und die Garde=Brigade mit dem Hauptquartier ging in und

um Hadersleben ins Quartier; das 10. Armeecorps war schon nach Sundewitt zurückgekehrt.

Am 9. Juli erhielt ich ein mit schwarzem Siegel versehenes Schreiben von der provisorischen Regierung. Ich glaubte, daß wir den Tod eines ihrer Mitglieder zu bedauern hätten; doch nein! die Botschaft war eine freudige, denn die Regierung kündigte mir darin ihren eigenen angedrohten, bevorstehenden Tod an! Es waren nämlich die verschiedenen Vorschläge zu dem Waffenstillstande und Friedensschlusse eingegangen, und zur Berathung derselben ward ich gebeten, mich in Rendsburg einzufinden. General Wrangel gab mir bereitwillig die Erlaubniß mich von meinem Kommando zu entfernen mit den Worten: „Gehen Sie hin, denn die Leute sind in der Kneise und wissen nicht, was sie thun sollen.

Das Resultat dieser Berathung ist genugsam bekannt, aber bekannt ist nicht die unverantwortliche Intrigue, welche Beseler und Reventlow hier spielten, nämlich den einzigen vernünftigen Friedensvorschlag, der unter den vielen war, den des Lord Palmerston, zu unterschlagen und dessen in der Konferenz nicht zu erwähnen. Dieser besagte nämlich, daß das Herzogthum Schleswig nach der Sprachgrenze getheilt werden solle; der dänisch redende Theil solle zu Dänemark, der deutsch redende zu Holstein kommen, dann solle der König von Dänemark den ältesten Sohn des Herzogs von Augustenburg adoptiren, und in solcher Weise die Personal=Union wie bisher fortbestehen.

Dieser Vorschlag war so vernünftig und den Ansichten im ganzen Lande entsprechend, daß ja jeder rechtlich denkende Mann ihn mit Freuden aufnehmen mußte. Er paßte aber nicht in den egoistischen Ansichtenkram dieser obengenannten Individuen, und so haben sowohl Herr Bremer als ich von demselben keine

Kunde bekommen, bis nach Jahresfrist. Hätte ich in der Konferenz denselben gesehen, und hätte ich ihn daselbst nicht zur Annahme bringen können, so würde ich ohne Bedenken mit den sämmtlichen mir untergebenen Truppen nach Rendsburg marschirt sein, um die so schon im Lande nicht mehr sehr geachtete provisorische Regierung zum Tempel hinaus zu jagen, und für die Palmerston'sche Proposition mich zu erklären. Der Unterstützung Wrangels hätte ich mich sicherlich erfreuen können. Dies war der erste Schritt, wodurch diese beiden Individuen das spätere Unglück über ihr Vaterland brachten.

Während unseres Verbleibens im nördlichen Schleswig kam, mit Ausnahme einzelner Vorpostenallarmirungen, keine Berührung mit dem Feinde vor.

Ich habe aber oben auf die Entlassung des v. d. Tann'schen Korps hingedeutet und will diese Sache, welche mir natürlich wie alles, welches den Demokraten nicht gefiel, bittere Vorwürfe in der Presse zuzog, hier erläutern.

Dieses Korps war laut obenstehender Bemerkung an die Meeresküste nördlich der Haderslebener Föhrde verlegt, wie Wrangel sagte: „da werden sie mir keine Ungelegenheiten verursachen können." Der alte Unfug begann bei dieser, feindlichen Angriffen nicht ausgesetzten Stellung in solchem Maße wieder, daß v. d. Tann sich flehentlich an Wrangel wandte, damit dieser den Befehl gebe, das Korps nach Rendsburg zurückzuführen und daselbst zu entlassen. Von allem diesem wurde mir keine Sylbe mitgetheilt, bis ich aus dem Armeebefehle sah, daß die Anordnung dazu gegeben war. Da ich mich mit dem Korps von Anfang an nicht befaßt und nur auf Wunsch Wrangels den Befehl über dasselbe temporair übernommen hatte, der mir auch am 1. Juli schon wieder abgenommen war, so kümmerte

ich mich weiter nicht darum, sondern sah es als eine frohe Be=
gebenheit an, daß meine Truppen nun der Requisitionen der
Freischärler wegen nicht ohne Schuhe 2c. bleiben würden.

Demnach schrieb ich an General Krohn, daß, da das Frei=
corps entlassen würde, er dafür Sorge tragen möge, erstlich,
daß die Waffen richtig ans Arsenal abgeliefert würden und
zweitens, daß den entlassenen Ausländern die nöthige Marsch=
bestimmung nach Hamburg gegeben würde, damit wir sie nicht
im Lande behalten müßten.

Jeder vernünftige Mensch wird gewiß finden, daß ich bei
diesem Befehle nur meiner Pflicht einerseits, und den Vorschrif=
ten der Ordnung andererseits Folge leistete. Keine Sylbe ist
von mir in dieser Angelegenheit weiter angeordnet worden.
Daß General Krohn auf eine ungeschickte Weise diese Vorschrif=
ten ausführte, kann mir gewiß nicht vorgeworfen werden; denn
ich bin nicht für das Detailliren von Befehlen so einfacher Natur.

Was that aber Krohn? Er schickte dem Korps eine Ordre
nach Schleswig entgegen, in welcher er ihm vorschrieb, die Waffen
abzuliefern, bevor es in Rendsburg einmarschirte. Von anderer
Seite ward demselben mitgetheilt, daß Rendsburg es mit Jubel
und Glanz empfangen würde. Natürlich wollten und konnten
heimkehrende Krieger keinen Triumphzug ohne ihre Waffe ma=
chen, also erklärte das Freicorps: es würde die Waffen nicht
ablegen, sondern mit geladenen Flinten in die Festung mar=
schiren.

In der Festung standen neben der Artilleriebesatzung 1500
Hannoveraner, folglich hätte es Krohn jetzt durchsetzen müssen,
daß die Thore geschlossen und dem Korps eine veränderte
Marschbestimmung nach Eckernförde oder Friedrichsstadt gege=
ben würde, wo dann die Entlassung hätte stattfinden können.

Aber einestheils wollte die provisorische Regierung ihre Leib=
truppe nicht so ohne Triumphzug entlassen, anderntheils wollte
Krohn sich nicht dem Geschrei der Presse aussetzen und endlich
fand er bei dem hannoverschen General kein kräftiges Wollen
und Handeln. Also ließ er es geschehen; die sogenannten Tanni=
aner zogen mit vielem Jubel begrüßt in die Festung.

Hier erklärten sie, daß sie weder die Waffen ablegen noch
sich auflösen lassen wollten. Das Ende dieser erbärmlichen Geschichte
war wieder ein Eingriff der provisorischen Regierung in meinen
Geschäftskreis, indem sie, ohne auch nur mit einem Worte es
gegen mich zu erwähnen, eine Art Compromiß mit diesen Re=
voltanten abschloß, wonach die Inländer in ihre Heimath zurück=
kehren, die Ausländer aber einem neu errichteten Bataillon der
Armee, zu welchem die Offiziere aus den selbstgemachten Offi=
cieren des Freicorps genommen wurden, einverleibt, und dem
Major von Haake das Commando desselben übergeben werden
sollte.

Man denke sich meine Entrüstung, als mir diese Procedur
vom General Krohn gemeldet wurde. Ich antwortete sofort,
daß ich dieses Alles in keiner Weise als rechtlich begründet an=
erkennen könne und auch mich nicht mit diesem improvisirten
Bataillon in irgend eine directe Verbindung setzen würde. Es
könne in Heide, wohin es verlegt war, bleiben und dort seine
Ausbildung erhalten; aber unter mein Commando dürfe es
nicht kommen. Er, der General Krohn, könne ihm die Armee=
befehle mittheilen und die Meldungen entgegennehmen, bis der
Waffenstillstand eine Aenderung in den Verhältnissen hervor=
brächte.

Dieser Major Haake, welchen Herr Beseler und Graf Re=
ventlow zum Bataillonskommandanten ernannt hatten, wer war

der? Ein wegen schlechten Benehmens aus der preußischen Ar=
mee entlassener Officier, der später als Landrath in Preußen
fungirte und wegen Kassendefraudation kassirt worden war.
Sollte ich der von mir mit so vieler Sorge und Mühe orga=
nisirten jungen Armee solch ein Subjekt einverleiben lassen?
Ich sandte deßhalb sofort an die betreffende Provinzialregierung
in Preußen die Bitte um gefällige Nachricht über das Leben,
welches jener Mann geführt, und erhielt von derselben hohen Be=
hörde die schriftliche Bestätigung der angeführten Beschuldigung.

Mein Entschluß war also gefaßt: sobald die Zeit gekommen
sein würde, den Herrn Major unter Vorhalt der beglaubigten
Eröffnung der vorerwähnten Behörde zum Dienst hinauszutrei=
ben und ihm seine ganze übrige lockere Bande nachzusenden;
denn ich war mit dem Kriegsdepartement betraut, und wo meine
Unterschrift bei einem solchen Kontrakt fehlte, existirte keine Ver=
pflichtung, ihn als gültig anzusehen.

Als ich später das Kommando der Armee sowohl, wie deren
Administration abtrat, übergab ich dem General v. Bonin die
auf Haake bezüglichen Papiere; allein Bonin ist nicht der Mann,
der eine unangenehme Sache angreift, ihm ist es nur darum
zu thun, es Allen recht zu machen, damit er Alle zu seinem
Vortheile benutzen könne.

———— ·ᘓᕰᘖ·᠎ ————

XVI.

Erklärung der schleswig-holsteinischen Offiziere. — Die große Dislokation am 6. August.

———

Obgleich ich des Zusammenhanges wegen bis zum Ende des Monats Juli gekommen bin, darf ich nicht versäumen, eine Thatsache anzuführen, welche sich im Anfange des Monats zutrug. In Rendsburg hatte man sich nämlich damit beschäftiget, eine Volksversammlung zu berufen, an welcher man den Beschluß fassen wollte, den König von Dänemark als Herzog von Schleswig und Holstein abzusetzen. Einige Emissäre erschienen bei der Armee, um die Stimmung unter den Officieren zu sondiren, trafen aber hier den entschiedensten Widerspruch und reisten daher unverrichteter Sache wieder ab; doch fanden die Officiere, nachdem die älteren mit mir Rücksprache genommen hatten, es richtig, in dieser Beziehung die Erklärung abzugeben: „wie sie nur für die Erhaltung der unangetasteten Rechte ihres Landesherrn sowohl, als des Landes selbst im Felde ständen und nach ihrer Ueberzeugung ihrem Eide treu blieben, indem sie gegen allfällige Angriffe beide vertheidigten."

Diese schriftliche, von allen Stabsofficieren unterzeichnete Erklärung sandte ich der provisorischen Regierung mit dem Hinzufügen, daß ich unter Zustimmung derselben der Regierung riethe, über diesen Gegenstand den Schleier der Vergessenheit zu ziehen, weil es, je weniger man darüber rede und höre, gewiß desto vortheilhafter dem Lande sei.

Gegen Mitte des Monats Juli regten sich unter den preußi=
schen Truppen die Gemüther sehr auf, indem aus Frankfurt
der Befehl gekommen war: „alle deutschen Truppen sollten dem
Reichsverweser den Eid leisten.“ Im Armeebefehl war dieß
noch nicht befohlen und ich war nicht gesonnen, dieß durch die
schleswig-holsteinischen Truppen thun zu lassen, indem die Schles=
wiger keine Verpflichtungen gegen den deutschen Bund, also
auch nicht gegen die Centralgewalt haben konnten. (Daß die
provisorische Regierung so albern gewesen war, im Herzogthum
Schleswig Abgeordnete wählen zu lassen, ging mich nichts an.)

Ich ritt daher eines Abends nach Hadersleben zum General
Wrangel und sagte ihm gerade heraus, daß ich gehört habe,
es würde befohlen werden, den Eid zu leisten; ich würde aber
meinen Truppen denselben nicht abfordern. Der alte Herr
ward sehr bedenklich, ging einigemal im Zimmer auf und ab,
und sagte dann plötzlich: „Wahrhaftig, ich wünschte einen eben
solchen Grund zu haben, die preußischen Truppen davon zu be=
freien.“ — „Nun, Excellenz,“ erwiderte ich, „das ließe sich auch
wohl auf andere Weise machen.“ — „So? wie wollen Sie
das machen?“ — „Nun, Excellenz, wir sind fast 3 Wochen in
denselben Kantonnements, lassen Sie am 6. August, dem für die
Eidesleistung vorgeschriebenen Tage, eine allgemeine Dislokation
vornehmen, dann fällt die ganze Geschichte aus Mangel an Zeit
und Platz weg.“ — „Wahrlich, lieber Prinz, eine vortreffliche
Idee!“ sagte mir der alte Herr voll Begeisterung, und am
4. August fing die allgemeine Dislokation an, die am 8.
beendet war, und alle Truppen, die nicht ganz speciell von ihrer
respectiven Regierung Befehle hatten, dachten nicht im Entfern=
testen an die Eidesleistung. Der General Wrangel fertigte ein
schönes Schreiben an den Reichsverweser aus, dem eine e n o r m e

Dislokationsliste beigefügt wurde, und damit mußte sich die hohe Centralbehörde statt der Erklärung über die erfolgte Eides= leistung begnügen.

Bei dieser Verlegung der Truppen ward ich mit meinem Hauptquartier nach Schleswig gebracht, und es wurden die schles= wig=holsteinischen Truppen alle südlich der Flensburger Föhrde verlegt, damit sie auch jetzt in die endlich angefertigten neuen Uniformen eingekleidet werden könnten und ich zur Vollendung der Armee=Organisation und Ausbildung der neuen Bataillone mehr Muße habe.

Bevor ich den Rückmarsch antrat, ritt ich nach Christians= feld, um dem General v. Bonin Lebewohl zu sagen und ihn zu= gleich darauf aufmerksam zu machen, daß wenn ich meine Vor= postenstellung einzöge, seine Kürassiere, welche in Steppinge lä= gen, sehr exponirt seien. Dieß ward aber als überflüssige Vor= sicht behandelt; er sagte: „die Dänen wären nicht so unter= nehmend" u. s. w. Wie ich es vorhergesehen hatte, ward ei= nige Tage später der Ueberfall gemacht und die Kürassiere ver= loren Pferde und Gefangene.

In Schleswig konnte ich vom 8. August bis zum 8. Sep= tember mit aller Kraft an die Vollendung der Armee=Organi= sation gehen und führte sie auch glücklich durch bis auf die Ein= kleidung des 4. Jägercorps, welches erst Ende September diese vollendete. Es ist daher hier der Ort, von dieser Organisa= tion die genauen Details zu geben, um so mehr, weil die von mir eingeführte Eintheilung und die Waffen=Verhältnisse unverändert beibehalten wurden, wenn auch die Zahl der Trup= pen vermehrt ward.

Die Armeen der großen Staaten, welche bereit sein müssen, die Flächen von ganz Europa als ihren Kriegsschauplatz zu

betrachten, werden nach bestimmten, aus der Erfahrung in Krie=
gen geschöpften Regeln mit oder ohne Berücksichtigung der Ver=
vollkommnung der Waffen, der Kommunikation und Transport=
mittel 2c. eingetheilt und die verschiedenen Waffen in mehr oder
weniger gleicher Weise bei ihnen vertheilt. Bei so großen Mas=
sen kann nicht auf specielle Verhältnisse Rücksicht genommen
werden. Anders ist es aber bei der Herstellung einer Waffen=
macht in einem kleinen Staate, der zu seiner eigenen Sicherung
und nicht zum Angriffskriege sich rüstet. Dabei muß die Ter=
rainbeschaffenheit und der individuelle Charakter des Volks die
Hauptleitung geben, und dann müssen etwaige sonstige Verpflich=
tungen oder politische Verhältnisse in Betracht gezogen werden.

Im Jahr 1848 war meine Aufgabe: die schleswig=holstei=
nische Armee so schnell und so stark, zugleich aber so kernhaft
als möglich für den augenblicklichen Kriegsfall zu schaffen. Die
einzige äußere Rücksicht, die ich zu nehmen hatte, war die Bun=
descontingentspflichtigkeit für Holstein. Da aber die Armee für
beide Herzogthümer errichtet ward, so blieb allezeit genug von
jeder Waffengattung vorräthig, um den Anforderungen des
Bundes zu genügen. In dieser Hinsicht hatte ich also freie
Hand und konnte mich ganz nach der Landesbeschaffenheit richten.

Die Festung Rendsburg als der Knotenpunkt der Land=
und Wasserstraßen, die Grenzfestung des deutschen Bundes und
der Platz, wo sämmtliche Kriegsvorräthe aufbewahrt und theils
auch angefertigt wurden, mußte als die Operationsbasis in die=
sem Kriege betrachtet werden.

Das Terrain, auf welchem gekämpft werden konnte, war
also das Herzogthum Schleswig, eventualiter der südliche Theil
Jütlands. Rangirte Schlachten können auf dieser Landstrecke
gar nicht geliefert werden, weil dazu kein einziger Fleck da ist,

indem alles urbare Land entweder mit Erdwällen, die mit Gebüsch bewachsen sind, oder mit Steinwällen von 3 bis 4 Fuß
Höhe oder mit Holzgruppen und Waldung durchschnitten ist,
und zwar so, daß ein Feld von 20 bis 30 Morgen schon
für ungewöhnlich groß gilt. Wo das Land nicht beackert wird,
ist es von Bächen mit moorigen Ufern, von Torfmooren, kleinen Seen und Teichen so durchwebt, daß für Kavallerie und
Artillerie kein Fortkommen möglich ist. Es lassen sich wohl
einzelne Stellungen für die Defensive finden, aber nicht um aus
derselben in geordneten taktischen Bewegungen wieder in eine
Offensive überzugehen. Die Anwendung der Artillerie ist ganz
besonders durch die Einfriedungen der einzelnen Felder und durch
die engen, von beiden Seiten mit Erdwällen eingeschlossenen
Wege verhindert; theils kann man sich mit den Geschützen nicht
bewegen, theils kann man durch die engen Thorlöcher nicht ins
Feld kommen, und besonders kann man, wenn nicht ein erhöh-
ter Punkt auf einem solchen Felde ist, die Geschütze gar nicht
richten; denn die Einfriedungen sind gewöhnlich über 6 Fuß
hoch. Wenn man nun auch auf gut Glück über den ersten
Knick wegfeuern wollte, so ist fast auf jede 100 Schritt wieder
ein solcher Erdwall, von welchen jedenfalls einer die Kugel auf-
fangen oder abwenden wird. Eine Hauptbedenklichkeit bleibt ferner noch bei einem eventuellen Mißgeschick das Zurückkommen aus
einem solchen eingezäunten Felde, das selten mehr als ein Thor-
loch hat. Besetzt der Feind dieses, so sind die Geschütze verloren.
Für die Infanterie entstehen aus diesen Terrainverhältnissen auch
Schwierigkeiten, indem sich fast nirgends Raum findet, ein Bataillon in Front aufzustellen, viel weniger mit demselben taktische Bewegungen auszuführen. Die Kompagnie ist fast die
einzige Abtheilung, welche gesammelt sich bewegen kann, und

selbst sie muß sich mehrentheils in Plänkerketten auflösen.
Hierzu kommt dann noch der Einfluß, den diese Knicke oder
mit Gebüsch bewachsenen Erdwälle auf den Nationalcharakter des
Schleswig-Holsteiners haben. In seinen friedlichen Beschäftigungen dient ihm der Knick als Begrenzung seines Eigenthums,
als Abwehr für seine Kornfelder gegen das auf den Grasfel-
dern freigehende Vieh, als Schutz gegen Wind und Wetter nicht
allein für sein Vieh, sondern für ihn selbst, wenn er bei der
Feldarbeit von einem Regenschauer überfallen wird. Wenn er
von der Arbeit ausruht und sein mitgenommenes Brod ver-
zehrt, setzt er sich in Schutz oder Schatten des Knicks; wenn er
seinen Rock weglegt, legt er ihn allezeit unter den Knick, in den
Schutz des überhängenden Gebüsches; kurz, der Knick ist so mit
der Natur des Holsteiners verwachsen, daß er auch im Kriege
stets hinter dem Knick gegen die feindlichen Kugeln sich zu decken
sucht. Im Vorgehen strebt er im Laufe den Knick zu erreichen, um von diesem aus sein Feuer auf den Feind zu richten,
im Zurückgehen wird er sich so lange hinter dem Knick halten,
bis der Feind diesen umgeht oder übersteigt. Der Knick dient
ihm nun, versteckt hinter demselben den Feind zu umgehen;
wenn er verwundet ist, wird er den Knick zu gewinnen suchen,
um sich an denselben zu setzen oder zu legen.

Diese Eigenthümlichkeit des Landes sowohl, als des Volkes
mußte auf die Organisation der Armee ihren Einfluß üben, und
indem ich die Stärke derselben auf 2 Procent der Bevölkerung,
also 16,000 Mann setzte, theilte ich sie folgendermaßen ein:
10 Infanterie-Bataillone, jedes zu 4 Kompagnien à 250 Mann;
4 Jäger-Bataillone, ebenfalls zu 4 Kompagnien à 250 Mann;
2 Kavallerie-Regimenter à 5 Schwadronen, die Schwadron zu
150 Pferden; 4 Batterien, davon 3 6pfündige und eine 12pfün-

bige, à 8 Geschütze jede; eine Pionnier= und eine Pontonier=
Kompagnie à 120 Mann. Außer diesen Feldtruppen hatten
wir noch die Festungs=Artillerie, den großen Brückentrain, den
Reserve= und Ammunitions=Park u. s. w.

Man wird hieraus sehen, daß ich der leichten Infanterie
bei Weitem das Uebergewicht an Zahl gab; daß ich die Artil=
lerie nicht in der jetzt gebräuchlichen Stärke herstellte, und daß
ich den Kompagnien eine mehr als gewöhnliche Mannszahl zu=
theilte. Aus den vorausgeschickten Bemerkungen gehen aber die
Gründe hiefür klar hervor, und daß ich die Kompagnie in einer
Stärke herstellte, die einigermaßen selbstständig handeln konnte,
leuchtet auch Jedem ein, der in einem ähnlichen Terrain sich
in taktischer Weise bewegt hat; denn wenn einmal eine Kom=
pagnie sich im Gefecht befindet, dann gehört sehr viel dazu, sie
wieder mit einer andern Truppe in Zusammenhang zu bringen.
Die Kompagnieführer müssen als sich selbst überlassen betrachtet
werden, die wohl dirigirt werden können mit Rücksicht auf die
Bewegung im Ganzen, aber nicht als Führer der Theile eines
Bataillons. Aus diesen Gründen hatte ich alle Kompagnieführer
beritten gemacht, um ihnen zugleich auch Erleichterung zu bie=
ten, über die Knicks wegzusehen.

Die zwei Regimenter Kavallerie in einer Gesammtstärke von
1500 Pferden waren vollkommen hinreichend, um den Vor=
posten= und Patrouillendienst zu versehen, obgleich letzterer sehr
ausgedehnt betrieben werden muß, gerade mit Rücksicht auf das
coupirte und seiner flachen Beschaffenheit wegen unüberschauliche
Land. Nur wenn die Patrouillen 2 bis 3 Meilen weit voraus=
geschickt werden, ist es möglich, einer sonst nothwendigen, eng=
besetzten Vorpostenkette der Infanterie zu entbehren.

Den Ordonnanzdienst versah ein eigenes Korps, weil dieser

Dienst eine wahre Plage für die Kavallerie ist, der ihre Pferde
ruinirt, ihre Leute aus aller Zucht und Ordnung bringt und
ebenso wohl und oft besser von gewandten, im Lande bekannten
Leuten, die gewohnt sind, sich in alle Theile des Landes zu bewegen, die Lust zur Sache haben und dabei dreist und ordentlich sind, versehen werden kann. Ein solcher Ordonnanzreiter
wird mit einer Pistole und einem Säbel bewaffnet, auf ein tüch-
tiges Pferd mit einfachem Sattelzeug gesetzt, und braucht nichts,
als seine Ordonnanztasche und seinen Mantel mitzunehmen;
denn sein Gepäck bleibt bei dem Kommando, dem er zugetheilt
ist und zu welchem er jedesmal wieder zurückkehrt. Es versteht
sich von selbst, daß diese Leute, ob freiwillig oder kommandirt,
unter den Kriegsgesetzen stehen und dieselbe Verantwortlichkeit
übernehmen, als ob sie aus dem Gliede genommen wären.

Ich habe dieser hier wenig in Betracht kommenden Sache
erwähnt, weil ich sie anregen möchte für eine reifliche Erwägung
am beikommenden Orte, da ich sie für die Kavallerie von großem
Gewicht halte und sie meines Wissens nie gründlich und anhaltend ins Leben gerufen worden ist. Man hat mehrfältig Or-
donnanzcorps errichtet, aber immer wieder eingehen lassen. Man
hat sie bald Guiden, bald Ordonnanzen, bald dieß, bald jenes
genannt, aber man hat ihnen allezeit einen zu militärischen Anstrich gegeben, sie mit Ausrüstung und Gepäck überladen und
dadurch ihre Anwendbarkeit vereitelt. Theils haben sich auch
Knopf- und Zopf-Generale dagegen gesträubt, einen so einfach
gekleideten Mann ohne Parade-Positur in ihrer Umgebung zu
dulden, ja sogar hinter sich reitend zu denken, und so ist denn
eine Sache, die jedem wirklichen Kavalleristen einleuchten muß,
und die sich mir als besonders nützlich bewährt hat, allezeit der
Pedanterie und Eitelkeit zum Opfer gefallen. Wie gesagt, eine

ausführliche Behandlung dieses Gegenstandes gehört nicht hier= her, sonst ließe sich darüber noch Vieles anführen. Mit meinem Rücktritte aus der schleswig=holsteinischen Armee fiel diese Ein= richtung auch weg, denn der General v. Bonin hatte keinen Sinn für solche Erwägungen.

Die Bewaffnung der Armee mußte vorerst so genommen werden, wie sie bei den Bataillonen und im Arsenal vorgefun= den ward. Meine Absicht war, der Infanterie die gewöhnliche Muskete zu lassen und den Jägern Spitzkugelbüchsen zu geben.

Auch hier ließe sich eine Abhandlung über die Waffen schrei= ben, aber wozu? Es ist schon viel zu viel darüber hin und her disputirt und diskutirt worden, und Resultate sind bisher noch nicht im Großen erreicht worden.

Die Römer eroberten die Welt mit ihrem Pilum und Schwerte, Friedrich der Große, Napoleon und Wellington erfochten ihre Siege mit der alten Muskete mit dem Steinschlosse. Trotz der vervollkommneten Waffen ist weder bei Bronzell, noch an der Alma und Tschernaja, noch bei Inkerman oder Sebastopol etwas Eklatantes und Neues erfochten worden. Der Kopf, der die Bewegung der Armee leitet, und die Tüchtigkeit der Soldaten, welche die Waffen führen, werden gewiß immer den Ausschlag geben. Cromwel hielt mit seinen 50,000 Mann Kerntruppen ganz Europa in Schrecken. Louis Napoleon wird mit seinen 500,000 Soldaten Europa wohl in Bewegung bringen, aber wo ist der Feldherr, der seinen Onkel ersetzt? obgleich auch dessen Talent nach der Schlacht bei Dresden 1813, wo es noch ein= mal in seinem vollen Glanze leuchtete, nach und nach erlosch. Die Schlacht an der Moskwa brach den unbedingten Glauben an seine Unbesiegbarkeit trotz aller Elogen der bonapartistischen Schriftsteller; ja selbst bei Jomini und Thiers wird man in

allen seinen Operationen auf dem Schlachtfelde von jenem Augen=
blicke an eine Unentschlossenheit finden, die ihn beständig davon
abhielt, den entscheidenden Stoß richtig anzuwenden und welche
ihn sogar daran hinderte, einen Rückzug anzutreten, wo er
überzeugt sein mußte, daß an Erfolg nicht mehr zu denken sei.
Dieser rechtzeitige Entschluß zum Vor= und Rückgehen wird
auch künftig mehr entscheiden als die Kanonen, die auf halbe
Meilen, und Gewehre, die auf 1500 Schritt schießen. In den
Herzogthümern ist dieß aber ganz gleichgültig, denn die dortigen
Terrain=Verhältnisse erlauben kaum auf 100 bis 200 Schritt
zu sehen, geschweige zu schießen.

Eine Hauptsache mußte aber bei der Organisation der Ar=
mee nicht aus den Augen verloren werden, nämlich: daß sie
nur als temporär zu betrachten war, man also sich dem Vor=
handenen möglichst anschließen, demnächst aber auch in Betracht
ziehen mußte, daß der Streit zwischen Deutschland und Däne=
mark geführt wurde und daher die schleswig=holsteinische Armee
immer nur als ein Theil des Ganzen und nicht als selbstständ=
dig betrachtet werden konnte. Der finanzielle Punkt durfte auch
nicht übersehen werden, da die Ausgabe des Landes schon zu
groß war, um noch mit enormen Kosten für Anschaffung von
neuem Material nach den neuesten Erfindungen und Verbesse=
rungen, bevor diese praktisch sich als gut bewährt hatten, die
Landeskasse zu beladen; dazu konnte ich mich nicht berechtigt
halten. Der General Bonin, der kein Interesse an der Finanz=
lage des Landes hatte, befolgte freilich diesen Grundsatz nicht,
und deßhalb sind unendliche Summen während seiner Leitung
aufgewendet worden, um die besten Waffen anzuschaffen. Davon
ließ er sich 27 Stück Geschütze bei Fridericia abnehmen
und den ganzen übrigen Rest nahmen die Dänen nach Beendi=

gung des Krieges nach Kopenhagen. Das Herzogthum Holstein muß noch schwer an den Schulden tragen, welche dem Lande von all diesem Luxus geblieben sind.

Hier will ich auch eine Rechtfertigung gegen einen Vorwurf einschalten, der wiederholt von einem der bedeutendsten neuen Militärschriftsteller, vor dem ich große Achtung hege, gemacht worden ist. Nämlich Rüstow wirft es den Herzogthümern in seiner Taktik sowohl als seiner Feldherrenkunst vor, daß sie keine zahlreichere Armee unter die Waffen brachten. Wenn der geehrte Verfasser näher mit dem Volkscharakter bekannt wäre, würde er dieß nicht gethan haben. Der Charakter des Schleswig-Holsteiners ist durchaus friedlich. Sein Heerd, Hof und Feld sind sein Paradies. Von Hause aus ist er kein Held. Er hält auf sein Recht und seine Gewohnheiten, daher wollte er Schleswig-Holsteiner bleiben, weil er dieß seit 500 Jahren gewesen war; daher gab er bereitwillig Geld und Proviant, um seine Rechte zu vertheidigen; aber seine eigene Person, wenn er über die erste Jugend hinaus war, gab er sehr ungerne den Kugeln und Kriegsstrapazen Preis. Hätte ich die Armee daher auf 8 bis 10,000 Mann stärker organisirt, so wurde der Sache selbst dadurch nur geschadet. Daß man in Frankfurt solche kümmerliche Politik trieb, daß Preußen uns so kläglich verrathen würde, konnte ich im Sommer 1848 unmöglich vorher sehen. Im Jahre 1849 haben sich bei Colding die 16,000 von mir organisirten Truppen (denn Bonin hatte daselbst nicht einen Mann mehr, als ich ihm im Herbst 1848 abgeliefert hatte) gut und tüchtig gegen die dänische Armee geschlagen. Daß die leichtsinnige Führung Bonin's und die theoretischen Experimente Willisens zu Niederlagen führten, lag nicht in dem Mangel an Kopfzahl der Armee, sondern im Mangel des Kopfes, der sie befehligte.

Doch hierüber ist später zu reden; jetzt nur noch die Schluß=
bemerkung, daß im Sommer 1848 von der angeführten Zahl
Bataillone, 6 Linien= und 1 Jägerbataillon, sowie die 10 Schwa=
dronen Dragoner und 4 Batterien Artillerie mit mir im Felde
standen; die 4 anderen Linien= und 3 Jägerbataillone wurden
vom Juli an eingeübt und eingekleidet, und am 9. September, als
ich zurück trat, lieferte ich diese Stärke mit der Empfehlung an
General Bonin ab, die Artillerie mit einer reitenden Batterie
zu vermehren.

Es waren in Folge des plötzlichen Ausmarsches in den Monaten
März und April die Bataillone und Compagnien selbstverständlich
weder in gleicher Stärke, noch nach der gleichen Altersklasse
eingetheilt, die Ausgleichung hatte ich aber schon im Monat
August eingeleitet, und sie ist das Einzige, was Bonin im
Winter 18$^{48}/_{49}$ vollführt hat.

Die Bekleidung der Truppen hatte ich ganz nach preußischem
Muster machen lassen, die Tornister und das Riemenzeug eben=
falls. Der Vollendung dieser Arbeit lag ich nun, während ich
vom 7. August an mein Hauptquartier in Schleswig hatte,
mit allem Eifer ob und brachte sie auch endlich zu Ende, selbst
die totale Veränderung der Kassen= und Rechnungsführung
unter dem ausgezeichnet redlichen und umsichtigen Ober=Inten=
danten Boysen, der leider von der mir folgenden Armee=Ver=
waltung zu Tode geärgert und von einem dem Lande fremden
Individuum, einem Augendiener des Generals v. Bonin, er=
setzt ward.

Bevor ich wieder den Faden der Begebenheiten aufnehme,
dürfte es zweckmäßig sein, hier eines Gegenstandes zu erwähnen,
und meine Ansicht darüber auszusprechen, der mir im Jahre
1848 oft Vorwürfe und Tadel in der Presse zuzog, näm=

lich der Beförderung von Unterofficieren zu Officieren. Es ist viel über diesen Gegenstand in Schriften und öffentlichen Blättern verhandelt worden, aber mir ist es immer vorgekommen, als ob einseitige Ansichten oder Vorurtheile nicht ganz beseitigt worden wären, ehe man sich ausiprach.

Darin glaube ich sind Alle einig, daß der bewiesenen Fähigkeit und dem Verdienste jeder Weg offen stehen, also auch dem Soldaten es möglich sein muß, die höchsten Militärstellen zu erreichen.

Die mehr oder mindere Leichtigkeit, mit welcher dieß geschehen kann, hängt von der Rekrutirungsweise und Organisation der verschiedenen Armeen ab; ob es richtig und politisch zweckmäßig sein kann, wird durch Verfassung und sociale Verhältnisse bestimmt.

Die oft wiederholte Phrase Ludwig XV.: „Jeder Soldat hat den Marschallsstab in der Patrontasche!" hat in der französischen Armeeorganisation eine Art von Wahrscheinlichkeit für sich, weil die Conscription eine allgemeine ist; weil beim Avancement zum Offizier dritte Ernennung der Unterofficiersklasse vorbehalten ist und weil der Franzose durchschnittlich an Intelligenz und Applicationssinn alle anderen Nationen übertrifft. Dem unerachtet wird es mit dem Marschallsstabe wohl seine großen Bedenklichkeiten haben, wenn dieser in die Hände eines ihm nicht gewachsenen Mannes gegeben werden soll; denn zum selbstständigen Heerführer gehört so vieles, was sich weder im Gliede noch im Bataillon lernen läßt. Auch hat die Erfahrung bewiesen, daß diese Marschälle, wenn sie nicht früher eine wissenschaftliche Bildung hatten, nur unter den Augen ihres großen Führers tüchtig waren, von ihm getrennt aber einen Fehler nach dem andern begingen. Bei der socialen Gleichstellung besteht in Frankreich keine gesellige Scheidung zwischen Officier und Soldat, und nur unter Gewehr wird Gehorsam und Respekt verlangt. Jetzt, wo die Stellvertretung so sehr überhand genommen hat einerseits, andererseits junge Leute, die das Examen auf den Militärschulen nicht haben bestehen können, sich begünstigt sehen, wenn sie im Gliede eingetreten sich tüchtig zeigen, hat das Avanciren aus dem Gliede für den gewöhnlichen Conscribirten mit der Capitänscharge sein Ende erreicht; also bedeutet das oben angeführte Sprichwort auch in Frankreich nichts mehr, als: jedem Soldaten ist es möglich, bei bewiesener Tüchtigkeit und Zuverlässigkeit die höchsten Stufen zu erreichen.

In den Armeen, wo Conscription mit Stellvertretung stattfindet, dient kein wohlhabender Mann im Gliede, und da das Avancement aus dem Gliede nicht wie in Frankreich vorgeschrieben ist, die Vorbildung, die dazu gehört, nicht in der unbemittelten Klasse gefunden wird und die Ernennung zum Offizier eine gewisse Schulbildung und Vorbereitung erfordert, so kann selbiges nur ausnahmsweise stattfinden.

In Preußen, wo keine Stellvertretung erlaubt ist, gibt das Freiwilligenjahr den wohlhabenden und gebildeten jungen Leuten Gelegenheit, ihre Dienstpflicht zu erfüllen und dann sich aus dem Militär zu entfernen, oder auch bei der Landwehr als Officiere angestellt zu werden; es bleibt also dort auch nur die weniger gebildete Klasse im Gliede.

In England, wo keine Conscription stattfindet, wo nur die Hefe des Volkes sich anwerben läßt; nämlich wer zu faul ist, um zu arbeiten, oder zu verfallen, um Arbeit zu finden; wo eine so scharfe sociale Trennung der verschiedenen Klassen existirt, ist es rein unmöglich, mit Nutzen für die Armee das Avanciren eines Soldaten zum Officier anders als ganz exceptionell

zu gestatten. Töricht war es daher, als die englische Presse
während des Krimkrieges diesen Gegenstand mit so viel Eifer
dem Publicum vorführte, anstatt auf die schlechten Anordnungen
für die Dienstleistungen der Officiere, die fehlerhafte Anstellung
derselben ohne gehörige Prüfung und ohne spätere Anleitung
im practischen Dienste los zu gehen. Blos weil die Officiere
ihre Sachen nicht verstehen, behaupten zu wollen, daß Soldaten
besser diese Stellen ausfüllen würden, obgleich man auch diesen
ihr unpraktisches Benehmen im Felde vorwarf, war unüberlegt.

Der Unterofficier kann nur tüchtig sein, wenn er simpler
Soldat gewesen ist, denn er muß die Pflichten und die Arbeit
des Soldaten nicht allein durch und durch kennen und verstehen,
sondern er muß Alles selbst besser als dieser machen können,
damit er ihn anleiten und überwachen kann bis in's kleinste
Detail. Der Unterofficier muß folglich aus dem Gliede hervorgehen, wenn er tüchtig und brauchbar sein soll, und auf dieser
Tüchtigkeit beruht zum großen Theile die Güte und Zuverlässigkeit der Compagnien und Schwadronen. Es kann deßhalb nicht
die für die Officiere nöthige Bildung von dem Unterofficier erwartet
werden. Die andere Seite der vorliegenden Frage ist, ob für den
Officiersstand und die Armee ein Vortheil aus der Beförderung
der Unterofficiere entsteht? Auch dieß läßt sich durchaus nicht
allgemein beantworten. Es hängt von der Größe der Armee,
von den Vorschriften für das Avancement in derselben, von der
Weise, in welcher für dienstuntüchtige Officiere gesorgt wird &c.,
ab. Soll der Officierstand seine sociale Stellung behaupten, sich
durch Bildung und Erziehung die allgemeine Achtung erhalten,
so wird er sich nicht aus dem Gliede ergänzen dürfen; sollen
Generale noch im kräftigen Alter sein, so dürfen sie ihre besten
Jahre nicht im Gliede verleben; soll überhaupt die Armee eine

Stütze des Staates und nicht blos ein Instrument in der Hand eines Machthabers oder Eroberers sein, so muß der Officierstand die Interessen der gebildeten Klassen theilen und die Armee durch ihn den patriotischen und conservativen Geist erhalten.

Für die Armee sowohl als den Officierstand ist es von keinem Nutzen, die Beförderung der Unterofficiere zu befürworten; für diese selbst ist es andererseits kein Glück, zu Officieren befördert zu werden, denn, wie oben bemerkt, muß der tüchtige Unterofficier aus dem Gliede genommen werden. Er wird sich außerhalb der Dienstverhältnisse nicht an seinem Platze fühlen, im geistigen Verkehr seinen jüngeren Kameraden oft nachstehen, die Sitten und Manieren der gebildeten Gesellschaft kann er sich selten geläufig machen und wird sich daher stets unheimlich im geselligen Umgange befinden. Seine Familienverhältnisse führen ihn gewöhnlich auch nach einer anderen Seite, so daß er im eigentlichsten Sinne des Wortes sich in der Schwebe befindet. Vergleiche man die Verhältnisse in Frankreich und England, wobei diese Sache am schärfsten hervortritt. In Frankreich ist allgemeine Militärpflicht mit Stellvertretung; aber vorgeschriebenes, theilweises Avancieren aus dem Gliede; kein socialer Unterschied zwischen Officier und Soldat. Der Soldat sowohl als der Officier haben das Gefühl des Ruhmes und der Ehre, das Interesse der höheren Gage und des Einflusses zur Beförderung ihrer selbst und der Ihrigen; sie sind ein Körper und eine Seele; sie dienen demjenigen, von welchem sie den höchsten Vortheil erwarten können; brav sondergleichen, aber politisch gefährlich.

In England ist freiwillige Anwerbung ohne Dienstpflicht. Die Officiere kaufen sich bei der ersten Anstellung sowohl, als bei jedem Avancement ihr Patent, dessen Verkauf beim Aus-

tritt aus dem Dienste ihnen eine Pension giebt. (Daß die Ausbildung zum praktischen Dienst sowohl, als die Eintheilung des
Dienstes in der Compagnie und in dem Bataillon höchst mangelhaft ist, wird hier ausdrücklich bemerkt, weil darin der Grund
liegt, weshalb die englischen Officiere beim Anfang einer
Campagne sich immer so unbehülflich zeigen.) Um Officier werden
zu können, muß man also entweder selbst Vermögen besitzen
oder vermögende Verwandte haben. Eine gute Erziehung darf
deßhalb vorausgesetzt werden. Ein ritterlicher Sinn und toll-
kühne Bravour, wodurch die englischen Officiere sich meistens
auszeichnen, sind die Folgen des hohen Werthes, den ein freies
Volk auf die öffentliche Anerkennung und Auszeichnung legt,
welche in England auf den Schulen beginnt und sich durch das
ganze Leben eines tüchtigen Mannes in jeder Richtung hinzieht.
Aber eben darum hat der englische Officier einen großen Einfluß auf die Soldaten, weil der gebildete Mann stets dem Un-
gebildeten imponirt, weil der Gentleman der rohen Natur gegenüber stets Achtung einflößt. Die englische Armee kann deßhalb
in ihrer jetzigen Organisation nie eine Prätorianer-Garde werden,
sondern sie bleibt die Stütze der Verfassung, weil alle Officiere
mehr oder weniger bei der Erhaltung des Bestehenden durch ihre
Familienverbindungen interessirt sind.

Es dürfte aus vorstehender Auseinandersetzung hervorgehen,
daß den Unterofficieren im Allgemeinen mit der Beförderung
zu Officieren nicht gedient ist; daß dem Officierstande und der
Armee durch solches Avancement kein Vortheil erwächst und endlich dem Staate sowohl als dem europäischen Frieden kein Gewinn dadurch zu Theil werden kann.

Mit dieser Ueberzeugung konnte ich daher im Jahre 1848
dem Andrängen der provisorischen Regierung sowohl als der

Preſſe nur ſehr wenig nachgeben, da beſonders in der däniſchen Armee, von der die ſchleswig=holſteiniſchen Truppen bisher einen Theil gebildet hatten, die Conſcription bloß auf die Landbewoh= ner ſich erſtreckte, und in Folge der nicht nur erlaubten, ſon= dern ſehr begünſtigten Stellvertretung bloß die Söhne Unbe= mittelter dienten, im Gliede daher nur ungebildete Leute ſich befanden und die daraus hervorgegangenen Unteroffiziere ſich folglich ſehr ſonderbar als Officiere zwiſchen den vielen Offi= cieren aus fremden Armeen ausgenommen haben würden. Bei Vermehrung der Truppenzahl bedurfte ich anderſeits ebenſo ſehr tüchtige Unterofficiere, als Officiere; alſo auch dieſer Grund be= wog mich, dem demokratiſchen Geſchrei ein taubes Ohr zu leihen.

XVII.

Die provisorische Regierung findet in der Landes- vertretung den gewünschten Beistand zur Beseitigung des Verfassers.

In der Mitte des Monats August war ich ins Hauptquar- tier des Generals Wrangel nach Apenrade gegangen, um einige Sachen mit ihm zu besprechen, als er mich aufforderte, das Kommando der schleswig-holsteinischen Armee auch nach dem Rücktritte der provisorischen Regierung fortzuführen. Ich be- merkte ihm hierauf, daß ich es erstlich nicht passend fände, zu bleiben, wenn die Andern abträten; ferner, daß nach meiner Ansicht dem Waffenstillstand nur der Frieden und nicht der Krieg folgen dürfe, und dann sowohl die Armee, als ich überflüssig sein würde. Der alte Herr blieb aber dabei, mir mein Blei- ben als nöthig vorzustellen, da Keiner die Verhältnisse so gut kenne, wie ich; da die Truppen mir anhingen und ich konser- vative Grundsätze habe. Endlich gab ich diesem Wunsche unter zwei Bedingungen nach: erstlich, daß ich unter keinen jüngeren General gestellt sein wolle, und zweitens, daß ich ohne Gage auch nicht mehr dienen wolle; denn dazu sei ich nicht vermö- gend genug. Beides versprach der alte Herr zu ordnen, und wenn er auch von Stettin aus **quasi** das Oberkommando füh- ren würde, sollte ich keinem jüngeren Officier untergeordnet werden. Wegen des Gehalts wollte er der provisorischen Re-

gierung schreiben und mir den Gehalt eines preußischen General-
lieutenants bedingen.

General Wrangel schrieb zu diesem Ende an die provisorische Regierung und setzte sie in nicht geringen Schrecken; denn
es war von Herrn Beseler und Graf Reventlow, nachdem Herr
Olshausen aus der Regierung getreten war, schon der Plan gefaßt, daß nach beendigtem Waffenstillstand sie beide à tout prix
wieder an die Spitze der Landesregierung treten wollten. Wenn
ich aber das Kommando der Armee behielt, und diese in voll-
kommener Ordnung und Uebung ausgebildet haben würde, dann
konnten sie sicher sein, daß ich nicht gestatten würde, die Leitung
der Landesangelegenheiten von zwei Männern übernehmen zu lassen, von deren Unfähigkeit ich mich vollkommen überzeugt hatte.
Unmittelbar vor Ausbruch der Feindseligkeiten hatte der kommandirende General eine gewichtige Stimme, die nicht überhört
werden konnte; folglich würden alle Pläne der Eitelkeit und
Selbstbewunderung vereitelt worden sein. Solches mußte um
jeden Preis abgewendet werden.

Es ward daher der gewöhnliche Ambassador der provisorischen Regierung, wenn mit mir etwas zu verhandeln war, Graf
Reventlow, zu mir nach Schleswig gesandt. Er sagte mir,
General Wrangel habe der provisorischen Regierung geschrieben,
daß mir ein Gehalt ausbezahlt werden möge, indem ich das
Kommando der schleswig-holsteinischen Armee noch ferner fortführen würde, wenn der Waffenstillstand zur Ausführung käme
und die provisorische Regierung abgetreten sei. Er käme zu
mir, um mir vorzustellen, wie es eigentlich nicht anginge, daß
ich bliebe, falls die Andern abträten; es würde mir im Lande
übel gedeutet werden, daß ich mich von ihnen absondere und
gleichsam einen andern Weg einschlüge. Er müsse es mir doch

bringend r a t h e n, dieß reiflich zu bedenken, ehe ich hierin einen festen Entschluß faßte. Darauf erwiderte ich: „daß ich es reiflich überlegt habe, ehe ich den Vorschlag des Oberbefehlshabers angenommen hätte, und daß ich als kommandirender General nicht Mitglied der provisorischen Regierung sei. Als solches leite ich die Administration des Kriegswesens; diese Geschäfte würde ich natürlich abgeben, aber ich könnte nicht einsehen, daß darin ein Abfall von meinen bisherigen Grundsätzen läge oder ein Grund gefunden werden könne zu der Behauptung, daß ich meine Ansichten ändere, wenn ich meinem Vaterlande noch zu Diensten bliebe, der Waffenstillstand würde überdieß ja vom Lande angenommen, folglich sei er nicht im Widerspruche mit unserem bisherigen Verfahren; mich bewege weder Eigennutz, noch Eitelkeit hierzu, sondern die Ueberzeugung, dem Lande Nutzen bringen zu können.“

Graf Reventlow mußte mit diesem Bescheide nach Rendsburg zurückkehren. Es bedurfte also anderer Wege, um mich los zu werden.

Schon im Monat Juli hatte General Krohn mir geschrieben, daß die provisorische Regierung zwei Kanonen, die im Jahr 1813 im Gefecht bei Sehestedt der englisch-deutschen Legion abgenommen worden waren und seit der Zeit in dem Rendsburger Arsenal als Trophäen aufgestellt standen, dem König von Hannover als Geschenk angeboten hätte. Ich antwortete ihm hierauf, daß die provisorische Regierung nicht befugt sei, solche Geschenke zu machen und die Armee ihrer Trophäen zu berauben; er solle jedenfalls die Kanonen nicht aus dem Arsenale entfernen lassen; denn diese Sache müsse in allen Fällen erst durch meine Hände gehen.

Seit Mitte Juli hatte ich hierüber nichts gehört, und glaubte also, die Sache sei aufgegeben worden; ich bekam indessen in diesen Tagen abermals ein Schreiben von Krohn, in welchem er sehr aufgeregt schrieb, es würde jetzt Ernst mit den Kanonen, und es solle ein hannover'scher Artillerie-Officier kommen, um sie abzuholen; dieß wäre doch zu arg. Man habe von dänischer Seite schon einmal diese Trophäen einschmelzen lassen wollen, da habe aber der damals in den Herzogthümern kommandirende General, Landgraf Friedrich von Hessen, ihn (Krohn) zum Könige nach Kopenhagen gesendet, und er habe sie aus den Händen des Generalkommissariats-Kollegiums gerettet; jetzt wolle die provisorische Regierung wieder ein Spolium begehen, das dürfe ich nicht erlauben. Meine Antwort war, daß er die Kanonen nicht aus dem Arsenal schaffen lassen dürfe, ohne meinen Befehl.

Am 19. August machte ich eine Inspektionsreise nach Glücksburg, wo das 1. Jägercorps eine Kanonade mit der Corvette Najaden gehabt hatte, und ging am 20. über Cappeln und Eckernförde zur Inspicirung der dortigen Garnison. Als ich am 19. Abends eben zu Bette gegangen war, brachte man mir das angelegte Schreiben der provisorischen Regierung, welches per Staffette mir nachgesendet wurde (siehe Anlage 2).

Jeder Leser wird erstaunen müssen über den Inhalt und die Abfassung dieses Aktenstücks. Man erzählt mir, daß man schon seit längerer Zeit sich darum bemüht habe, ein Subjekt zu finden, welches einen Theil meiner Funktionen übernehmen sollte. Man bemühte sich, hinter meinem Rücken bei verschiedenen Behörden und Individuen um eine Sache, die doch nach allen Regeln zu meinem Geschäftskreise gehörte und durch meine Hände gehen mußte u. s. w. Kurz, es lag in diesem Verfahren die klare Absicht, mich so vor den Kopf zu stoßen, daß ich va banque jagen sollte. Ein altes Sprüchwort meint aber, daß man über eine jede unangenehme Sache erst eine Nacht verstreichen lassen solle; ich sagte daher meinem Bedienten, er solle mich um 4 Uhr wecken, da ich um 6 Uhr meine Abreise bestimmt hatte, und legte mich ruhig schlafen.

Am nächsten Morgen beantwortete ich dieses Schreibestück ungefähr folgendermaßen (leider habe ich keine Abschrift dieses Briefes nehmen können, weil die Zeit es nicht gestattete, und spätere Bemühungen, es zu erhalten, sind fruchtlos geblieben): „Die Ansicht der provisorischen Regierung, daß die Administra= tion der Armee vom Kommando derselben getrennt werden müßte, theilte ich nicht allein, sondern habe bereits mit dem General Krohn die dazu nöthigen Vorarbeiten eingeleitet. Was die Wahl des Generals v. Bonin beträfe, so schiene sie mir nicht zweckmäßig; denn der Chef des Kriegsdepartements müßte viel arbeiten, und dieß sei eine Sache, die Bonin nicht liebe. Bei seinen sonstigen ausgezeichneten Eigenschaften sei er daher für diese Stelle am wenigsten geeignet. Was seine persönlichen Ansichten über einen Eintritt in unsern Dienst beträfe, so glaubte ich kaum, daß er sich darauf einlassen würde, am wenigsten aber daß er sich zum Minister einer in den letzten Zügen be= findlichen Regierung ernennen lassen würde. Bestände die pro= visorische Regierung dennoch darauf, so erböte ich mich, die dieß= fallsigen Verhandlungen mit dem General v. Bonin zu betreiben und würde zu dem Ende in den ersten Tagen nach Rendsburg kommen, um die Sache noch reiflicher mit ihnen zu besprechen.“

Am 21. August Abends kehrte ich nach Schleswig zurück und fand hier ein Schreiben des Generals Krohn vor, worin er mir meldete, nun sei der hannover'sche Officier angekommen, der die Kanonen in Empfang nehmen sollte, er habe aber die

Ablieferung verweigert. — Meine Antwort war selbstverständ=
lich dieselbe wie früher, da die provisorische Regierung mir
hierüber nichts mitgetheilt hatte.

Am 22. August erschien wieder Graf Reventlow, dießmal
mit einer noch wichtigeren Miene als sonst, indem er mir doch
mittheilen wollte, daß die provisorische Regierung diese Kanonen=
angelegenheit sehr ernstlich nehmen würde, und ich mich
den unangenehmsten Maßregeln aussetzen dürfte, falls ich meine
Einwilligung zur Ablieferung länger verweigerte. Das hieß,
sie würden mich absetzen, falls ich nicht nachgäbe. — Also so
standen die Sachen! — Ich antwortete ihm ganz kurz, daß ich
der provisorischen Regierung gar kein Recht einräume, etwas
dem Lande und der Arme Gehörendes zu verschenken, worauf
er erwiederte: die Sache sei nun einmal geschehen und könne
jetzt nicht geändert werden. — Ich bemerkte hierauf blos, daß
ich ja schon meine Gegenwart in Rendsburg auf morgen Vor=
mittag angesagt hätte, dort könne die Sache näher besprochen
werden.

Hier lag nun der Fall vor, den die provisorische Regierung
sich so lange gewünscht hatte. Dennoch war sie in einer bedenk=
lichen Lage. Als Mitglied der provisorischen Regierung konnte
diese mich selbstverständlich nicht absetzen, allerdings aber konnte
man ihr die Befugniß nicht absprechen, mich als komman=
direnden General, zu entlassen. Ließ sich jedoch Solches damals
ausführen? Gewiß nicht, denn die schleswig=holsteinischen Truppen
hätten es einerseits, und Wrangel, als Bundesoberbefehlshaber
andererseits nicht geschehen lassen, falls es nicht auf meinen
eigenen Wunsch erfolgte.

Der Verlauf dieser Blätter wird zeigen, wie schwer es mir
ward, den General v. Wrangel dazu zu bewegen, mich auf

meine Bitte aus meiner Stellung zu entlassen, und wie dieß
auf die alten Bataillone wirkte.

Ob die provisorische Regierung solches in ihrem Selbst=
dünkel recht bedacht hatte, weiß ich nicht, glaube aber doch,
daß ihr einige Schwulitäten bei der Rückkehr des Grafen Re=
ventlow nach Rendsburg angekommen sind, denn am nächsten
Morgen 5 Uhr erhielt ich, als ich mich zur Ueberfahrt fertig
machte, per Staffette von dem derzeit in Rendsburg tagenden
Bruder May, ein Billet des Herrn H. von Gagern, den ich
früher gekannt hatte. Er schrieb mir darin, daß in Folge so=
eben an ihn gekommener Nachrichten es der ganzen Verhand=
lung in der Sache der Herzogthümer förderlich sein würde,
falls ich mich entschlösse, sie zu verlassen.

Daß ich mir von diesen Leuten nicht die Thür zeigen
lassen würde, das brauche ich hier wohl nicht zu äußern. Den
Konflikt nicht zuletzt noch in einen öffentlichen Skandal über=
gehen zu lassen, darauf kam es hier an, und darauf war ich
bedacht gewesen.

Als ich am 23. August (zufällig mein Geburtstag) in das
Versammlungszimmer der provisorischen Regierung trat, ward
ich mit sehr langen Gesichtern empfangen.

Sonst ist es bei uns Landessitte, daß alle Bekannte an
Geburtstagen einen Glückwunsch bringen; die Garnison hatte
auch deßhalb eine große Parade angesetzt und die Militär=Be=
hörden zu einem Festmahl eingeladen, aber die Mitglieder der
provisorischen Regierung ignorirten dieses, ja selbst der sonst so
gutmüthige Bremer wagte nicht den Glückwunsch auszu=
sprechen, sondern drückte mir die Hand nur etwas fester als
gewöhnlich.

Herr Beseler in seiner allerwichtigsten Miene hob nun mit

der Kanonenangelegenheit an. Der General Krohn habe, sich auf Befehle von mir stützend, die Auslieferung dieser Geschütze verweigert; solche Widersetzlichkeit könne die provisorische Regierung sich durchaus nicht gefallen lassen und die Regierung müsse mich um eine diesfällige Aufklärung bitten. Ich erwiderte hierauf, daß allerdings General Krohn nach meinem Befehle gehandelt habe, und zwar, weil er einerseits nicht annehmen könne, daß eine provisorische Regierung befugt sei, dem Lande gehörende Gegenstände zu verschenken, andererseits aber, daß diese Sache doch vorher mit mir, als dem Chef des Kriegs= Departements, hätte verhandelt und nicht beiläufig durch einen Stellvertreter mir blos als abgemacht angezeigt werden müssen. Ich sähe sehr wohl ein, daß die provisorische Regierung hier in einer unangenehmen Lage sich befände und werde ihr daher einen Ausweg vorschlagen, nämlich: ich wollte die Abführung der Kanonen erlauben, aber ich verlangte dagegen, daß ich vollständig freie Hand habe, um sie wieder zurück ins Arsenal zu schaffen. Dieß nahmen die Herren mit anscheinendem Danke an. Aber, hob Beseler an, General Krohn hat sich hierbei so gestellt, daß er nicht auf seinem Posten bleiben kann, e r ist eine Unmöglichkeit*).

Dieß war ja natürlich auf mich gemünzt, da ich erklärt hatte, er habe auf meinen Befehl gehandelt. Nun! sagte ich, man beobachte doch einige Rücksicht gegen einen Mann, der sich bereitwillig dem Dienste des Landes mit aller Treue und großem Eifer gewidmet hat; obgleich ich nicht einsehe, daß Krohn sich so sehr verschuldet habe, wenn es nicht durch die ungeeig= nete Art und ungeziemende Ausdrücke geschehen sei, in welchen

---

*) Derzeitige Phraseologie.

er der provisorischen Regierung geschrieben und zu ihr ge=
sprochen habe. Sei letzteres erfolgt, so bestehe ich doch darauf,
daß man den alten Mann nicht auf eine unglimpfliche Weise
entlasse und verlange, daß dieses durch mich geschehe. Dieß
ward mir denn auch überlassen, aber nun kam die Frage, wer
soll seine Stelle übernehmen? Dieses führte von selbst zu dem
andern Gegenstand, nämlich der Anstellung des General v. Bonin
als Chef des Kriegsdepartements.

Doch ehe ich diese Verhandlung anführe, muß ich bemerken,
daß die Zeit der Garnisons=Parade gekommen war und der
Kommandant mich bitten ließ, dieselbe abzunehmen, weil die
Garnison mir ihren Glückwunsch zu meinem Geburtstage dar=
zubringen wünsche.

Also während die Herrn Philister der provisorischen Re=
gierung mich absetzen wollten, sollte ich vor den Fenstern des
Versammlungszimmers die Huldigungen der Truppen annehmen.
Man denke sich meine Gefühle, hier saß ich mit vier Leuten,
für die ich alle Gefahr bestanden hatte, die mir aber von An=
fang an mit Chikanen und Undank gelohnt hatten und mich
jetzt in diesem Augenblick noch dazu abzusetzen wünschten. Auf
dem Paradeplatz stand die Garnison aufmarschirt, auf deren
Anhänglichkeit ich in jeder Beziehung rechnen konnte. Im Kon=
seilzimmer leuchtete aus jeder Miene, aus jedem Worte der
Wunsch hervor: wären wir dich doch nur erst los. Auf dem
Paradeplatze leuchtete mir die Ergebenheit und das Vertrauen
aus den Augen jedes Soldaten entgegen. Ein Finger von
mir erhoben und die provisorische Regierung würde zum Tempel
hinaus geworfen worden sein, denn Niemand mehr gab viel
um ihre Existenz, theils weil sie nichts erwirkt hatte, theils
weil sie doch nächster Tage abtreten sollte. Ich darf daher

wohl behaupten, daß kein Tag in meinem Leben so schwer ge= wesen ist, als eben dieser mein 48. Geburtstag.

Doch es glückte mir, meiner Leidenschaft Herr zu bleiben, und so gingen das Hoch der Truppen, der Donner der Festungs= kanonen, die Glückwünsche der Officiere und Militär=Behörden glücklich an mir vorüber, ohne daß ich dadurch zu Schritten angeregt ward, die im Widerspruche mit meinen Grundsätzen und bisherigen Handlungen gestanden hätten.

Die Officiere der Garnison luden mich zu einem Festmahle ein, aber das kann jeder Leser leicht begreifen, daß ich mich nicht der Versuchung aussetzen durfte, in der Antwort auf einen gebrachten Toast die Stellung und die Verhältnisse, in welchen ich mich befand, ohne Anspielung kund zu geben. Möge mancher meiner früheren Kameraden hier den Schlüssel zu meiner Weigerung finden, die er sich vielleicht damals gar nicht hat erklären können.

Nach beendeter Parade kehrte ich zu der provisorischen Re= gierung zurück, in welcher nun die Verhandlungen über die Anstellung Bonins, als Chef des Kriegsdepartements, begannen. Ich wiederholte meine Gründe gegen diese Wahl, aber sah bald, daß es den Herren weder um das Eine, noch um das Andere zu thun war, sondern daß sie blos Bonin zu haben wünschten. Nachdem daher der Gehalt, welchen ich vorschlagen konnte, fest= gesetzt war, übernahm ich es an einem der folgenden Tage, mit demselben mündlich Verhandlungen zu pflegen, damit er die ganze administrative Verwaltung der Armee über= nehme.

Hier lege ich besonderes Gewicht auf diese Worte und diesen Sinn, indem eine spätere Erläuterung zeigen wird, daß die provisorische Regierung entweder das Sitzungsprotokoll hat

fälschen lassen, oder auch, daß sie geradezu die Landesver=
sammlung mit Unwahrheit getäuscht hat.

Nach aufgehobener Sitzung ging ich zum General Krohn,
um ihm die Auslieferung der Kanonen an den hannoverschen
Officier aufzutragen und daran den Rath zu knüpfen, seiner
Stellung einen baldigen Endpunkt zu geben. Die Ausführung
dieses übernommenen Auftrages war allerdings keine leichte
Aufgabe, erstlich weil ich auf eine solche zarte Weise denselben
vollbringen mußte, daß der alte Mann nicht zu sehr dadurch
gekränkt wurde, zweitens weil ich dabei denselben auch zu etwas
vermögen sollte und mußte, das ich selbst für durchaus verkehrt
ansah; denn wer sollte die Stellung übernehmen? Der Einzige,
der es konnte, war der Oberst du Plat, er wollte es aber
nicht, wie er mir bestimmt erklärte. General Krohn äußerte,
sich über meine Mittheilung des Beschlusses der provisori=
schen Regierung noch bedenken und mir deßhalb schreiben
zu wollen. Er war indessen sehr aufgebracht über die Ab=
lieferung der Kanonen, trotzdem daß ich ihm die Versicherung
gab, sie würden bald wiederkehren.

Ich ging nun nach meinem Absteigequartiere und schrieb
an den König Ernst August von Hannover einen Brief, in
welchem ich ihm vorstellte, wie die provisorische Regierung eine
ganz unerlaubte Sache gemacht habe, indem sie die beiden auf
dem Rendsburger Arsenal befindlichen Kanonen, welche die
schleswig=holsteinischen Truppen immer als Beweis ihrer Thätig=
keit anzusehen gewöhnt seien, ihm als Geschenk angeboten habe.

Er wäre gewiß der Erste, es anzuerkennen, daß man nicht
Trophäen verschenken könne, geschweige denn eine temporäre
provisorische Regierung sich solches anmaßen dürfe. Nun möge
er bedenken, daß dieß freilich lauter Philister seien, die es ohne

mein Wissen gethan hätten; ich hoffte, daß er mit dem Benehmen der schleswig-holsteinischen Truppen zufrieden sei und dürfte ihm versichern, daß die ganze Armee sowie ich auch es als ein Zeichen seiner Gnade und Gewogenheit stets dankbar anerkennen und daß wir uns immer daran erinnern würden, falls er die Kanonen dem Arsenale von Rendsburg wieder als ein gnädiges Geschenk zurück senden wolle.

Mit diesem Brief sandte ich sofort meinen persönlichen Adjutanten, den Hauptmann v. Berger im 2. preußischen Garde-Regiment, nach Hannover und bekam am 26. mit demselben die Antwort des Königs, worin er mir schrieb: Lieber Neffe, die Aufklärung, welche Du mir über die Kanonen vom Arsenal in Rendsburg gibst, ist hinreichend, damit ich sofort die Ordre gegeben habe, sie daselbst wieder abzuliefern. Es wird mich freuen, wenn es Euch ein Beweis meiner Theilnahme sein kann.

Um nicht den Unwillen der Garnison zu erregen, hatte General v. Krohn die Geschütze auseinandernehmen und in verschiedene Kasten und Kollis packen lassen. So wurden sie des Abends im Dunkeln nach dem Bahnhofe bei Rendsburg gebracht und der hannover'sche Officier brachte sie nach Hamburg. Daselbst begegnete ihm aber schon der Befehl, sie wieder in Rendsburg abzuliefern, und er kehrte daher mit ihnen dorthin zurück.

Jetzt ließ Krohn sie auf dem Bahnhofe auspacken und zusammensetzen, und mit voller Bespannung und unter Begleitung der Artillerie-Mannschaft und eines Musikcorps wurden sie gleichsam im Triumpfe unter den Fenstern der provisorischen Regierung vorbei nach dem Arsenale zurück geführt. Daß dieß nicht die Liebe der Herren zu mir erhöhen konnte, braucht hier wohl kaum bemerkt zu werden. Der Unwille gegen Krohn schien sich indessen zu legen, denn seine Bedenkzeit ward immer länger aufgeschoben, und als ich am 9. September fortging, schrieb ich ihm: „Vor 14 Tagen waren Sie eine Unmöglich= keit, jetzt sind Sie eine Nothwendigkeit."

Die folgenden Jahre haben gewiß bewiesen, daß ich Recht hatte, zu behaupten, Krohn erfülle seine Stellung mit Pflicht= treue und Sachkenntniß. Mir ist es nie ganz klar geworden, welches die wahre Ursache des Mißfallens gewesen ist, das die provisorische Regierung gegen Krohn gefaßt hatte. Ob es nur Schein sein sollte, um ihren Angriff auf mich zu motiviren, oder ob sie in Krohn mehr Opposition gefunden hatte, als sie glaubte und wünschte, oder ob, was mir das Wahrscheinlichste zu sein scheint, Krohn in seinem Unwillen über die Kanonen= Angelegenheit gegen die provisorische Regierung Aeußerungen hat fallen lassen, welche sie als ungeschickt und unreal bezeich= nete. Bei Leuten, denen ihr eigenes Ich Alles ist, kann man nie wissen, welche Kleinigkeit sie in Harnisch bringen kann.

Am 26. August traf ich mit General Bonin im „Rothen Krug" bei Apenrade zusammen, und er ging auf meinen Vor= schlag ein, daß er während des Waffenstillstandes die Admini= stration der schleswig=holsteinischen Armee übernehmen möge, vorbehaltlich der Approbation des preußischen Kriegsministeriums. Dieß zeigte ich der provisorischen Regierung an, und einige Tage darauf kam Bonin auf der Durchreise nach Berlin bei mir in Schleswig vor. Abends ging er nach Rendsburg und hatte dort sehr lange Konferenzen mit der provisorischen Regie= rung; welche Intriguen gegen mich hier ausgesponnen wurden, weiß ich nicht, nur so viel erkannte ich, daß Bonin, der bis zu dem Augenblicke besagter Konferenz immer offen und gerade mit mir verhandelt hatte, von dieser Zeit an stets ein befangenes

Wesen mir gegenüber zeigte, uund daher dem schändlichen Spiele nicht fremd geblieben sein kann, welches jetzt bald eklatiren sollte. Daß Bonin bei der Ausführung der ganzen Sache betheiligt war, liegt ja schon dadurch am Tage, daß er in Berlin dahin wirkte, nicht in schleswig=holsteinische Dienste treten zu dürfen, sondern den Oberbefehl über die in den Herzogthümern verbleibenden Bundestruppen zu bekommen. Wären daher alle Bemühungen der provisorischen Regierung gegen mich gescheitert, so hätte diese die Behauptung aufgestellt, daß die schleswig=holsteinischen Truppen auch Bundestruppen seien, weil das Herzogthum Schleswig in Frankfurt vertreten sei, also sollte ich mich unter Bonin stellen. Daß ich dieß nicht thun würde, wußten sie, indem ich Generallieutenant von 1842 war, und Bonin Generalmajor von 1848. Zur Erreichung ihres Zweckes würden sie erklärt haben: wenn ich mich dem nicht fügen wolle, so forderten die Verhältnisse zu Deutschland, daß ich das Kommando abgäbe.

Man sieht hieraus, wie sie nach allen Seiten hin die Sache so überlegt und gestellt hatten, daß sie Gelegenheit und Kraft bekamen, mich auf jeden Fall fortzutreiben.

Bonin kam am 4. September aus Berlin zurück, als die Landesversammlung in Kiel eröffnet ward. In der Eröffnungsrede des Regierungs=Kommissarius kam der Passus vor: „wie die Versammlung gewiß mit Befriedigung erfahren würde, daß der General v. Bonin an die Spitze der Armee träte, wodurch diese in einen den gerechten Erwartungen des Landes entsprechenden Zustand gesetzt werden würde." Doch noch nicht sicher, daß dieß hinreichen würde, mich in meiner Treue gegen mein Vaterland zu erschüttern, begab sich Beseler Nachmittags nach Schleswig, angeblich um mit mir über die Verhältnisse eines der Infanterie=Bataillone zu sprechen, welches von den

Kieler Demokraten corrumpirt, den preußischen Officieren den Gehorsam verweigert hatte, eigentlich aber um dem General v. Bonin in meiner Gegenwart zu sagen: „Der schönste Moment der Eröffnung der Landesversammlung war, als die Ankündigung gemacht ward, daß Sie künftig an die Spitze der Armee treten würden." Ich sagte natürlich dagegen nichts, indem noch mehrere Personen gegenwärtig waren; als aber Beseler gleich darauf fortgegangen war, bat ich Bonin, in mein Kabinet zu kommen, und hier fragte ich ihn, was dieses zu bedeuten habe: Beseler hätte in meiner Gegenwart gesagt, daß er (Bonin) an die Spitze der Armee treten würde, und dazu habe er stillgeschwiegen; dieß schiene mir doch ein auffallendes Benehmen, so lange ich an der Spitze der Armee stände, und, wie ihm bekannt sei, auf Wrangels Wunsch in dieser Stellung zu bleiben versprochen habe. Bonin meinte nun, Beseler habe sich wohl nicht richtig ausgedrückt, man könne es mit Civilisten nicht so genau nehmen u. s. w. Ich forderte ihn auf, sofort zu Beseler zu gehen, um diesem zu erklären, daß hier ein grobes Mißverständniß obwalte. Dieß versprach er mir und ging fort. Man urtheile nun über diese Erscheinung, wenn ich bemerke, daß er sich schon damals in Berlin die Erlaubniß ausgewirkt hatte, das Kommando der schleswig-holsteinischen Armee zu übernehmen.

Zu dieser von der provisorischen Regierung und Bonin aufgeführten Komödie gehört noch der besondere Akt, daß, als ich abtrat und auf Wrangels Befehl das Kommando der Armee an Bonin abgab, dieser sich stellte, als ob er es nicht annehmen könne, und am 24. September noch zu mir nach Noer kam, um meine Ansicht darüber zu erfahren, ob er das Armee-Kommando übernehmen solle.

Doch ich kehre wieder zum 5. September zurück. An die=
sem Tage erschien die schleswig=holsteinische Zeitung (officielles
Blatt) und brachte die Details der Eröffnung der Landesver=
sammlung, in welchen der Passus, betreffend den General v. Bo=
nin, mit besonderer Hervorhebung gedruckt stand. Kein Mit=
glied der ganzen Versammlung hatte eine Sylbe zu meiner Ver=
theidigung gesagt. Also das Land räumte durch seine Vertreter
die Gültigkeit der Beschuldigung der provisorischen Regierung ein.

Damit war ich jeder weiteren Verpflichtung entbunden; da=
durch ward ich der Armee gegenüber verpflichtet, abzutreten;
denn ein Kommandant, der öffentlich ohne Widerrede für un=
fähig erklärt wird, darf seine Untergebenen nicht der Schmach
aussetzen, unter solcher Führung zu stehen.

Mein eigenes Gewissen sagte mir, daß, da bei einer ver=
nünftigen Politik der jetzt geschlossene Waffenstillstand zum Frie=
den führen müsse, ich ohne Bedenken zurücktreten könne, zumal
es sich in meinem Wirkungskreise blos im Interesse des Landes
um mehr oder weniger Geldausgaben handelte. Wollte man
hierauf nicht achten, dann würde man das Uebermaß sich selbst
zuzuschreiben haben.

Mein Entschluß war also gefaßt; ich ging am 6. Septem=
ber zum Bundesobergeneral, um ihm die Stellung, in welcher
ich mich befand, vorzulegen und ihn zu bitten, mir zu erlau=
ben, mein Kommando abzugeben. Der alte Herr, der damals
und seit der Zeit immer eine väterliche Güte für mich hatte,
wollte hiervon nichts wissen, indem er äußerte: ich brauchte mich
um das Urtheil der provisorischen Regierung ebenso wenig, als
um das der Landesversammlung zu bekümmern; die Leute verstän=
den ja nichts davon u. s. w. Darauf sagte ich, daß ich ihm,
was die Urtheilsfähigkeit der Leute beträfe, ganz Recht gäbe;

aber ich könne dieß nicht auf mir sitzen lassen, daß an solcher Stelle mir Mangel an Pflichttreue und Befähigung vorgehalten werde. Wrangel jedoch wollte von nichts hören; ich sagte ihm daher, daß ich mir erlauben würde, ihm die Sache nochmals schriftlich vorzulegen. Dieß that ich am 7. September, und am 8. Morgens kam der Major Kirchfeld mit dem angelegten, vom Oberbefehlshaber an mich gerichteten Schreiben (siehe Anlage 4).

Ich schrieb nun an die provisorische Regierung, daß in Folge des in der Eröffnungsrede über mich ausgesprochenen Tadels ich meine Verpflichtungen als gelöst betrachte, und daher den General v. Wrangel gebeten habe, mich des Kommandos zu entheben, der mir sodann befohlen habe, es dem Generalmajor v. Bonin zu übergeben, welches ich am morgenden Tage (den 9. September) thun würde.

Dem Präsidenten der Landesversammlung schrieb ich dagegen, daß ich mich durch die darauf bezüglichen Worte in der Eröffnungsrede des Regierungskommissarius in meiner Stellung an der Spitze der Armee kompromittirt fühle, und dieselbe daher verlassen würde; ich hoffte auch, daß es mit Zustimmung der Landesversammlung geschehe, daß ich meine Befugniß als Mitglied der provisorischen Regierung in ihre Hände wieder zurückgäbe.

An den General v. Bonin schrieb ich eine längere Auseinandersetzung über die Verhältnisse der Armee, die Personalien in selbiger, und was nach meiner Ueberzeugung während des Waffenstillstandes noch auszuführen sein würde; und endlich erließ ich an die schleswig-holsteinische Armee den angeschlossenen Abschiedsgruß (Armeebefehl vom 9. September, siehe Anlage 5).

Weil ich wußte, wie sehr die Soldaten mir anhingen und

ich jeder Demonstration vorbeugen wollte, fuhr ich am 9. Morgens 3 Uhr von Schleswig gerade auf den Rendsburger Bahnhof und ging um 6 Uhr Morgens von dort nach Altona, wo meine Familie sich aufhielt.

So endete eine sechs Monate lange Zeit unausgesetzter Arbeit, Sorge und Strapazen, die mit der Einnahme Rendsburgs begann und von sämmtlichen Bewohnern der Herzogthümer mit Jubel begrüßt ward. Durch meine Standhaftigkeit an den einmal ausgesprochenen Grundsätzen festzuhalten, aber dadurch den Haß der Demagogen und Ueberstürzler mir zuziehend, mußte ich unter solchen Verhältnissen das Loos aller principfesten Leute theilen, mit Undank und Unrecht belohnt zu werden. Doch ist es hier noch sehr die Frage, wer den schlimmsten Lohn bekam; denn wäre ich an der Spitze der Armee geblieben, so darf ich wohl behaupten, daß weder Fridericia noch Jdstedt den Dänen Siegesorte geworden wären, und die Holsten würden überdieß einige Millionen weniger verausgabt haben.

XVIII.

Widerlegung der verschiedenen gegen den Verfasser erhobenen Beschuldigungen.

———

Nachdem ich mit möglichster Genauigkeit und Treue im vorhergehenden Abschnitte die Begebenheiten, welche im Jahre 1848 vor meinen eigenen Augen, durch meine eigene Mitwirkung und in meinem Wirkungskreise sich zutrugen, sowie die Beweggründe zu meinem Verhalten und die widerstrebenden Einwirkungen Anderer gegen meine Absichten und Handlungen aufgezeichnet und angeführt habe, glaube ich annehmen zu dürfen, daß der Leser über vieles ihm bisher Unbekannte aufgeklärt sein wird. Ich will daher, um sowohl den Beschuldigungen der Dänen als der Deutschen, sowohl der Conservativen als der Liberalen zu begegnen, noch einen kurzen Ueberblick über mein Benehmen in diesem verhängnißvollen Jahre und den ihm folgenden, mit Bezugnahme auf das Schicksal der Herzogthümer hier geben.

Vorerst muß ich bemerken, daß von dänischer Seite eine Anklage gegen mich in dem bekannten Buche des Herrn Wegener vorliegt, welches ein solches Lügengewebe enthält, daß alle denkenden Leser sofort die Erdichtung des Verfassers erkennen müssen. Es ist eine so alberne Composition, daß ich bei seiner Erscheinung es gar nicht der Mühe werth hielt, dagegen zu remonstriren. Jeder vernünftige Däne hat dieß auch schon längst eingesehen und den übrigen fanatischen und bornirten Leuten ist überhaupt nicht zu helfen.

Wie ist dies Buch zu Stande gekommen?

Se. Majestät der König Friedrich **VII.**, als er im April 1848 nach Alsen kam, ging in das Arbeitszimmer des Herzogs von Augustenburg, und als er die verschiedenen Schreibbureaux verschlossen fand, ergriff er mit höchster Hand ein Beil und hieb die verschiedenen Schieblaben und Vorschlösser auf.

Der Herzog von Augustenburg hatte den conservativen Sinn so weit getrieben, daß er alle Briefe, auch die gleichgültigsten, seit mehr als 30 Jahren aufbewahrt hatte, und aus diesem verschiedenartigen Stoffe hoffte man nun eine Anklage auf Verrätherei rc. gegen ihn herausbringen zu können. Erst war der sehr dänisch gesinnte Professor Paulsen, bisher in Kiel, damit beauftragt; doch war der Mann zu honnet und gab die Sache mit der Erklärung auf, daß sich daraus nichts Verrätherisches kund thue. Darauf ward ein Literat Namens Wegener aufgefunden, der sich zu Allem bereit erklärte und wirklich auch dieses Schandstück der dänischen Intrigue zu Tage brachte. Um dem Dinge eine Art Autorität zu geben, ward der Verfasser Geheimer Archivarius betitelt, das Buch in deutsche, französische und englische Sprache übersetzt und von Regierungswegen den europäischen Höfen officiell übersandt.

Viele Diplomaten, welche anerkanntermeise nicht immer zu den gescheidtesten Leuten gehören, haben die Fabel wirklich geglaubt, und weil der Herzog keine förmliche Protestation gegen die Schrift herausgab, so fand sie auch bei manchen, mit den Verhältnissen unbekannten gescheidten Leuten etwas Glauben. Jetzt faseln nur noch einzelne französische und englische Publicisten darüber in den Tag hinein. Auch die Masse des Volkes in Dänemark glaubt meistentheils noch daran.

Diesem gegenüber will ich nur ein Faktum anführen, welches

deutlich zeigen wird, wie der Herr Geheime Archivarius seiner Phantasie freien Lauf gelassen hat. Er behauptet, meine verstorbene Mutter habe schon lange den Plan genährt, ihre Söhne auf den dänischen Thron zu bringen. Abgesehen davon, daß sie eine durch und durch dänische Gesinnung hatte und das sogenannte Königsgesetz als das Fundament alles Rechtes in Dänemark betrachtete, also gewiß keine Intrigue gegen dasselbe und dessen Bestimmungen unternommen haben würde, haßte sie alles Hofleben mit seinen Consequenzen und betrachtete es als eine Qual und ein Unglück für denjenigen, der genöthigt war, einen Thron zu besteigen. Hätte sie wirklich einen solchen Wunsch gehegt, wie Herr Wegener ihr unterlegt, so würde sie im Jahre 1810, als die Schweden meinem Vater anboten, ihn zum Thronfolger zu wählen, nicht Alles dagegen gethan haben, um dieses zu hintertreiben; denn ihrem Einfluß allein ist es zuzuschreiben, daß mein verstorbener Vater keinen bestimmten Entschluß faßte und daher die Wahl Bernadotte's durchgeführt werden konnte. Hätte meine Mutter den Wunsch gehabt, ihre Kinder auf den Thron Dänemarks zu bringen, so wäre gewiß kein besserer Weg zu demselben gewesen, als über den und mit dem schwedischen. In gleicher Weise könnte ich alle die Lügengeschichten widerlegen, wenn es der Zeit und Mühe werth sein würde.

Von deutschen Scribenten ist Manches und Vieles über den Krieg und über die Verhältnisse der Herzogthümer zusammengeschrieben worden, welches, wenn auch nicht aus schlechten Motiven, doch ebenso viel Verkehrtes enthält, weil es componirt ward theils nach Hörensagen unter exaltirten Ansichten; theils um bestimmte Gegenstände auf Kosten Anderer hervorzuheben, theils um Mängel und Fehler zu verstecken, die auf nicht mehr in Wirksamkeit sich befindende, folglich unschädliche Personen geschoben wurden. So hat z. B. ein gewisser Grunewald in Comp. mit einem Lüders eine Broschüre „Denkwürdigkeiten zur neuesten schleswig=holsteinischen Geschichte" herausgegeben, worin er sich Schilderungen meines Charakters erlaubt, obgleich er mich nie gesehen hatte und also bloß nach dem Getlatsche Anderer urtheilte; so sollte ich z. B. unentschlossen sein und dem Letzten, der mit mir redete, Recht geben.

Es ist in der That lächerlich, einen Menschen, der immer dafür gegolten hat, viel zu rasch seinen Entschluß zu fassen, jetzt mit einem Male zum Gegentheile zu condemniren.

Was das Rechtgeben an den Letzten, der mit mir spricht, betrifft, so hängt die Sache ganz anders zusammen; denn wenn man lauter Officiere hat, die mehr um den Krieg mitzumachen als aus Pflichtgefühl dienen, dann gebietet die einfachste Klug= heit, daß wenn man in der vorgeschlagenen anderen Weise eine Sache auszuführen, keinen Nachtheil sieht, man es dem Bethei= ligten gerne überläßt, nach seiner Ansicht zu handeln, indem man in solchem Falle darauf rechnen kann, daß der Handelnde mit aller Energie den beabsichtigten Zweck zu erreichen suchen wird. Dies nur als ein Beispiel der Oberflächlichkeit und Par= teilichkeit dieser improvisirten Historiographen. Was die Sache selbst, meine vormärzliche Stellung, meine Theilnahme an der Erhebung von 1848 und meinen Rücktritt von aller Mitwirkung betrifft, so werde ich in aller Kürze mich hierüber in Folgendem verbreiten.

Die Dänen werfen mir vor, ich hätte meinen Eid der Treue gegen den König gebrochen, indem ich mich an die Spitze der Armee der Herzogthümer stellte.

Erstlich hatte ich nie einen Eid geleistet, dieß würde mein Gewissen dennoch nicht beschwichtigt haben, falls ich im Dienste gewesen wäre und die Erhebung in den Herzogthümern gegen den König und Landesherrn geschehen sein würde. Gegen den war sie aber nicht gerichtet, sondern gegen die öffentlich ausgesprochenen Grundsätze derjenigen Minister, welche die Kopenhagener Einwohner ihm aufgedrungen hatten. Diese Letzteren hatten vom Könige gefordert, seine bisherigen Minister zu entlassen und neue, nach ihrem Sinne zu wählen; wir wollten uns diesen neuen nicht unterwerfen. Der dänischen Bewegung lag eine revolutionäre Tendenz zu Grunde, indem man dort etwas Neues wollte, während wir im konservativen Sinne das Alte nur zu behalten und uns gegen aufzubringende Neuerungen zu vertheidigen strebten. Den Rechten des Landesherrn sollte nicht ein Titel entzogen werden, also war aus dem militärischen Gesichtspunkte von keiner Kränkung der Verpflichtung gegen den Landesherrn die Rede. Ueberdieß war ich aus dem Militärdienste ausgetreten, auf mich kann sich also diese Beschuldigung am allerwenigsten beziehen. Freilich behaupten die Dänen, ich hätte à la suite oder zur Disposition gestanden, dieß ist aber falsch und zwar aus folgenden Gründen: Im Jahre 1846 verlangte ich meinen Abschied, ich bekam ihn als Statthalter und kommandirender General; der König aber ließ in den Abschied setzen: verbleibt à la suite in der Armee. Dieß konnte nur als eine Kourtoisie daselbst stehen, denn sonst hätte ich meine Kompetenz beziehen müssen; von alle dem ward mir aber nicht ein rother Heller zugetheilt, ja nicht einmal die sogenannte Generalszulage, welche statutenmäßig (Armee-Organisation 1816) unter keinerlei Vorwand bis zum erfolgten Tode dem entzogen werden kann, dem sie einmal zugetheilt ist. Auch von deren Bezug war nicht mehr die Rede; also konnte und mußte ich mit vollem Rechte mich als abgegangen betrachten. Dieß erklärte

ich auch dem Generaladjutanten des Königs in einer Korre=
spondenz gerade heraus, welche sich darüber entspann, daß man
mir den Eid abforderte, welcher von allen Officieren à la suite
geleistet werden sollte. Dieser gute Mann wollte freilich eine
Summe Geldes, welche ich vom Könige für die Ueberlassung
des ganzen Ameublements des Gottorfer Schlosses bekommen
hatte (NB. diese Summe betrug kaum die Hälfte des Preises,
welchen dasselbe mich 4 Jahre vorher gekostet hatte) als eine
Gehaltsliquidation angesehen haben; damit hatte ich ihn aber
abgewiesen und erklärt, daß ich mich als abgegangen ansähe,
den Eid nicht leisten würde, und falls man hiemit nicht zu=
frieden sei, man thun könne, was man wolle, das heißt,
man könne mir einen neuen Abschied geben.

Daß ich in die provisorische Regierung trat, war unerläß=
lich, denn Niemand besaß derzeit in dem Grade bei allen Klassen
des Landes das erforderliche vollkommene Vertrauen als ich;
Niemand anders konnte die Militär=Angelegenheiten in die Hand
nehmen. Wenn ich folglich die Nothwendigkeit und Rechtmäßig=
keit einer Erhebung einsah, so mußte ich ihr ganz beitreten.
Hatte ich einmal diesen Schritt gethan, dann wurde es mir
zur Pflicht, dem Lande und der Sache desselben treu und mit
allem Eifer zu dienen, also das Erste und Wichtigste auszu=
führen, indem ich mit der Landesfestung Rendsburg mich zu=
gleich in Besitz des Arsenals und der Hauptkasse setzte und
dem dänischen Militärkommando ein Ende machte, weil das
Armeekommando seinen Sitz zu Rendsburg genommen hatte.

Die albernen Erdichtungen der Dänen über die Art und
Weise, wie dieß geschah, sind schon hinlänglich im früheren Ab=
schnitte beleuchtet worden, um sie hier nicht nochmals berühren
zu dürfen.

So weit gehen die Dänen mit ihren Angriffen, doch war bei den Schleswig-Holsteinern bisher Alles herrlich und vortrefflich. Nun fingen aber auch bei ihnen die Feinde zu miniren und zu intriguiren an und endeten damit, mich viel stärker zu beschuldigen als jene und — die Schleswig-Holsteiner glaubten ihnen! —

Ich sollte nicht mit gehöriger Einsicht und hinreichendem Eifer die Armee in gehöriger Stärke und Organisation hergestellt haben!?

Als ich am 24. März auf dem Paradeplatz in Rendsburg in dem Quarré stand, welches von der Garnison gebildet wurde, und die dänischen Officiere ausgetreten waren, was blieb mir da übrig, um eine neue Armee zu bilden? Kein Officier vom Generalstabe, nicht einmal ein Adjutant, der im Geschäfte eines höheren Kommandos die mindeste Erfahrung hatte, und die Zahl der mir bleibenden Artillerie-Officiere war drei, bei der Infanterie kaum einer per Kompagnie. Intendantur war gar keine vorhanden, Militär-Werkstellen? nicht eine. Alles Material bis auf die kleinsten Requisiten des eingebornen Soldaten ward bisher aus Kopenhagen geliefert. Ich frage daher jeden Menschen, der nur etwas vom Detail der Militär-Organisation kennt, ob hier eine Armee aus den Aermeln zu schütteln war? Ich behaupte dagegen, ohne das mindeste Bedenken, daß Niemand als ich in dem Augenblicke das erreichen konnte, was noch erreicht ward, und zwar weil ich mit den bisherigen Civil- und Militärverhältnissen vollkommen bekannt war und weil man mich kannte und wußte, daß das, was ich bejahl, die Nothwendigkeit und der Stand der Sache erheischte, und daß ich auf dessen Ausführung zugleich strenge hielt, im entgegengesetzten Falle aber grob wie Bohnenstroh wurde.

Bei einer Bevölkerung von 800,000 Seelen kann man nicht erwarten, daß die Beurlaubten mit Blitzesschnelle eintommen, denn es gehört Zeit dazu, auf einem so großen Terrain die Einberufungsschreiben an Ort und Stelle zu befördern und dann wieder für die Einberufenen, theils zu Fuß, theils zu Wagen ihre Garnisonsorte zu erreichen. Drei Viertel der Soldaten waren beurlaubt, also möchte man sich eher darüber wundern, daß ich es noch so weit brachte, den General v. Krohn schon am 28. März nach Flensburg marschiren lassen zu können. Daß dies der Organisation sehr schädlich war und gegen meine Ansicht und mein Anrathen geschah, habe ich am betreffenden Orte gesagt. Seit jenem Tage ist keine Kompagnie wieder in ihr bisheriges Standquartier gekommen. Wer nun weiß, was die specielle Ausrüstung einer Kompagnie heißt, der kann sich leicht vorstellen, welche Schwierigkeiten dem entgegenstanden, der eine geregelte Ordnung in Bewaffnung, Bekleidung und Berechnung zu bringen sich verpflichtet fühlte. Beim Ausmarsche waren die Kompagnieen kaum halb vollzählig, die später eingekommenen Beurlaubten erhielten vom Waffenmeister oder von dem, welchem der Montirungsboden anvertraut war, ihre Ausrüstung und gingen in kleinen Trupps den Bataillonen, welchen sie angehörten, nach. Bei der Einkleidung wurde entweder nicht gehörig und genau nachgesehen, oder die betreffenden Soldaten hatten auf dem Marsche Manches verloren. Bei der Kompagnie eingerückt fanden sie diese unter dem Befehl entweder eines ganz jungen Officiers, der als Lieutenant dabei gestanden hatte, oder eines Officiers unserer Armee, den sie nie in der Kompagnie gekannt hatten, oder gar eines Officiers aus einer andern Armee, der mit den Anordnungen und der Ausrüstung unserer Truppen wenig bekannt war. Kann es unter solchen Umständen Jemand Wunder nehmen, daß an allen Ecken und Kanten Mängel und Unordnung sich einschlichen? Die Kompagnien wurden im Felde nach der Löhnungsliste abgeliefert; von Armatur- und Montirungskammerlisten konnte dabei keine Rede sein. Der Kompagnieführer konnte nur für die im Felde übernommenen Waffen und Montirungen verantwortlich gemacht werden, und auch dieß warb bloß als temporär betrachtet, da Niemand an einen verlängerten Kriegszustand dachte.

Statt daher einen Tadel über meine Wirksamkeit auszusprechen, hätte man gerade das Gegentheil thun sollen. Ich bin aber weit entfernt, mir allein ein Lob spenden zu wollen, sondern muß hier dem Beistande und der Thätigkeit der preußischen Officiere volle Anerkennung zu Theil werden lassen; denn ohne deren Hülfe, da dieselben an eine pedantische Ordnung gewöhnt sind, hätte sich doch nichts erreichen lassen. Dagegen nehme ich das Verdienst in Anspruch, den fremden Officieren sogleich eine angenehme Stellung nach oben und nach unten verschafft und dieß Verhältniß während der Dauer meines Kommandos ungetrübt erhalten zu haben (siehe Anhang 6).

Daß meine Organisation die richtige war, beweist zur Genüge, daß nicht ein Titel daran geändert ward, bis General Willisen die Bataillone theilte, wogegen die ganze Armee und der gesunde Menschenverstand von vornherein opponirten. Weder an dem Aushebungssysteme, noch an der Vertheilung der Waffengattungen, noch der Eintheilung in jeder Waffe hat Bonin gerührt. Er hat den Feldzug 1849 mit derselben Truppe, in derselben Stärke gemacht, welche ich ihm im September 1848 ablieferte. Daß auf das Aeußere der Truppen und ihr Exerciren mehr verwendet werden konnte, während sie im Winter 1848 auf 49 sechs Monate in Garnison lagen, statt wie unter mir auf Vorposten zu stehen, ist klar. Und ich werfe es Bonin vor, daß die Zeit zur taktischen Ausbildung der Truppen nicht genügend benutzt wurde. Beim Ausmarsche 1849 sahen dieselben nicht feldmäßig genug aus, was anders gewesen wäre, falls ich sie unter meinem Befehl behalten hätte.

Der größte Beweis für die Unwahrheit der Beschuldigung, welche die provisorische Regierung in ihrer Eröffnungsrede am 4. September gegen mich aussprechen ließ, liegt in ihrem darnach folgenden Benehmen.

Bonin übernahm also das Kommando der Armee; für die Administrativ-Verwaltung derselben war ein Kriegsminister ernannt, und dazu der Hardesvoigt Jacobsen auserwählt! Ein Mann von aufsprudelndem Patriotismus, der aber mit Militärsachen nie etwas Anderes zu thun gehabt hatte, als vielleicht in seiner frühern Stellung als Amtssekretär bei den Militär-Sessionen das Protokoll zu führen. Dieser improvisirte Kriegsminister sollte nun die Armee in einen, den gerechten Erwartungen entsprechenden Zustand setzen.

Man muß das Schreiben der provisorischen Regierung vom 19. August hier wieder berücksichtigen, welches die Nothwendigkeit der Trennung des Kommandos von der Administration hervorhebt, damit jede Branche mit gehörigem Eifer betrieben werden könne. Was war denn nun die Folge von dieser Personal-Aenderung? Nur die, daß die Herren Beseler und Reventlow den ihnen verhaßten, sie hemmenden kommandirenden General los wurden und statt dessen den ihnen bisher nach dem Munde sprechenden Bonin wieder bekamen, der aber bald nach ihrem spätern Wiedereintritt als Statthalter mit ihnen Streit bekam und ihnen, wenn auch nicht in demselben Maße wie ich, so doch unbequem wurde.

Sonst blieb aber Alles, wie ich es eingerichtet hatte. Die General-Intendantur und das Kriegsdepartement mit dem „un möglichen" General Krohn an der Spitze. Der fungiren sollende Kriegsminister Jacobsen hat mir mehrmals im Laufe des Winters bei den Debatten in der Landesversammlung ge sagt: „Um Gottes Willen helfen Sie mir doch aus dem Ge dränge, ich weiß wahrlich nicht, was ich den Leuten antworten soll!" Ich habe ihm jedesmal auch ehrlich beigestanden, obgleich die Versuchung groß war, über diesen Verbesserer an meiner mangelhaften Verwaltung herzufallen.

Es wird gewiß nicht eines eklatanteren Beweises für die Leerheit der Beschuldigungen bedürfen, die von der provisorischen Regierung gegen mich erhoben wurden. Im Lande war der Glaube gangbar geworden, daß ich die Trup pen nicht richtig geführt hätte. Dieß will ich auch in aller Kürze widerlegen.

Weßhalb ich in den letzten Tagen des März 1848 und er sten Tagen des April in Rendsburg bleiben mußte, habe ich weitläufig erörtert; ebenfalls daß Krohn der geeignetste Officier war, dem ich den Befehl übergeben konnte. Daß die Instruk tionen, welche er von mir erhielt, ihm freie Hand ließen, der Uebermacht zu weichen, dieß alles ist reiflich erörtert; daß der Rückzug von Bau und Flensburg, mit Ausnahme der Unge schicklichkeit des Majors Michelsen, wenn auch politisch eine Schlappe, so doch militärisch bei der Uebermacht der Dänen und ihrer vollständig organisirten Armee keine Niederlage ge nannt werden kann, ist einleuchtend. Für mich war dieser Rück zug ein Donnerschlag, weil mir dadurch die Unzuverläßigkeit der eigenen Kräfte klar vor Augen gelegt wurde; aber da bereits 10,000 Mann Preußen bei Rendsburg standen, so konnte der

Einmarsch der Dänen in das südliche Schleswig die einzige böse Folge sein. Ich hatte mit diesem Rückzuge nichts Anderes zu thun, als durch Anordnung desselben zu verhüten, daß General Krohn mit allen in Flensburg befindlichen Truppen gefangen genommen wurde. Konnten mir darüber Vorwürfe gemacht werden? Wem war es zuzuschreiben, daß die Schlacht bei Schleswig keine entscheidende ward? Dem General Wrangel! weil er mich nicht hören wollte. Wem verdankten wir, daß wir dieß Gefecht an demselben Tage beendeten und das Schloß Gottorf mit den beiden Hauptübergängen über die Schlei, sowie die Stadt Schleswig in unsere Gewalt bekamen? Mir! weil ich auf Wrangel nicht hörte! Die Beschützung der ganzen Bundesarmee gegen Norden hin in Jütland, ebenfalls später im Herzogthum Schleswig, das glückliche Gefecht bei Hadersleben und Christiansfeld, dieß Alles ist unter meiner Leitung zur besonderen Zufriedenheit des Oberbefehlshabers ausgeführt worden. Wenn der Oberbefehlshaber mir beständig bald eine Batterie, bald ein oder mehrere Bataillone entzog, so ließ sich natürlich mit den wenigen mir bleibenden Truppen keine großartige und künstlich taktische Bewegung ausführen, aber den mir vorgeschriebenen Zweck habe ich jedesmal erreicht; Weiteres darf von einem Untergebenen nicht gefordert werden.

Endlich ward mir sowohl von dem Lande als von der Armee vorgeworfen, ich habe die vaterländische Sache verlassen.

Daß ich dieß nie gethan habe, im Gegentheil einer der Wenigen bin, die konsequent geblieben wird die Folge dieser Aufzeichnungen darthun. Die Armee hatte am allerwenigsten Recht, sich über mich zu beklagen, sondern ich habe volles Recht zur Klage über sie. Denn hat Einer Tag und Nacht für sie gearbeitet und über Alles, was zu ihrem Vortheil sein konnte,

19

nachgedacht, so bin ich es gewesen. Daß der Armee nicht ge=
dient sein kann, einen Kommandanten zu haben, der von der
Landesregierung öffentlich bloßgestellt ist, während dieß von den
Vertretern des Landes so stillschweigend hingenommen wird, das
muß Jeder einräumen. Daß ich damals nicht, wie Bonin spä=
ter, mit einem Eklat das Kommando aufgab, sondern der Sache
halber lieber die Schuld auf mich nahm, und nur zum Fort=
fahren in der Ordnung und zu guter Kameradschaft ermahnte,
das liegt in meinem Charakter, der auf Aeußerlichkeiten wenig
Werth legt. Geschmerzt hat es mich genug, die Früchte meiner
Arbeit und den Lohn meiner Thätigkeit Anderen überlassen zu
müssen, während ich mich von meinen Kameraden mit dem Ge=
fühle, von ihnen verkannt zu werden, trennen sollte. Die Ueber=
zeugung, meine Pflicht erfüllt zu haben und meinen Grundsätzen
treu geblieben zu sein (nämlich meine Person in jeder Bezie=
hung gegenüber dem vaterländischen Interesse zurückgestellt zu
haben), dieß gab mir die Kraft und Ruhe, die unter solchen
Verhältnissen so nothwendig waren.

Zur Widerlegung der sogenannten Patrioten, welche mir
vorgeworfen haben, auch politisch die Sache der Herzogthümer
verlassen zu haben, nachstehende Aufklärung:

Am 9. September 1848 verließ ich Schleswig und traf mit
meiner Familie in Nienstädten bei Altona zusammen.

In Folge meines Schreibens vom 8. September erwachte
bei der Landesversammlung in Kiel eine Art Gefühl, daß
man mir doch wohl Manches zu danken habe; es ward mir
daher ein Dank votirt (Anlage 7) und zugleich an den Regie=
rungs=Commissarius die Frage gestellt, wie es sich damit ver=
halte, daß wider meinen Willen und mein Wissen der General
v. Bonin an die Spitze der Armee gestellt sei? Hierauf pro=

ducirte der Regierungs-Commissarius das gefälschte Protokoll aus der Regierungssitzung vom 23. August und die Landesversammlung beruhigte sich damit. Als ich dieß aus der Zeitung sah, schrieb ich einen Brief an den Präsidenten der Landesversammlung, Herrn Bargum, in welchem ich die Sache im wahren Lichte darstellte und ihn bat, diesen Brief der Versammlung vorlesen zu wollen. Hierauf bekam ich anliegendes Schreiben vom Präsidenten (siehe Anlage 8).

Also hier ward der Sachbestand dem Publikum vorenthalten.

Kurze Zeit darauf kehrte ich nach Noer zurück und bekam einen Antrag von dem Wahldistrikt Hohn, ihn in der Landesversammlung vertreten zu wollen. Die ganze Procedur mit der neuen Verfassung stand vollkommen im Widerspruche mit der Proclamation der provisorischen Regierung vom 27. März und erschien in sich albern; denn was will eine Verfassung bedeuten, welche nicht vom Landesherrn gegeben oder anerkannt ist? Wozu auch diese Veränderung, da wir in der vereinigten Provinzial-Ständeversammlung Alles hatten, was noth that, und viel mehr hatten als in dieser Neuerung? Daß bei'm Friedensschlusse die neue Verfassung über Bord geworfen werden würde, war selbstverständlich. Die Vereinigung der beiden Provinzial-Versammlungen wieder aufzuheben, würde nicht leicht gewesen sein, erstlich weil seit ihrer Errichtung 1834 beide Versammlungen stets in jeder Diät auf Vereinigung angetragen hatten; zweitens weil die beiden dänischen Versammlungen in der Zwischenzeit zu einer gemeinschaftlichen Versammlung sich umgestaltet hatten. Mir war daher diese ganze Sache zuwider und ich schrieb darum an den Wahldirector Justizrath Brockenhuus, daß ich für das Anerbieten sehr verbunden sei, aber bäte, daß man mich nicht wählen wolle, indem ich jetzt lieber ganz außerhalb einer öffentlichen Thätigkeit zu bleiben wünsche. Der Postbote war noch nicht fort, als zwei konservative Mitglieder der Landesversammlung zum Besuch zu mir kamen und mich baten, um Alles in der Welt doch die mir angebotene Wahl anzunehmen. Um die Mehrheit in der Versammlung ihnen zu erhalten, müsse keine einzige Stimme aufgegeben werden, und wenn ich nicht acceptirte, dann würde ein Ultraliberaler gewählt werden u. s. w. Wenn ich Schaden verhüten konnte, dann war ich ja bereit, meine Neigung aufzugeben, und schrieb daher jetzt einen Brief im entgegengesetzten Sinne. Meine Wahl zum Landtagsabgeordneten war die Folge. In dieser Eigenschaft nahm ich meinen Platz ein, aber an den Debatten habe ich mich nie betheiligt; bloß, wie oben schon bemerkt, habe ich einige Male den Kriegsminister Jacobsen unterstützt.

Als sich im Frühjahr 1849 die Herzogthümer mit fremden Truppen füllten, ward meinen Gütern das Loos, eine Abtheilung der durch den Herzog von Coburg befehligten Brigade als Einquartierung zu bekommen. Die wilde Schaar, in der weder Dienst noch Ordnung, noch Gehorsam zu Hause war, überzog den dänisch=wohlber Güterdistrict wie die Heuschrecken. Unser Distrikts=Deputirter kümmerte sich um nichts. Der Herzog und sein Stab mit dem besten Willen, aber ohne Kenntniß der Lokalitäten und bestehenden administrativen und gesetzlichen Verhältnisse, fanden in der Civilbehörde gar keinen Rathgeber und Beistand: also war in der That unter Berücksichtigung der beständigen Aufwiegelung der Gutsuntergehörigen gegen die Gutsherrn seitens der Demokraten es nothwendig, daß eine Autorität in einem so großen Areal als demjenigen meiner Güter an Ort und Stelle blieb. Dazu kam nun noch, daß mein Gutsverwalter zum Militärdienst ausgehoben wurde. Ich gab eine Vorstellung an die Statthalterschaft um seine Befreiung ein, da ja die ganz besonderen Verhältnisse vorlagen, daß ich als Abgeordneter den Sitzungen der Landesversammlung beizuwohnen hatte, demnach persönlich abwesend sein mußte und meine Güter so ohne Aufsicht blieben. Dieser Antrag scheint aber wieder eine erwünschte Gelegenheit für Graf Reventlow gewesen zu sein, mir etwas zuwider thun zu können; denn umgehend erhielt ich die abschlägige Antwort; also blieb mir nur die Wahl übrig, entweder meine Zeit nutzlos in der Landesversammlung zu versitzen, oder solche zu verlassen, um Unordnung und Unfug auf meinem Gutsdistrikte zu verhüten. Ich glaubte dies Letztere vorziehen zu müssen. Ich sandte meine Entlassung als Abgeordneter an den Präsidenten der Landesversammlung und schickte zugleich an den Wahldirector meines Wahldistricts ein meinen Rücktritt erläuterndes Schreiben, welches im Wahlkollegium vorzulesen ich ihn ersuchte. Dieser gute Mann gehörte zu den ängstlichen Leuten der Zeit, und schrieb mir zurück, ich möge doch nicht von ihm verlangen, daß er diese Auseinandersetzung veröffentliche, denn er habe bereits einen schweren Stand und würde diesen vielleicht dadurch noch schwieriger machen.

Also aus Rücksicht für die Sache und für Personen blieben dem Publicum die Gründe meines Rücktritts sowohl aus der Armee, aus der provisorischen Regierung als auch aus der Landesversammlung vorenthalten und ich war so den Anklagen meiner Widersacher ohne Vertheidiger gänzlich preisgegeben.

Mich selbst hat dies freilich niemals davon abgehalten, das zu thun, wozu ich mich gegen das Vaterland verpflichtet hielt; aber die Achtung und Anhänglichkeit an die Bewohner desselben mußte allerdings sehr darunter leiden.

Ich will hier gleich fortfahren, die Schritte anzuführen, welche ich theils für mich selbst, theils fürs Land gethan habe, damit der Leser nicht genöthigt werde, immer wieder auf meine Person zurückzukommen.

Im Herbst 1849 begleitete ich meinen Sohn, der seine Reise nach Australien und Indien antrat, nach England, wo er sich einschiffen wollte. In London begegnete mir eines Tages auf der Straße der derzeitige dänische Gesandte Graf Fritz Reventlow. Er hat wahrscheinlich geglaubt, daß ich nach England gekommen sei, um dort für die Sache der Herzogthümer zu intriguiren, denn wenige Tage darauf erschienen in den Times und im Morning-Chronicle einige ganz exorbitante Artikel gegen mich. Die Lügen des Herrn Wegener waren hier in ihrer Quintessenz auf mein Haupt concentrirt. Alles, was jener gegen meinen Bruder und mich erdichtet hatte, war von dem dänischen Gesandten, der rücksichtlich seiner Phantasiebilder dem Wegener nicht nachstand, mir allein aufgebürdet. Was dieses Individuum sowohl als Privatmann als auch in seiner amtlichen Stellung sagte, konnte mir nun freilich sehr gleichgültig sein; aber gleichgültig war mir nicht, was die englische Presse dem englischen Publicum über mich vorlog. Ich schrieb daher den angelegten Brief an die Königin von England, in welchem ich bat, eine Commission zu ernennen, vor welcher ich mich wegen der in den öffentlichen Blättern gegen mich gemachten Beschuldigungen rechtfertigen könne mit dem Erbieten, mich jedem Ausspruch derselben zu fügen (siehe Anl. 9). Gleichzeitig schrieb ich an den derzeitigen Staatssecretär der äußeren Angelegenheiten, Lord Palmerston, gab ihm die Papiere an, welche er in Kopenhagen sich erbitten möge, aus denen ich das Lügengewebe der Dänen zu beweisen vermöge und äußerte dabei auch, daß durch diese Untersuchung mancher dunkle Punkt

in der schleswig = holsteinischen Angelegenheit aufgeklärt werden
könne. Die Königin von England, vom alten Blut der Guelfen,
ging darauf ein, dem Unterdrückten zu seiner Rechtfertigung
zu verhelfen, und ließ ihren Staatssecretär der äußeren Ange=
legenheiten durch ihren Ministerresidenten in Kopenhagen, Sir
Henry Wynn, um die angegebenen Correspondenzen bitten. Sir
Henry war von Natur ein Dummkopf, war seit mehr als 25
Jahren in Dänemark und dadurch ganz zum Dänen geworden.
Daß ein solches Subject den Dänen gegenüber nichts vermochte,
war einleuchtend; er mußte also an Lord Palmerston zurück=
schreiben, daß, falls ich mich vor Gericht stellen wollte, ich ein
solches in Kopenhagen finden würde, und die dänische Regierung
sich daher nicht bewogen fühlte, die gewünschten Papiere aus=
zuliefern. Dies hätte jeder vernünftige Mensch dem Lord Pal=
merston vorhersagen können, daß, wenn er unter Angabe des
beabsichtigten Zweckes in einem im gewöhnlichen Depeschenstyl
geschriebenen Ministerialschreiben an den bornirten Sir Henry
Wynn diese Zumuthung stellte, sie nur abschlägig beantwortet
werden würde. Aber Palmerston denkt immer nur an sich,
also war es ja ganz unter seinem Horizonte, sich anders um
diese Sache zu kümmern, als indem er irgend einem Kanzellisten
aufgab, in gewohnter Weise die Depesche auszufertigen. Ich
erhielt demnächst das (Anlage 10) angelegte Schreiben des edlen
Lords und mußte mich damit begnügen, wenigstens bei der
Königin die Ueberzeugung festgestellt zu haben, daß ein Mann,
der um einen Richterspruch bittet, nach seiner Ueberzeugung
richtig gehandelt haben muß. Dieß hat Ihre Majestät auch
festgehalten und ich habe Allerhöchstihrer Protektion später viel
zu verdanken gehabt.

Mein konservativer Sinn konnte sich indessen nicht darein

finden, daß ich vor der Welt in dem Lichte eines Revoltanten dargestellt sei. Ich setzte daher im Jahre 1851 eine Eingabe an den wieder ins Leben getretenen Bundestag auf, worin ich bei demselben darauf antrug, daß ein Fürstengericht ernannt werde, vor welchem ich mich gegenüber den Verläumdungen meiner Feinde reinigen könne. Meinem Bruder theilte ich diesen meinen Wunsch mit und ward von ihm, aus welchen Gründen weiß ich nicht, angelegentlichst gebeten, dieses Vorhaben aufzugeben oder wenigstens aufzuschieben.

Im Frühjahr 1850 war ich mit meiner Familie nach Gräfenberg gegangen, um unter der Leitung des verdienstvollen Priesnitz meine durch Arbeit und Aerger ruinirte Gesundheit wieder herzustellen.

Im Herbst 1851 ging ich auf einige Monate nach Berlin, wo der Geheimrath Langenbeck glaubte, meiner Frau die Bewegung ihrer durch Gichtschmerzen unbeweglich gewordenen Glieder wieder geben zu können. Während dieses Aufenthaltes hatte ich volle Gelegenheit zu erfahren, wie wankelmüthig der König Friedrich Wilhelm IV. nicht allein in seiner Politik, sondern auch in seiner persönlichen Freundschaft war. Im Winter 1852 ging ich nach London, wohin mein von seiner Reise zurückgekehrter Sohn gekommen war, um die Universität Cambridge zu beziehen. In England erhielt ich im März 1853 aus dem Altonaer Merkur die Kunde von dem Vergleiche meines Bruders mit dem Könige von Dänemark, und da seine Söhne nicht wohl gegen den Vater protestiren konnten, so lag mir die Pflicht ob: gegen den Londoner Traktat sowohl als gegen den Vergleich des Herzogs Protest einzulegen. Dieß that ich ganz zufällig abermals an dem verhängnißvollen 24. März, indem ich beim englischen Premierminister ein Schreiben niederlegte, in welchem ich erflärte, daß der Londoner Traktat keine Gültigkeit haben könne, weil er ohne Zuthun und wider den Willen der Erbberechtigten geschlossen worden sei und ich mir daher meine Rechte ungeschmälert vorbehalte. Das in der Anlage 11 befindliche Antwortschreiben des Lords Aberdeen bescheinigt, daß er als Premierminister diesen Protest dem Secretair der äußeren Angelegenheiten überliefert habe. Derselbe befindet sich also jetzt im Archive dieses Ministeriums.

Während meines Aufenthaltes in England war mir darüber kein Zweifel geblieben, daß die ganze Behandlung der schleswig-holsteinischen Angelegenheit seit dem Waffenstillstande von Malmoe ein Spiel der russischen Diplomatie geworden war und daß Preußens Verrath an der Sache durch russischen Einfluß auf den jetzt ziemlich ans Licht gebrachten Manteuffel bewirkt worden sei. Der Londoner Traktat aber hat statt die Sache zu vereinfachen, sie geflissentlich nur rechtlich noch mehr verwickelt, um die Herzogthümer und mit ihnen Dänemark schließlich in russische Hände zu spielen. In meinem Proteste, den ich sowohl dem Könige von Dänemark als dem dänischen Reichstage übersandte (siehe Anlage 12) machte ich daher die beiden Bedingungen für meine eventuelle Einwilligung, daß die Herzogthümer ihre frühere administrative Vereinigung wieder gewönnen und daß Rußlands und Dänemarks Kronen niemals ein und dasselbe Haupt bedecken dürften.

Die Folge hiervon war selbstverständlich meine konsequente Verfolgung seitens der russischen Diplomatie bis zur Stunde, und viele Unannehmlichkeiten, die ich in der geselligen Stellung erfahren mußte; doch dieses ist leichter zu tragen als die vielen Uebel, welche das Exil begleiten.

Als im Jahre 1857 die holsteinische Ständeversammlung

im Monat August zu keinem Resultat kommen konnte, namentlich aber mit keinem Wort des Herzogthums Schleswig erwähnte, hielt ich es für nöthig, daß doch eine Stimme sich für das alte Recht der Herzogthümer erhöbe und gab daher angelegtes Memorandum beim östreichischen Ministerium des Aeußern ein (siehe Anlage 13), wofür mir eine anerkennende Kundgebung zu Theil ward.

Nach diesen Angaben frage ich, ob mir mit Recht vorgeworfen werden kann, daß ich auch nur einen Augenblick der vaterländischen Sache abtrünnig geworden wäre? Allerdings glauben Manche, daß, weil ich bald in England, bald in Deutschland, bald in Frankreich lebte, es mir leicht sein müsse, die Abwesenheit von der Heimat zu verschmerzen. Freiwillig reisen und gezwungen reisen, das ist ebenso verschieden als leben und leben. Man kann in Luxus und Freuden leben und man kann ohne Vergnügungen und beschränkt leben. Besonders ist es aber für Jemanden, der sein ganzes Leben an bestimmte Beschäftigung gewöhnt war, ein hartes Schicksal, sich außerhalb eines bestimmten Geschäftes zu befinden. Ohne Scheu behaupte ich daher, daß Keiner mehr als ich für die schleswig-holsteinische Sache geopfert hat und Keiner mit mehr Undank von den Herzogthümern behandelt worden ist als ich.

Mit Recht kann ich hier die Worte des Freiherrn von Stein (Perß, Leben Stein's, II. Theil pag. 602) auch für mich in Anspruch nehmen:

„Zu den wohlthätigen Künsten, die die glückliche mit dem 4. Mai 1789 beginnende Epoche zu einem hohen Grad von Vollkommenheit gebracht hat, gehört die Kunst der Verläumdung. Ist man als eines ihrer Opfer bezeichnet, ist es einmal festgestellt, man müsse verläumdet werden, dann kommt es nicht auf verflossenes Leben, behaupteten Charakter, Wahrscheinlichkeit der Beschuldigungen an, sondern nur darauf, ob die angestellten Anklagen dem vorgesetzten Zwecke entsprechen; dann läßt man die Maschine spielen. Es bedarf nur dreister Versicherungen, unverschämter Behauptungen, in kurzer Zeit ist die Meinung allgemein verbreitet, herrschend; die Feinde sind thätig, der große Haufen boshaft, leichtgläubig; die Freunde sind unter dem Scheine der Unparteilichkeit niederträchtig, — sie schweigen, wo sie fest auftreten sollten; zuletzt geht einer nach dem andern zu der Gegenpartei über aus lauter reinem Eifer für das Gute, Pflicht- und Zartgefühl. Alle Leidenschaften, die man in seinem ganzen langen Leben beleidigt, alle Anmaßungen, die man gekränkt, — leben nun auf; alle wollen den Tag der Rache feiern und von dem Fett des Opfers schmausen!"

Nachtrag.

XIX.
Die Kriegführung des Jahres 1849.

Es kann Niemanden wundern, wenn ich über die Schicksale des Landes, dessen Rechte und Interessen ich zu vertheidigen bemüht war, und der Armee, deren Schöpfer ich gewesen,
meine Ansichten ausspreche und daran einige Reflexionen knüpfe.
Mit dem 9. September 1848 habe ich die erste Abtheilung
dieser Blätter geschlossen und nehme den Faden zu der Zeit
wieder auf.

Die provisorische Regierung, hocherfreut darüber, ihren
Todfeind los geworden zu sein, wollte nun die Komödie noch
etwas fortspielen und übergab temporär dem General v. Baudissin den Befehl der Armee, obgleich Wrangel ihn dem General
v. Bonin zugetheilt hatte. Dies war um so lächerlicher, da
Baudissin als nicht für ein selbstständiges höheres Kommando
geeignet in der schleswig-holsteinischen Armee bekannt war. Also
General Baudissin im Kommando und Hardesvoigt Jacobsen
in der Armee-Administration, das waren die beiden Geister,
die meine Versäumnisse gut machen sollten! Bonin spielte seine
Rolle auch fort und kam am 24. September, wie schon gesagt,
zu mir, um mich zu Rathe?! zu ziehen, ob er den Befehl

der Armee übernehmen solle. Die provisorische Regierung be=
zweckte aber noch etwas Anderes mit dieser Zögerung. Es
war ihr darum zu thun, die Zügel so lange als möglich in
Händen zu behalten; ja sie hoffte noch immer den Waffenstill=
stand in Frankfurt für nichtig erklärt zu sehen. Dazu war
Olshausen nach seinem Austritte aus der provisorischen Re=
gierung (mit derselben näher verabredet) nach Frankfurt geeilt;
ferner ward von allen Anhängern der provisorischen Regierung
im Lande mit Eifer geprebigt, der Waffenstillstand sei ein Ver=
derben, Preußen habe uns verrathen, und überall wurde den braven
preußischen Truppen Unfreundlichkeit und Undank gezeigt. Selbst
General v. Wrangel zog es vor, bei Nacht und Nebel von
Schleswig nach Altona mit Postpferden zu fahren und nicht die
Eisenbahn zu benutzen, weil man daselbst Anstalten getroffen
haben sollte, ihn zu insultiren. Ja es ist sehr die Frage, ob
nicht die Ermordung Auerswald's und Lichnowski's durch diese
Hetzungen der provisorischen Regierung veranlaßt wurde.

Bei solchen preußenfeindlichen Aufregungen würde es in=
konsequent gewesen sein, einem preußischen General gleichzeitig
das Kommando der Armee zu übergeben, um so mehr da diese,
repräsentirt durch das 2. Bataillon, das in Rendsburg in Gar=
nison lag, sich sehr unzufrieden über meinen Rücktritt zeigte.
Erst als am 16. September die Nationalversammlung dem
Waffenstillstand ihre Zustimmung gegeben hatte, hörte dieser
Widerstand auf oder beschränkte sich nur auf kleine Zänkereien
über die Ausführung desselben.

Nun konnte also Bonin ernannt werden, und bei Gelegen=
heit einer bald von ihm unternommenen Inspektionsreise nach
den verschiedenen Kantonnirungsorten der Armee ward der Be=
fehl erlassen, ihn auf alle mögliche Weise zu feiern. Von den

Truppen, mit Ausnahme des 9. (v. d. Tann'schen) Bataillons, ward er aber kalt empfangen.

Im Laufe des September hatte der unermüdliche Krohn das letzte unter mir noch nicht eingekleidete Jägercorps ausgerüstet und die fehlenden Tornister bei zwei anderen Bataillonen voll= ständig angeschafft; also würde eigentlich nach dem Gedanken= gang der provisorischen Regierung dem General v. Baudissin der Ruhm gebühren, die Armee organisirt und ausgerüstet zu haben. Doch derselbe hat dieß ebensowenig prätendirt, als Bonin es sich in Wort und Schrift angemaßt hat.

Ich hatte während des Feldzuges von 1848 deutsches Com= mando und das preußische Exercirreglement eingeführt; also auch dieß zu thun blieb nicht meinem Nachfolger vorbehalten. Das Eine und Wenige, welches noch zu thun blieb, war, die verschiedenen Jahrgänge der Soldaten in den Bataillonen zu egalisiren. Dies war allerdings eine langwierige Arbeit, aber sie konnte im Bureau ohne Zuthun des Generals ausgeführt werden. Die älteren Leute wurden nun beurlaubt, um die neu eingetretenen Rekruten desto besser durchzuarbeiten und doch Kosten zu ersparen.

So verging der Herbst und Winter bis die Kündigung des Waffenstillstandes am 26. Februar die Einberufung der ganzen Stärke bei allen Truppentheilen veranlaßte.

Im Verlaufe des Waffenstillstandes wurden mehrere Batterieen hergestellt und auch die reitende Batterie organisirt; aber die Armee ward durch Entlassung mancher höheren schleswig=hol= steinischen Officiere und Armeebeamten aus einer schleswig= holsteinischen Armee in eine mehr preußische umgewandelt und für die Heranbildung junger eingeborener Officiere n i c h t s gethan.

Man kann überhaupt den General v. Bonin nicht von dem Vorwurfe freisprechen, daß er der Armee eine Gestaltung gab, die mit ihm fiel, wenn er sie verließ. Es dürfte daher hier am Orte sein, meine Ansicht über seine wahrscheinlichen Motive auszusprechen.

Bonin ist ein ehrgeiziger Mann, der von Vermögen ent= blößt, wohl weiß, was ein großes Gehalt für einen Werth hat, und daß man sich Einfluß und Renommée verschaffen muß, um beständig ein solches zu beziehen. Man muß jedoch aufs Bestimmteste anerkennen, daß er von allen preußischen Generalen, die in den Herzogthümern waren, der Einzige ist, der wirklich für ihre Sache sich interessirt hat. Dafür sei ihm ein auf= richtiger Dank und unbedingte Anerkennung ausgesprochen. Man darf es ihm deßhalb nicht zu viel vorwerfen, wenn er diese Sache ausbeutete, um für seine künftige Stellung zu wirken. Mit einem scharfen, schlauen Verstande begabt, sah er sofort im April 1848 ein, daß, indem er der Sache der Herzog= thümer sich hingab, er sich in Deutschland einen guten Namen mache. Im Herbste desselben Jahres war es ihm klar, daß wenn er den Oberbefehl der Bundestrupen übernahm, er nicht in die holsteinische Armee eintreten könne, sondern nur das Kommando derselben übernehmen dürfe unter besonderer Be= willigung und auf Befehl des Königs von Preußen; denn dann führte er den Befehl über 20,000 Mann, also, wenn er dieses aufgab, konnte man ihm nicht weniger als eine Division geben, und geben mußte man sie ihm, denn er war auf aller= höchsten Befehl im aktiven Dienst vor dem Feinde gewesen, und nur auf allerhöchsten Befehl würde er diese Stellung haben aufgeben müssen.

Hier trat aber wieder die Dummheit der provisorischen Re=

gierung hell zu Tage, die Armee ihres eingebornen Befehls=
habers, der sich ganz der Landessache hingegeben und geopfert
hatte, durch kleinliche Intriguen zu berauben und ihr einen
Fremden von fremdem Willen abhängigen zu geben, der jeden Au=
genblick mit oder gegen seinen Willen ihr entzogen werden konnte.

Nach vielem Hin= und Herreden und =Schreiben kam end=
lich die sogenannte gemeinsame Regierung zu Stande und das
Land ward von der provisorischen Regierung befreit, deren Ver=
fügungen und Anordnungen einander stets widersprachen, in=
dem Alles mehr oder weniger wieder auf die früheren Verhält=
nisse zurückgeführt ward. Man kann mit Recht der gemeinsa=
men Regierung es nachrühmen, daß die Herzogthümer unter
ihrer Leitung es glücklich empfanden, ganz selbstständig ohne
fremden Einfluß regiert zu werden.

Zur Durchführung des von Beseler und Reventlow ange=
legten Planes, nach der Beendigung des Waffenstillstandes wie=
der die Regierung der Herzogthümer an sich zu reißen, ging
Letzterer nach Frankfurt, um mit seinem Universitätsfreunde,
Heinrich v. Gagern, die Intrigue auszuspinnen, die ihnen bei
der Indolenz, politischen Ungebildetheit und Befangenheit der
Bewohner der Herzogthümer und besonders der Mitglieder der
sogenannten Landesversammlung auch wirklich gelang.

Am 24. März 1848 waren die beiden Obengenannten die
erwählten Bewahrer der Rechte der Herzogthümer. Man hatte
damals durchaus keine Erfahrung von ihrer Befähigung, und es
war in dem Augenblicke auch keine Zeit zu verlieren, also mußte
zugegriffen werden, wie die Verhältnisse eben standen. Ganz
anders gestalteten sich jetzt die Umstände. Die Erfahrung von
sieben Monaten mußte den Leuten gezeigt haben, daß ihnen
die Eigenschaften fehlten, welche die schwierigen Verhältnisse

erheischten. Es konnte folglich blos das Resultat einer über=
mäßigen Selbsttäuschung wie eines unbeherrschten Hochmuths
sein, welches diese beiden unbedeutenden Männer dazu anspornte,
sich dem Lande aufzubrängen und dadurch zu veranlassen, daß
die Absicht, einen deutschen regierenden Fürsten an
die Spitze der Herzogthümer zu stellen, vereitelt
ward. Die selbstständige Leitung ihrer politischen Verhältnisse
war den Herzogthümern längst entzogen; aber einen ganz an=
dern Anstrich hätte ihre Sache bekommen, wenn statt zweier
Mitglieder der mehr oder weniger nicht gern gesehenen provi=
sorischen Regierung ein regierender Fürst sie gleichsam legitimirt
hätte. Zwar nannten die beiden Mitglieder der bestellten
Statthalterschaft sich Jeder einzeln Statthalter Beseler und
Statthalter Reventlow (man möchte fragen, ob der Eine ein
negativer, der Andere ein positiver sein sollte, oder welcher Per=
sonen Stelle der Eine oder der Andere einnahm), aber durch
solche Geckerei konnten sie doch blos den Leuten imponiren, die
entweder gar keinen Begriff von politischen Stellungen haben,
oder solchen, die durch ihre persönlichen Beziehungen zu den
Herren Statthaltern etwas zu erreichen hofften. Außerhalb der
Grenze der Herzogthümer war die Statthalterschaft ein Kol=
legium, dem man bekanntlich viel mehr bieten kann, als einer
einzelnen Person, und Dänemark gegenüber war es eine Be=
leidigung, zwei Individuen, die Mitglieder der provisorischen
Regierung gewesen waren, deren Entlassung Dänemark als erste
Bedingung eines Waffenstillstands gefordert hatte, jetzt wieder
mit der Regierung in den Herzogthümern zu beauftragen. Wenn
Herr v. Gagern keine andern Verstöße gemacht hätte, so war
dieses Machwerk zu dem Beweis genügend, daß er jeder höhern
politischen Einsicht entbehrte.

Es waren also jetzt die beiden Leute wieder an's Ruder ge=
kommen, welche schon einmal die gerechte Sache der Herzogthü=
mer an den Abgrund gebracht hatten, welche jetzt sie vollends
ihrem Verderben zuführen sollten. Je weniger von ihnen ge=
redet wird, desto besser; deßhalb wende ich mich blos zu der
Führung des Krieges.

Nach Kündigung des Waffenstillstandes ward die schleswig=
holsteinische Armee unter die Waffen gerufen und begann Mitte
März 1849 ihren Marsch nach dem nördlichen Schleswig in
der Stärke, Eintheilung und Organisation, wie sie am 9. Sep=
tember 1848 abgeliefert worden war.

Die deutsche Centralgewalt wollte diese Gelegenheit benutzen,
um zu erfahren, in wie weit die deutschen Fürsten ihrer Auf=
forderung Folge leisten würden, und schrieb eine Armee von
80,000 Mann aus, die gegen Dänemark marschiren sollte.
Oesterreich entschuldigte sich mit dem Kriege in Ungarn und
Italien; alle übrigen Bundesstaaten erfüllten mit Eifer ihre
Verbindlichkeiten.

Zu den Feldherrn=Eigenschaften des Generals v. Wrangel
hatte man kein großes Vertrauen gefaßt, auch war er der Lin=
ken in Frankfurt sehr verhaßt, weil er dem Berliner Unfug
ein Ende gemacht hatte. Die Centralgewalt richtete daher ihr
Augenmerk auf den König von Würtemberg, um ihm den Ober=
befehl des Bundesheeres anzubieten. Dieser war, wie man
sagt, auch nicht abgeneigt, den Oberbefehl zu übernehmen.
Statt nun ohne Weiteres Se. Majestät den König von Wür=
temberg zum Bundes=Oberbefehlshaber zu ernennen, beging Herr
v. Gagern den Fehler, erst in Berlin es anzuregen, daß es
wohl nöthig sei, zur Ernennung des Oberbefehlshabers zu schrei=

ten. Das Berliner Kabinet antwortete hierauf, daß es ganz derselben Ansicht sei, und deßhalb den General v. Prittwitz dazu ernannt habe.

Dadurch ward die Kriegsführung wieder in Rußlands Hände gelegt, indem es dem Oberbefehlshaber von preußischer Seite zur unabweislichen Pflicht gemacht ward, die Dänen auf dänischem Boden nicht anzugreifen. Trotz aller Mahnungen und Befehle von Frankfurt führte daher General v. Prittwitz keinen schlagenden, sondern einen schiebenden Krieg mit 80,000 gegen 30,000 Mann, der selbstverständlich bei der geographischen Beschaffenheit Dänemarks mit Nichts enden konnte.

Es sind dem General v. Prittwitz sehr harte Beschuldigungen über seine Operationen gemacht worden; ich meinerseits werfe ihm vor, daß er ein solches Kommando, welches ihn unter zwei Herren stellte, unter den gemachten Bedingungen annahm. Hatte er's aber einmal gethan, dann konnte er nicht anders handeln, als er that; und es war wieder ein unkluger und undankbarer Streich der Herren Reventlow und Beseler, ihren Einfluß dazu zu benutzen, um dem General v. Prittwitz die Abreise aus den Herzogthümern unangenehm zu machen.

Dem Bundes-Oberbefehlshaber war es von seinem eigenen Kriegsherrn vorgeschrieben, die Dänen nur auf dem Gebiete der Herzogthümer ernstlich anzugreifen, auf dänischem Gebiete aber nur gegen sie zu manövriren. Durch die Voreiligkeit des Generals v. Bonin ward vereitelt, daß man die dänische Armee innerhalb der Grenzen der Herzogthümer concentrirt finden und mit Uebermacht schlagen konnte. Eine alte Animosität, welche zwischen den beiden Generalen herrschen sollte und die angebliche Härte, die darin liegen sollte, daß man dem General Bonin jetzt den Oberbefehl über die Bundestruppen

entzog, den er mit aller Anerkennung während des Waffenstill=
standes geführt habe, wurde öffentlich besprochen und dem Pu=
blikum aufgetischt, um gewissermaßen eine Entschuldigung dafür
zu bringen. Was aber in Wirklichkeit Bonin zu seinem Ver=
fahren bestimmte, das war der Wunsch, wo möglich einige Lor=
beeren für sich allein zu gewinnen, und sein Bestreben, seinen
Namen vor das Publikum zu bringen als den eines Mannes,
der allein eine kräftige Kriegführung einzuleiten wisse oder Wil=
lens sei, sie einzuleiten.

Wie denn nun einmal es in der Welt sich gestaltet, jeder
Mensch, der Sporen trägt, glaubt reiten zu können, obgleich es
unter tausend Reitenden nur Einen Reiter gibt; so glaubt jeder
Mensch militärische Operationen beurtheilen zu können, obgleich
von Tausenden kaum Einer auch nur eine Idee davon hat,
was sie erfordern und worin sie bestehen. Man beurtheilt ge=
wöhnlich nach dem Ausfalle der Details den Plan und die
Oberleitung, wie gerade in diesem Falle man Prittwitz vorwirft,
was Bonin verschuldet hat. Hätte Bonin, statt in Sundewitt
sich auf eine ungeschickte Art mit den Dänen einzulassen und
von Norden her ihnen das Vorrücken zu erschweren, sich ganz
ruhig nach Flensburg und von dort auf Schleswig zurückgezo=
gen, dann hätte Prittwitz die gesammte dänische Armee bei Flens=
burg angreifen können, der ganze Feldzug und das Schicksal der
Herzogthümer würde sich anders gestaltet haben, wenn auch im
zweiten Jahr eine Niederlage die Dänen aus dem Herzog=
thum Schleswig vertrieben hätte.

Auf die einzelnen Gefechte will ich später wieder zurückkom=
men und vor der Hand erst die allgemeine Sachlage betrachten.

General v. Prittwitz trat am 24. März 1849 den Ober=
befehl über sämmtliche in den Herzogthümern befindliche Trup=

pen an. Es sollte sich also von selbst verstehen, daß von dem Tage an keine Bewegung, welcher Art sie sei, ohne seine Bewilligung vorgenommen würde. Ob Prittwitz hier gleich stark genug aufgetreten ist und den verschiedenen Korpsbefehlshabern bestimmt befohlen hat, seine Instruktionen abzuwarten oder ihre Meldungen mit beigefügten Vorschlägen oder Bemerkungen zu versehen, ist nicht bekannt. Ob überhaupt der Oberbefehlshaber mit mehr Einsicht in die politischen Beziehungen den Befehl der Armee angetreten hat, als Wrangel, ist nicht entschieden, aber von einem so wissenschaftlich gebildeten Militär, der unter einem so anerkannt tüchtigen General als Bülow seine Schule in den Jahren 1813, 14 und 15 gemacht hat, muß man voraussetzen, daß er mit allen Verhältnissen sich näher bekannt gemacht und einen Feldzugsplan entworfen hatte u. s. w.

General v. Bonin stand mit den schleswig-holsteinischen Truppen nördlich von Flensburg. Es wäre das Natürlichste gewesen, daß der Oberbefehlshaber sich sofort nach Schleswig begeben, dorthin die verschiedenen Divisions- und Korpskommandanten, wie auch den General Bonin beschieden, ihnen seinen Plan mitgetheilt und auf solche Weise Einheit in die Operationen gebracht hätte. Dieses geschah aber nicht, sondern man ließ den General v. Bonin auf eigene Hand operiren, bis der Oberbefehlshaber in Flensburg mit der Avantgarde der Bundesarmee ankam; da war die Sache aber schon verdorben; denn nun zogen sich die Dänen theils nach Alsen, theils über die nördliche Grenze Schleswigs auf dänisches Gebiet zurück, wo sie, wie sie von Rußland aus die genaueste Kenntniß erlangt, keinen Angriff zu befürchten hatten.

Dem General v. Prittwitz kann, wie gesagt, vorgeworfen werden, daß er nicht entschieden genug auftrat, welches bei einer so bunt zusammengesetzten Armee durchaus erforderlich war, deren Unterabtheilungen zum Theil von improvisirten Generalen, denen wieder Dilettanten = Generalstabsofficiere zur Seite standen, geführt wurden. Ueberhaupt dürften künftige Bundes=Armeekommandanten sich manche gute Lehre aus den Erfahrungen der Generale v. Wrangel und v. Prittwitz holen und mit einer tüchtigen Instruktion über Dienst = und Rangverhältnisse unter den Korpskommandanten und mit näheren Bestimmungen über gewöhnliche Dienstverrichtungen anfangen, sonst wird es immer heißen: „Bei uns gilt dieß und das!" u. s. w., und unter diesem Deckmantel thut Jeder, was ihm gerade gefällt. Wenn dagegen von dem Gesichtspunkte ausgegangen wird: hier muß Alles nach Einer Pfeife tanzen, und nur ein paar Mal die höchsten Officiere recht ordentliche Verweise für Uebertretungsfälle bekommen, dann geht die Maschine von selbst.

Also Prittwitz ließ Bonin gewähren. Was that dieser? Nach einem weitschweifigen officiellen Berichte, den er der Statthalterschaft vorlegte, wollte er in Sundewitt Napoleons Kriegführung in Frankreich im Jahre 1814 nachahmen, und bald die von Alsen, bald die von Jütland eindringenden Dänen niederwerfen. Der kommandirende General der schleswig=holsteinischen Truppen hat schwerlich viel über jenen Feldzug gelesen, sonst würde es ihm klar geworden sein, daß nicht Napoleons Talent darin leuchtete, sondern daß die ungeschickte Führung seiner Gegner ihm die Vortheile in die Hand gab, welche die Einnahme von Paris und den Sturz seines Thrones so lange hinhielten, den Alliirten aber unendlich viele Menschen kosteten. Er würde ferner aus Napoleons eigenen Aeußerungen gesehen haben, daß dieser das südlich vom Po gelegene Italien als für strategische Bewegungen viel zu schmal erklärte, und aus dieser Erklärung

die Folgerung gezogen haben, daß das nur 7 Meilen breite,
von einer einzigen Chaussée durchzogene Schleswig sich vollends
zu solchen Bewegungen nicht eignete, als diejenigen, zu denen
die Unbeweglichkeit des Fürsten Schwarzenberg den französischen
Marschällen die Gelegenheit bot. Wenn man die errungenen
Vortheile Napoleons von 1814 näher betrachtet, so lagen sie
nicht so sehr in der Taktik oder dem Verdienste der einzelnen
Korpskommandanten, als in dem fehlerhaften allgemeinen Ope=
rationsplan der Alliirten.

Anstatt gleich im November 1813 über den Rhein zu gehen,
als keine französische Armee sich blicken ließ und selbst nicht
vorhanden sein konnte und eine gesegnete Ernte Speicher und
Scheuern gefüllt hatte, ließ man 6 Wochen verstreichen, ehe
man den Entschluß faßte, die französische Grenze zu überschreiten.
Man hatte in dieser Zeit nicht einmal für Magazinirung ge=
sorgt, sondern marschirte auf das Requisitions=System sich ver=
lassend in Frankreich ein, um Paris zu erreichen.

Der unerschrockene Blücher, der diesen Endpunkt des Kampfes,
seit er den Befehl der schlesischen Armee, glorreichen An=
denkens übernommen, festhielt, dem dieses Ziel sowohl an
der Katzbach als beim Uebergang über die Elbe bei Wartenburg,
bei der Ausweichung nach Halle, in der Schlacht bei Möckern,
während seiner alleinigen Verfolgung der bei Leipzig geschlagenen
französischen Armee, als auch bei seinem endlichen gegen könig=
liche Zumuthung vollbrachten Uebergang über den Rhein, bei
seinem plötzlichen Erscheinen bei Brienne und bei seinem Vor=
marsch von Chalons über Etoges und Epernay u. s. w. vor=
schwebte, dieser von vielen nicht sattsam geschätzte Feld=
herr (weil er keinen fehlerfreien Brief schreiben konnte und sich
mit den Details der Befehle nicht abgab) hat aber gerade

darin seine Größe gezeigt, daß er ohne Abweichung immer an dem angelegten Plane festhielt, durch erlittene Verluste sich nicht abschrecken ließ, sondern beständig darauf los ging, nicht allein um dem Feinde keine Rast und Ruhe zu lassen, sondern auch durch sein Vordringen seine Mitkämpfer aus ihrer Lethargie heraus zu drängen, so Bernadotte an der Elbe, so Schwarzenberg bei Chaumont, Bar und Troyes. Ja, Blücher, von dem der französische Schriftsteller Charras in Bewunderung sagt: „Dieser merkwürdige Heldengreis, der am 16. Juni bei Ligny im Gefecht unterlegen, der selbst von dem unter ihm erschossenen Pferde gequetscht war, antwortete am 17. Wellington: er würde nicht allein am 18. zu seiner Unterstützung bei Waterloo erscheinen, sondern falls Napoleon an diesem Tage nicht angriffe, wollten sie gemeinschaftlich am 19. ihn angreifen," — dieser Feldherr mußte eben wegen der von allen Subsistenzmitteln entblößten Gegend seine Armee in verschiedenen Abtheilungen von Chalons aus in Marsch setzen und gab dem Feinde, der von der alliirten Hauptarmee gar nicht belästigt wurde, dadurch die Möglichkeit, ihm Verluste beizubringen, die nun durch die Ungeschicklichkeit mehrerer seiner Unterbefehlshaber oder durch ihre Halsstarrigkeit eine noch ernstlichere Wendung nahmen, als es sonst geschehen wäre.

Dieses Alles scheint aber dem schleswig-holsteinischen Feldherrn nicht recht bekannt gewesen zu sein und ihm haben nur einzelne Artikel in der Militär-Litteratur-Zeitung vorgeschwebt, welche um die deutsche Kriegführung zu heben, die französische als den Lichtpunkt napoleonischen Talents hinstellen. Diese ganze Nachahmung Napoleons schlug aber vollkommen fehl und nur darin konnte eine Aehnlichkeit gefunden werden, daß der erwähnte Bericht mit einem napoleonischen Bülletin auf die-

selbe Stufe zu stellen war. Es fand sich darin kein hinrei=
chender Grund angegeben, warum die schleswig = holsteinischen
Truppen bis Düppel vormarschirt, noch weniger aber, warum
sie wieder z u r ü c k gegangen waren. In dem koupirten Terrain
hätten sie Stand halten müssen und können, falls irgend ein
Zweck mit ihrem Vormarsch verbunden gewesen wäre. Kaum
angegriffen, zogen sie sich schon zurück, obgleich Hadersleben
noch in den Händen des 1. Jägercorps war. Gesetzt nun, daß
Bonin nach diesem unerklärlichen Vor= und Rückgehen zum
Schutze seines linken Flügels sich an der Chaussée zwischen
Flensburg und Apenrade aufgestellt und dort ein unvortheil=
haftes Gefecht entrirt hätte, dann wäre er in die Marschen ge=
drängt worden, wo er alle seine Artillerie hätte verlieren und
andere dergleichen Unfälle ihm hätten zustoßen können.

Es konnte daher durchaus nichts anderes mit dieser Operation
beabsichtigt sein, als Stoff zu einem ersten Bülletin zu gewinnen.
Als die Dänen bei Hokerup ankamen, erfuhren sie die An=
näherung der Bundesarmee und überließen daher den schleswig=
holsteinischen Feldherrn seinen eigenen Reflerionen, indem sie
in der Nacht noch Kehrt machten und nach Sundewitt und
Alsen zurückmarschirten. Jetzt erst, nachdem Bonin den ganzen
Feldzug verdorben hatte, ging er, um dem General v. Prittwitz
in Flensburg zu begegnen, und ward von diesem beauftragt,
gegen die nördliche Grenze Schleswigs zu marschiren, selbige
aber n i c h t zu überschreiten.

In der Hoffnung, die Dänen würden noch einmal von
Alsen vorbrechen, ging Prittwitz mit dem Gros seiner Armee
nach Sundewitt. Es hatte dieses aber kein anderes Resultat,
als daß die Lobredner des Herrn v. d. Tann, der als Chef
des Stabes bei der 1. Division stand, Gelegenheit fanden, eine

fabelhafte Beschreibung der Erstürmung der sogenannten Düppeler Schanzen zu machen, deren Wegnahme übrigens ohne alle Mühe des Nachts geschah, als die Dänen aus Vorsicht die meisten Kanonen nach Sonderburg hinübergeführt hatten, so daß in Wahrheit der berühmte Sturm in einer Ueberraschung einiger ausgestellter Posten bestand.

Bonin ging ohne Widerstand zu finden bis Wonsild vor und blieb hier ganz abgesondert von der übrigen Armee mit seinen 16,000 Mann stehen. Es begann jetzt wieder die gewöhnliche Prahlerei der Dannianer. In der schleswig-holsteinischen Zeitung sprach man von dem durch verrätherische Oberleitung gehemmten Löwenmuthe des jetzigen 9. Bataillons und wie die Herzogthümer von ihrer tapfern Armee erwarteten, daß sie keine Rücksicht auf Befehle nehmen würde, welche den Landesinteressen entgegen wären u. dgl. m.

Die Folge war, daß eines Morgens die Grenze überschritten und Colding besetzt ward. Im Berichte über diesen Vorfall entschuldigte sich Bonin gegen den Oberbefehlshaber damit, daß er die Impetuosität seiner Truppen nicht länger hätte bändigen können. Ein schönes Lob für eine Truppe, die auf Mannszucht Anspruch macht. Doch muß man diese Phrase nicht den Soldaten anrechnen, denn die Truppe war in der That gut und würde eine auserlesene geworden sein, falls ihr Befehlshaber verstanden hätte, seine Aufmerksamkeit darauf zu verwenden.

Obgleich Bonin ohne Verbindung oder Soutien 8 bis 10 Meilen von den nächsten Truppenabtheilungen der Bundesarmee einem überlegenen Feinde gegenüber stand, verlegte er doch sein Corps in ein Kantonnement von circa 2 Meilen Ausdehnung; zwar hinter der Kolbinger Aue, die aber an vielen Stellen furthbar und mit mehreren Brücken versehen war.

Das 1. Jägercorps, die Perle der Armee, war nördlich und östlich vor Colding vorgeschoben und hatte sich daselbst durch Erdaufwürfe ziemlich gedeckt aufgestellt. Am 23. April griffen die Dänen gleich nach Tagesanbruch das ganze Kantonnements= gebiet der Schleswig=Holsteiner an. Diese eilten von ihren Sammelplätzen bataillons= und compagnieweise dem Feinde entgegen, ohne daß an eine Oberleitung gedacht ward. Die vorzügliche Haltung des 1. Jägercorps hemmte während einiger Stunden das Gros der Dänen, und als diese endlich in die Stadt Colding drangen, wurden sie durch die südlich derselben aufgefahrenen zwei 12pfündigen Batterieen am Debouchiren verhindert.

Das Gefecht hatte auf dem linken Flügel der Schleswig= Holsteiner fast fortwährend sich auf demselben Terrain= hin und herbewegt. Es sollte aber das Zentrum, wenn man diesen Ausdruck bei einem nicht rangirten unzusammenhängenden Ge= fecht gebrauchen darf, vom dänischen General Rye angegriffen und gebrochen werden; und schon war dieser im Begriff, die Brücke bei Seest zu überschreiten, als Hauptmann Daliß seine reitende Batterie ihm entgegen führte. Die Dänen, diese für ein anrückendes Kavallerie=Regiment haltend, stutzten, und wurden durch den Vormarsch einiger Bataillone in Vereinigung mit dem Feuer der Batterie zum Rückmarsch bewogen.

Obgleich das Terrain in Jütland der Kavallerie=Verfolgung jede Chance bereitet, so fand eine solche doch nicht statt. Wahr= scheinlich wollte Bonin, der bisher gar nicht geleitet hatte, auch jetzt nicht eingreifen und folgte bei dieser Gelegenheit dem Bei= spiel des Kommandanten von Kopenhagen 1807, des Generals Peymann, der, als man ihn aufforderte der Landung der Eng= länder sich zu widersetzen, antwortete: „Man muß den Feind nicht irritiren." So wollte wohl auch hier der schleswig-holsteinische Feldherr den Feind nicht reizen, daß er möglicherweise wieder umkehre und ihn angreife.

Es war übrigens erst 3 Uhr, als die Dänen den Rückzug in divergirenden Richtungen nach Fridericia und Veile antraten, folglich hatten die 10 Schwadronen Kavallerie mit der reitenden Batterie noch volle 4 Stunden Tageslicht, um recht tüchtig Gefangene zu machen und Unordnung im Rückzuge hervorzubringen. Statt dessen ergriff der Feldherr die Feder und verfaßte ein napoleonisches Bülletin, in welchem er sich selbst drei Mal dem Publikum vorführte; so weit ich mich erinnere, beschrieb er auch, wie er sich bei der 12pfündigen Batterie vor Colding auf einen Stuhl gesetzt hatte.

Diese Schlacht bei Colding machte aber den schleswig-holsteinischen Truppen die größte Ehre, denn ohne vorherige Befehle und ohne planmäßige Aufstellung schlugen sich die einzelnen Truppenkörper entschlossen und fest und brachten die Dänen nur durch diese gute Haltung zum Weichen.

Dieß war für die Landessache von größter Wichtigkeit, weil es den Dänen die Ueberzeugung gab, daß die Schleswig-Holsteiner im offenen Kampfe ihnen gewachsen seien. Es würde auf die Verhandlungen im Herbst 1849 und im Jahre 1850 großen Einfluß geübt haben, hätte nicht der Leichtsinn Bonins bei Fridericia Alles wieder vereitelt. Doch darauf komme ich später zurück. Jetzt noch eine Betrachtung, die für kommende Fälle dienen kann.

Bonin hatte wiederholt vom Bundes-Oberbefehlshaber die Weisung bekommen, nicht auf dänisches Gebiet zu gehen. Er hatte diesen Befehl übertreten, als er unangefochten Colding besetzte, wahrscheinlich um sich von der schon laut werdenden

Beschuldigung der thatlosen Kriegführung in den Augen des Publikums zu reinigen. Jetzt ward er von den Dänen angegriffen und schlug sie zurück; aber, wo er mit vollem Rechte nicht allein, sondern nach allen Vorschriften der Kriegskunst und allen Gefechtsregeln sie verfolgen und ihnen erhebliche Verluste beibringen konnte, blieb er unbeweglich stehen.

Also ihm fehlte das erste und nothwendigste Requisit des Feldherrn, das feste Bewußtsein dessen, was als Grundzug sein Verhalten in den einzelnen Fällen leiten sollte. Warum gehorchte er dem General v. Prittwitz nicht? Waren es politische oder persönliche Gründe? Warum verfolgte er die Dänen nicht? Aus politischen Gründen hätte er es thun müssen, denn wenn er sie auch nicht vernichten konnte, so hätte er ihnen doch einen noch größeren Respekt vor den schleswig- holsteinischen Truppen eingeflößt. Nehmen wir auch an, daß die Dänen die Verfolgung zurückgeschlagen hätten, so würde dieses ihnen selbst viele Leute gekostet und sie für den ganzen Feldzug geschwächt haben, wogegen der Bundestruppen so viele im Anrücken waren, daß ein größerer Verlust der Schleswig- Holsteiner gar nicht in Betracht kam.

Man muß daher zu dem Schluß kommen, daß entweder Bonin sich auf der tempelhofer Heide am Ende eines vorge- schriebenen Manövers gedacht hat, bei welcher Gelegenheit keine Verfolgung vorkommt, oder daß er seine von den Truppen für ihn errungenen Lorbeeren nicht auf's Spiel setzen wollte und daher erfreut über das günstige Ende sich jetzt der Ruhe hingab, um über die Abfassung seines Bülletins nachzudenken.

Tags darauf besinnt sich der kommandirende General eines Anderen und läßt nun zwei Recognoscirungen, eine gegen Veile, die andere gegen Fridericia vernehmen, die natürlich zu nichts führen konnten als zur Beschuldigung der Uebertretung der Grenze.

Nach mehreren Gefechten auf Sundewitt rückt endlich die Bundesarmee unter ihrem Oberbefehlshaber gegen Jütland vor; doch erforderte es manches Bedenken ehe dieser sich entschloß, die Grenze zu überschreiten. Dieß geschah endlich am 7. Mai, und den schleswig-holsteinischen Truppen ward dabei zu Theil, gegen Fridericia vorzugehen und diese Festung sowohl, als den Uebergang bei Middelfart zu beobachten, um den übrigen Theil der Armee gegen einen Flankenangriff sicher zu stellen.

Es erhob sich in Folge dieser Disposition ein entsetzliches Geschrei in den Herzogthümern darüber, daß Prittwitz auf solche Weise den schleswig-holsteinischen Truppen die ferneren Siege abgeschnitten habe, daß es Verrätherei sei u. s. w.

Was blieb aber dem General Prittwitz mit dem nicht gehorchenden Bonin zu thun übrig als ihm eine Position zu geben, wo er angegriffen werden mußte, um zum Gefecht zu kommen?

Was hätte Bonin thun müssen? Er mußte jetzt durchaus bestimmte Befehle fordern, ob er die Festung Fridericia nehmen dürfe, falls es ihm möglich sei, oder ob er bloß abwehrend zu verfahren habe.

Bonin (und auch Delius) hatte 1848 drei Wochen in Fridericia sein Cantonnements-Quartier gehabt; er mußte daher die Festung in allen ihren Verhältnissen und Eigenschaften kennen und darnach operiren.

Durfte er die Festung nehmen, dann war sein Vormarsch über Gudsöe ein Fehler; durfte er sie nicht nehmen, dann waren seine folgenden Belagerungspantomimen ein noch größerer Fehler. Eine Recognoscirung am 3. Mai hatte gezeigt, daß die

Dänen auf die Behauptung der Stellung bei Gudsöe Gewicht legten und da sie ihre Avantgarde mit vieler Mannschaft verstärkt hatten, so war mit ziemlicher Gewißheit anzunehmen, daß ihre Hauptmacht sich zwischen Bredstrup und Snoghoi befände. Sollte daher ein Angriff auf sie mit Erfolg geschehen, so mußte ihnen der Rückzug nach der Festung abgeschnitten oder doch erschwert werden, um entweder mit ihnen in die Festung selbst zu bringen, oder sie bei einer beabsichtigten Einschiffung bei Snoghoi in die Enge zu treiben. Um dies zu erreichen, mußte manövrirt werden; damit befaßte sich aber Bonin nicht. Seine Sache war es nur darauf los zu laufen, den Stier bei den Hörnern zu packen, und damit Gott befohlen. Seine Cavallerie sandte er auf dem Wege, den er mit seiner Hauptstärke hätte nehmen müssen, während er gegen Gudsöe ein paar Bataillone hätte vorsenden sollen, die in einem Scheingefechte die Dänen dort festhielten, bis er über Hoirup und Taarup die Umgehung vollendet hätte. Wäre diese Bewegung vom Feinde entdeckt worden, hätte dieser die Stellung bei Gudsöe sofort ohne Weiteres verlassen müssen und ohne Blutverlust wäre das beabsichtigte Ziel erreicht worden; hätte der Feind aber die Umgehung nicht frühe genug entdeckt, dann konnten für ihn die größten Verluste daraus entstehen, denn jedenfalls würde ein Theil seiner Armee von der Festung abgedrängt worden sein, und wenn auch durch den Brückenkopf bei Snoghoi die Infanterie während der Einschiffung eine Deckung gefunden haben würde, so wäre jedenfalls an Einschiffung der Artillerie nicht zu denken gewesen.

Statt dessen geht Bonin mit seinem ganzen Armeecorps in einer langen Reihe auf der Colding-Snoghoier Chaussee vor und entsendet erst nach Beginn des Gefechts bei Gudsöe einige Bataillone links, um die bei Vilstrup stehenden Vorposten des

Feindes zurück zu treiben. Als jene vordringen, zieht sich der Feind zurück; aber jetzt war keine Cavallerie an Ort und Stelle und somit der Kampf wieder ohne bedeutende Resultate geblieben.

Die Dänen zogen sich größtentheils nach Fridericia und auch nach Snoghoi zurück und setzten von beiden Stellen unmolestirt nach Fyen und später nach Alsen über.

Das Gefecht bei Gudsöe gab natürlich Gelegenheit, den Herzogthümern wieder einen schönen Bericht vorzumalen, worin das Treffen bei Gudsöe herausgestrichen ward; der Verlust dieser „Schlacht": 7 Todte und 77 Verwundete, dämpft allerdings die großartige Auffassung sehr. Unwillkürlich denkt man dabei an den einen Kosaken, den die russische Armee in der Krim allezeit verlor.

Die Dänen waren bis auf die Festungsbesatzung aus Fridericia fort und die schleswig-holsteinischen Truppen standen vor der Festung und dem kleinen Belt.

Ich habe schon gesagt, daß Bonin im vorigen Jahre mit seinem Stabschef Delius 3 Wochen lang in der Festung Fridericia gelegen hatte, sie also ebenso wie Letzterer von innen und von außen kennen und wissen mußte, daß man den unrevetirten mit großen Wassergräben umgebenen Wällen durch Breschbatterien wenig Schaden thun könne. Beide mußten wissen, daß ein Bombardement ihr keine Gefahr bringe, da innerhalb der Festungswerke das Terrain zum größten Theil (gewiß $^{7}/_{10}$) aus Kornfeldern besteht, die Häuser mit einzelnen Ausnahmen einstöckig, an breiten Straßen mit Gärten und Bäumen untermischt liegen, also ein Brand nie weit um sich greifen konnte; sie mußten endlich wissen, daß die Verbindung mit der Insel Fyen und also mit ganz Dänemark ungehindert fortbestehen würde, weil die Lage es unmöglich machte, den Uebergangspunkt zu bestreichen, und wäre dies auch ausführbar gewesen, so hätte des Nachts doch Alles hin= und herfahren können. Daß der General beschloß, den Scheinangriff auf die Festung zu unternehmen, lag folglich nur in der Intention, das Publicum mit Berichten und Erzählungen zu unterhalten. Deshalb mögen die Lobredner des Stabschefs Delius ihre Bewunderung für diesen allerdings tüchtigen Officier etwas mäßigen, denn Delius, den sie zur Seele Bonin's stempeln, lebte und leitete diese abenteuerliche Unternehmung mit ein.

Welches waren die Nachtheile dieser Unternehmung? Erstlich daß die Zeit, welche zur taktischen Ausbildung der Armee sehr nöthig war, verschwendet ward; daß im Gegentheil durch den Dienst der Berennung und der Schanzarbeiten die Soldaten verlungerten, und endlich daß unnützerweise viele Menschenleben geopfert wurden. Daß die Niederlage des 6. Juli stattfand, war keine unmittelbare Folge der Belagerung, sondern der Hals= starrigkeit und des Leichtsinns.

Am 8. Mai ward der Anfang zu jener Belagerung ge= macht, deren Ende ein ebenso trauriges als deren Verlauf ein thörichter war. Batterien auf 2000 bis 3000 Fuß von der Festung, die gleichmäßig mit schweren und leichten Geschützen bewaffnet wurden, also gar keinen bestimmten Zweck haben konn= ten, als blos Pulver und Kugeln zu verknallen, wurden planlos im Halbkreise um Fridericia angelegt. Die sogenannten Lauf= gräben hatten keinen Zusammenhang und waren nichts anderes als Schanzgräben, die halbe Manneshöhe deckten. Es war kein leitender Ingenieurofficier, auch kein Obercommandeur der Ar= tillerie vorhanden. Dem General v. Prittwitz, der die Belage= rung verbot, antwortete Bonin: er bombardire bloß die Festung. Welch ein Unsinn bei einer solchergestalt gebauten Festung!

Diese ganze Unternehmung war zu kindisch, als daß man darüber ein Wort mehr verlieren sollte; nur ist nicht zu begreifen, daß sich nicht unter den tüchtigen Officieren der schleswig-holsteinischen Armee eine entschiedene Stimme gegen dieselbe erhob.

Wie ganz anders wäre die Sache bei einiger vernünftiger Ueberlegung geworden! Hätte Bonin die schöne Stellung, welche ihm der Terrainabschnitt bei Bredstrup vom Rands-Fiord bis Gudsoe bot, recht tüchtig mit Feldbefestigungen eingerichtet, hätte er aus dieser Stellung gegen die Festung einige Male wöchentlich Feldmanöver gemacht, bei denen er allezeit auf einen etwaigen Ausfall gefaßt und vorbereitet sein mußte, hätte er den Brigaden in sich und den vereinigten Waffen unter seiner Leitung eine taktische Ausbildung gegeben, die ihnen, welche nie in größeren Abtheilungen als in Bataillonen exercirt hatten, gänzlich fehlte, so hätte er damit den Truppen nicht allein die letzte Politur gegeben, sondern er hätte auch den Officieren Gelegenheit verschafft, in der höheren Führung sich zu instruiren, und solchergestalt für die Zukunft der Armee gesorgt. Wäre der Zeitpunkt gekommen, wo die Dänen ihn angreifen wollten, dann hätte die feste Stellung im Terrain-Abschnitt ihm erlaubt, nach zurückgeschlagenem Angriff konzentrisch über den Feind herzufallen und diesem bis in die Festung zu folgen oder ihm doch einen großen Theil Gefangener abzunehmen, wodurch die Ueberzeugung bei den Dänen mehr und mehr bestärkt worden wäre, daß die Schleswig-Holsteiner ihnen im Kampfe gewachsen seien.

Bonins nutzlose Kanonaden und kleine Neckereien führten zu kleinen Ausfällen der Garnison, deren einer ihm seinen Stabschef raubte; bei einer Kanonade verlor der ausgezeichnete

Kommandant der 1. Brigade, Oberst Saint Paul, das Leben, und täglich wurden Leute theils getödtet, theils verwundet. An Approchen wurde nicht gedacht, sondern es handelte sich immer darum, die Verbindung zwischen der Festung und der Insel Fyen mit den Geschützen bestreichen zu können. Als ob die Nächte und Dunkelheit nicht Gelegenheit genug boten, den Wurfgeschossen zu entgehen.

Gegen Ende des Monats Juni hatte sich so ziemlich die ganze Truppe von der Nutzlosigkeit ihrer Arbeiten überzeugt, und deßhalb stellte sich bei allen Erschlaffung ein. Der General ließ aber nicht nach, denn er konnte immer wieder seinen Namen in den öffentlichen Blättern durch Berichte an die Statthalterschaft klingen lassen.

Am 2. Juli begannen die Dänen Infanterie, Artillerie und Kavallerie nach der Festung hinüber zu führen, ohne Truppen wieder zurück zu bringen, wie es sonst bei der wöchentlichen Ablösung geschah. Als man hierauf aufmerksam geworden war, wurden von der Avantgarde genaue Berechnungen der Mannzahl, welche jede Barke fassen konnte, angestellt und die Zahl der Barken notirt. Am 5. ward die Zahl der herübergeführten Truppen auf 20,000 Mann geschätzt, in welcher Feldartillerie und Kavallerie mit einbegriffen war. Jedem denkenden Menschen mußte es klar sein, daß ein Ausfall im Großen beabsichtigt wurde, aber Bonin wollte es nicht glauben. Man begreift dieß in der That nicht, denn es ist nicht möglich, irgend einen Grund zu finden, der ihn davon abholten konnte, die einfachsten Vorsichtsmaßregeln zu treffen. Es muß wieder das Beispiel Napoleons gewesen sein, der auf seine **étoile** unbedingt rechnete und sich damit den klaren Blick verdunkelte; wie bei seinem unbedingten Verweilen in Dresden Ende Sep=

tember 1813; wie nach der Schlacht von Laon, als er nach Vitry marschirte u. s. w.

Was wäre doch natürlicher gewesen, als den Reserve-Artillerieparf, Munitionspark und alle Bagage der Armee hinter den Abschnitt von Bredstrup zu schaffen, requirirte Pferde in Bereitschaft zu haben, um selbst, was sich von den Belagerungsgeschützen Nachts zurückfahren ließ, zu entfernen; dagegen die Mörser alle auf die Plätze hinter den Thoren, wo sich die Truppen zum Ausfall stellen, zu richten und die ganze Nacht hindurch diese Punkte mit Bomben zu belästigen; ferner: Nachts die nicht auf Posten befindlichen Truppen brigadenweise bivouakiren zu lassen und die Feldbatterien bei der Hand zu haben. Man braucht in der That nicht Soldat zu sein, um solche Maßregeln für rathsam und geboten zu erkennen.

Es ward derzeit dem General Prittwitz vorgeworfen, daß er Bonin nicht von der Einschiffung des Generals Rye Kunde gegeben habe. Dieß ist aber eine grobe Unwahrheit; im Gegentheil, der Bundesoberbefehlshaber benachrichtigte Bonin hiervon und fragte gleichzeitig an, ob er sich stark genug fühle, einem Angriff der Dänen zu begegnen, und Bonin gab zur Antwort, daß er sich vollkommen im Stande fühle, jeden Angriff zurückzuweisen.

Sich selbst bethörend, den Vorstellungen und Warnungen seiner Untergebenen kein Gehör schenkend, ohne jede Anordnung, welche nicht allein die Militärvorschriften auflegen, sondern die Kriegsgeschichte rathsam erscheinen läßt, ging Bonin am 5. Juli zu Bette, um sehr bald von dem Donner der Kanonen und dem Toben eines von beiden Seiten mit Erbitterung geführten Kampfes geweckt zu werden. Schon um 2 Uhr stürmten die dänischen Kolonnen die schwach besetzten Redouten

und Schanzgräben der Schleswig=Holsteiner. Jetzt fehlte alle
Leitung; die dem Kampfplatz zueilenden Kompagnien und Ba=
taillone, sowie sie ankamen, wurden dem Feinde entgegengewor=
fen und mußten selbstverständlich allemal der Uebermacht wei=
chen. Hier wäre nichts Anderes zu thun gewesen, als das,
was sich schlug, sich selbst zu überlassen, der Avantgarde den
Befehl zu senden, den Feind von Erritsö her in der linken Flanke
anzugreifen, die zweite Brigade zu sammeln und die Landstraße
nach Bredstrup damit zu halten, bis die erste Brigade heran=
kommen konnte, und dann entweder mit der gesammten Kraft
einen Angriff auf den Feind zu machen, während die Avant=
garde ihn in die Flanke faßte, oder auch einen geregelten Rück=
zug über den Abschnitt zu machen, indem die beiden Brigaden
über Bredstrup, die Avantgarde über Tarp nach Hoirup ging.
Statt dessen ward gewiß in der unglücklichsten Weise operirt.
Es ward z. B. ein frisches Bataillon ins Feuer gejagt, um den
Major Schmidt nebst 50 Mann aus einer Redoute zu befreien.
Ob diese gefangen wurden oder nicht, war ja ganz gleichgültig.
Das Bataillon, wohl verwendet, hätte der ersten Brigade die
Zeit gewinnen können, von Igum und Stallerup heranzukom=
men, statt daß sie sich jetzt in einzelnen Bataillonen durchschla=
gen oder gefangen geben mußte.

Das traurige Resultat der Operation vor Fridericia war:
acht Wochen vergeudet zu haben, während deren die Armee gut
hätte ausgebildet werden können, 27 Belagerungs= und 4 Feld=
geschütze in Feindeshand zu lassen, 3000 Mann, den 5. Theil
der Armee, zu verlieren, und das Schlimmste von Allem, den
Dänen die Ueberzeugung zu nehmen, daß ihnen die Schleswig=
Holsteiner gewachsen seien!

Mit dieser Niederlage endete der Feldzug 1849, und unter

den alten Soldaten, die unter mir gedient hatten, ging das Gerede: „Wenn der Prinz uns kommandirt hätte, würde dieß nicht geschehen sein." Theils um den Eindruck solcher Aeuße= rungen niederzuschlagen, theils um dem General Prittwitz eine mißfällige Demonstration zu machen, theils um den General v. Bonin vor dem öffentlichen Tadel zu retten, führte die Statt= halterschaft jetzt wieder einen recht unüberlegten Streich aus, indem sie der zurückmarschirenden schleswig=holsteinischen Armee eine Art Triumphzug bei Missunde bereitete, zu welchem sie alle Bewohner der benachbarten Städte und Oerter zusammen= trommelte.

Hier ward der General v. Bonin bekränzt und den andern Befehlshabern und Truppenabtheilungen wurde ebenfalls großes Lob und Preis gespendet.

Es muß den Geist und die Haltung in der Truppe total verwirren, wenn man nach einer Niederlage sie fetirt; denn sie muß sich doch selbst die Frage aufwerfen: Womit haben wir dieß verdient? Und wenn wir diese Auszeichnung verdienen, wer ist dann Schuld an unserem Unglücke? Es muß ja dann wohl unser Feldherr sein? Aber der wird ja am allermeisten ausgezeichnet? Es muß folglich das Ganze eine Posse sein, die man mit uns spielt; dazu sind wir aber nicht ins Feuer ge= gangen, um mit uns spielen zu lassen!

Der einzelne Soldat sieht vielleicht nicht weit, aber die vie= len Soldaten finden immer die Wahrheit heraus und fällen in ihrer Gesammtheit stets ein richtiges Urtheil. Abgesehen aber von dem schädlichen Einfluß, der durch solche Komödie auf eine Truppe geübt wird, war die Absicht, Prittwitz das Mißfallen des Landes zu zeigen, ein politischer Fehler, und die Aus= zeichnung Bonins ein Mißgriff.

Prittwitz war preußischer General; was man ihm anthat, wirkte auf die preußische Armee zurück. Hatte diese verdient, Undank von den Herzogthümern zu erfahren? Hatten nicht die Preußen 1848 und 1849, wo sie Gelegenheit bekamen, tapfer für uns gefochten? Hatte nicht die schleswig-holsteinische Armee ihre Ausbildung den in ihr dienenden preußischen Officieren größtentheils zu danken? War es denn nicht schreiender Undank, wenn man beim Rückzuge der preußischen Truppen in beiden Jahren sie es fühlen ließ, indem man ihnen kaum die Hand reichen wollte?

Prittwitz war allerdings preußischer General und von dem Könige von Preußen zum Oberbefehlshaber der Bundesarmee ernannt, aber die Bundesarmee stand unter der Centralgewalt in Frankfurt. Wenn der Befehlshaber folglich seine Pflicht nicht gehörig erfüllte, so war es Sache der Centralgewalt, ihn dazu anzuhalten und eventualiter ihm den Oberbefehl zu nehmen, um ihn einem Andern zu übertragen. Wagte diese Gewalt einen solchen Schritt nicht, so war sie keine Gewalt, sondern eine kümmerliche Schwäche, von der man doch Nichts erwarten konnte, und es war um so thörichter, sich mit Preußen zu verfeinden, welches am Ende doch der Stärkere war.

In Betreff Bonins mußte selbst die Statthalterschaft nach seiner Operation vor Fridericia sich davon überzeugt haben, daß er nicht der Hexenmeister sei, für den sie ihn gehalten hatte.

Der im Juli abgeschlossene Waffenstillstand ließ eine Waffenruhe von wenigstens 8 Monaten vorhersehen, folglich war jetzt der rechte Zeitpunkt, für die Armee einen unabhängigen General zu bekommen. Es mußte daher in dem Augenblicke die Statthalterschaft dem General v. Bonin eine bestimmte Erklärung abfordern, und zwar in einer Form, die keine Zweideutigkeit übrig ließ. Diese wäre gewesen: „Wir legen Ihnen die Frage vor, ob Sie jetzt definitiv in den Dienst der Herzog= thümer bis zur Beilegung des Streits mit Dänemark treten wollen? In solchem Falle werden wir und das Land der Nie= derlage am 6. Juli nicht mehr gedenken und nicht aufhören, Ihnen unser ganzes Vertrauen zu schenken; falls Sie aber sich nicht ganz unserer Sache widmen wollen oder können, so for= dert unsere Pflicht gegen das Land, daß wir beim Bundes=ober= befehlshaber darauf antragen, daß Sie vor einem Kriegsgericht sich über den Verlust von 31 Stück Geschützen, aller Munition und des 5. Theils der unter Ihr Kommando gestellten Trup= pen rechtfertigen." Darauf hätte Bonin mit Ja oder Nein antworten müssen, und es wäre den Herzogthümern dann wie= der ein mit ihnen stehender oder fallender General geworden, oder man hätte auch Zeit und Muße gehabt, einen Andern zu wählen und zu erwerben. Jetzt, nachdem man Bonin öffentlich bekränzt hatte, konnte man ihm selbstverständlich keine solche Alternative stellen und die traurige Folge ward die Acquisition Willisens beim Ausbruche des Krieges von 1850, welcher weder mit den Personalien der Armee vertraut, noch von der Armee gekannt war.

XX.

Die schleswig-holsteinische Marine.

Ich kann es mir hier nicht versagen, der Broschüre: „Denk=
würdigkeiten zur neuesten schleswig=holsteinischen Geschichte", vom
Verfasser der Schrift: „General v. Willisen und seine Zeit"
zu erwähnen, weil sie mir Gelegenheit bietet, noch einzelne Ge=
genstände zu berühren und einige allgemeine Bemerkungen nie=
derzulegen. Ich thue dieß um so viel lieber, weil ein Profes=
sor der Geschichte, namentlich der deutschen Geschichte, mir vor
einigen Jahren sagte, daß dieß Büchlein „etwas vom Besten
sei, welches über den Krieg in Schleswig=Holstein geschrieben
worden." Ich habe schon früher erwähnt, daß man mir als
den Verfasser den früheren Kanzellisten, später von mir als
Auditeur in Rendsburg angestellten Theodor Lüders und einen
gewissen Grunewald genannt habe. Was die Befähigung des
Erstern anbelangt, so bin ich darüber im Klaren, den Letzteren
habe ich aber nie gesehen, ebenso wenig, als er mich je zu Ge=
sichte bekommen hat; und dennoch entblödet er sich nicht, über
mich abzuurtheilen. Was dessen militärische Einsicht betrifft, so
geht aus seinen Bemerkungen hervor, daß er über den Gesichts=
kreis eines Subaltern=Officiers nicht hinauskommt. Das ganze
Machwerk ist eigentlich nur ein Angriff auf alle handelnden
Persönlichkeiten, mit Ausnahme der Majore von Gerstorff und
Jungmann, des Hauptmanns Delius und des Herrn Grune=
wald selbst.

Sollten alle unrichtigen Angaben und falschen Darstellungen dieser Schrift berichtigt oder widerlegt werden, so müßte man ebenso viele Seiten füllen, als sie selbst enthält; dieß kann mir nicht einfallen; durch einzelne Aufklärungen und Widerlegungen der gegen Personen geschleuderten Beschuldigungen wird aber schon der Werth dieser „historischen Quelle" genügend hervorleuchten.

Ueber das erste Buch, das voll von Kompositionen über mich und mein Thun ist, gehe ich ganz weg; der Inhalt dieser Blätter wird dem wahrheitsliebenden Leser darüber die richtigste Aufklärung geben.

Die Verfasser ergehen sich im zweiten Buch über die gemeinsame Regierung, obgleich diese sich dadurch den Dank des ganzen Landes erworben hat, daß wieder Ordnung und Regelmäßigkeit in den Geschäftsgang kam und eine sparsame Finanzwirthschaft geführt ward. Es mochten wohl die Stellenjäger sich über ihren Abgang freuen, weil sie unter der provisorischen Regierung erfahren hatten, daß diese gerne die Beamtenzahl durch ihre Freunde vermehrte und ein Aehnliches von der Statthalterschaft erwarteten, aber im Lande war man keineswegs mit der gemeinsamen Regierung unzufrieden.

Im dritten Buch stellen die Verfasser bei Gelegenheit der Beschreibung des Kampfes der dänischen Schiffe mit den Strandbatterien bei Eckernförde eine Betrachtung über die schleswigholsteinische Marine an, die einer nähern Erörterung wohl werth ist. Die Verfasser preisen nämlich, daß auf die Errichtung einer Marine hingearbeitet wurde. Dieser Ansicht bin ich stets entgegen gewesen, und zwar aus folgenden Gründen: Nach der Proklamation der provisorischen Regierung vom 24. März 1848 und zufolge des Sinnes der ganzen Bevölkerung der Herzog-

thümer ward keine **absolute** Trennung von Dänemark beab=
sichtigt, man wollte vielmehr seine eigene Verwaltung wie bis=
her behalten, man wollte eine pekuniäre Scheidung in den Fi=
nanzverhältnissen haben, im Uebrigen aber im Unionsverbande
mit Dänemark bleiben. Diese Ansicht ward von den sämmt=
lichen Kabinetten, die mit der Sache zu thun hatten, auch fest=
gehalten, und es war daher einleuchtend, daß sowohl die Ar=
mee als die Flotte eine mit der dänischen gemeinschaftliche Kasse
und Administration behalten müßten. Für wen anders bauten
wir daher Schiffe in den Herzogthümern, als für die dänische
Marine? Die Frage, ob überhaupt bei diesen Seerüstungen etwas
Erfolgreiches herauskommen könne, habe ich allezeit verneint.
Man führte das Beispiel Amerika's an, welches in seinem Be=
freiungskampfe aus seinen Handelsschiffen eine Marine organi=
sirt und damit manchen Erfolg erfochten habe. Diese Thatsache
konnte aber bei den Verhältnissen in den Herzogthümern gar
nicht in Betracht kommen; denn die entfernte Lage Nordamerikas,
die Unterstützung, die es in Frankreich fand, hielt die englischen
Flottenabtheilungen einestheils im Schache, anderntheils erlaubte
die mit vielen Häfen bedeckte, ausgedehnte Küste Amerika's den
amerikanischen Schiffen bald in diesen, bald in jenen der Häfen
zu entschlüpfen und ihre Angriffe vorzugsweise auf die englische
Handelsmarine zu richten. In den Herzogthümern gestaltete sich
dieses ganz anders. Die Häfen Flensburg, Eckernförde, Kiel
und Neustadt konnten sehr leicht von der dänischen Marine so
blokirt werden, daß kein schleswig=holsteinisches Schiff oder Ka=
nonenboot unbeschädigt herauskommen konnte; wozu half dann
sie bauen? Es sind ferner auch seit dem amerikanischen Frei=
heitskriege neben den enormen Fortschritten in der Schiffskon=
struktion, der Bewaffnung und Beweglichkeit der Kriegsschiffe,

die Dampfschiffe mit ihrer ganz veränderten Kampfweise entstanden, so daß jede Bezugnahme auf damalige Zeiten nur die Unwissenheit in Marinesachen beweisen konnte. Endlich noch war es ein politischer Fehler, auf eine Marine Werth zu legen und besonders darüber prahlende Artikel in Zeitungen zu schreiben, da wir eine Stütze in England suchen mußten, und nichts diese Nation mehr zurückschreckt, als die Furcht vor wachsenden fremden Marinen.

Eine Bemerkung füge ich noch über die Kampfweise zur See bei, die eine ganz andere, als diejenige auf dem Lande ist. Hat zu Land der Kampf einmal begonnen, dann reißt ein Individuum das andere mit sich fort, der Officier die Soldaten und diese den Officier. Ganz anders auf dem Schiffe. Regt sich in dem Gefühle des Kommandanten eines Schiffes die mindeste Befangenheit, so reichen einige Striche des Kompasses mehr rechts oder links gesteuert hin, den Kampf zu vermeiden; es gehört daher zum Seeofficier ein ritterlicher Sinn und ein Ehrgefühl, das jede Rücksicht auf sein eigenes Leben und auf das seiner Untergebenen, ferner auf die Erhaltung seines Schiffes und auf Alles, was sich darauf und darin befindet, bei Seite setzt und nur das Ziel vor Augen hat, auf dem möglichst kürzesten Wege an seinen Gegner zu gelangen, um ihm die Breitseite in den Leib zu donnern und hiernächst zum Entern zu schreiten.

In diesem Sinne haben immer die dänischen Seeofficiere sich den englischen gleichstellen können, und es war deßhalb eine Thorheit, ihnen gegenüber Kapitäne von Handelsschiffen zu schleswig-holsteinischen Marine-Officieren zu ernennen; denn dem Kauffarthei-Kapitän wird vom ersten Anbeginn allezeit als erste Regel vorgehalten: Sorge für die Sicherheit deines Schiffes und seiner Ladung; wo du ein anderes Schiff in Gefahr siehst, gib ihm Beistand, soweit es o h n e Gefahr für dein eigenes Schiff geschehen kann.

Diese Leute sollten jetzt das ganz Entgegengesetzte thun, und als Grundsatz festhalten: Thue deinem Widersacher allen möglichen Schaden, einerlei, ob dein Schiff und du selbst dabei zu Grunde gehst.

Aus allen diesen Gründen habe ich mich jederzeit gegen die Bildung einer schleswig=holsteinischen Marine erklärt, wie ich ebenfalls ganz in Zweifel ziehe, daß jemals eine deutsche Marine, die im Verhältniß zur Macht Deutschlands steht, gebildet werden kann. Hätten Deutschland einige und richtige politische Ansichten geleitet, dann würde es längst mit Dänemark einen Vertrag geschlossen haben, wonach dieses es übernähme, seine Flotte zum Schutz des deutschen Handels und der deutschen Küste zu stellen. Dänemark, wenn es nicht von albernen National= träumen befangen wäre, müßte mit Kußhand diese Angelegen= heit betrieben haben, weil ihm keine größere Sicherheit geboten werden konnte.

Dänemark ist wie England ein Inselreich, es hat von jeher einen ausgebreiteten Seehandel gehabt, und daher die große Anzahl Matrosen. Der dänische Matrose hat alle Fähigkeiten des englischen, dabei die große Tugend, nicht dem Trunke erge= ben zu sein, wie dieser. Es wird daher nie an geübten Leuten zur Bemannung der Flotte fehlen.

Deutschland aber, woher soll es erfahrene Seeleute zu einer Flotte nehmen? Das wenige Küstenland und die spärlichen Häfen Deutschlands können ihm nie die Bemannung einer größeren Flotte liefern, wenn diese nicht gleich den russischen Matrosen durch Konscription aus dem ganzen Lande genommen werden joll. Was aber bei solcher Bemannung erreicht werden kann, darf man nicht nach der Massakre bei Sinope messen, es wird die Zeit kommen, wo die englische Marine es der russischen zeigen wird, wie groß der Unterschied zwischen einem befahrenen und einem gezogenen Seemann ist.

Die Resultate der schleswig-holsteinischen Marine geben trotz der Beschreibung des Verfassers der „Denkwürdigkeiten“ von den wiederholten Kämpfen derselben durchaus nur ein negatives Bild. Eines dieser Seegefechte, das am 1. Juni stattfand und Seite 474 erzählt wird, habe ich selbst mitangesehen, und dessen Erfolg rechtfertigte ganz meine obige Ansicht.

Die vier Kanonenboote mit dem M. T. Schmidt'schen Dampfschiff, das jetzt den Namen Bonin trug (eine Ehre, um die man in der That den General nicht beneiden konnte; denn das Boot war zu seiner Bestimmung in jeder Beziehung untauglich), kamen aus dem Kieler Hafen heraus, um das davorliegende Linienschiff Skiold anzugreifen. Es war ganz stilles Wetter, folglich hätten die Kanonenboote den Spiegel des Schiffes zu gewinnen suchen und dann darauf losrudern müssen, bis sie es ordentlich langschiffs zusammenschießen konnten. Was thaten sie statt dessen? Mit dem Dampfboot in der Mitte gingen die vier Boote in einer Linie vor, Front gegen den Skiold, und fingen schon zu feuern an, als sie noch eine halbe Meile von ihm entfernt waren, solchergestalt, daß die Kugeln das Linienschiff gar nicht erreichten. Nun sagt der Verfasser, daß nach zweistündigem Kampfe der Skiold mit Hülfe eines Dampfschiffes die Flucht nahm. In zwei Stunden rudert aber bei stillem Wetter ein Kanonenboot mehr, als eine Kanonenschußweite; warum kamen denn die Boote nicht an das Schiff heran? Sie blieben fortwährend in dieser unschädlichen Entfernung, und der Skiold,

der unnützen Pulververschwendung überdrüssig, ging etwas
in See.

Dieß bestätigt, glaube ich, hinreichend meine Ansicht, daß
in der Marine der Schiffskommandant einen ritterlichen Muth
haben muß. Hätte der Führer des „Bonin" nur ein wenig
hiervon gehabt und sein Handwerk verstanden, dann hätte er
die Kanonenboote bis auf 300 Schritte an das Linienschiff gehen
lassen, und während dieses sich mit ihnen schlug, hätte er ver=
mittelst seiner Dampfkraft stets dem Schiffe den Spiegel oder
den Bug abgewinnen können, und dann wäre es ein zweifel=
hafter Kampf geworden. So wie die Sache aber gemacht wurde,
mußte sich jeder Augenzeuge davon überzeugen, daß die schles=
wig=holsteinische Marine nichts als eine unnütze Geldverschwen=
dung sei.

So viel von der Beschreibung der Marine in den „Denk=
würdigkeiten" und von Glaubwürdigkeit der letztern.

Nicht zufrieden mit dieser überseeischen Flotte wollte die
Statthalterschaft auch eine unterseeische haben. Ein bairischer
Unterofficier, der zum ersten Male das Meer erblickte, glaubte
eine Erfindung machen zu können, um unter dem Wasser un=
bemerkt an feindliche Schiffe heranzugehen, ein Pulverfaß an
ihnen zu befestigen und vermittelst electrischen Drahtes dieses
explodiren zu lassen, wodurch das Schiff in die Luft fliegen
solle.

Die Idee ist zu albern, und daß sie nicht unbeachtet blieb
und sofort verworfen ward, beweist nur zu sehr, wie nach Allem
gehascht wurde, von dem man sich einen Erfolg einbildete,
während das wirklich Nöthige und Nützliche versäumt oder ab=
gewiesen wurde. Die bairische Erfindung war folgende:

Ein eisernes Boot ward solchergestalt konstruirt, daß es

waffer= und luftdicht gemacht werden konnte. Vorn hatte es einen Schnabel, an welchen das Pulverfaß gehängt ward, das unter dem zu zerstörenden Schiffe angebracht werden sollte. Gleichfalls vorn waren zwei Glasscheiben angebracht, durch welche man sehen konnte, um die Arbeit zu vollbringen. Vermittelst Guttapercha=Handschuhen, die in einigen Oeffnungen im Bug steckten, sollten die hineingesteckten Hände das Befestigen des Fasses vollführen und den elektrischen Drath anbringen. Wenn die Bemannung sich im Boote befand, sollte so viel Luft heraus und Wasser hineingelassen werden, daß das Fahrzeug einige Fuß unter Wasser sank, und dann sollte die Fahrt beginnen. Wie die Bewegung und Lenkung des Boots bewerkstelligt werden sollte, hat mir Niemand erklären können und es war mir auch nicht um einen derartigen Aufschluß zu thun, denn jeder einigermaßen mit dem Seewesen vertraute Mensch konnte wissen, daß alle Regeln der Natur und Kunst bei diesem Experiment übersehen waren. Wie sollte nämlich bei einer etwas dauernden Fahrt der durch's Athmen verzehrte Sauerstoff, d. h. die nothwendige Lebensluft ersetzt werden, damit die Bemannung nicht erstiсke? Mit Dampf konnte das Boot nicht bewegt werden, sonst hätte ein Schornstein über dem Wasser sein müssen und die Unsichtbarkeit wäre somit nicht erreicht worden. In See sollte das Fahrzeug gehen, um die Linienschiffe anzugreifen, also erforderte es Kräfte dieß zu bewerkstelligen. Gewiß mußten hierzu 6 Mann zu jeder Zeit, mit einer Ablösung folglich 12 Mann verwendet werden. Ein Kommandant und noch 2 Mann zur Handtirung des Boots und den Arbeiten, dieß macht schon 15 Mann. Wenn diese tüchtig arbeiten sollen, brauchen sie viel Athem, und wie lange würde die eingeschlossene Luft ihnen diesen hinreichend liefern, wenn neben der ausgeathmeten

verdorbenen Luft noch die Ausdünstung der Leute den verschlos=
senen Vorrath der Lebenslust verderben half? Wie sollte der Cours
nach dem Schiffe gefunden werden, da man wohl vor sich hin
auf 10 bis 12 Fuß sehen konnte, was unter, aber nicht über
dem Wasser sich befand? Erreichte man dennoch durch Zufall
das anzugreifende Schiff, so fragt es sich, wie der Nagel heraus=
gebracht wird, der ins Schiff geschlagen werden soll, um das
Pulverfaß daran zu befestigen; wie der Hammer herausgestreckt
und geführt werden kann, um den Nagel einzutreiben, wie
die Hand das Pulverfaß vom Boot lösen und an das Schiff
hängen kann, da die kleinste Oeffnung unter Wasser das Boot
füllen würde? Alle diese Einwendungen hatte der bairische
Unterofficier sich natürlich nicht gemacht, da er nie das Meer
gesehen hatte. Uebrigens war noch das Allerwichtigste von den
Konstrukteuren übersehen, nämlich: daß die Luft der Kom=
pression unterworfen ist. Das Boot hätte daher so konstruirt
sein müssen, daß es dem Wasserdruck durch seine eigene Stärke
widerstehen konnte. Dieß war nicht geschehen; als daher der
erste Versuch damit im Kieler Hafen gemacht ward und die
Fahrt unter Wasser losgehen sollte, klappte das Ding durch
den Wasserdruck zusammen wie ein Klapphut, und mit genauer
Noth schlug die Besatzung den Deckel auf, um aus der Tiefe
des Hafens an die Oberfläche hinauf zu fahren, wie die Pfropfen
aus den Champagnerflaschen. Da war die ganze Herrlichkeit
vorbei, zu welcher man der schleswig=holsteinischen Armee per
Mann einen Thaler abgezogen hatte.

In solchen Experimenten gefielen sich die Herren Reventlow
und Beseler. In der provisorischen Regierung gaben sie, wie
oben erläutert, 9000 Rthl. für das Experiment des Seeräubers
Hansen und des v. d. Tann'schen Freicorps, um die Korvette

Galathea zu nehmen. Im Jahre 1849 ward das Experiment mit dem Dampfkanonenboot gemacht, welches bei einer Kiellänge von 36 Fuß eine Kanone, eine Dampfmaschine, Kohlenvorrath, Munition und Bemannung mit Proviant und Kocheinrichtung ꝛc. fassen sollte. Ich erklärte mich in dem Comité zur Beurtheilung dieses Projekts von vorneherein dagegen, aber Herr M. T. Schmidt überredete die anderen Mitglieder und der Bau ward ausgeführt. Das erste Mal als dieses Boot mit einem dänischen Dampfboot zusammenkam, nahm es die Flucht, lief auf den Strand und flog in die Luft. Das Jahr 1850 sollte durch die unterseeische Schifffahrt verherrlicht werden, das Resultat war nicht besser als in den andern Fällen, und damit schlossen diese geldraubenden Experimente.

Nach diesen Ergebnissen dürfte dem Leser nicht schwer fallen, mir Recht zu geben, daß es eine durchaus verfehlte Sache war, eine schleswig-holsteinische Marine gründen zu wollen und das Geld, welches man an anderen Orten besser und nothwendiger bedurfte, auf diesen Gegenstand zu verwenden.

Die Behauptung des Verfassers der Denkwürdigkeiten, daß die dänische Marine den Operationen im Jahre 1848 Abbruch gethan habe, ist gleichfalls aus der Luft gegriffen; denn die dänischen Kanonenboote thaten am 9. April 1848 keinen großen Schaden, sie jagten Michelsen Bedenklichkeiten ein, aber dieß fällt ihm zur Last und ist den Schiffen nicht hoch anzurechnen. Daß bei Fridericia ein Kampf der preußischen Artillerie mit der dänischen Flottille zum Vortheil der ersteren ausfiel, kann unmöglich als Nachtheil bezeichnet werden. Daß der Oberst v. Zastrow in Arhuus und bei Langballig sich mit den Schiffen kanonirte, hat uns keinen Blessirten gekostet. Daß der Fürst Radziwill hinter den Schiffen her galoppirte nach Holnis, hat ihm höchstens den Appetit etwas geschärft, sonst aber gar nichts gebracht. Woher nimmt der Verfasser denn seine Behauptung? Ebenso ist auch seine Beschreibung des Gefechts bei Eckernförde, welches ich mit angesehen habe, unrichtig; ich kann bezeugen, daß die Gefion nicht die Flagge strich, bevor der Christian dieß gethan hatte. Dieser Letztere lief auf den Grund, weil er nicht Segel genug beigesetzt hatte, um die nöthige Fahrt zum Wen= den zu bekommen. Mit dem Fahrwasser bekannt, sagte ich es den zunächst bei mir Stehenden voraus als er die Anker lichtete, daß er mit Gefechtssegeln das Schiff nicht holen könnte. Das Schiff brannte aber vorne bereits seit einer halben Stunde, denn wir sahen beständig den Rauch aus den Kanonenlucken heraussteigen und nur die Kanonen auf der hinteren Hälfte Schiffes gaben Feuer.

Wenn sich der Verfasser der Denkwürdigkeiten Seite 330 über den Kapitän Donner ergehen läßt, daß er bei dieser Ge= legenheit gesagt habe: „es sei eine Schande, daß zwei so schöne Schiffe vor zwei Strandbatterieen die Flagge gestrichen hätten ꝛc.", so beweist dieser Verfasser damit nur, daß er eine Land= ratte ist, die vom Geiste eines Seemannes keinen Hauch in sich spürt; und zur Rechtfertigung der Gefühle, freilich nicht der hier besser unterlassen gebliebenen Aeußerungen des Kapitäns Donner, will ich anführen, daß auch ich ausrief, wie ich die Flagge heruntergehen sah: „dieß ist doch zu toll, sie haben die Flagge gestrichen."

Als ich sah, daß dem ungeachtet die Batterie feuerte und durch ein Fernglas gewahrte, daß das hohe Ufer hinter dem Christian mit Zuschauern sich füllte, fürchtete ich, daß die Schiffe von den dort befehlenden Personen nicht gehörig in Besitz ge= nommen werden möchten, und da ich den Hekla nach Osten und den Geiser nach Norden hatte gehen sehen, war es mir klar, daß diese Hülfe suchten. Ich eilte daher zu meinem Wagen und fuhr nach Kiel. Ehe ich Gettorf erreichte, flog das Linienschiff in die Luft, ohne daß ich, durch das Rasseln des Wagens verhindert, es hörte, aber meine Pferde machten einen Satz vorwärts, der dem Kutscher fast die Zügel entrissen hätte. Als ich in Kiel angekommen war, ward mir von einem Seeofficier gesagt, Donner, den ich suchte, sei in Holtenau. Ich schrieb diesem einen Zettel und bat ihn, sofort mit der nöthigen Zahl Matrosen nach Eckernförde zu eilen, um die beiden Schiffe in Besitz zu nehmen; hiermit eilte ein Seeofficier in einem schnell rudernden Boote nach Holtenau. Sofort nach dessen Abfahrt kam die Nachricht von dem Auffliegen des Christian, und nun eilten Professor Christiansen, Syndikus Christensen und der Advokat Forchhammer mit mir wieder nach Eckernförde, wo wir um Mitternacht ankamen. Auf eine Erkundigung, was zur Sicherstellung der Fregatte geschehen sei, ward mir die Antwort, daß 30 reußische Soldaten an Bord gesetzt wären, sie zu bewachen. Dies war ja albern, denn während der Nacht konnte ein Dampfboot sie wegholen, ohne daß die Soldaten es verhindern konnten. Ich fragte daher sogleich, wo der Herzog von Koburg sei? (den ich an diesem Tage zum ersten Mal gesehen hatte). Man antwortete mir, er sei zu Bette. „Wer ist denn hier der Nächsthöchstkommandirende?“ fragte ich, und man entgegnete: „der Oberst des reußischen Bataillons.“ Meiner Frage: „Wo ist er?“ wurde die Antwort: „Man hat ihn zu Bette gebracht.“ „Wer in aller Welt kommandirt denn hier?“ Anderweite Antwort: „Niemand! so viel wir wissen.“ „Ach jo! nun so muß man sich selbst helfen“, sagte ich und ging der Schiffbrücke zu, wo ich den Schiffer Bertelsen aus Schleswig mit mehreren Fischern traf. Auf meine Frage, weßhalb die Fregatte nicht nach dem inneren Hafen gebracht worden sei, sagten sie mir, daß die Takelage so beschädigt sei, daß man keine Segel setzen dürfe. „Nun! antwortete ich, kennt ihr denn nicht das Warpen?" „Ja, antwortete Bertelsen, da haben Sie Recht." „Wohlan Kinder, sagte ich, so geht gleich daran, und wenn ihr nicht anders könnt, setzt sie auf den Grund, denn Morgen Früh sind die Dänen wieder hier."

Die braven Eckernförder gingen sogleich zu ihren Booten und unter Bertelsens Leitung ward die Fregatte in den Hafen hineingewarpt, bis sie auf dem Grund stand. Von der Marine= Commission, von welcher der Verfasser der Denkwürdigkeiten hier fabelt, hat kein Mensch etwas bemerkt. Donner mit den Matrosen kam mir bei Neudorf entgegen als ich wieder nach Kiel fuhr, um mit dem Morgenzug nach Hamburg zu eilen.

An diesem Morgen 5 Uhr lagen 5 Dampfboote bei Noer, da sie aber von den beiden Schiffen nichts gewahr werden konnten, gingen sie wieder in See; ich hatte also ganz richtig vorhergesagt.

XXI.

Weitere Berichtigungen von falschen Angaben und Ansichten in den Denkwürdigkeiten zur neuesten schleswig-holsteinischen Geschichte.

Im 24. Kapitel Seite 441 findet Verfasser der Denkwürdigkeiten Gelegenheit, über den Oberst v. Zastrow herzufallen und über die Adjubanten und Ordonnanzofficiere des Generalkommandos zu schelten. Der gute Mann zeigt hierbei nur, daß er von den Befugnissen der Kommandirenden, der Adjubanten und Ordonnanzofficiere gar keine Kunde und in den Tag hinein geeifert hat, blos um zu tadeln.

Daß der Laie in Militärverhältnissen sehen und erwägen könne, wie weit er diesen Denkwürdigkeiten Glauben beimessen darf, dazu diene die folgende kurze Auseinandersetzung.

Der Oberst v. Zastrow ist immer einer der umsichtigsten Kommandanten gewesen und hat davon zu viele Proben abgelegt, als daß ein solches Geschwätze diese Erfahrung widerlegen könnte. „Abgesehen davon, sagt einmal an einer tadelnden Stelle der Verfasser, daß sein großer Delius von der Taulow-Kirche das Gefecht mit ansah ꝛc." Hätte aber dieser große Feldherr so grobe Fehler gefunden als Verfasser, so war es seine Pflicht einzuschreiten und veränderte Anordnungen vorzuschreiben; dazu ist der Chef des Stabes nicht allein befugt, sondern verpflichtet, denn er theilt mit dem kommandirenden General die

Verantwortlichkeit. Wessen Schuld war es andererseits, wenn sogenannte Bummler oder unbekannte Adjudanten und Ordonnanzofficiere im Generalkommando Störungen machten? Blos dem Stabschef ist dieß vorzuwerfen, weil unter diesem der ganze Stab steht. Dieser hat folglich alle diese Herrn zu instruiren. Er war verpflichtet, nicht allein dieß zu thun, sondern er mußte auch einen Generalkommando-Befehl verfassen, worin die Namen aller solcher angestellten Persönlichkeiten aufgeführt und ihre Befugniß bezeichnet ward.

Als Regel ist hierbei geltend, daß ein Officier vom Generalstabe, der bei einem Kommandirenden angestellt ist, an Ort und Stelle Anordnungen treffen kann; ferner, daß einem Adjudanten bei zu bringenden bedingten Ordres die Beurtheilung im Sinne des Kommandirenden überlassen ist, endlich, daß, wenn ein Ordonnanzofficier den Befehl bringt, an den eine Bedingung geknüpft ist, demjenigen, dem die Ordre gebracht wird, stets überlassen bleibt, welche Art der Ausführung er auf seine Verantwortlichkeit hin vorziehen will.

Ist vom Stabschef solchergestalt das Nöthige geschehen, dann sind die Officiere zu tadeln, die sich von diesen jungen Herren ohne Befugniß Befehle ertheilen lassen. Der Verfasser weiß aber selbst nichts von alle diesem und folgt nur seiner Sucht, zu tadeln. So glaubt er auch eine nützliche Bemerkung machen zu können, indem er sagt: „Es wäre überhaupt vorzuziehen, blos Ordonnanzen mit einem Zettel, auf dem die Ordre geschrieben sei, zu senden." Ich will dagegen blos zwei Fälle anführen, die beweisen, wozu dieser Vorschlag führen kann und bemerke vorher, daß wenn es sich um die Uebersendung eines einfachen Befehls außerhalb des Bereichs des Feindes handelt, gewiß kein vernünftiger Kommandant einen Officier hinjagt, aber wo man in der Nähe des Feindes ist, kann die Ordonnanz erschossen oder gefangen werden und der Befehl dem Feinde zur Kenntniß kommen. Die Ordonnanz kann durch einen Unfall den Zettel verlieren, oder dergleichen mehr. Deßhalb sendet man bei solchen Gelegenheiten einen Officier, der die Ordre sowohl, als die damit verbundenen Eventualitäten voll= ständig auffassen und begreifen kann, um denjenigen Alles zu erklären und erläutern zu können, denen der Befehl gilt.

In der Schlacht von Jdstedt sandte General v. Krogh mit einem Husaren den schriftlichen Befehl an den Oberst v. Schep= pelern nach Silverstedt: „Er solle gleich zurückmarschiren!" Die= ser unbedingte Befehl ward streng und unbedingt befolgt, und das veränderte die ganze Sachlage. Hätte ein Officier diesen Befehl gebracht, würde er die Erklärung der Ursache gleichzeitig abgegeben haben, warum er ausgestellt sei. Von Scheppelern würde an dem wieder vordringenden Feuer der Dänen gesehen haben, daß keine Ursache für ihn vorhanden sei, den Rückzug anzutreten, sondern daß er gerade das Gegentheil thun müsse.

In dem Gefechte bei Balaclava brachte Kapitän Nolan dem General Lord Lucan einen Zettel, der ihm befahl, anzugreifen. Lord Lucan sah keine Gelegenheit, eine Kavallerie=Attake zu machen, und remonstrirte, aber Kapitän Nolan zeigte den Zet= tel und berief sich auf die darauf geschriebene Ordre. Die leichte Brigade stürzte sich daher mit der Verwegenheit der englischen Kavallerie in ein Thal hinein, das an beiden Seiten mit Ge= büsch bewachsen war, in welchem die russischen Jäger standen, und am Ende der Schlucht war eine 12pfündige Batterie auf= gefahren, gegen welche die Brigade anprallte. Die Waffenthat war, wie Canrobert sagte, der sie mit ansah, **cela est brillant, mais ridicule.** Die Hälfte der Leute und Pferde blieben auf

dem Platze, ohne etwas erreicht zu haben; denn es war nichts
zu erreichen. Also auch hier brachte der Zettel Unglück.
Bei dieser Gelegenheit glaube ich auch die Officiere meines
Stabes vor den Angriffen des Verfassers schützen zu müssen.
Der Chef desselben, Oberstlieutenant Leo, war gewiß in sei=
nem Expeditionsgeschäfte so tüchtig, wie es Einer nur sein konnte,
und das Büreau ward in einer so kompleten Ordnung abge=
liefert, wie es nicht besser möglich war. Hauptmann v. Katz=
ler, der Souschef, ein tüchtiger und gebildeter Officier, hat sich
immer durch Kaltblütigkeit im Gefechte und Umsicht in seinem
Geschäfte bewährt. Hauptmann v. Berger, gegen den der Ver=
fasser nur eine nicht korrekte Orthographie aufführt, war gewiß
so brav im Feuer und pünktlich in der Ausführung ihm ge=
gebener Befehle, als ich es nur wünschen konnte. Diese drei
Officiere arbeiteten dabei unermüdlich im Büreau, sobald wir
Abends ins Quartier kamen oder Rasttag hielten. Von mei=
nen anfänglichen Ordonnanzofficieren behielt ich nur den Grafen
Eltz und den Lieutenant Bärens, weil die anderen Herren im Bu=
reau mit ihrem Gespräche störten und im Gefechte sich amüsiren
wollten, statt nach gebrachtem Auftrage zu mir zurückzukehren. Es
war aber im Jahre 1848 für mich und meinen Stab keine Zeit,
Vergnügungen zu huldigen und sie zu suchen, sondern Arbeit war
unsere Aufgabe. Daß nichts versäumt ward, bewiesen mir oft
genug die Aeußerungen des Oberbefehlshabers, Generals von
Wrangel, wenn er sagte: „Bei Ihnen ist immer Alles in Ord=
nung." Was die Ordnung der Berichte und Listen betraf, so
darf ich bei dieser Gelegenheit nicht den vom Verfasser der
„Denkwürdigkeiten" angeführten Rittmeister Aye unbemerkt las=
sen und benutze diesen Anlaß, um auch hier wieder eine Fabel
zu beleuchten. Diese „Denkwürdigkeiten" sind augenscheinlich

auch dazu geschrieben, um mich in ein schlechtes Licht zu setzen, und dazu sollte denn die Bemerkung dienen, daß ich Aye wegen seiner Herkunft nicht zum Officier avanciren lassen wollte. Der Adel hat mich nie wegen einer Parteilichkeit für ihn gelobt! Solche Phrasen klingen aber schön und scheinen dem mit der Person unbekannten Leser ganz annehmbar. Ich unterlasse nicht, über Aye Folgendes zu bemerken: Derselbe ist der Sohn eines in meinem früheren Regimente gestandenen Unterofficiers; auf der Garnisonsschule erzogen, ward er Unterofficier in demselben Regimente und zeichnete sich, wie ich nicht ohne Eitelkeit von den meisten Unterofficieren meines Regiments sagen kann, durch musterhaftes Betragen in und außer dem Dienste aus; er schrieb eine sehr gute Hand und ward daher ins Büreau des General= kommandos der Herzogthümer als Generalkommando=Schreiber kommandirt. Hier fand ich ihn, als ich im Jahre 1842 das Generalkommando übernahm, wieder. Und so fanden wir uns denn auch im Jahre 1848 in gleicher Stellung zum zweiten= mal wieder. Auf den Vorschlag des Oberstlieutenants Leo er= nannte ich Aye zum Kanzellisten im Generalkommando=Büreau, das heißt, er übernahm unter dem Stabschef die Verantwort= lichkeit für's Archiv und die Richtigkeit der Protokoll= und Listen= Verzeichnisse. Hier war er ganz an seinem Platze, und, was sollte er mit einer Militärcharge, die ihn der Ancienität nach in einer Zeit, wo täglich ganz junge Officiere ankamen, unter kaum ausgewachsene Knaben gestellt haben würde? Einen höhern Grad konnte ich ihm aber auch nicht geben, weil dann mancher schleswig=holsteinische Officier, dem er als Unterofficier gehorcht hatte, unter ihm gestanden hätte. Wozu brauchte Aye aber mehr? Als Kanzellist stand er unter Niemandem als mir selbst und dem Stabschef. Hier war er auf dem Posten, dem er

ganz gewachsen war. Wäre er Officier geworden und als sol=
cher Adjutant, dann würde Aye oft in Verlegenheit gekommen
sein, falls er an Ort und Stelle hätte beurtheilen sollen, welche
Bewegung die beste und zweckmäßigste wäre; also ließ ich ihn
da, wo er Meister war. Was Bonin nachher für Grundsätze
befolgt hat, ist nicht meine Sache zu beurtheilen, aber wohl
den albernen Vorwurf zu widerlegen, den der Verfasser von
„Willisen und seine Zeit" mir macht, wo er von Aye spricht.

Mit Rücksicht auf Persönlichkeiten will ich hier auch noch
einer andern Fabel Erwähnung thun, welche der Verfasser mit
Beziehung auf Major v. Gerstorff erdacht hat. Ich soll näm=
lich Herrn v. Gerstorff nicht haben leiden können und ihn deß=
halb zu beseitigen gesucht haben. Dieß hängt ganz anders zu=
sammen.

Am 9. April Abends meldete sich der Lieutenant v. Ger=
storff bei mir in Schleswig, als ich von Flensburg zurück kam.
Wir besprachen Abends den Plan, mit der Infanterie nach
Angeln zu gehen, und Gerstorff übernahm den Auftrag, bei
General v. Bonin anzufragen, ob er bis zur Schlei vorgehen
wolle, falls wir zu hart gedrängt würden. Am 10. blieb
v. Gerstorff bei mir zur Disposition, weil ich ihm keine Stelle
geben konnte, ehe und bevor ich die Truppen wieder etwas in
Ordnung gebracht hatte. Am 11. Morgens, als der Rückzug
hinter den Kanal angeordnet war, mußte ich das 3. Freicorps,
das in Cappeln lag, über die Schlei nach der Hüttener Harde
rufen. Es erbot sich der Inspektor Beck, der alle Stege und
Wege in Schwansen kannte, die Ordre hinzubringen. Gerstorff
bat um die Erlaubniß, ihn begleiten zu dürfen, um bei der
Gelegenheit zu erkunden, ob sich mit dem Landsturme in An=
geln etwas ausrichten ließe! Gerstorff hatte nämlich den Krieg

im Kaukasus mehrere Jahre mitgemacht und wohl von dorther eine höhere Idee von Volksbewaffnung mitgenommen. Diese Idee wurde aber sehr bald abgekühlt, und mit dem 3. Frei= corps kehrte Gerstorff wieder zurück. Die Unfähigkeit des Oberst= lieutenants Koch war derzeit schon an den Tag gekommen, und daher übergab ich Gerstorff mit seiner vollkommenen Uebercin= stimmung die Oberleitung der Freicorps. Als ich diese entließ, kam v. Gerstorff wieder zu mir mit dem Gesuche um eine Be= schäftigung. Da er nicht im Stabe bleiben wollte, erbot er sich, einen Plan auszuarbeiten, wie man die nöthige Anzahl von Officieren herbeischaffen könne. Während der Zeit avan= cirte er zum Hauptmanne in Preußen, also zum Major bei uns. Zastrow war zum Kommandanten des 1. Jägercorps er= nannt und Inspektor der übrigen Jäger=Abtheilungen. Also ward v. Gerstorff dem 1. Jägercorps als Stabsofficier beige= geben und bekam es später als Kommandant.

Ich glaube, daß Niemand mehr als ich den v. Gerstorff geschätzt hat und beweise es noch dadurch, daß er einer der we= nigen Officiere ist, mit denen ich in Briefwechsel geblieben bin. Wenn aber der Verfasser dem Major v. Gerstorff das alleinige Verdienst der Heranbildung des 1. Jägercorps vindiciren will, so muß ich dagegen auf's Entschiedenste Einsprache thun.

Das 1. Jägercorps verdankt seine erste Ausbildung dem alten General v. Ewald, der den amerikanischen Freiheitskrieg mit großer Auszeichnung mitgemacht hatte. Nach diesem Ge= neral bekam es der Oberst v. Lange (Vater des späteren Ma= jors v. Lange), der ebenfalls in Amerika gedient hatte und ein vortrefflicher Feldofficier war. So zeichnete sich stets dieses Korps bei den Manövern durch seine Benutzung des Terrains und seine Beweglichkeit im Terrain aus. Nach diesen beiden

Kommandanten kam es auf einige Zeit in unfähige Hände, aber der Geist blieb doch im Korps, und sein letzter Kommandant vor 1848 war ein tüchtiger Mann, der Oberstlieutenant v. Renouard, der dem Korps wieder seine alte Perfektion zu geben wußte. So trat es 1848 ins Feld, bekam gleich tüchtige Compagnieführer und war im ganzen Feldzuge 1848 die Truppe, auf die ich mich besonders verlassen konnte; sie ging wohin sie gehen sollte, und stand, wo sie stehen mußte. Ehre diesen braven Soldaten und diesen lieben Kameraden, von denen jeder Einzelne durch's Feuer und Wasser für mich ging. In meiner Meinung das höchste Lob, das einem Kommandirenden widerfahren kann.

Ich glaube in Vorstehendem genügend dargethan zu haben, daß der Verfasser der „Denkwürdigkeiten", was sowohl Thatsachen als Persönlichkeiten, als Betrachtungen betrifft, sich nicht auf dem Standpunkte befunden hat, von welchem aus er solche genau zu erkennen und richtig zu beurtheilen vermochte. Er hat nur seiner Laune freien Lauf gelassen, um sich seines üblen Humors auf Kosten Anderer zu entledigen.

Nicht, wie der Verfasser der „Denkwürdigkeiten" behauptet, ging ich aus dem Lande, als ich im Jahre 1848 das Kommando der Armee abgab und aus der provisorischen Regierung trat, sondern ich blieb noch bis zum Monat Juni 1850 auf meinen Gütern, die ich dann aus Gesundheitsrücksichten verließ, um ein und ein halb Jahr unter der Leitung von Priesnitz die Wasserkur in Gräfenberg zu gebrauchen. Von der Politik hielt ich mich ganz fern, und folgte nur mit dem Interesse, welches ich der schleswig-holsteinischen Armee nie entziehen konnte, dieser auf ihrem Feldzuge 1850.

XXII.

Die Kriegführung des Jahres 1850.

———

Daß die Statthalterschaft im Sommer 1849 nach der Affaire von Fridericia nicht das Verhältniß Bonins zur Armee
entweder festzustellen oder aufzulösen gewußt hatte, habe ich bereits getadelt; noch mehr muß man es tadeln, daß sie im Laufe
des Winters lauter halbe Schritte that, um diesem Uebelstande
abzuhelfen.

Daß Preußen sich aus der Sache zurückziehen würde, unterlag keinem Zweifel mehr; also war es auch gewiß, daß Bonin
zurückberufen werden würde. Ein anderer General mußte daher engagirt werden. Statt sich an eine andere deutsche Regierung zu wenden oder an mehrere gleichzeitig, und zu bitten,
daß man ihr einen tüchtigen Mann überlassen wolle, ließ die
Statthalterschaft sich unter der Hand erkundigen, wo man
wohl einen solchen finden würde. Dieß führte natürlich zu keinem Resultate; denn theils sind tüchtige Generale eine seltene
Waare, die nicht von Jedermann beurtheilt werden kann, theils
läßt keine Regierung einen anerkannt tüchtigen Mann los, wenn
er nicht von ihr selbst vorgeschlagen wird.

Die Sache zog sich also bis in den Monat März hin, als
der Justizrath Schleiden, der sich in Paris aufhielt, um auf die
französische Presse zu wirken, in einem Kaffeehaus die Bekanntschaft des Generals von Willisen machte, und sich von diesem

über den Krieg in der Lombardei allerhand erzählen ließ. Justiz=
rath Schleiden war bis zum Jahre 1848 im Zollfache ange=
stellt gewesen; im März verließ er Kopenhagen und stellte sich
der provisorischen Regierung zur Disposition. Weil er fran=
zösisch sprach, ward er als eine Art Diplomat bald nach Frank=
furt, bald nach Berlin gesandt, und hatte in dieser Eigenschaft
im Herbst 1848 die Uebersendung der Anmeldungen preußi=
scher Officiere zum Eintritt in die schleswig=holsteinische Armee
zu besorgen. Dieß wird das einzige Geschäft gewesen sein, bei
welchem er jemals mit Militärangelegenheiten sich befaßt hat.
Dieser Mann glaubte aber dessen ungeachtet, die Tüchtigkeit eines
Generals beurtheilen zu können, und fragte Willisen, ob er
nicht geneigt sei, das Kommando der schleswig=holsteinischen
Armee zu übernehmen? Willisen, auf dem seit seinem Feldzuge
in Posen ein Schatten haftete, ging in der Hoffnung, sich wie=
der einen Ruf zu gründen und eine feste Stellung einzuneh=
men, leichtfertig darauf ein, ohne mit den Verhältnissen oder
Persönlichkeiten im Mindesten bekannt zu sein. Schleiden schreibt
also an Beseler, daß er einen Mann gefunden habe, der ganz
der General sei, dessen die Herzogthümer bedürften, und die
Statthalterschaft, die im Blinden so lange herumgetappt hatte,
glaubte auf diese Empfehlung hin, daß jetzt ein militärisches
Licht für die Sache der Herzogthümer leuchten würde, wenn sie
einen Mann, der gute Bücher geschrieben hatte, an
die Spitze der Armee stellte. Nach Willisens praktischen Ante=
cedentien fragte man gar nicht, sondern ließ sich sogar von ihm
Bedingungen stellen, als ob er ein Glücksstern sei, der der gan=
zen Sache eine andere Wendung geben würde.

Am 19. März 1850 war der General v. Bonin zu einem
Familienfeste bei mir auf Noer und brachte bei dieser Gelegen=

heit meine Gesundheit aus. Als er mit sehr schmeichelhaften Aeußerungen geendet hatte, sagte ich in der Erwiederung unter Anderem, daß ich der Intrigue erlegen seie, ich wolle von ganzem Herzen wünschen, daß es ihm nicht ebenso ergehen möge.

Nach drei Wochen war Bonin aus seinem Kommando, aus seiner Charge und aus dem Lande entfernt und Willisen an die Spitze der Armee gestellt.

Wie Theoretiker nun einmal sind, sie können praktisch nichts auffassen und aus ihrem Theoretisiren nicht herauskommen. Sie sind nicht im Stande, zu begreifen, was Salomon schon sagte, „daß jedes Ding seine Zeit hat", d. h. daß die schönsten Systeme, wo sie nicht zeitgemäß sind, nur schädlich wirken können.

Also trotz allen Abrathens und Widerrathens führte Willisen eine neue Ordnung in der Armee-Organisation ein, unmittelbar bevor die Truppen ins Feld rückten. Er annullirte die Organisation, welche ich nach langer Kenntniß des Landes und langer Diensterfahrung gegründet, welche sich auch unter Bonin im Feldzuge bewährt hatte, und nach welcher die Armee seit zwei Jahren eingetheilt und eingeübt war.

Dem Manne fehlte unläugbar alle praktische Urtheilskraft. Die beurlaubten Soldaten, welche kurz vor dem Ausmarsch zu ihren respektiven Bataillonen oder Korps zurückkamen, wurden nicht allein zu ganz anderen vertheilt, sondern auch die Offiziere in solcher Weise versetzt, daß alle alte Bande der Bekanntschaft, des Vertrauens und der Anhänglichkeit gelöst waren, und dieß ist beim Schleswig-Holsteiner weit höher anzuschlagen, als bei jeder andern Nation.

Mit dieser desorganisirten Armee eilte Willisen am 14. Juli 1850 von Rendsburg über Schleswig nach Idstedt. Die beurlaubt gewesenen Soldaten, die gar nicht mehr marschgewohnt waren und in der Sonnenhitze jetzt einen Marsch von vier geographischen Meilen machen sollten, litten selbstverständlich bei diesem tollen Unternehmen sehr, und der erste Marschtag des Schleiden'schen Generals kostete der Armee über 100 Mann. Er wollte nicht weiter als bis Jdstedt vorrücken, es war kein Feind so nahe, daß nicht einige Schwadronen Kavallerie mit der reitenden Batterie jede feindliche Patrouille oder Recognoscirung leicht hätten zurücktreiben können. Wozu also diese Eile?

Ich komme hier wieder auf die Urtheilsfähigkeit der Masse der Soldaten, die unnöthige Strapazen und Verluste nicht leicht verzeiht und ihr Urtheil über den Befehlshaber nach solchen Dingen bestimmt. Ich darf daher behaupten, daß Willisen niemals das Vertrauen der Armee besessen, wie er seinerseits ihr auch nie vertraut hat, welches seine ohnedieß schon wankende Ansicht nicht zu befestigen geeignet war.

Die Stellung bei Jdstedt für eine gute zu erkennen, dazu gehört nicht viel Einsicht; denn sie ist die einzige zwischen Hadersleben und Schleswig, in welcher eine Vertheidigungsschlacht gegen eine Uebermacht angenommen werden kann; wenn ihr aber die Kunst noch zu Hülfe kommt, so kann ein Truppencorps sich daselbst gegen die doppelte Zahl seiner Stärke nicht nur allein behaupten, sondern dem Feind auch nach abgeschlagenem Angriff eine Niederlage beibringen.

Was that nun Willisen in dieser Beziehung? Nichts!! In seiner Theorie von Offensive und Defensive befangen, konnte er, wo sie zur Anwendung kommen mußte, nicht mit sich einig werden, ob er offensiv oder defensiv verfahren wolle, und dieser Zweifel dauerte nicht blos vom 15. bis zum 24. Juli, sondern noch am Abend dieses Tages gab er widersprechende Befehle hierüber aus.

Vom 16. Juli Morgens bis 23. Abends stand die Armee, ohne vom Feinde beunruhigt zu werden, bei Jdstedt, 27,000 Mann stark. Unmittelbar hinter der Stellung liegt die Stadt Schleswig mit 10,000 Einwohnern, rechts stößt das Terrain an das dichtbevölkerte Angeln, wo Pferde und Wagen zu Tausenden zu haben sind. In diesen acht Tagen hatte also Willisen Zeit und Kräfte weit über den Bedarf, um seine Stellung so einzurichten, daß kein Feind ihm etwas anhaben konnte.

Da der mit der Lokaleigenthümlichkeit Unbekannte sie nach der Karte sich nicht vollständig vergegenwärtigen kann, will ich sie hier ganz genau beschreiben und dabei angeben, wie sie nach meiner Ansicht hätte benutzt werden müssen.

Es gehen von Flensburg nach dem Süden des Herzogthums Schleswig drei Hauptverbindungswege. Der östlichste geht über Klein- und Groß-Solt, Havetoft, Böklund, Welspang und Missunde, ist nicht chaussirt, sondern von Steinwällen und Knicken eingefaßt, welche von Havetoft an bis Missunde immer höher und stärker mit Gebüsch bewachsen sind; namentlich in der Gegend von Welspang sind die Knicke sowohl an der Landstraße, als überhaupt um die Koppeln oder Felder sehr hoch; die Wälle sind oft mit Buchengebüsch bewachsen, welches viel dichter und schwieriger zu passiren ist, als das in Angeln sonst gewöhnliche Haselgebüsch. Für ein größeres Truppencorps ist also diese Landstraße nur in aufgelöster Marschordnung zu passiren. Falls Widerstand demselben entgegengestellt würde, können ein oder zwei Bataillone eine Stärke von 10- bis 12,000 Mann fast einen Tag auf der Marschweite von einer Meile aufhalten. Artillerie kann auf diesem Terrain fast gar nicht verwendet werden, Kavallerie durchaus nicht.

Die mittlere Landstraße ist die Chaussee zwischen Flensburg

und Schleswig. Diese ist die Hauptstraße, welche Hamburg mit Jütland verbindet. Sie ist ohne Einfriedung, geht meistens über hohes Haideland, ist vermittelst ziemlich bedeutender Bäche von mehreren Terrainabschnitten durchkreuzt, die durch davor oder dahinter liegende Holzungen verstärkt werden. Südlich von Helligbeck läuft die Chaussee über einen Haiderücken, der an verschiedenen Stellen von Moorstrecken an beiden Seiten begrenzt wird, bis nach der Krugstelle Luusbusch oder Jdstedter Krug. Die Artillerie und Kavallerie sind daher auch hier in ihren Bewegungen beschränkt.

Bei Luusbusch erhebt sich das Terrain, indem die Chaussee hier einen Hügelrücken überschreitet, der von dem Enskierer Moor bis zum Langsee sich ausdehnt und mit Holz bewachsen ist, welches den Namen Westergehege führt.

Unmittelbar an der Chaussee beginnt das Moor, welches sich zuerst bis zum Gammelunder See in einer Ausdehnung von 9000 Fuß, dann von diesem See bis Jübeck 15,000 Fuß weit erstreckt, und von dort bis zur Treene seinen Abfluß durch einen mit Moor und Wiesengrund begrenzten Bach nimmt, der nur stellenweise für Infanterie passirbar ist, falls die Brücke bei Jübeck abgebrochen wird. Der Theil des Moores zwischen der Chaussee und dem Gammelunder See ist über 3000 Fuß breit und so von Torfstichen durchzogen, daß es schon für die einzelnen Bekassinenjäger schwierig wird, sich über denselben zu bewegen, er folglich nur Tirailleuren zugänglich war.

Die von Luusbusch bis zum Ahrenholzersee sich hinziehende Höhe gibt der Artillerie vortreffliche Gelegenheit, den in ihrem Bereich liegenden Theil des Moores zu bestreichen.

Von der Chaussee östlich streckt der Höhenrücken, der an seiner nördlichen Böschung nur schwach mit Holz besetzt ist, sich in einer Länge von 8000 Fuß bis zum Lang=See, der $^3/_4$ Meilen lang bis Welspang sich ausdehnt, wo er durch den Welbeck in die Füsinger Aue sich ergießt. Der Welbeck läuft durch ein 1500 bis 2000 Fuß breites, flaches Thal, das ganz moorigen Wiesengrund hat und mit leichter Mühe überstaut werden kann.

Welspang selbst ist eine Wassermühle, die im tiefen, unge=fähr 500 Fuß breiten Terrainabschnitt liegt, der an der nörd=lichen Seite sich allmählig, an der südlichen aber steil erhebt. Das Mühlengebäude so wie das Kruggebäude und noch ein an der Brücke liegendes Haus sind einstöckige Grundmauer=Gebäude, welche sich ganz dazu eignen, blendirt und krenelirt zu werden, um den Brückenübergang zu vertheidigen und dieß Defilé über=haupt auf längere Zeit unpassirbar zu machen, indem die auf der Höhe hinter ihnen aufgestellte Artillerie über sie weg die ganze davor liegende Gegend bestreichen kann.

In das östliche Ende des Lang=Sees, ungefähr 1200 Fuß von Welspang, ergießt sich durch einen tiefen Einschnitt von 10,000 Fuß Länge der Tolker und Schalbyer See nebst dem Wasser der diese umgebenden Torfmoore. Die Ausdehnung des Abschnittes dieser beiden letzten See'n, welcher von Süden nach Norden rechtwinklig auf den Lang=See trifft, ist 10,000 Fuß, und er ist gänzlich unpraktikabel.

Südlich vom Schalbyer See ist das Terrain ganz mit Knicken, Gärten, Streuholzungen und von einzelnen sowohl, als zusammengelegenen Häusern und Höfen durchflochten und hat eine Breite von 8000 Fuß bis zur Schlei an dem Aus=flusse der Füsinger Aue.

Südöstlich von Welspang und östlich des Tolker Sees be=findet sich das Dorf Tolk mit einem hochliegenden, mit Stein=

wall versehenen Kirchhof und vielen soliden Gebäuden, von sehr vielen kleinen Feldern und Gärten, die jedes mit Knicken umgeben sind, eingeschlossen, wo folglich eine kleine Schaar sehr langen Widerstand leisten kann.

Unter diesen Terrainverhältnissen kann kein Zweifel darüber sein, daß die Strecke vom Idstedter Krug bis zum Lang-See, 8000 Fuß lang, der einzige Punkt ist, der einem förmlichen Angriff mit vereinigten Waffen ausgesetzt ist. Dieser besondere Abschnitt ist nun, wie schon gesagt, ein mit Wald bewachsener Hügelrücken, dessen nördliche Abdachung aber nur theilweise und zwar nur mit Busch besetzt ist, welches gestattet, auf einer Höhe von circa 30 Fuß über der davor liegenden Fläche Geschütze aufzustellen. Am Fuße der Höhe laufen Feldwege, die von Steinwällen eingefaßt sind, von Osten nach Westen, und sie eignen sich sehr dazu, eine Art bedeckten Weg für die Infanterie zu bilden.

Vor dieser Position liegt das Dorf Idstedt 5000 Fuß entfernt, und bildet der Idstedter See mit seinem Abfluß in den Lang-See noch eine große Verstärkung des rechten Flügels.

Die dritte Landstraße, welche von Flensburg nach Süden geht, ist die Chaussee von Flensburg über Wanderup und Viöl nach Husum, die aber, weil Flensburg mit seinem tief ins Land hineingehenden Hafen und seiner Schiffsverbindung mit Dänemark immer die Operationsbasis der Dänen sein müßte, nur als für Seitenkolonnen anwendbar betrachtet werden durfte, denn falls sie zur Operationslinie erwählt und die Chaussee von Schleswig nach Flensburg nicht gleichzeitig stark besetzt würde, dürfte die Hauptmacht des Feindes leicht Gelegenheit finden, die dänische Stellung zu durchbrechen.

Der Verfasser der „Denkwürdigkeiten" redet von der Position bei Bau als einer starken Stellung, da er sie aber selbst wohl nie gesehen hat, so fallen die Vorwürfe, die er Willisen über das Aufgeben derselben macht, in ein Nichts; denn diese Stellung bietet der Vertheidigung gar keinen Vortheil. Im Bonin'schen Hauptquartiere hatte man sich im Monat März darum bekümmert und verschiedene Vorschläge wurden von höheren Officieren eingegeben; was ich aber davon gesehen habe, war Alles sehr unvollkommen und es konnte nicht anders sein, da das Terrain nur von Bau bis zum Hafen eine vortheilhafte Stellung darbietet, die nach Westen aber ganz offen und sehr leicht zu umgehen ist.

Also Jdstedt ist und war die einzige wirklich starke Stellung nördlich von Schleswig. Wie hätte sie verstärkt und wie be= setzt werden müssen?

Auf dem linken Flügel mußte der Ausfluß des Gammellunder Sees und Moores, von der Treene an, gestaut werden, so daß die moorigten Ufergründe aufgeweicht und unter Wasser gesetzt wurden, so viel als sich dieß erreichen ließ. Nur die Brücke bei Jübeck durfte bleiben, alle anderen Uebergänge mußten un= praktikabel gemacht werden.

Vom Gammellunder See bis zum Jdstedter Krug mußte quer durch das Torfmoor ein 10 Fuß breiter Graben geöffnet und die daraus gewonnene Erde an die Süderseite geworfen werden, um eine Schutzwehr für die dahinter zu postirenden Tirailleure zu bilden und zugleich einen Kommunikations=Steig zwischen der Hauptstellung und dem Seitendetachement zu bilden.

Der nördliche Abhang des Höhenrückens an der Chaussee vom Jdstedter Krug bis zum Bosch=See, 1600 Schritt, mußte für Artillerie eingerichtet werden, die mit den bei der Armee vorhandenen drei 12pfündigen Batterieen und noch 24 Stück

18: und 24pfündiger Festungsgeschütze aus Rendsburg, zu=
sammen mit 48 Geschützen, diesem einzigen Punkte der Position,
welcher mit den vereinigten Waffen angreifbar war, eine über=
wiegende Stärke gegeben haben würde. Unterhalb der Batterie
konnte das erste Treffen der Infanterie sich ganz durch die vor=
handenen Steinwälle, welche zusammengeworfen und mit Erde
überdeckt eine sehr gute Deckung geben würden, gegen das feind=
liche Feuer schützen.

Das Dorf Jdstedt selbst mußte zur Vertheidigung auf die
Weise eingerichtet werden, daß alle Strohdächer abgetragen, alle
Fachwerkhäuser niedergerissen wurden; das Material daraus
mußte zur Blendirung der Grundmauer=Gebäude verwendet
werden. Diese Arbeiten und Einrichtungen würden das Dorf
zu einem vorgeschobenen Posten gemacht haben, an dem sich
der Feind erst etwas verbeißen konnte, ehe er zum wirklichen
Angriff überging. Da das Dorf nur 1500 Schritt von der
Artillerie=Aufstellung liegt, so konnte es, wenn der Feind sich
auch desselben bemächtigen würde, sehr leicht für ihn durch das
schwere Geschütz unhaltbar gemacht werden.

Die Furth durch den Lang=See mußte tiefer und unprak=
tikabel gemacht werden und die gegen das Feuer dahinter ge=
stellter Geschütze schützenden Gegenstände fortgeschafft werden.

Wie Welspang eingerichtet werden sollte, habe ich bereits
gesagt; auf der Höhe unmittelbar dahinter würde eine Feldver=
schanzung für eine Batterie zu errichten sein und die Welbeck
müßte so gestaut werden, daß ihr breites Moorgrundthal ganz
unzugänglich würde.

Diese selten starke Stellung in einem Lande, wo weder Berge,
noch große Flüsse vorhanden sind, mußte benutzt werden, um
durch die Vortheile, welche sie bot, die numerische Ueberlegenheit

des Feindes zu neutralisiren, sie mußte, richtig benutzt, den Feind zwingen, den größten Theil seiner Kräfte zu entwickeln, während die schleswig-holsteinische Armee nur mit einem Theil sie zu vertheidigen brauchte und den übrigen Theil frisch er= halten konnte, um gegen den ermüdeten Feind vorzubrechen, wenn er den vereitelten Angriff aufgab.

Die Armee, welche aus 15 Linienbataillonen, fünf Jägercorps 12 Schwadronen Dragoner, drei 12pfündigen, vier 6pfündigen, einer 24pfündigen Granat= und einer reitenden 6pfündigen Batterie bestand, mußte folgendermaßen in dieser Stellung ver= theilt werden.

Acht Bataillone, circa 10,000 Mann besetzen in zwei Treffen die Hauptstellung zwischen Idstedt=Krug und dem Lang=See, eine Distanz von 3000 Schritte, die mit 48 Geschützen besetzt ist. Fünf Bataillone stehen im ersten Treffen, auf dem verdeckten Weg am Fuße der Anhöhe, drei Bataillone stehen hinter den Ge= schützen etwas zurück auf der Höhe, wo sie völlige Deckung finden.

Ein Jägercorps und ein Linien=Bataillon nebst einer 6pfün= digen Batterie besetzen Idstedt und entsenden die vorgeschobenen Pikets und Posten, um die Annäherung des Feindes zu beobachten.

Ein Jägercorps und zwei Linien=Bataillone nebst einer 6pfündigen Batterie besetzen Wellspang und die davor liegende Gegend zwischen den beiden Dörfern Jahrenstedt, entsenden eine Kompagnie Infanterie und zwei Geschütze nach der Furth bei Güldenholm und sechs andere Geschütze werden auf der Höhe unmittelbar südlich von Wellspang postirt.

Ein Jägercorps wird in einer Tirailleurlinie längs des Grabens von Idstedt=Krug bis zum Gammellunder See und längs der Inondation bis Jübeck vertheilt und dieses davon mit einer Kompagnie besetzt.

Eine Schwadron wird als éclaireurs gegen die Treener und die Bollingstedter Aue, eine andere Schwadron nach Poppholz und auf die Missunder Straße zum selbigen Zwecke versendet. In Reserve bleiben bei Neu-Berend vier Bataillone Infanterie, zwei Jägercorps, 10 Schwadronen, zwei 6pfündige, eine reitende und eine Granat-Batterie stehen, von wo der Abstand zur Hauptstellung $1/4$, nach der Friedrichs-Kolonie $1/2$ und nach Welspang oder Schaleby $3/4$ Meilen beträgt.

Daß die vorhandenen Feld- und Kommunikationswege hinter der ganzen Stellung von Welspang bis Jübeck und von der Reserve nach den verschiedenen Punkten, wo sie mit eingreifen würde, gehörig erweitert und vollständig in Ordnung gebracht werden müssen, versteht sich von selbst.

Die Stellung ist eine rein defensive, in welcher man den Feind festen Fußes erwartet. Ein jedes Gefecht, welches vor derselben geliefert ward, konnte nur schaden, einestheils weil es die Truppen in der Stellung nöthigte, sich zum baldigen Kampf bereit zu halten, sie also unnöthigerweise ermüdete, anderentheils weil es den Muth des Feindes steigerte, indem er mit Erfolg die Avantgarde zurücktrieb und solchergestalt schon siegesfreudig gegen die Stellung rückte, während die zurückweichende Avantgarde gerade den entgegengesetzten Eindruck bei dem Hauptcorps hervorrief. In Willisens Fall war dieß um so nachtheiliger, als sechs Bataillone seiner Armee noch nie im Feuer gestanden hatten und nun das Zurückbringen der Verwundeten und die Zahl der Todten sehen und hören mußten, ohne sich selbst in Aktivität zu befinden. Im Gegentheil, durch weit vorgeschickte Patrouillen und die ausgestellten Infanterieposten konnte man zeitig genug von dem Anmarsch des Feindes benachrichtigt werden und mußte diesen ruhig herankommen

lassen, bis die 18 Geschütze ihm ein Halt! entgegen donnern
würden und das Dorf Jdstedt ihn mit dem Gewehrfeuer seiner
Besatzung empfing.

Die engen von hohen Knicks eingeschlossenen Wege zwischen
Böcklund und Welspang, so wie die zwischen diesen Orten ge=
legene, ganz mit einem Netz von Knicks bedeckte Gegend, machen
einen stärkeren Angriff hier ganz unmöglich und ein oder zwei
richtig geführte Bataillone können den Vormarsch einer feind=
lichen Kolonne daselbst leicht aufhalten; es konnte daher voraus=
gesetzt werden, daß kein ernstlicher Angriff dort gemacht wurde,
aber man vermochte auch mit Gewißheit darauf zu rechnen, daß
derselbe, falls er versucht würde, nur sehr langsam fortschreiten
konnte. Die Detaschirung einer bedeutenden Stärke westlich der
Treene durfte der Feind nicht wagen, weil er sich dann dem
aussetzte, daß die schleswig=holsteinische Armee über den zurück=
gebliebenen Theil vor der Stellung herfiel und diesen nicht allein
überwältigte, sondern den detaschirten Theil von Flensburg ab=
schnitt und in die Marsch hinein drängte, wobei er jedenfalls
seine Artillerie eingebüßt, wenn nicht größtentheils die Waffen
hätte strecken müssen.

Nur bei Jdstedt also konnte der Angriff erfolgen. Um=
gehungen der schleswig=holsteinischen Aufstellung waren nicht
möglich: es mußte nach vorbereitendem Geschützkampf im Sturm=
schritt die Stellung genommen werden. Alles stand aber hier
auf schleswig=holsteinischer Seite gedeckt gegen das feindliche
Feuer, auch die 24 schweren Geschütze hatten ein ganz freies
Feld auf mehr als 3000 Schritt vor sich, und kamen die feind=
lichen Kolonnen näher, dann schleuderten 48 Schlünde ihnen
Kartätschen entgegen, die ihren Effekt nicht verfehlt haben würden.

Wenn die beiden Bataillone im Dorfe Jdstedt zum Rückzug

gezwungen worden wären, blieb ihnen dieser den Umständen nach entweder östlich oder westlich des Jdstedter Sees nach dem Grüder Holz, wo sie wieder Stellung genommen haben würden gegen den Feind, der von Unterstolk oder Güldenholm kam, oder gegen die linke Flanke der Abtheilung, welche den Angriff auf das Wester Gehege machte.

Gesetzt, dem Feinde gelänge es, sich Welspang's zu bemächtigen, so konnte er dies nur mit großem Verlust erreichen und hätte damit doch nichts gewonnen, denn das Jägercorps wich fechtend im koupirten Terrain nach Tolk zurück, während die beiden Linienbataillone und sechs Geschütze auf 1200 Schritt Entfernung eine fast noch stärkere Stellung am Auslauf des Tolker= in den Lang=See fanden, die der Feind nicht angreifen durfte, weil er dann seinen Rücken den Jägern in Tolk preis= gab, und den Jägern durfte er nicht mit einer bedeutenden Stärke entgegen gehen, weil ihm der Rückzug über Welspang von den zwei Linien=Bataillonen und einer von der Reserve herbeigeholten Verstärkung verlegt werden konnte.

Eine detaschirte Brigade, wie die des Oberst v. Scheppelern über Sollbroe und Silverstedt würde durch die aus der Reserve über Jübeck vorgehenden Bataillone und Schwadronen gänzlich abgeschnitten worden sein, und daher glaube ich hier mit der Behauptung nicht zu viel zu sagen, daß Willisen, wenn er ein praktischer General gewesen wäre, dem Feinde unbedingt eine gänzliche Niederlage hätte beibringen müssen. Führte dieser alle seine Kräfte bei Jdstedt ins Gefecht, dann würde seine ganze Armee, moralisch gebeugt, dem schließlichen Angriff der Schleswig=Holsteiner nicht haben widerstehen können. Hielt er bei der Hauptstellung nur das Gefecht hin, um nach seinen Flügeln zu detaschiren, so schwächte er jene solchergestalt, daß

Willisen mit den im Wester Gehege und in der Reserve vorhandenen 14 Bataillonen und 10 Schwadronen nebst der frischen Artillerie ihn nicht allein zurückwerfen, sondern bis nach Flensburg hin gänzlich zerstreuen konnte.

Wie operirte dahingegen Willisen? In seinen theoretischen Ideen von Defensive und Offensive befangen konnte er zu keinem Entschlusse kommen, wie er den Kampf führen wollte. Er bereitete daher auch nichts vor; man muß fast glauben, daß er nicht einmal die vor der Stellung liegende Gegend selbst rekognoscirt habe, sonst wäre es nicht 'zu begreifen, daß er solche Gefechtsanordnungen treffen konnte. Statt dessen ließ er eine Revüe vor den beiden Mitgliedern der Statthalterschaft abhalten und solche Possen dicht vor dem feindlichen Anmarsch aufführen.

Endlich kam der Tag heran und Willisen war noch in der Marschordnung. Eine vorgeschobene Avantgarde bestand aus vier Bataillonen, dem 5ten Theil seiner Stärke; die andern vier Fünftel verzettelte er in einer Stellung, die sich von Welspang bis hinter Bollingstedt auf Haide und Moorflächen über 20,000 Schritte ausdehnte und auf $1/4$ Meile hinter sich lauter Defilés hatte. Die Folge davon war denn auch, daß weder Reserve noch zweites Treffen vorhanden waren, daß nicht einmal eine Verbindung zwischen den einzelnen Theilen des einzigen Treffens stattfand, daß ein in Unordnung gerathenes Bataillon den ganzen Plan zertrümmerte, falls ein solcher wirklich existirt hat, und daß trotz partieller Niederlage und großen Fehlern die dänische Armee zu dem Siege gelangte.

Es ist viel über diese Schlacht geschrieben worden, eine einzige gute Recension ist mir nur vorgekommen nämlich in der allgemeinen Taktik von Rüstow, dem gegenwärtig bedeutendsten Militärschriftsteller, weil sie ihre Bemerkungen mit

Gründen belegt. Der geehrte Herr Recensent würde es bei der Terrainbeschaffenheit noch viel mehr haben tadeln dürfen, daß Willisen einen koncentrischen Angriff vor der Fronte machen wollte. Es ist nämlich unmöglich, auf Wegen, aus denen man nicht herauskommen kann, die bald eine Front von acht, bald nur von 4 Mann erlauben, wo jeder begegnende Wagen ein Defilé bildet, das mit noch geringerer Front passirt werden muß, nur irgendwie eine Zeit für bestimmte Entfernungen festzusetzen. Nun ist aber jeder Knick, deren auf alle 100 Schritte einer oder mehrere vorhanden sind, eine Feldbefestigung, die genommen werden muß. Kanonen sind nicht zu verwenden, kaum fortzuschaffen; wie will man bei solchen Verhältnissen auch nur annähernd ein Manöver berechnen, zu welchem aus verschiedenen Direktionen Truppenkörper zusammenwirken sollen?

Daß Willisen ein bloßer Theoretiker ist, beweist schon, daß er nach seinem Feldzuge in Posen nicht einsah, daß er für die Praxis nicht geschaffen sei; ferner, daß er, statt sein Augenmerk nach Uebernahme des Kommandos der schleswig-holsteinischen Armee auf die Bildung eines tüchtigen Stabes zu richten, diesen ganz überging und sich mit Umbildung der Armee-Organisation befaßte. In seinem Stabe fand er daher auch keine Unterstützung, sondern nur widerstreitende Elemente und Ansichten. Die Sache würde ganz anders geworden sein, wenn der Chef des Stabes, Herr v. d. Tann, der kommandirende General, und Willisen Chef des Stabes gewesen wäre. Aus der Theorie des Letzteren würde Ersterer vielleicht manches Gute herausgefunden haben und für die Ausführung war v. d. Tann ein ganz anderer Mann als Willisen.

Etwas muß man ihn allerdings damit entschuldigen, — und Niemand kann dieß besser wissen als ich, — daß die beiden

Mitglieder der Statthalterschaft mit ihrer Manie, sich in Alles mischen zu wollen, ihn unstreitig oft unschlüssig und verwirrt gemacht haben. Mit mir konnten sie dieß nur durch Verhinderung in meinen Anordnungen treiben, bei Bonin wurden sie noch etwas zurück gehalten, weil er ein fremdherrlicher General war; aber dieser arme Willisen, den sie selbst gewählt und angestellt hatten, den mögen sie gewiß so geplagt haben, daß ihm oft die Haare zu Berge standen. So denn auch während der Schlacht bei Idstedt ritten der Graf Reventlow und andere vornehme Herren, die weder dort etwas zu thun hatten, noch vom Krieg etwas verstanden, herum, fragten und riethen Willisen dieß und jenes und störten dadurch ihn so, daß er, um sich nur von diesen Bummlern frei zu machen, das Schlachtfeld verließ und nach dem linken Flügel ritt, von wo aus er den Befehl zum Rückzuge gab.

Es ist mir immer ein widerstrebender Gedanke, daß Zuschauer sich auf dem Schlachtfelde einfinden. Wir Soldaten schlagen uns, weil es unsere Pflicht ist, aber nicht als Gladiatoren zum Schauspiel. Wenn Einer Arme oder Beine oder das Leben verliert, so thut er dieß für's Vaterland oder für eine rechtliche Ueberzeugung, die ihn in den Kampf treibt, aber wahrlich nicht, damit Neugierige sehen sollen, wie verstümmelte Körper aussehen. War daher Graf Reventlow nicht in dieser Absicht auf dem Kampfplatze erschienen, sondern aus höhern Gründen, und stand seine Ueberzeugung fest, daß ein Rückzug nicht nöthig sei, so hätte seine Pflicht ihm geboten, den Stabschef, den Kommandanten der Artillerie und den nächsten Brigadekommandanten, der aufzufinden war, zusammenzurufen, ihre Ansicht zu vernehmen, und falls diese mit der seinigen übereinstimmte, kraft seiner Stellung Willisen vom Kommando zu suspendiren und es Herrn v. d. Tann zu übergeben. Aber der Mann hatte, wo es darauf ankam, nie Charakterfestigkeit; mischte sich in alle Sachen, die er nicht verstand, und verstand nicht die Sache, die er verstehen sollte, um den Platz auszufüllen, den er übernommen hatte.

Wenn die dänische Armee sich hier eines großen Sieges rühmt, so kann man ihrem Feldherrn den Ruhm dafür nicht zusprechen, denn die Leitung der Schlacht war ebenso kümmerlich, als die Willijens. Beim ersten Mißgeschick gab der General den ganzen Plan auf und dachte nur an den Rückzug, schickte eine unbedingte Ordre zur Rückkehr an die Brigade Scheppelern und Befehle nach Flensburg, Alles zum Rückzuge einzuleiten.

Hätte Willisen eine halbe Stunde länger gewartet, ehe er den Befehl zum Rückzuge gab, dann würde die Kriegsgeschichte das Faktum zu erzählen gehabt haben, daß beide kommandirenden Generale in der Ueberzeugung, geschlagen zu sein, das Schlachtfeld geräumt hätten.

Es ist unnöthig, hier mehr darüber zu sagen, sondern ich verweise auf die vortreffliche Kritik in Rüstow's allgemeiner Taktik, wobei ich nur wiederhole, daß der verehrte Verfasser die Terrainverhältnisse noch nicht genug zum Nachtheile der Willisen'schen Anordnungen gewürdigt hat. Man hat es hier mit einer Gegend zu thun, in welcher man keine Truppenabtheilung auf kurze Entfernung sieht, insofern man den Rauch des Pulvers nicht bemerkt, wo selbst der Laut des Geschützes, durch die vielen Knicke und Streuholzungen aufgefangen, oft aus ganz anderer Richtung, als es der Fall ist, zu kommen scheint.

Napoleon stellte unter den Hauptregeln für die Kriegführung auch die beiden auf: „Verachte nie deinen Feind, und wenn es auch nur Bauern sind;" und ferner: „Sichere dir beinen Rückzug, bevor du zum Angriffe schreitest."

Sonderbar ist es, daß in den Kriegen in den Herzogthümern dieß immer unbeachtet blieb. So Michelsen, der bei Krusau gar nicht an den Rückzug gedacht und das hinter ihm beginnende Terrain nicht beobachtet hatte.

Bonin vor Fridericia verachtete seinen Feind dergestalt, daß er an einen möglichen Rückzug nicht glauben wollte, und that nichts, ihn für den vorkommenden Fall vorzubereiten.

Willisen hatte auch nicht daran gedacht und die Eiderübergänge nicht gehörig besetzt, so auch jede Verstärkung Friedrichstadts gegen einen Angriff unterlassen.

Meinerseits sollte ich eine Befriedigung darin finden, daß Willisen gerade die Stellung wählte, um dem Feinde entgegenzutreten, die ich zwei Jahre früher dazu ausersehen, und gerade denselben Weg zum Rückzuge wählte, den ich gewählt hatte. Doch standen die Sachen jetzt anders als zu jener Zeit; denn ich hatte kaum 4000 Mann regulärer Truppen und Willisen hatte 26,000 Mann. Ich zog mich auf den rechten Flügel der den Kanal besetzenden Preußen zurück, um meine Truppen zu reorganisiren und zu verstärken. Willisen konnte hinter der Schlei sehr wohl dem Feinde entgegentreten. Dazu bedurfte es aber eines starken Brückenkopfs bei Missunde und einer Befestigung Friedrichstadts. Beides war versäumt. Die Schlei, das Selker Noer und die sich gegen Breckendorf erhebenden Höhen boten der zurückgehenden Armee eine sichere Stellung, um sich vom Kampfe zu erholen und die Vereinigung mit dem über Missunde gegangenen Theil zu bewerkstelligen. Wenn dann das Hauptquartier in Breckendorf etablirt ward, so konnte die Vorpostenlinie von Oberselk bis Hollingstedt (2 Meilen) südlich des Wasserlaufs, der durch die beiden Dörfer Reide geht, das ganze ebene Terrain, welches aus Moor und Haide besteht, sehr gut beobachten und bei jeder annoncirten Annäherung des Feindes konnte Willisen hervorbrechen, um ihn zu überwältigen, weil der Feind allezeit ein bedeutendes Korps gegen Missunde vorschieben mußte, um ein Vordringen von dorther zu verhüten. Willisen hätte den Treene-Uebergang bei Hollingstedt mit einigen Bataillonen besetzen sollen, die jederzeit von ihm unterstützt zu werden vermochten und sich im schlimmsten Falle entweder auf ihn, östlich der Treene, oder auf Friedrichsstadt, westlich des Flusses, zurückziehen konnten. Bei einer solchen Aufstellung würde er ganz Schwansen, den dänischen Wohld, die Hüttener und Hohner Harde, einen Theil des Amtes Husum und die Landschaften Eiderstedt und Stapelholm gegen feindliche Okkupationen gedeckt haben. Er that aber nichts davon, sondern ging hinter die Linie von Eckernförde, Wittensee und der Sorge zurück.

Es fingen nun wieder die Häckeleien mit der Statthalterschaft an, man wollte immer klüger sein als der kommandirende General, hörte auf alle albernen Pläne, Vorschläge und Räsonnements Unwissender und Untergebener und brachte den armen Theoretiker in solche Klemme, daß er, um sich Luft zu machen, seine Entlassung anbot. Diese nahm man halb und halb an, stellte indeß Alles wieder so auf Schrauben, daß Willisen einlenken konnte, und die Folge hiervon war ein Angriff auf Missunde. Neuer Unsinn.

Die Stellung der dänischen Armee hatte von Eckernförde über Missunde, Schleswig, Hollingstedt, Husum, Friedrichsstadt bis Tönning eine Ausdehnung von nahe an 9 Meilen. Willisen dagegen stand im inneren Kreis dieses Bogens auf einer

Linie von ungefähr 4½ Meilen, er konnte also überall der Stärkere sein. Ein Scheinangriff auf Friedrichsstadt an einem Tage, auf Missunde am nächsten, auf Hollingstedt am dritten oder vierten würde einestheils den dänischen General genöthigt haben, an allen Hauptpunkten seine Truppen zu verstärken und seine Hauptmacht dadurch zu schwächen, anderntheils durch forcirte Hin= und Hermärsche sie sehr zu ermüden. Dann hätte Willisen mit seiner ganzen Kraft gerade auf Schleswig los= gehen können. Es hätte ihm dabei gelingen müssen, den so weit zerstreuten Feind zu werfen und in Flensburg zugleich mit ihm anzukommen, ehe die detaschirten Theile diesen Ort er= reichten, wodurch ihm ein rühmlicher Sieg nicht schwer gewor= den wäre. Statt dessen ward immer von den großen Ver= schanzungen gefaselt, die bei Schleswig errichtet waren, als ob auf die Ausdehnung einiger Meilen solche unüberwindlich sein könnten, und als ob es gefährlich sei, einen Sturm zu wagen, wobei wir Todte verlören? Statt dessen wird nach dem abge= schlagenen Versuch, den Brückenkopf von Missunde zu nehmen, der Schandfleck des ganzen Krieges angezettelt, nämlich der An= griff auf Friedrichsstadt, eine in der Marsch belegene, mit tie= fen und breiten Kanälen umgebene Stadt, zu welcher nur ein Deich und eine mit breiten und tiefen Gräben begrenzte Land= straße führte. Wollte man sich ihrer bemächtigen, so wäre dieß gleichzeitig mit dem Angriff auf Missunde dadurch zu bewerk= stelligen gewesen, daß man einen Angriff auf Hollingstedt ge= macht hätte; die Besatzung Friedrichstadts, in der Besorgniß, abgeschnitten zu werden, ohne Aussicht auf baldige Hülfe, hätte sich dann vielleicht bis auf eine unbedeutende nachgelassene Be= satzung gegen Hollingstedt begeben. Ein Bataillon, westlich von Friedrichsstadt über die Eider gesetzt, würde sich nun leicht der

Stadt bemächtigt haben. Oder man mußte 3 bis 4 Bataillone zwischen Tönning und Friedrichstadt über die Eider werfen und den Angriff von beiden Seiten so machen, daß eine Ueberraschung damit verbunden war. Statt dessen wurde die Sache erst lange in Rendsburg herumgeklatscht, dann vor Friedrichstadt vorbereitet und endlich in jeder Beziehung mangelhaft ausgeführt. Die eigene Stadt ward zur Hälfte nieder= und in Brand geschossen, es blieben unnützerweise viele Todte auf dem Platze und die Zuversicht der Dänen ward nur erhöht. Wem die Schuld auf dem Gewissen haftet, diese Schandthat erdacht zu haben, ist nie bekannt geworden. Sie war Willisen über den Kopf gekommen. Das Publikum schob sie zuletzt dem früher hochgepriesenen Major Alboffer auf die Schultern, und dieser Herr reiste daher zuletzt noch von unlieben Wünschen begleitet, zum Lande hinaus. Hiermit endeten die Unternehmungen der schleswig=holsteinischen Armee und Willisen ging Anfangs De= zember fort; gedrängt, etwas Entscheidendes zu unternehmen, legte er sein Kommando nieder und v. d. Horst ward mit dem= selben betraut. Jetzt geschah gar nichts.

Es hatte also die provisorische Regierung ihren General fortchikanirt und die Statthalterschaft versäumt, den von ihr vorgefundenen fest zu engagiren; er ward ihr entzogen durch seinen Landesherrn. Den von ihr selbst erwählten hatte sie entweder zu leichtsinnig erkoren oder zu verkehrt behandelt, so daß er lieber Alles aufgab, als daß er sich dieser Bevor= mundung unterwarf. Sie entließ ihn ohne einen anderen zu haben, der die Armee zu führen verstand. Dabei muß nicht übersehen werden, daß gar kein Generalstab vorhanden war, der die Sache in gehörigem Geleise zu halten wußte. Man kann sich des Lächelns nicht enthalten, wenn man die Persön=

lichleiten aufzählt, welche Stellen im Generalstabe ausfüllten, man vermag aber auch die Thränen kaum zurückzuhalten, wenn man daran denkt, wie dieses Alles hätte anders sein können und müssen, im Falle wirklicher Patriotismus statt Egoismus, Verstand statt Unverstand, System statt Wankelmuth und Experimentirlust die Angelegenheit der Herzogthümer geleitet hätte. So traurig endeten die Anstrengungen und Opfer, welche das Land zur Aufrechthaltung seiner alten wohlerworbenen und anerkannten Rechte gemacht hatte!

Zum letzten Male komme ich hier wieder auf den Verfasser der „Denkwürdigkeiten" zurück, der nach seiner Darstellung der Schlacht bei Colding ausruft: „So war also der Feind von der jungen schleswig-holsteinischen Armee geschlagen!" Ich frage ihn, ob denn nicht die dänische Armee eben so jung war? Volle Anerkennung muß man den Dänen für das lassen, was sie geleistet haben, besonders in Bezug darauf, daß sie ganz auf sich selbst beschränkt waren, während die Herzogthümer die Hülfe von fast ganz Teutschland in Waffen, Officieren, Mannschaften und sonstigen Bedürfnissen erhielten. Als im Jahre 1851 die Sache endete, befand sich die dänische Armee in guter Zucht und Ordnung, während die der Herzogthümer, in sich selbst eigentlich aufgelöst, ohne Zucht und Ordnung sich darstellte.

Das Land selbst erlag den drückenden Abgaben und Jedermann war des unnützen Treibens überdrüssig. Hätten die Dänen damals gesagt: Wir haben uns um Recht und Unrecht geschlagen, wir haben gesiegt, aber wir wollen vergessen und vergeben, wenn ihr mit uns wieder in alter Weise leben und eine Bestimmung treffen wollt, daß wir auch für die Zukunft zusammenbleiben können — dann hätte Alles in beiden Herzogthümern zugegriffen, und für immer wären die Lande glücklich und ruhig beisammen geblieben. Hier kam aber die geschichtliche Herrsch= und Habsucht der Dänen zu Tage, die ihnen bereits England, die Ostseeländer, Schweden und Norwegen gekostet hatte, und der Bruch ward vollständig.

Jeder Mensch muß sich hierbei die Frage aufwerfen, wel= chen denkbaren Vortheil die dänische Monarchie davon haben kann, die Herzogthümer aus ihrer bisherigen einigen Stellung zu bringen? Von einer Theilung war nicht die Rede, von ei= nem Eintritt Schleswigs in den deutschen Bund konnte ohne Dänemarks Zustimmung ebenso wenig die Rede sein. Das Verhältniß Holsteins zum deutschen Bunde ist für Dänemark glücklicherweise nur geeignet, dessen südliche Grenze sicherzustel= len, und dasselbe hat ihm nie Ungelegenheit verursacht, so lange es die Rechte der Herzogthümer unangetastet ließ. Die Zufrie= denheit in den Herzogthümern mit der Regierung war bis zum Jahre 1848 eine Stütze für den dänischen Thron. Es ist und bleibt folglich blos die Begierde der dänischen Stellenjäger, welche Schleswig von Holstein trennen wollen, um ungehindert dänische Sprache, dänische Gesetze, dänische Geschäftsführung da= selbst einführen zu können, und auf solche Weise die Anstellung in den einträglichen Aemtern und Pfründen Schleswigs für sich und ihre Angehörigen zu gewinnen.

XXIII.

Schluß.

Die traurige Geschichte der Herzogthümer seit dem Jahre 1848 ruft manche Reflexion hervor, und mein persönliches Schicksal gab mir dazu oft Gelegenheit, solche anzustellen. Woran scheiterte diese gerechte Sache so vollkommen? Die Schuld hieran tragen zwei Erscheinungen. Vor Allem, weil die provisorische Regierung sich bemühte, der Erhebung einen Anstrich von deutschem Freiheitskampf zu geben, statt einfach auf dem Standpunkte des alten Rechts stehen zu bleiben. Hierdurch entfremdete sie erst den nördlichen und dänischen Theil Schleswigs, brachte die Kabinette, welche nie aufgehört hatten, antiliberal zu sein, auf den Gedanken, daß man sich Inkonsequenzen und späteren Ungelegenheiten aussetzen könnte, falls man zu viel für die Sache der Herzogthümer thäte, und schreckte alle außerdeutschen Höfe zurück, sich dieser sogenannten Insurgenten anzunehmen. Das andere Hauptagens gegen die Sache der Herzogthümer war der Kaiser Nikolaus, der darin eine vortreffliche Gelegenheit fand, Rußland eine Expectance auf die dänischen Häfen zu verschaffen und durch die Wiedererwerbung Holsteins einen Sitz am Bundestag zu gewinnen. Dieser Mann, der in Dünkel und Herrschsucht befangen, ebenso wenig Verstand hatte, als er viel Charakterstärke besaß, der in seinem eigenen Staate ein reiches Feld für die Ausübung der schönsten und höchsten Regentenpflichten gefunden hätte, versäumte diese letzteren auf die unverantwortlichste Weise, um seine Finger in alle Angelegenheiten anderer Staaten zu stecken, die ihn durchaus nichts angingen. Es sollte allen Regenten die genauere Betrachtung des Endes dieses Despoten gewiß eher zum warnenden Beispiele dienen, statt daß sie noch immer seine Anmaßungen, seinen Stolz und seine Herrschsucht bewundern.

Wie endete dieser Czar?

Das Einzige und Hauptsächlichste, welches er mit Eifer in seinem Reiche betrieben hatte, war die Bildung seiner Armee. Allerdings gingen seine militärischen Kenntnisse und Einsichten nicht über den Gesichtskreis eines Subaltern-Officiers hinaus, wie sein Feldzug im Jahre 1828 bewies; aber er hatte doch mit anhaltendem Eifer der russischen Armee eine höhere Ausbildung zu geben gesucht. Es kommt im Jahre 1853, 54, 55 der Krieg im Orient, und siehe da, die ganze Sache bricht an allen Enden zusammen. Ein Theil der Armee existirt gar nicht. Generale, welche die Truppen außerhalb des Paradeplatzes führen könnten, sind keine vorhanden; ein Drittel der Armee stirbt aus Mangel und Entkräftung auf den Märschen, kurz, die ganze Glorie des Paradekaisers zertrümmert vor den ebenfalls nicht besonders geführten Armeen der Alliirten. Nikolaus stirbt vor Aerger und sein Nachfolger findet das Reich in seiner Administration und seinen inneren Verhältnissen solchergestalt vernachläßigt, daß er eine gründliche Reform für seine erste Pflicht hält.

Dieses waren also die Thaten des Mannes, vor welchem fast alle deutschen Fürsten sich in den Staub beugten und den sie priesen, während sie es gleichzeitig für die größte Ehre hielten, von ihm gepriesen zu werden. Kaum war er todt, so wendeten sie sich wiederum dessen Widersacher mit gleicher

Devotion zu, und dieser Widersacher ist der französische Kaiser, der Neffe des Mannes, der ihre Väter wie Schuljungen behandelt hatte, dessen ganzes Geschlecht in dem Friedensschlusse und den Verträgen von 1814 und 1815 von jedem Rechte auf einen Thron ausgeschlossen worden war. Welche Hebel liegen aber dieser Erscheinung zu Grunde? Das Gefühl der Schwäche bemächtiget sich der Souveräne; sie klammern sich an jeden mächtigen Despoten, um Unterstützung gegen ihre Unterthanen zu finden, wenn diese auf Erfüllung der ihnen wiederholt versprochenen freien politischen Institutionen dringen sollten.

Warum versprachen die deutschen Fürsten im Jahre 1813 und 1814 mehr Freiheit? Weil sie der Hülfe ihrer Unterthanen bedurften, um ihre Herrschaft wieder zu bekommen oder sie zu erhalten.

Warum hielten sie nicht ihr Versprechen? Weil die Gefahr gegen außen verschwunden war und sie viel angenehmer sich zu befinden hofften, wenn sie allein über die Staatsgelder disponirten, als wenn unbequeme Abgeordnete ein Wort mitsprechen durften.

Warum regte sich der öffentliche Unmuth im Jahre 1830? Weil Alles wieder in den alten Schlendrian verfallen war und man aus dem Verhalten Frankreichs erkannte, daß man der Reaktion Grenzen zu setzen im Stande sei. Sogleich gaben die Regierungen nach und versprachen Besserung, aber die alte Geschichte ging wieder ihren Gang. Hofleute und Speichellecker bekamen einträgliche aber auch einflußreiche Stellen, zeigten sich natürlich diesen nicht gewachsen, blieben aber doch darin. Nun schlug die Stunde des Jahres 1848 wie ein Blitz aus blauem Himmel drein. Regenten wurden weggejagt oder liefen davon, den andern schrie der Pöbel etwas unter den Fenstern zu und sogleich ward Alles versprochen, ja viel mehr noch als jemals verlangt ward. Was aber ward davon gehalten? Nichts!

Das böse Gewissen über solche heillose Wirthschaft, das ist der Zauber, welcher das sogenannte rothe Gespenst herauf beschwört, die Fürsten zu geängstigten Geisterjehern umschafft und dazu treibt, sich der Knute im Osten oder dem Scepter im Westen anzuklammern. Kann es unter solchen Verhältnissen Wunder nehmen, daß die deutschen Fürsten, als sie nur erst wieder vom Schrecken von 1848 zur Besinnung kamen, die Sache der Herzogthümer, die in sich ganz konservativ war, mit scheelen Augen betrachteten und fürchteten, die Regentenrechte überhaupt möchten leiden, falls man den König von Dänemark eines Mißbrauchs derselben zeihe? War es ein Wunder, daß diese selbigen Fürsten sich dem Willen des Knutenkaisers ganz unterthänigst beugten? Haben doch viele unter ihnen im Jahre 1848 mir die schönsten Briefe geschrieben und sich es als eine ganz besondere Begünstigung auserbeten, einen oder den anderen Protegé unter mein Kommando stellen zu dürfen u. d. m. Damals glaubten sie, daß ich ihnen gefährlich werden könnte; als ich später ganz aus allen politischen Verhältnissen heraus= getreten war, da beeilten sie sich, mir überall den Rücken zu kehren, für mich allerdings die liebste Seite, welche ich von ihnen sehen mochte. Stürzten sich nicht im Jahre 1849 von jedem deutschen Fürstenhause, mit Ausnahme Oesterreichs, einige Mitglieder an der Spitze ihrer Truppen in die Herzogthümer hinein? und 1850 ward diese Sache schon von Allen verlassen!

Preußen, das vom deutschen Bundestage mit der Wahrung der Rechte der Herzogthümer betraut war, dessen specielles In= teresse es sein mußte, diese deutsche Sache zu verfechten, um

in Deutschland immer mehr Anhang sich zu verschaffen, wie
hat dasselbe diese Angelegenheiten nach und nach unter dem
imaginären Druck Rußlands vernachläſſigt und verdorben? Dank
sei Preußen für seine Hülfe im Jahr 1848. Hätte es uns
damals einen fähigen Diplomaten statt des einfältigen Wildenbruch geschickt, es würde nie zum Kriege gekommen sein. Hätte
es Wrangel gehörig instruirt, dann würde der Krieg schon 1848
beendet worden sein. Aber 1849 fing die faule Geschichte
schon an. Damals hatte aber Manteuffel schon im Ministerium
seinen Sitz und mit ihm war jedes rechtliche und mannhafte
Gefühl aus der preußischen Regierungspolitik verschwunden.
Oesterreich hatte genug mit sich selbst zu thun und, in der ganz
falschen Centralisationspolitik befangen, konnte es unmöglich
der Unabhängigkeit der Herzogthümer, dänischen Centralisations-
ideen gegenüber, das Wort reden.

War es denn ein Wunder, daß diese gerechte Sache, von
ihren eigenen Lenkern in eine schiefe Bahn gebracht, an der
Schwäche deutscher Kabinete und den russischen Intriguen strandete?

Die Sache der Herzogthümer scheiterte; aber was hat
Dänemark gewonnen? Eine unsichere Herrschaft über eine
feindlich gestimmte Bevölkerung; eine vergrößerte Staats-schuld,
ein höheres Budget, um mit Gewalt zu erhalten, was früher
gutwillig gehorcht, und die Verwandlung aus einer souveränen
Macht in einen Pförtner des europäischen Areopags. Etwas
Anderes ist Dänemark jetzt nicht. Dänemark war früher ein
Wahlreich. Mit Hülfe der Demokratie Kopenhagens vernichtete
der regierende König das Wahlrecht des Landes und das Erbrecht mit weiblicher Succession trat an die Stelle der freien
Wahl. Die Intrigue eines Weibes wollte hiervon Vortheil
ziehen und dem vorhandenen Gesetze seinen regelmäßigen Gang

nicht lassen; dieß bewog Christian VIII. in die Erbrechte auf
die Krone einzugreifen. Die Folge davon ist jetzt, daß die
weibliche Erbfolge zum Vortheil Rußlands abgeschafft, daß aber
auch gar kein Recht in der Erbfolge mehr vorhanden ist; ferner,
daß ein beliebig zusammengesetzter und berufener Diplomaten=
Kongreß den dänischen Thron besetzt, also Dänemark eigentlich
aufgehört hat, ein souveräner Staat zu sein. In die=
ser Lage und selbst als Pförtner der Ostsee muß es sich gefal=
len lassen, den Thron mit dem Individuum besetzt zu sehen,
welches sich am leichtesten von Rußland leiten lassen will.

Solchen Inhaltes und Resultates erfreut sich der Londoner
Tractat vom 8. Mai 1852, wie es der Diplomatie beliebt
hat, ihn zu nennen, denn weiter als der Name ist Tractatähn=
liches nichts darin. Es kann unmöglich eine Uebereinkunft zwi=
schen einigen Diplomaten, eben weil solche die verhandelnden
Personen sind, das Resultat ihrer Verhandlungen zu einem
Tractat stempeln. Bei einem Tractat muß der verhandelte Ge=
genstand ein Vergleich zwischen zwei oder mehreren Regierun=
gen über Territorialaustausch, Handelsvereinbarung oder an=
dere gegenseitige Verpflichtungen sein. Davon ist aber hier
nicht die Rede, sondern es ist ein Arrangement, welches einzig
und allein die Successionsverhältnisse zum dänischen Thron be=
trifft, also der Gegenstand eines Familienvertrags gewesen wäre
und der Anerkennung der Landesvertretung bedurft hätte, fremde
Höfe aber durchaus nichts anging und denselben unbekannt war.
Es hatten in Spanien, Schweden, Portugal, Frankreich, Braun=
schweig Veränderungen in der Thronbesetzung durch Gewalt=
thätigkeiten stattgefunden, aber allezeit war dieß eine innere
Landesangelegenheit oder ein fait accompli geblieben, das von
den fremden Mächten angenommen oder anerkannt wurde. Beim

Streite zwischen Dänemark und den Herzogthümern handelte es
sich durchaus nicht um die Erbfolge, sondern um das gegenseitige Verhältniß dieser Länder unter sich und zu einander. Darüber wird im sogenannten Tractat gar nichts gesagt; es heißt
blos, „um die Monarchie in ihrer jetzigen Größe bestehen zu
lassen", an deren Auflösung ja Niemand gedacht hatte. Wäre
die Erbfolge wirklich zweifelhaft gewesen, dann sagte jedes vernünftige Rechtsgefühl, daß die Erbberechtigten die Sache unter
sich zuerst abzumachen suchen mußten, und falls sie sich darüber
nicht vereinigen konnten, dann erst wäre es Sache der von
den Interessenten dazu aufgeforderten Mächte gewesen, einen
Vergleich zu vermitteln, der die Genehmigung sowohl der Fa-
milienmitglieder als der Landesvertretung erlangte. Zweifelhaft
waren die Bestimmungen der Erbfolgegesetze zum Thron Dänemarks und der Herzogthümer aber gar nicht; sie waren blos
für den Augenblick ungewiß, weil es von den etwaigen früheren oder späteren Todesfällen einzelner Individuen abhing,
welche Branche die nächste zum Throne berechtigte sei. Ferner wäre noch ein anderer Weg offen gewesen, falls es sich in
Wahrheit um Recht und Gerechtigkeit gehandelt hätte. Dieser
war kein anderer, als auf das alte Wahlstatut von 1448 zurückzugehen, den Gewaltstreich von 1660 nebst dem daraus ent-
sprungenen Erbgesetz von 1665 zu annulliren und unter sämmtlichen männlichen Nachkommen Christian des I. zu wählen. Die
Herzogthümer, wenn man ihnen ihre bisherigen Verhältnisse
sichergestellt hätte, würden sich leicht mit Dänemark hierüber
verständigt haben, aber gegen jede vernünftige Ordnung der
Thronfolge stritten ohne Ausnahme die verschiedenartigen Partei-
Interessen. Die büreaukratische Demokratie in Dänemark
wollte die Incorporation Schleswigs durchsetzen, und da die

Erbgesetze die Vereinigung der Herzogthümer theilweise sicherten, so wünschte sie dieselben zu vernichten. Die cognatisch hessischen Erben sahen in der Gesinnung der Dänen gegen sie zu wenig Sicherheit, um es auf eine Abstimmung ankommen zu lassen. Der Kaiser Nikolaus fürchtete die sich in Dänemark bahnbrechenden freien Verhältnisse und hoffte die von seinem Hause 1773 aufgegebenen Erbrechte auf die Herzogthümer wieder gewinnen zu können. Während nun der deutsche Bund und Dänemark sich über die Rechte der Herzogthümer stritten und die Vermittelung Englands angenommen hatten, beliebte es dem Kaiser Nikolaus, den Prinzen Christian von Glücksburg und den dänischen Diplomaten Reetz nach Warschau zu bescheiden und daselbst ganz unberufen ein Protokoll zu verfassen, nach welchem er sich selbst erst Erbrechte auf die Herzogthümer anmaßt und ferner sich herausnimmt, über die Besetzung des dänischen Thrones zu bestimmen, so aus Machtvollkommenheit, als ob er Alleinherrscher in Europa sei. Wäre in dem Manne auch nur eine Spur von Gerechtigkeitsliebe gewesen, so würde er statt dessen als Mitglied des Oldenburger Hauses versucht haben, durch Zusammenberufung aller Erbberechtigten eine Uebereinkunft anzubahnen. Es würde Allen daselbst frei gestanden haben, ihre Rechte vorzutragen, und ein solcher Familienkongreß hätte am Ende eine Entscheidung abgeben können.

Ein solches würde indessen den russischen Plänen ebenso wenig als den geheimen Absichten der dänischen Bureaukratie zugesagt haben. Der Charakter und die Eigenschaften des Prinzen Christian von Glücksburg wurden bei dessen Anwesenheit in Warschau näher geprüft und den beabsichtigten Zwecken entsprechend gefunden. Das Warschauer Protokoll (Anlage 15) war also das unmittelbare Resultat dieser Prüfung, und genügte seinen Verfassern, sowie der Diplomatie überhaupt in jeder Beziehung, um es zur Grundlage und zum Vorbilde des später daraufhin entworfenen Vertrages von London zu machen. Man kümmerte sich durchaus nicht darum, ob und wie viele der Erbberechtigten durch diese russisch-dänische Willkür übergangen seien, ob sie abgefunden wären, ob Haus- und Erbrechte, Landes- und Familienrechte dadurch verletzt oder umgestoßen würden. Es handelte sich einfach darum, Alles zu beseitigen, was dieser für so passend gefundenen Wahl des Prinzen Christian im Wege stand, und es wurde nur angedeutet, daß der König von Dänemark es übernommen habe, die betreffenden Erbberechtigten zu entschädigen. Im Londoner Tractate vom 8. Mai wurde jedoch die Entschädigungsfrage mit Stillschweigen übergangen.

Dennoch war dieß vom Standpunkte der Diplomatie nur der kleinste Theil des fehlerhaften Verfahrens; denn viel wichtiger für Europa sind die Konsequenzen, die aus diesem Protokoll gezogen werden können und theilweise schon gezogen sind. Vorstehend bemerkte ich, daß die verschiedenen Thron- oder Erbentsetzungen in Europa als geschehene Thatsachen betrachtet oder anerkannt worden seien, ohne daß sich die Gesammtheit darein gemischt hätte.

Am Wiener-Kongreß handelte es sich nicht um Familienverhältnisse, sondern um Ländervertheilungen, um Wiederbesetzung der verschiedenen Throne durch Vertheilung oder Austausch einzelner Provinzen ꝛc. Die Besetzung des griechischen Thrones ward durch europäische Uebereinkunft sowohl, als die des belgischen entschieden; allein dabei kam in Betracht, daß beide neucreirte Staaten waren, und ersterer als christlicher Staat der Pforte gegenüber einen allgemeinen europäischen Schutz finden mußte, und daher einer europäischen Billigung bedurfte. Bei Belgien war es ein noch wichtigerer Grund, weil die Gesammtheit der in Wien 1815 vertretenen Mächte dem Hause Oranien Belgien garantirt hatte, auf dessen einzelne Theile verschiedene Ansprüche bestanden, die, wenn es sich von Holland trennte, wieder erhoben werden konnten. Es mußte daher Europa wieder darüber entscheiden und dem neugebildeten Staat einen Herrscher geben, dessen Haus dann das von Allen anerkannte Recht zur Regierung bekäme. Eben deßhalb wurde es nöthig, daß diese Wahl erst die Bestätigung durch die Abstimmung der Kammern erhielt. Es war also in beiden Fällen keine Rede von Erbstreit oder gekränkten Rechten, sondern von neugebildeten Staaten und Einsetzung von Regenten auf neu entstandene Throne. Im Londoner Tractat war von allem diesem nicht die Rede, die Staaten, um die es sich hier handelte, gehörten zu den ältesten Europas; der Thron war nicht ledig, sondern sogar der unbestrittene Erbe desselben vorhanden; es handelte sich um innere Verhältnisse der Monarchie, und daraus machte man vorgeblich einen Successionsstreit, um sich Rußland gefällig zu zeigen. Ein Diplomaten-Kongreß maßte es sich an, zehn Erbberechtigte zu ignoriren und den eilften als Thronfolger zu proklamiren. Welche Folgerungen sind hieraus zu ziehen? Erstlich, daß das Recht von Gottes Gnaden nicht mehr existirt (denn dieses kann doch nur bedeuten, daß derjenige, den Gott in dem Erbrecht hat geboren werden lassen, nicht durch menschlichen Beschluß oder physische Gewalt daraus verdrängt werden darf). Zweitens, daß ein oder der andere Machthaber, der einen Thron zu seinem Vortheil oder nach seiner Laune anders besetzt wünscht, das Recht hat, im Verein mit andern Mächten die Neubesetzung vorzunehmen. Drittens, daß es den Unterthanen gleichfalls freisteht, ihre Herrscher zu entlassen oder zu vertauschen; denn am Ende haben diese doch das größte Interesse dabei, wer auf dem Throne ihres Landes sitzt.

Dieser sogenannte Londoner Tractat ist also eine völlige Umwälzung des bisherigen Legitimitätsprinzips, und es ist ganz wunderbar, wenn nach diesem Tractat Kaiser, Könige, Fürsten und Diplomaten über die Vorgänge in Italien sich noch miß= billigend aussprechen.

Es ist hier vielleicht nützlich, noch etwas genauer in diese Sache einzugehen, weil so widersprechende Ansichten darüber vorhanden sind. Mit welchem Rechte oder unter welchem Vor= wande ward der Nächstberechtigte nebst seinen Kindern, der Herzog von Augustenburg, bei der Successionsbestimmung über= gangen? In Dänemark heißt es, weil er Preußens Hülfe an= gesprochen habe; die Diplomaten sagen, weil er Theil am Auf= ruhr (?) genommen habe. Daß dieß beides, und was sonst noch behauptet werden mag, leeres Gerede ist, beweist Nachstehendes.

Der Herzog ersuchte den König von Preußen, eine Erklä= rung zu geben, die nach beiden Seiten (Dänemark sowohl, als den Herzogthümern gegenüber) zur Beruhigung dienen solle. Dieß war an sich gewiß keine tadelnswerthe Absicht, und um so we= niger, als Preußen vom Bundestage mit der Wahrnehmung der Rechte der Herzogthümer betraut war. Daß der Herzog sich in den Herzogthümern während der Jahre 1848, 49, 50 auf= hielt, mag allenfalls unklug gewesen sein, aber ein Versehen oder gar Verbrechen kann ihm deßhalb nicht vorgeworfen wer= den; denn er hatte seine Besitzungen dort und blieb folglich nur im Lande, wo er zu Hause war. Daß er sich abwechselnd bei den Deutschen und in Rendsburg zeigte, sagt ja nichts, da er nirgends etwas befehlen oder anordnen konnte.

Die Behauptung der Diplomatie, daß der Herzog Antheil an dem Aufruhr genommen hätte, ist noch ungegründeter; denn wo war der Aufruhr? Doch wohl nicht in den Herzogthümern, für welche der deutsche Bund mit seinen 37 souveränen Herrschern in die Schranken trat? Deren Erhebung sofort vom Bundestage gebilligt und ermuthigt ward? Also auch dies ist bloße Erdichtung. Was wäre nun natürlicher gewesen, als den Herzog aufzufordern, sich wegen solcher Beschuldigungen vor einer dazu ausersehenen Kommission zu rechtfertigen oder auf irgend eine andere Weise die Wahrheit zu ergründen?

Es hätte aber sehr schlecht in Rußlands Pläne gepaßt, wenn dem Herzog nichts vorzuwerfen gewesen wäre. So leichtsinnig gehen die Diplomaten zu Werke! In einem andern Falle wurde ganz anders verfahren; nämlich: als im Jahre 1814 Dänemark im Kieler Frieden Norwegen an Schweden abtrat, war der damalige Prinz Christian Friedrich, später König Christian VIII., Statthalter in Norwegen und kommandirender General daselbst. Als er den königlichen Befehl erhielt, das Land den Schweden zu überliefern, verweigerte er den Gehorsam, erklärte Norwegen für ein unabhängiges Königreich, sich selbst zum Könige, gab dem Lande eine Verfassung (die höchste Machtvollkommenheit eines Regenten), ließ sich krönen und salben und die norwegischen Truppen den Eid der Treue schwören. Als diese Unternehmung ein für den Prinzen sehr trauriges Ende nahm und er nach Dänemark zurückkehren mußte, wollte der König Friedrich VI. ihm für diesen aufrührerischen Akt seine Erbrechte absprechen und ließ, da er selbst in Wien beim Kongreß war, durch die Königin dem Staatsrathe die Sache vorlegen. Dieser gab aber einstimmig die Entscheidung ab: daß ein königlicher Prinz durch solche Hand-

lungen **nicht seiner Erbrechte** zum Throne ver=
lustig gehen könne. Precedenzien, Fürsten= und Hausrechte,
Staatsrechte und Staatsklugheit, dieß Alles schien den Diplo=
maten, die den Londoner Tractat fabrizirten, unbekannt; denn
Rußland wollte, daß es so sein sollte, wie das Warschauer Pro=
tokoll es bestimmte, und so unterzeichneten denn im
Londoner Vertrage am 8. Mai 1852 die Vertreter
der europäischen Großmächte in feierlicher Sitzung
das Todesurtheil aller bisher heilig gehaltenen
Legitimitäts=Grundsätze und **eröffneten** die Bahn,
auf welcher sich die Politik Europas jetzt sicher fortbewegt und
künftig immer schneller fortbewegen wird.

Wenn auf die Folgerungen aus diesem saubern Aktenstück
hingedeutet wurde, darf hier auch eine Inkonsequenz, die dabei
vorleuchtet, nicht unbemerkt bleiben. Ich empfing 1848 nebst
manchen anderen Beweisen der Anerkennung vom Könige von
Preußen den Militärverdienstorden mit einem Diplom, in wel=
chem meine Verdienste um das Vaterland hervorgehoben wur=
den u. dgl. m. Vier Jahre später, während welchen ich als
Privatmann lebte und weder an politischen noch diplomatischen
Ereignissen, noch sonst an einer öffentlichen Demonstration Theil
genommen, ja nur kurze Zeit in meinem Vaterlande mich auf=
gehalten hatte, läßt der König von Preußen durch seinen Ge=
sandten eine Akte unterzeichnen, derzufolge ich für dieselbe Sache,
für welche er mir den Orden gegeben hat, exilirt bleibe! Ja,
er läßt einen Tractat unterzeichnen, nach welchem mir meine
aus Gottes Gnade gewordenen Erbrechte entwendet werden,
wahrscheinlich wegen derselben Sache, für die ich als um's Va=
terland verdienter Mann dekorirt wurde. Ich habe es freilich
nie erfahren, warum ich exilirt, enterbt und verfolgt worden

bin; denn mir ist darüber nichts, auch nicht das Mindeste offiziell mitgetheilt worden. Als ich ein Jahr, 1850, in Gräfenberg und den Subeten gelebt hatte, sah ich in den Zeitungen einen Artikel aus Dänemark, der mich mit unter diejenigen zählte, welchen es nicht erlaubt sei, das Herzogthum Schleswig zu betreten. Dies Verbot ward im Februar 1852 auch auf das Herzogthum Holstein ausgedehnt. An mich ist aber nie eine direkte Mittheilung oder eine Aufforderung ergangen, mich vor einem Gericht wegen meiner Handlungen zu rechtfertigen, im Gegentheil, als die Königin von England mir hiezu Gelegenheit geben wollte, ward sie durch das dänische Gouvernement daran gehindert. Es ist ferner, trotz der Bestimmungen des Warschauer Protokolls, kein Versuch gemacht worden, mich zur Entsagung meiner Successionsrechte zu bewegen. Das Einzige, welches ich weiß, was offiziell von der dänischen Regierung meinethalben geschehen, ist eine Instruktion an alle dänischen Diplomaten, dahingehend, daß sie nichts versäumen möchten, mich überall anzuschwärzen und mein Erscheinen bei den Höfen, wo sie akkreditirt wären, zu hintertreiben. Diese Ordre haben sie auch stets in einer mehr oder weniger unnobeln Weise befolgt. In diesen saubern Bestrebungen ist die dänische Diplomatie allezeit von der russischen kräftig unterstützt worden. So z. B. hatte mir der König von Preußen, als ich 1852 nach England ging, geschrieben, daß wenn sein dortiger Gesandter (Bunsen) mir von irgend welchem Nutzen sein könnte, ich mich an ihn wenden möchte. Als ich auf den ausdrücklichen Wunsch Ihrer Majestät der Königin mich an Herrn Bunsen wendete, um der Königin vorgestellt zu werden, eilte dieser zuerst zum russischen Ambassadeur Brunnow, um dessen Ansicht zu erfahren, und sandte mir dann eine Liste von Erklärungen, die ich zu unter-

schreiben hätte, bevor er mich zur Königin führen könne. Na=
türlich bekam Herr Bunsen darauf eine passende Antwort; aber
diese beiden Diplomaten brachten doch so viel Häkelei in die
Sache, daß ich der Königin schrieb: ich fände es unziemlich,
Ihr so viel über meine Person zu hören zu geben, und be=
hielte mir für ein anderes Mal die Ehre vor, Ihrer Majestät
aufzuwarten.

So viel von der Regentengunst. Wie steht es jetzt mit
dem Regentenrecht von Gottes Gnaden, wenn man es dem
guten Willen der Bevölkerung überläßt, ob sie ihre rechtmäßi=
gen Regenten behalten wolle oder nicht? Bisher hat man doch
nur Erbberechtigte aus ihren Rechten vertreiben lassen oder ver=
trieben, jetzt werden auch Regierende verjagt und die Wieder=
erlangung ihres Rechts wird dem Volkswillen überlassen. Schon
ist Europa mit Prätendenten angefüllt, jetzt sollen auch Ent=
thronte deren Zahl vermehren.

Ein alter Officier in meiner früheren Umgebung sagte oft:
„So lange die Masse Rechte respektirt, geht es in Europa noch
ruhig ab, wenn sie aber damit aufhört und ihre Kraft kennen
lernt, dann hat es mit der Ordnung ein Ende." Darin hatte
er gewiß Recht.

Wer zeigt der Masse den Weg, das Recht nicht zu respek=
tiren? Niemand mehr, als die Regierenden selbst, welche Rechte
Anderer mit Füßen treten, und die traurige Folge muß unaus=
bleiblich die sein, daß die Masse sich selbst sagt: „Ei, man hat
ja in Spanien, in Portugal, in Frankreich, in Dänemark, in
Italien die Regentenrechte und Erbrechte nicht anerkannt, wa=
rum sollen wir es denn thun? Wir sind doch diejenigen, welche
bezahlen und welche regiert werden sollen, also wollen wir auch
die Wahl haben! Diese Familie hat nun lange genug regiert,"

kann hinzugefügt werden, „nun kann einmal eine andere daran kommen!" Und damit wird der ganze monarchische Zustand Europas umgekehrt.

Das alte Sprüchwort: „Thue selbst Anderen, was du willst, daß sie dir thun!" ist gewiß nirgends richtiger anzuwenden als hier.

Wir leben nicht mehr in der Zeit, wo man weder lesen noch schreiben konnte, wo man in einer Stadt nicht wußte, was in der andern vorging. Zeitungen, Eisenbahnen und Telegraphen setzen in wenigen Stunden ganz Europa in Kenntniß von jeder Begebenheit, die irgend ein allgemeines oder öffentliches Interesse berührt. Alles wird besprochen und über Alles wird nachgedacht. Was ist daher natürlicher, als daß Unterthanen darüber nachdenken, w i e sie regiert werden? M i t w e l c h e m Rechte und a u s w e l c h e m Rechte man ihnen Steuern auferlegt, warum man den freien Gedankenverkehr durch Censur beschränkt, warum man den freien Personenverkehr durch Pässe erschwert, warum man sie selbst oder ihre Kinder dem Feinde entgegenführt, warum überhaupt unter gebildeten und fleißigen Völkern Feinde vorhanden sind, kurz Alles wird besprochen mit oder ohne Grund, und der Regent, als die Spitze der Regierung, für die Ursache von allem Ungemach gehalten. Die und die Regenten haben durch ihre bevollmächtigten Diplomaten diesen oder jenen Tractat oder Vergleich geschlossen, wonach diesem oder jenem Regierenden oder Erbberechtigten seine Rechte geraubt wurden. Dieselben sind nun die Gesetzgeber und obersten Wächter über die Erfüllung der Gesetze und Rechte und haben somit die bis jetzt in dieser Beziehung bestandenen Befugnisse und Verpflichtungen als aufgehoben und nichtig erklärt, also steht den Unterthanen die Berechtigung zu, ein Gleiches zu vollbringen. Ein solches Räsonnement kann und wird nie fehlen, so lange denkende Menschen den Erdball bewohnen.

Wird selbst von Staatsoberhäuptern das göttliche Recht des Thronberechtigten nicht mehr anerkannt, so ist es jedenfalls besser, dasselbe dem Volke zurückzugeben, welches doch gewiß ein größeres Recht darauf hat, als die Diplomaten verschiedener Nationen, von welchen Jeder das Interesse seines Staates vertritt.

Was sind überhaupt Diplomaten? Leute, die mit hohlen Phrasen Verwirrung in aller Länder Verhältnissen und Interessen zuwege bringen.

In alten Zeiten wurden Verträge und Tractate zwischen den Regenten und Völkern verabredet und geschlossen, damit sie zum Vortheil beider Parteien gehalten werden konnten und sollten. Einen solchen Tractat einzuleiten oder abzuschließen, sandte man einen kundigen und in der Achtung hochstehenden Mann. Wenn er seine Mission vollendet hatte, reiste er zu seinem Herrscher zurück und gab diesem die erhaltene Vollmacht wieder ab. Theils der schlechte Glauben, mit dem in den letzten Jahrhunderten Verträge gehalten wurden, theils der Wunsch, begünstigten Personen eine Anstellung zu verschaffen, theils das Bestreben, den Höfen einen größeren Glanz durch Anwesenheit von Vertretern anderer Höfe zu geben, haben die Existenz der **corps diplomatiques** hervorgerufen. Der Zweck dieser Korps besteht darin, einestheils die durch Verträge ihrem Lande zugestandenen Interessen zu überwachen, anderntheils den jüngeren adeligen Herren, welche zu beschränkt oder zu träge waren, ein Amtsexamen zu bestehen, eine Laufbahn auf Staatskosten zu eröffnen, auf welcher sie in den größeren Residenzen den Hof zu umgeben, in den kleineren aber Feten zu veranstalten, befähigt werden.

Wenn wir die traurige Gewissenlosigkeit in Haltung ein=
gegangener Verbindlichkeiten leider einräumen, wenn wir uns
auf diese niedrige Stufe der Gewissenlosigkeit stellen wollten,
und dann vielleicht das Bedürfniß solcher **quasi** Spione nicht
abläugnen könnten, so sollte damit dann wenigstens der Nutzen
verbunden sein, daß man stets durch dieselben eine genaue
Kenntniß von den Verhältnissen, Ansichten und Absichten der
Regierungen und Länder, in welchen sie akkreditirt sind, erhalte.

Wird dieß erreicht? Wußten die Alliirten 1813 nach der
Schlacht von Leipzig, wie die Sachen in Frankreich standen,
obgleich mit Ausnahme des preußischen Gesandten fast alle an=
deren preußischen Diplomaten in Paris bis zum Monat August
geblieben waren? Wußte man, daß Napoleon alle seine Kräfte,
sowohl an Menschen und Geld, als Waffen erschöpft hatte und bis
zum Aeußersten verhaßt war? Nein, man bedachte sich in ängst=
licher Besorgniß vor einer Volkserhebung sechs Wochen, ehe
man es wagte, über den Rhein zu gehen. Wußte man 1848
etwas von dem morschen Zustande des Louis Philipp'schen Bür=
gerkönigthums, bevor der Lärm losbrach, der ganz Europa er=
schütterte? Glaubten nicht die Diplomaten, daß Louis Philipp
ein kluger Regent sei? Kannten die gegenseitigen deutschen Di=
plomaten die innere Landesstimmung in den deutschen Staaten?
Nein! — War Nikolaus in Rußland richtig berichtet über die
Stärke des Volkswillens in England, die Gefühle in den Tui=
lerien und die Kräfte der Türkei, als er Menschikoff nach Kon=
stantinopel sandte? Kennt man in Deutschland die wahren Ur=
sachen der Verhältnisse im jetzigen Frankreich? Nein! Warum
weiß man so wenig? Weil man den Diplomaten eine ganz
verkehrte Stellung gegeben hat, indem sie als Repräsentanten
ihres Souveräns behandelt werden, statt daß sie als bloße Agen=

ten des Staates hingestellt werden sollten, welche die Handels-
und Personal-Interessen wahrnehmen. Zu politischen Verhandlungen müßte, wie jetzt dennoch geschieht, der extra-ordinäre
Gesandte geschickt werden und nach Abmachung seiner Mission
wieder fortgehen. Durch die gegenwärtige Behandlung der Diplomaten glauben sie sich über ihre Mitmenschen erhaben. Statt
sich mit den Gesetzen der Administration, den Handels- und
Industrie-Verhältnissen der Länder bekannt zu machen, in welche
sie gesandt werden, bekümmern sie sich blos um die geselligen
Beziehungen der Hauptstädte, in welchen sie ihren Wohnsitz
nehmen, besuchen die Klubs und ersten gesellschaftlichen Cirkel,
wo bekanntlich nur von Bällen, Theater, Pferden, Festen,
Damen aller Gattungen u. s. w. geplaudert wird. Hier finden
sie Stoff zu Depeschen, in welchen Börsen-Enten und Partei-
gerüchte als wahre Regierungsansichten dargestellt werden und
oft zu Rückfragen Veranlassung geben, welche Reizbarkeit hervorrufen, die nicht selten einen ernsten Charakter anzunehmen
droht. Soll aber wirklich eine wichtige Angelegenheit verhandelt werden, dann muß doch ein außerordentlicher Abgesandter
die Verhandlung übernehmen, weil man dem Akkreditirten nicht
die geheimen Absichten anvertrauen will.

Ich sagte oben, daß die Diplomatie sich mit hohlen Phrasen
herumtriebe, z. B.: „Es würde das europäische Gleichgewicht
stören!" Frage man nur einmal einen Diplomaten, was denn
eigentlich dieses Ding sei, so wird er zu stottern anfangen und
sich durch irgend eine unverständliche Erklärung zu retten suchen.
Dieses so oft wiederholte europäische Gleichgewicht, was kann
dasselbe bedeuten? Von Metternich beim Wiener Kongreß in
den Diplomatenkreis geschleudert, verfehlte es seinen Zweck nicht,
gerade weil es nicht verstanden werden konnte, und daher Alle

sich das Ansehen gaben, es gleich und leicht zu begreifen. Worauf soll dies Gleichgewicht sich basiren? Doch wohl nicht auf das religiöse Prinzip, daß die verschiedenen christlichen Konfessionen sich gegenseitig in Schach halten sollen? Leider ist durch die Verderbtheit der europäischen Bevölkerung die Rücksicht auf religiöse Ueberzeugung sehr in den Hintergrund gedrängt worden. Soll der höhere oder niedere Standpunkt der Intelligenz die Basis bilden, so müßte die Zahl der Schulen, Universitäten, Bibliotheken, Professoren und Studenten in Betracht kommen. Sollen die Handels- und Industrieverhältnisse zum Grunde gelegt werden? Soll die Seelenzahl gelten, die am Wiener Kongreß so viel besprochen wurde? Dies gibt gar kein Fundament, denn Hände haben allerdings fünf Finger, aber wie diese Hände gebraucht werden, in welchem Klima sie arbeiten, unter welchem Drucke der Verhältnisse sie liegen, alles dieses muß berechnet werden, und wechselt mit den Zeitläufen.

Soll die politische Eintheilung der europäischen Karte gelten? Dies ist wohl eigentlich damit gemeint, aber gerade diese ist die allerunsicherste Basis, denn dann kommt die Verfassung jedes Landes in Betracht. Ein konstitutioneller Staat ist mehr defensiv als offensiv. Der Regent eines Landes ist friedliebend, während der eines anderen sich den Krieg zum Handwerk wählt.

Die Geschichte der letzten 50 Jahre zeigt, daß die politischen Verhältnisse in den verschiedenen Staaten oft wechseln; bald ist eine beschränkende Verfassung vorhanden, bald wird diese nur als Aushängeschild für herrschsüchtige Uebergriffe benutzt, bald wird sie durch einen coup d'état ganz beseitigt. Gesetzt aber auch, dies Alles wäre genau berechnet, begründet und gehalten; so frägt sich dennoch, wo dies künstliche Gleichgewicht bleibt, wenn es sämmtlichen Mächten gefällt, über eine unter ihnen herzufallen. Was bedeutet dann diese Phrase? Also leeres Stroh dreschen die Diplomaten mit solchen Worten. Das einzige Gleichgewicht, das in Europa Ruhe und Frieden bringen kann, ist: wenn jeder Staat in sich Gesetze gibt, die mit den intellektuellen und materiellen Verhältnissen des Landes in Einklang stehen; wenn der Personen= und Handelsverkehr zwischen den verschiedenen Staaten möglichst wenig gehindert wird; wenn die Staaten unter sich ehrlich und gewissenhaft die Verträge halten, welche von ihnen geschlossen sind; wenn die Armeen so weit vermindert werden, daß die Nachbarländer sich dadurch nicht bedroht fühlen, dadurch zugleich Arbeitshände für den Erwerb gewonnen und Gelder zur Abtragung der Staats=schulden erübrigt werden können.

Nur dies kann Europa den Frieden mit seinen Segnungen erhalten und macht das Vorhandensein hochgestellter diplomatischer Agenten überflüssig.

Die Armeen müssen vermindert werden, nicht blos aus finanziellen Rücksichten, sondern auch aus technischen Gründen.

Die französische Revolution rief eine Armee von 1,500,000 Mann auf die Beine, um die von allen Seiten andrängenden Feinde zu vertreiben. Napoleon mit seinem großen strategischen Talent wußte später solche Kräfte zu bewegen und zu benutzen, bis sein Uebermuth ihn stürzte. Aber auch nur selten wird ein solches Talent erscheinen und die Gelegenheit finden, sich auszubilden und zu leuchten. Was helfen dann diese Massen, die in ungeschickter Hand sich selbst verzehren und vernichten? Haben wir doch noch in diesem Sommer (1859) es sehen müssen, wie 4= bis 500,000 Mann ganz ohne alle höhere strategische Leitung gegen einander fochten, in der Richtung, wie

Berge und Flüsse ihnen den Weg zeichneten; denn man nenne nicht den Flankenmarsch der Franzosen von Alexandrien bis Palästro und Turbigo ein strategisches Manöver. Wenn Parma neutrales Gebiet war, konnte man nicht zwischen Pavia und Piacenza den 600 Ellen breiten Po überschreiten, also mußte man über den Ticino zu gehen suchen. Die Gefechte waren reine Kraftproben zwischen den Soldaten ohne höhere Leitung und umsichtige Benutzung der von ihnen erfochtenen Vortheile.

Würden sich auch die Feldherren für die großen Truppen= massen finden lassen, so steht ihnen die finanzielle Rücksicht fast noch entschiedener entgegen. Um so zahlreiche Armeen herzu= stellen, ist das allgemeine Rekrutirungssystem nöthig. Es ist also nicht blos die Baarausgabe der Staatskasse, welche die Last bildet, sondern weit höher müssen die dem Ackerbau und der Industrie entzogenen Arbeitskräfte angeschlagen werden, nicht blos für die wirkliche Abwesenheit der jüngern Bevölkerung von der Arbeit selbst, sondern auch durch ihre Entwöhnung von dem anhaltenden Fleiß, der dem Erwerbe so wichtig ist, und so oft im Garnisonsleben verloren geht.

Noch einen Uebelstand bringt die Wichtigkeit, welche die Armeen durch ihre Größe bekommen: daß nämlich die Regen= ten sich verpflichtet glauben, nicht blos selbst Soldat zu sein, sondern auch ihren Kindern eine vorzugsweise militärische Erzie= hung geben zu müssen, wodurch ihnen die thörichte Idee ein= geimpft wird, ein glücklicher Feldzug sei rühmlicher und ehren= voller für einen Fürsten, als eine friedliche Regierung, die das seiner Leitung anvertraute Land durch Handel und Verkehr nach allen Richtungen zur Entwickelung und zu Wohlstand brächte, und dadurch der wahren Civilisation entgegen führte.

Wollen die Fürsten das Kriegsspiel und Kriegführen auf=

geben, die Intelligenz ihrer Unterthanen wecken und befördern, indem sie zweckentsprechende freie Verhältnisse in ihren Staaten einführen und sich entwickeln lassen, die Erziehung ihrer Kinder in vernünftiger Weise leiten, um aus ihnen gescheidte Menschen zu machen, die sich selbst nicht für Halbgötter halten, sondern den Gesetzen und Rechten Anderer die gehörige Achtung zollen; dann wird Frieden in Europa vorherrschen, die großen Armeen werden überflüssig werden, die Staatsschulden schwinden, der Wohlstand und die Zufriedenheit allgemein werden, und das gefürchtete rothe Gespenst sich nicht blicken lassen.

Anlagen.

Ew. Majestät!

Die großen und fast unbegreiflichen Begebenheiten, welche in den letzten drei Wochen Europa bis zu seinen tiefsten Grund= pfeilern erschütterten, haben auch in unserem Lande, wie zu er= warten war, Wiederhall gefunden. Ew. Majestät werden sicher= lich zu vollständig davon in Kenntniß gesetzt sein, als daß ich dieß zu wiederholen brauchte. Wir stehen an der Schwelle ei= nes entsetzlichen Ausbruchs, der gerade des sonst so besonnenen Charakters unseres Volkes halber um so heftiger zu werden droht. Unter solchen Verhältnissen bin ich von mehreren Sei= ten aufgefordert worden, mich an die Spitze der Bewegung zu stellen, um sie zu einem heilbringenden Ende zu führen, bevor die Anarchie Gelegenheit bekommen könne, sich ihrer zu bemei= stern. Wiederholt habe ich solche Zumuthungen zurückgewiesen, weil ich niemals einem gesetzwidrigen Weg gefolgt bin und folgen werde. Mittlerweile ist die Gefahr dermaßen herange= wachsen, daß ich mich nicht allein berechtigt, sondern verpflichtet glaube, Ihnen die Mittel zur Abwendung derselben vorschlagen zu dürfen. Der Zustand in den Herzogthümern ist in der That besonders dadurch ein so trauriger und bedenklicher geworden, daß der Mann, der gegenwärtig an der Spitze ihrer Admini= stration steht, weder Achtung noch Vertrauen zu erwecken ver=

mag. Deßhalb entbehren alle besonnenen und redlichen Männer eines Vereinigungspunkts, und wird in dieser Beziehung
nicht sofort eine Aenderung getroffen, so eilen wir mit Sturm-
schritten einem Unglücke entgegen. Den Herzogthümern muß
ein Mann vorgesetzt werden, der im Besitze des vollen Vertrauens des Volkes ist und die Energie hat, sich dasselbe zu
Nutzen zu ziehen. Fern sei es von mir, mich aufdrängen zu
wollen, ich habe mich aber allezeit meinem gesetzmäßigen Herrscher angeschlossen und hoffe solches auch künftig thun zu können. Daher halte ich es für meine Schuldigkeit gegen Ew.
Majestät und das Vaterland, Ihnen folgende Maßregeln vorzuschlagen, die Alles hier wieder in seinen gewöhnlichen ruhigen
Gang bringen werden.

Es muß von Ew. Majestät ein Administrations-Kollegium
provisorisch ernannt werden, bestehend aus mir als Statthalter
und kommandirendem General, gleichzeitig Präses desselben, dem
Grafen Fritz Reventlow zu Preetz, dem Advokaten Bargum in
Kiel und Herrn Beseler in Schleswig. Der uns zuzutheilende
Geschäftskreis und die uns zu gebende Befugniß werden Ew.
Majestät am einfachsten aus der im Entwurfe beigelegten In-
struktion und dem Rescript entnehmen können.

Das Zutrauen, welches alle Bewohner der Herzogthümer
in uns setzen, wird sofort Ruhe verbreiten, und ich glaube dafür aufkommen zu dürfen, daß die Ordnung nicht gestört werden wird. Indessen kann ich diese Geschäfte erst dann übernehmen, wenn Ew. Majestät nachstehende Konzessionen zu machen Allerhöchst sich bewogen fühlt:

1. Die vollständige, sowohl administrative, als finanzielle
   Trennung der Herzogthümer Schleswig-Holstein vom
   Königreiche;

2. die Berufung der beiden Provinzial-Ständeversammlun= gen zu einer gemeinschaftlichen Versammlung, um eine Verfassung für beide Herzogthümer gemeinschaftlich unter Vorbehalt der Allerhöchsten Genehmigung zu be= rathen und zu beschließen;

3. vollständige Preß= und Vereinsfreiheit;

4. die Entfernung des Kammerherrn v. Scheel, des Regie= rungsraths Höpfner und der dänischen Officiere (die persönliche Sicherheit dieser letzteren darf ich nicht ein= mal garantiren).

Halbe Maßregeln der Regierung haben überall und stets zu erhöhten Forderungen der Völker geführt, daher kann und werde ich weder Verpflichtungen noch Verantwortlichkeit irgend einer Art übernehmen, falls Ew. Majestät vorstehende Konzessionen nicht bewilligen. Auch darf ich nur drei Tage, bis zum 24. d. M., bei diesem Anerbieten die Ordnung zu erhalten beharren, denn bei der Schnelligkeit, mit welcher augenblicklich eine Be= gebenheit der anderen auf dem Fuße folgt, darf man kaum von einem Tage zum andern Schlüsse fassen.

Meine Stellung als „kommandirender General" müßte selbst= verständlich eine von den anderen Herren unabhängige sein.

Die Vorschläge, welche ich vorstehend Ew. Majestät gemacht habe, setzen voraus, daß Sie unbedingtes Vertrauen zu mir haben. Ich sage darüber nichts weiter, als daß ich es zu ver= dienen glaube und es zu rechtfertigen hoffe; denn indem ich Ew. Majestät auf solche Weise die Herzogthümer erhalte, wird die feste Stütze, die Ihnen diese gewähren, nicht wenig dazu beitragen, Ihnen Ihren dänischen Thron zu sichern.

Wenn ich es mir erlaubt habe, im gegenwärtigen Augen= blick und unter den obwaltenden Verhältnissen Ew. Majestät

die vorstehenden Vorschläge zu machen, darf ich jedenfalls mich
der Hoffnung hingeben, daß Allerhöchst Sie die Gründe dazu
weder in der Eitelkeit, noch in der Zudringlichkeit oder Gewinn=
sucht suchen werden.

Noer, den 20. März 1848.

alleruntertänigst

(gez.) **Prinz Friedrich von Schleswig-Holstein-Noer.**

~~~~~~~~~~

Anlage 2.

Schreiben der provisorischen Regierung an den Chef des Kriegsdepartements, zugleich kommandirenden General der schleswig-holsteinischen Armee.

Nach der Konstituirung der „provisorischen Regierung" be=
durfte, wie Ew. Durchlaucht bekannt, kein Verwaltungszweig in
den Herzogthümern einer vollständigeren Reorganisation, als das
Militärwesen. Die bis dahin streng durchgeführte Idee der
Einheit der Armee der Herzogthümer und des Königreichs Dä=
nemark, die Concentration sämmtlicher höchster Militärverwal=
tungsbehörden in Kopenhagen brachte es mit sich, daß die Her=
zogthümer nach ihrer Erhebung von allen zu einem geregelten
Heerwesen gehörenden Einrichtungen so gut wie ganz entblößt
waren. Es mußte Alles neu geschaffen werden. Dies ward
indessen durch mannigfaltige Umstände sehr erschwert. Der plötz=
liche Ausbruch des Krieges, der Mangel an geeigneten Officie=
ren, welche den Herzogthümern zur Disposition standen, der
Umstand, daß Ew. Durchlaucht mit der Leitung des Militär=

departements zugleich den Oberbefehl über die Armee übernehmen mußten, traten einer raschen Förderung der nothwendigen Organisationsarbeiten hemmend entgegen.

Ist nun auch in den letzten Monaten Manches für die Organisation geschehen, so bleiben doch noch umfassende Arbeiten übrig, namentlich die Organisation der inneren Militärverwaltung, deren baldigste und vollständigste Beendigung dringend erforderlich ist, wenn nicht sogar der Bestand des bereits Geschehenen gefährdet werden soll. Bei dem in naher Aussicht stehenden Abschluß eines Waffenstillstandes und dem dadurch bedingten Abtreten der „provisorischen Regierung" müssen wir uns dem Lande gegenüber verpflichtet halten, dafür zu sorgen, daß bald möglichst solche Einrichtungen getroffen werden, welche auch nach dem Eintritt einer neuen Regierung von Bestand bleibend dem Lande eine Garantie geben, daß die auf die Organisation des Heerwesens bezüglichen Arbeiten befriedigend zu Ende geführt werden. Es würde hierzu vor Allem erforderlich sein, daß für unsere Armee ein höherer Officier gewonnen würde, welchem die oberste Leitung der Militärverwaltung anvertraut werden könnte.

Die hierzu nöthigen Eigenschaften machen es aber sehr schwierig, eine geeignete Persönlichkeit zu finden. Unter der Hand haben wir früher bei dem preußischen Kriegsministerium anfragen lassen, ob den Herzogthümern außer den Officieren für den Feldbienst nicht auch ein höherer Officier angewiesen werden könne, der für die Organisation des Heerwesens mit Erfolg verwendet werden könnte. Von den in Folge dessen uns namhaft gemachten Personen konnte indessen nach eingezogenen näheren Erkundigungen nicht erwartet werden, daß sie den an sie zu machenden Anforderungen genügend würden entsprechen

können, und fanden wir uns demnach nicht veranlaßt, mit den=
selben in nähere Verhandlungen zu treten.

Unter diesen Umständen haben wir unser Augenmerk auf
den Generalmajor v. Bonin gerichtet, dessen allgemein aner=
kannte besondere Thätigkeit eine genügende Garantie dafür bie=
tet, daß unter seiner Leitung das Werk der Organisation des
Militärwesens der Herzogthümer einer befriedigenden Lösung
entgegengeführt werden würde. Wenn der General v. Bonin
auch Bedenken tragen würde, den königlich preußischen Dienst
zu verlassen, so scheint es uns doch nicht unwahrscheinlich, daß
derselbe sich dazu verstehen würde, sich auf einige Zeit dem spe=
ziellen Dienst der Herzogthümer zu widmen, wenn ihm ein an=
gemessener Wirkungskreis und eine geeignete Stellung, etwa
als Kriegsminister, angewiesen würde. Die provisorische Re=
gierung ersucht hiernach Ew. Durchlaucht, sie mit einer Aeuße=
rung gefälligst zu versehen, ob nicht mit dem General v. Bonin
hinsichtlich der Uebernahme der obersten Leitung des Militär=
wesens der Herzogthümer in Verhandlung zu treten sein möchte.
Der gegenwärtige Stand der Waffenstillstands=Verhandlungen
macht eine schleunige Erledigung dieser Angelegenheit nothwen=
dig, und dürfen wir daher Ew. Durchlaucht ersuchen, die er=
betene Aeußerung uns baldigst zugehen zu lassen.

Rendsburg, den 19. August 1848.

Die provisorische Regierung:

(gez.) Beseler, Reventlow, M. T. Schmidt.
Fr. Lüders.

Anmerkung des Verfassers. Aus vorstehendem Schreiben
wird jeder Leser sich von dem Mangel an Takt, an Geschäftskunde
und an Konsequenz bei der provisorischen Regierung überzeugen.
Sie sagt selbst: es war durchaus Nichts vorhanden; — daß ich an zwei

Stellen sein mußte; — daß Vieles geschehen sei; — daß das Geschehene sichergestellt werden müsse. Es war also organisirt, und zwar gut organisirt, weil man es behalten wollte. War es Dummheit oder sollte es Beleidigung sein, daß die provisorische Regierung mir erzählt, sie habe alles dieß hinter meinem Rücken gethan? Sie weiß, daß Bonin den preußischen Dienst nicht verlassen wollte; also hat sie bereits mit ihm verhandelt (wie er mir schon im Juli selbst sagte). Zuletzt geht die bestimmte Wortstellung von Militär-Verwaltung in Militär-Wesen über. Alles Einleitung zum Sturz des Generals Krohn und zu meiner Beseitigung.

Anlage 3.

Auszüge

aus den Privatbriefen des Generals v. Krohn an den Prinzen Friedrich zu Schleswig-Holstein-Noer.

Schluß eines Briefes vom 26. August 1848 mit Bezug auf das ihm von mir mitgetheilte Verlangen der provisorischen Regierung, daß er abgehen müsse.

„Indem ich solchergestalt die Entscheidung in Ew. Durchlaucht, als Chef des Kriegsdepartements, Hände lege, gebe ich schließlich noch zu bedenken:

Ew. Durchlaucht haben mich am 24. März gerufen. Sie haben mich aus einer Stellung gerissen, in die ich nicht wieder zurückkehren kann und werde. Ich bin Ihrem Rufe gefolgt. Sie gaben mir ein Kommando, wo ich auf dem Punkte stand, meine Ehre einzubüßen. Darauf setzten Sie mich auf einen Posten, auf dem ich nun vier Monate mit unsäglicher Mühe und unter den ärgerlichsten Verhältnissen fast übermenschlich gearbeitet, einen Theil meiner Gesundheit zugesetzt habe. Und nun, da die Sachen in Ordnung sind — und die es noch nicht sind, doch vorbereitet, so daß in kurzer Zeit Alles in Ordnung sein wird — nun soll ich meine Entlassung erhalten? Wie oft haben Ew. Durchlaucht mich dringend aufgefordert, auszuhalten, wie oft haben Sie mich unersetzlich genannt, — und nun soll ich wie eine ausgepreßte Citrone weggeworfen werden?!

Doch ich breche ab, ich erwarte von Ew. Durchlaucht Rechtlichkeit und Gerechtigkeitsliebe die Entscheidung; bis dahin u. s. w.

Krohn.

Aus einem Schreiben vom 30. August.

Ew. Durchlaucht haben mich durch Ihr gnädiges Schreiben vom 26. d. in dem Maße beruhigt, als ich daraus ersehe, daß Höchstsie wenigstens nichts an meiner Geschäftsführung auszusetzen haben, und danke ich hierfür ganz gehorsamst.

Von der provisorischen Regierung ist mir bis dato nichts geantwortet, ich glaube daher, man wird die Sache auf sich beruhen lassen u. s. w.

Anlage 4.

Armee-Kommando (Nr. 1755).

An Se. Durchlaucht den Prinz Friedrich zu Schleswig-Holstein, kommandirenden General der schleswig-holsteinischen Truppen.

Zu dem geehrten Schreiben vom gestrigen Tage erneuern Ew. Durchlaucht in Folge eines Sie betreffenden Artikels der schleswig-holsteinischen Zeitung vom 5. d. Mts. den schon früher gegen mich ausgesprochenen Wunsch, aus dem Verhältniß als kommandirender General der schleswig-holsteinischen Truppen auszuscheiden. In einer schweren ernsten Zeit haben Ew. Durchlaucht mit persönlicher Aufopferung dieses Kommando mit Ruhm und Ehre geführt, wovon ich oft selbst Zeuge war, und mit Stolz können Sie hinblicken auf die von Ihnen in kurzer Zeit neugeschaffene schleswig-holsteinische Armee; ich kann Ew. Durchlaucht daher nur ungerne von der Armee scheiden sehen, kann indeß doch unter den angeführten Umständen Ihrem Vorhaben nicht entgegen sein, vielmehr muß ich es ehrend anerkennen, daß Sie als Mitglied der provisorischen Regierung, welche nach der abgeschlossenen Konvention durch eine andere Regierung ersetzt werden soll, selbst auf die Entlassung aus Ihrer hohen militärischen Stellung im Lande antragen. Ew. Durchlaucht ersuche ich daher ganz ergebenst, das Generalkommando dem preußischen Generalmajor v. Bonin geneigtest zu übergeben, der ebenfalls in Folge jener Konvention zur Uebernahme des Kommandos der hier verbleibenden Bundestruppen bestimmt ist, indem ich Ihnen zugleich anheimstelle, die untergebenen Truppen von diesem Wechsel im Kommando in Kenntniß zu setzen.

Gestatten mir Ew. Durchlaucht, Ihnen bei dieser Veranlassung von Neuem meine unwandelbare vorzüglichste Hochachtung und Ergebenheit zu versichern, mit der ich immer verbleibe

b. Wrangel,

königlich preußischer General der Kavallerie und Oberbefehlshaber der Armee.

Anlage 5.

Der letzte von mir den schleswig-holsteinischen Truppen ertheilte Befehl vom 9. September 1848.

Morgens 2 Uhr.

Korpsbefehl.   Hauptquartier Schleswig, den 9. Sept. 1848.

Auf meinen durch eingetretene Umstände veranlaßten Wunsch, das Kommando der Armee niederzulegen, hat der Oberbefehlshaber mich von demselben entbunden und den General v. Bonin damit beauftragt.

Indem ich von der Armee scheide, sage ich den Officieren und Soldaten meinen herzlichsten Dank für den Eifer, mit dem sie stets meinen Anordnungen und Befehlen nachgekommen sind, sowie für die Anhänglichkeit, die sie mir bei so vielen Gelegenheiten gezeigt haben.

Den aus fremden Armeen hier Dienste leistenden Officieren, die beim ersten Ruf unseres Vaterlandes kamen und treu bei uns ausgehalten haben, sage ich beim Scheiden noch meinen ganz besonderen Dank, indem ich gern der Hoffnung Raum gebe, daß sie das schöne, freundschaftliche und kameradschaftliche Verhältniß, welches sie mit den Unsrigen im Feuer geschlossen, auch ferner noch bewahren werden.

Ich habe auf ihren Wunsch aus der Armee entlassen:
den Chef meines Stabes, Major Leo,
den Souschef Hauptmann v. Katzler,
meinen Adjutanten, Hauptmann v. Berger,
meinen Ordonnanzofficier, Rittmeister Graf zu Eltz,
den Generalstabsarzt der Armee, Etatsrath **Dr.** Langenbeck.

Meine letzte Bitte an die Armee ist noch die: Officiere und Soldaten mögen dem General v. Bonin denselben Eifer bei Ausführung seiner Befehle zeigen, als sie ihn mir bewiesen haben.

Prinz F. zu Holstein.

Anlage 6.

Schreiben des Oberstlieutenants (jetzt Generalmajor) von Bastrow vom 24. September 1848, als dem ältesten der der schleswig-holsteinischen Armee zu Anfang des Krieges zukommandirten preußischen Offiziere.

Durchlauchtigster Prinz!

Ew. Durchlaucht haben uns verlassen! — Nach den von Höchstdenselben oft genug ausgesprochenen Aeußerungen war es Ew. Durchlaucht bestimmte Absicht, nach Herstellung des Friedens in den Schooß Ihrer verehrten Familie zurückzukehren. Wenn Höchstdieselben daher schon gegenwärtig Veranlassung hatten, diesen Schritt zu thun, so mußten alle diejenigen, welche mit Liebe und Anhänglichkeit Ihnen zugethan sind, dadurch schmerzlich berührt werden. Welches aber auch die Gründe gewesen sein mögen, die Ew. Durchlaucht veranlaßten, uns schon gegenwärtig zu verlassen, wir ehren diese Gründe und sind von der Ueberzeugung durchdrungen, daß dieselben nach allen Seiten von Ew. Durchlaucht wohl erwogen sind.

Unmöglich aber, gnädiger Herr, dürfen Sie von uns scheiden, ohne mir zu erlauben, im Namen meiner preußischen Kameraden, welche die Ehre hatten, unter Ihrem Oberbefehl den Feldzug zu machen, Ew. Durchlaucht unsern wärmsten, tiefgefühltesten Dank für alle die Güte und Theilnahme auszudrücken, durch welche Höchstdieselben uns auszeichneten und beglückten. Möchten Ew. Durchlaucht überzeugt sein, daß die Erinnerung an diese schöne und interessante Zeit mit unwandelbarer Schrift in unser Gedächtniß geschrieben ist; möchten Sie nicht daran zweifeln, daß Ihre preußischen Officiere mit einer Ergebenheit Ihnen zugethan sind, welche von meinen holsteinischen Kameraden unmöglich übertroffen werden kann; möchten Höchstdieselben glauben, daß Ihr schönes Beispiel treuer Pflichterfüllung, unermüdlicher Thätigkeit und wahrhaft patriotischer Aufopferung für Ihr schönes Vaterland uns auf immer ein edles Vorbild sein wird, und daß wir uns mit wahrer Achtung jener Augenblicke erinnern werden, wo Ew. Durchlaucht im kleinen Gewehrfeuer uns das Beispiel einer ritterlichen Tapferkeit gaben!

Es ist nicht das Zeitalter der Dankbarkeit, in dem wir leben; wer hätte das bitterer erfahren wie Sie, gnädiger Herr, Sie, der unter allen holsteinischen Patrioten vielleicht die größten Opfer brachte? Allein es gibt ein Tribunal, welches mit strengerer Hand unsere Thaten richtet, als dieß die oft parteiische Gegenwart thut, ein Tribunal, vor dem die Intrigue schweigt und die ernste Wahrheit allein das Wort führt; dieß Tribunal, es ist das der Geschichte. Sie wird mit beredter Zunge die Sache Ew. Durchlaucht verfechten, und die kommende Zeit schon, gnädiger Herr, Ihnen diejenige Anerkennung im reichsten Maße zuwenden, auf welche Sie einen so gerechten Anspruch haben.

Bis dieser Augenblick der Genugthuung eintritt, werden Ew. Durchlaucht in dem Kreise Höchstdero liebenswürdiger Familie jenes stille und wahre Glück genießen, welches seine Quelle allein in Ihrem Herzen findet. Die liebende Hand einer Gemahlin, deren Name selbst von den Feinden Ew. Durchlaucht mit Adoration genannt wird, wird Ihnen den Kelch bitterer Erfahrung süßen, welchen die jüngst verflossene Zeit zuweilen reichte, und Friede und Ruhe wird in Ihre verwundete Brust zurückkehren. Wenn Sie dann, gnädiger Herr, den Blick in die Vergangenheit richten und der freudigen Augenblicke unseres Feldlebens gedenken, und Ihre Erinnerung vielleicht bei unseren Namen, bei den Namen Ihrer Officiere verweilt, dann, Durchlaucht, möge die Ueberzeugung in Ihrer Brust süßen, daß, was auch die nächste Zeit Ihnen bringen möge, die Liebe und Anhänglichkeit Ihrer Officiere für Sie unwandelbar feststehen wird.

Schleswig, den 24. September 1848.

Ehrfurchtsvoll rc.

von Zastrow,
Inspekteur der schleswig-holsteinischen Jägercorps.

Anlage 7.

Schreiben der Landesversammlung vom 19. September 1848.

Durchlauchtigster Prinz!

Auf das Schreiben Ew. Durchlaucht an die schleswig-holsteinische Landesversammlung vom 9. d. Mts., betreffend Ihren Austritt aus der provisorischen Regierung, ermangelt die Landesversammlung nicht, in Gemäßheit eines in ihrer 26. Sitzung

gefaßten Beschlusses hierdurch zu erwiedern, daß die schleswig-
holsteinische Landesversammlung unter dankbarer Anerkennung
der Verdienste, welche Ew. Durchlaucht Sich um das Land erworben haben, zu Höchstdero Austritt aus der provisorischen
Regierung ihre Zustimmung ertheilt.

Kiel in der schleswig-holsteinischen Landesversammlung,
den 19. September 1848.

Bargum,   L. Lorentzen,
Präsident.   Schriftführer.

Anlage 8.

Schreiben des Präsidenten der Landesversammlung, Advokat Bargum in Kiel.

Da bei der Verhandlung am gestrigen Tage nur solche
Aeußerungen vorkamen (Reiche und Samwer), welche Ew. Durchlaucht Verdienste um das Land in vollem Maße anerkannten,
und da Herr Bremer gar nicht das Wort nahm, so habe ich
von Ew. Durchlaucht mir zuletzt zugesandtem Schreiben keine
Mittheilung gemacht. Herr Graf Reventlow (Jersbeck), dem
ich das Schreiben vorher zeigte, war auch der Meinung, daß
es richtiger sei, den Inhalt nicht zu veröffentlichen. Mich
durchdringt nicht nur das innigste Dankgefühl gegen Ew. Durchlaucht, sondern auch Betrübniß darüber, daß Ew. Durchlaucht
es nothwendig finden mußten, eine unmittelbare Mitwirkung
und Leitung bei unseren Angelegenheiten aufzugeben, und daß
eben Sie, wie Se. Hochfürstlichen Durchlaucht, Ihr Herr Bru-

der, die Sie offenbar am meisten gethan und geopfert haben, am wenigsten Anerkennung finden. Doch auch darin wird die Zeit sich ändern.

Kiel, den 20. September 1848.

Mit Ehrerbietung Ew. Durchlaucht gehorsamster ꝛc.

Bargum.

Anlage 9.

Brief an die Königin von England.

(Uebersetzt aus dem Englischen.)

An der Königin Allergnädigste Majestät.

Madame!

Mit dem Vertrauen, welches eine nicht ferne Abstammung von denselben Voreltern einflößt, und dem stolzen Gefühl, nie= mals etwas gethan zu haben, welches mich unwerth machen könnte, ein Blutsverwandter Ew. Majestät zu sein, erlaube ich es mir, der hochherzigen Königin von England, deren Hand= lungen stets in ritterlichem Sinn Ihre Abstammung bewährten, mit einer Bitte zu nahen, zu welcher ich einerseits mich als Verwandter des englischen Regentenhauses berechtigt glaube, während ich andererseits nicht in Zweifel ziehen darf, daß Kö= nigin Victoria, sowohl wenn sie den Vorschriften Ihres edlen Herzens folgt, als wenn Sie sich als das Haupt eines großen und Gerechtigkeit liebenden Volkes betrachtet, diese meine Bitte um Beistand für einen Verunglimpften nicht abschlagen wird.

Es ist in jetziger Zeit ein trauriges Vorrecht höherer Ab=

stammung, der Verläumdung als Zielscheibe zu dienen. Als solche bin ich vor Kurzem von der englischen Tagespresse ausersehen worden, um mich mit Tadel zu bedecken. Die „Times" und das „Morning Chronicle" haben jede für sich schamlose Angriffe auf meinen Charakter gemacht, welche sie auf die Angaben eines infamen Buches gründen, das unter dem Schutze der dänischen Regierung erschienen ist und mich nicht allein der Doppelzüngigkeit, der Chikanen und Intriguen beschuldigt, sondern sogar mir Hochverrath während meiner Stellung als Statthalter der Herzogthümer Schleswig-Holstein vorwirft. Fänden sich diese Verläumdungen nur in den Spalten der Zeitungen, dann ließen sie sich in eben solchen Blättern widerlegen; weil aber die dänische Regierung sich dazu erniedrigt hat, ihre Autorität zu verbürgen, und ihre Verbreitung dadurch befördert hat, daß sie an alle europäischen Höfe Exemplare hat überreichen lassen, so ist es meinerseits unumgänglich nöthig, dem Widerspruche die Höchste Autorität zu schaffen.

Ew. Majestät wird es vielleicht bekannt sein, daß diese beleidigenden Beschuldigungen dadurch bewiesen werden sollen, daß Auszüge aus den Briefen, welche ich meinem Bruder, dem Herzoge von Augustenburg (aus seinem Bürcau geraubt, als die Dänen Alsen besetzten) und dem Könige Christian VIII. geschrieben habe, mitgetheilt werden.

Ich brauche aber nicht erst zu bemerken, daß einzelne Sätze, die aus ihrer Verbindung gehoben sind, um sie beliebig mit anderen zusammenzustellen und dadurch ihren ganzen Sinn zu entstellen, selbstverständlich dem nicht eingeweihten Leser eine falsche Auffassung aufdrängen müssen.

In der vollen Ueberzeugung daher, niemals vom Pfade der Wahrheit und Ehre abgewichen zu sein, noch durch Chikanen und Intriguen das zu erreichen gesucht zu haben, welches die offene und gerade Handlungsweise eines Soldaten nicht gestattete, werfe ich mich Ew. Majestät zu Füßen, um Sie zu ersuchen, mir die Gelegenheit zu geben, mich nicht allein vor dem brittischen Publikum, dem es nicht gleichgültig sein kann, den Enkel einer englischen Prinzessin von dem Tadel befreit zu sehen, welcher seine hohe Abkunft beflecken könnte, sondern auch vor den europäischen Höfen von diesen abscheulichen Beschuldigungen zu reinigen.

Die zweckmäßigste Weise, dieß zu erreichen, dürfte sein, wenn es Ew. Majestät gefiele, eine Kommission aus drei oder mehreren englischen Gentlemen bestehend zu ernennen, welcher meine unentstellte Korrespondenz vorgelegt würde, und vor welcher ich nicht allein zu erscheinen und auf alle mir gestellten Fragen zu antworten mich verpflichte, sondern deren Ausspruch ich auch in unbedingtem Vertrauen mich unterwerfen würde.

Ew. Majestät Regierung, als die anerkannte Vermittlerin zwischen Dänemark und den Herzogthümern (Teutschland), ist völlig berechtigt, Gerechtigkeit für die Unterdrückten beiderseits zu verlangen. Es kann nicht ein Eingriff genannt werden, wenn die englische Regierung von der dänischen die Aktenstücke fordert, auf welche diese einen öffentlichen Angriff auf den Charakter eines nahen Verwandten der englischen Herrscherin begründet, um sie unparteiischen englischen Richtern vorzulegen. Ich suche daher bei der Gnade Ew. Majestät nur um einen unparteiischen und öffentlichen Richterstuhl nach, vor welchem ich meinen verunglimpften Namen vertheidigen kann, und lebe in der frohen Hoffnung, daß diese Berufung nicht umsonst sein wird.

Es würde ein Mißbrauch Ew. Majestät Geduld sein, falls

ich hier ein Verzeichniß der Aktenstücke folgen lassen wollte, welche bei dieser Sache in Betracht kommen, welches ich daher mir erlauben werde, Ew. Majestät Staatssekretär für die äußeren Angelegenheiten zu übersenden, und indem ich unterthänigst Ew. Majestät gnädige Nachsicht dafür erflehe, daß ich durch diese Angelegenheit Ihre Allerhöchste Aufmerksamkeit von wichtigen Beschäftigungen abgelenkt habe, bitte ich unterthänigst, mich unterzeichnen zu dürfen

Noer, den 12. Januar 1850.

als Ew. Majestät u. s. w.

~~~~~~~~~~~~

Anlage 10.

Schreiben des Lord Palmerston vom 25. Febr. 1850.
(Uebersetzt aus dem Englischen.)

Gnädigster Fürst!

Ihre Majestät die Königin, meine allergnädigste Souveränin, hat mir befohlen, den Empfang des Schreibens vom 12. Januar zu bescheinigen, worin Sie Ihre Majestät bitten, es allergnädigst durch ihren Einfluß beim dänischen Hofe zu veranlassen, daß die ganze Korrespondenz, aus welcher Auszüge in einem Pamphlet eines Herrn Wegener veröffentlicht sind, der Einsicht zweier oder mehrerer englischen Gentlemens vorgelegt werde, damit Ew. Durchlaucht dadurch in den Stand gesetzt werden könnte, sich vor den Augen Ihro Majestät und des brittischen Publikums von den in diesem Pamphlet enthaltenen Beschuldigungen zu reinigen.

In Erwiederung ist mir befohlen, Sie dessen zu versichern, daß die Königin mit großer Genugthuung in Ihrem Schreiben einen Beweis findet von dem Vertrauen, welches Sie in die Unparteilichkeit der Königin und ihrer Regierung setzen.

Es ist mir ferner befohlen, zu sagen, daß Sie sich nicht irren, wenn Sie voraussetzen, daß Ihre Majestät ein reges Interesse an allen Angelegenheiten eines Prinzen nimmt, der ein so naher Verwandter des königlich englischen Hauses ist, und daß Ihre Majestät mit vieler Betrübniß das Zerwürfniß gesehen hat, welches zwischen Ew. Durchlaucht Familie und dem Könige von Dänemark sich erhoben hat.

Es ist daher mit aufrichtigem Bedauern, daß Ihre Majestät sich nicht im Stande sieht, der Bitte nachzukommen, welche in Ew. Durchlaucht Schreiben enthalten ist.

Die Königin hat allerdings unter Zustimmung des Königs von Dänemark und der deutschen Centralgewalt es übernommen, zu einer freundlichen Ausgleichung des Streits zwischen der Krone Dänemark und dem deutschen Bundesstaat hülfreiche Hand zu bieten, aber Ihre Majestät glaubt nicht, daß sie das Recht hat, als Richter in der Sache aufzutreten, auf welche Ew. Durchlaucht Schreiben sich bezieht.

Ich habe die Ehre u. s. w.

Palmerston.

Anmerkung des Verfassers. Aus dem Schluß obigen Schreibens geht deutlich hervor, wie der edle Lord die Worte gedreht hat, um die Wahrheit zu verbergen; denn ich hatte gegen die englische Presse und die Wegener'schen Beschuldigungen geklagt, und nicht gegen den König von Dänemark.

418

Anlage 11.

Lettre from Lord Aberdeen.

London, March 26 — 1853.

Sir!

I have the honour to acknowledge the receipt of Your Highness's communication of the 24. instant together with the Petition to the Queen therein referred to, and beg to inform Your Highness that I have placed these papers in the hands of Her Majesty's Secretary of State for foreign affairs to whose departement the consideration of these subjects to which they refer more properly belongs.

I have etc.

Aberdeen.

To His Serene Highness
Prince of Schleswig - Holstein - Noer.

<hr/>

Anlage 12.

Schreiben des Prinzen Friedrich zu Schleswig-Holstein-Noer an den Präsidenten des dänischen Reichstags in Kopenhagen.

Herr Präsident!

Ich bitte um Erlaubniß, durch Ihre Hände dem Reichstage folgende Mittheilung zu machen.

Aus dem „Altonaer Merkur" vom 10. d. bin ich erst mit

einer Akte bekannt worden, welche vom 30. Dec. 1852 datirt,
von Sr. Maj. dem Könige von Dänemark einerseits, und mei=
nem Bruder, dem Herzog von Schleswig=Holstein=Sonderburg=
Augustenburg andererseits ausgestellt ist, in welcher Letzterer
gegen eine namhafte Summe für sich und seine Familie die
Verpflichtung übernimmt, Sr. Majestät dem Könige bei Abän=
derung der Erbfolge in seinen Reichen und Landen keine Schwie=
rigkeiten in den Weg zu legen.

Befürchtend, daß der in solchen Akten ungewöhnliche Aus=
druck „Familie" die Ansicht hervorrufen könne, als ob ich
zu den kontrahirenden Theilnehmern gehöre, erscheint es mir
nothwendig, hierdurch förmlich zu erklären, daß mir besagtes
Dokument mit dem darin festgesetzten Arrangement vollkommen
unbekannt war, bis ich es in obengenannter Zeitung las, es
mir aber jetzt die Pflicht auferlegt, durch jedes mir zu Gebote
stehende gesetzliche Mittel Rechte zu bewahren, welche nicht
allein den Zweck haben, einzelnen Familien eine politische Stel=
lung zu geben, sondern von der Nothwendigkeit hervorgerufen
wurden, dem Staate die Ruhe nach innen und die Kraft nach
außen zu sichern. Schwerlich ist jemals die Weisheit und der
Nutzen solcher grundgesetzlicher Bestimmungen klarer dargelegt,
als im Streite zwischen Dänemark und den Herzogthümern, in=
dem Ersteres leicht seine Existenz dadurch einbüßen kann.

Gegenseitige Anerkennung der nationalen Institutionen und
historischen Gerechtsame der einzelnen Theile der dänischen Mo=
narchie begründeten ihre Kraft und ihren Wohlstand, das An=
tasten derselben löste das gemeinschaftliche Band und schwächte
das gegenseitige Vertrauen. Um Einrichtungen und Gesetze zu
erhalten, welche den Flor der Herzogthümer begründeten, schloß
ich mich der Bewegung des Jahres 1848 an. Als dieselben

Institutionen von den Volksrepräsentanten angefochten wurden, zog ich mich zurück und verließ sogar das Land, als die Streitigkeiten in einen Streit zwischen Landesherrn und Unterthanen überzugehen drohten. Ebenso sehr, als es stets mein Bestreben gewesen ist, das monarchische Prinzip zu erhalten, achte ich auch die Gerechtsamen des Landes und Volkes. Ich werde daher niemals meine Einwilligung dazu geben, daß die durch Zeit und Geschichte begründeten inneren Verhältnisse der Herzogthümer vernichtet werden.

Der Londoner Tractat vom 8. Mai 1852, gegen welchen ich heute einen Protest bei der englischen Regierung eingelegt habe, hat seiner Harmlosigkeit halber keine bindende Kraft, und sein einziger Zweck kann nur der sein, die verschiedenen erbberechtigten Linien zu entfernen, die eine Wehr gegen das Ereigniß bilden, welches das dänische Volk nur mit Abscheu betrachtet, nämlich die Einverleibung Dänemarks ins russische Reich.

Um einem solchen Unglück vorzubeugen, würde eine Bestimmung, gleich der des Utrechter Tractats mit Beziehung auf Frankreich und Spanien, nöthig sein, daß nämlich die Krone Dänemarks und Rußlands niemals Ein Haupt bedecken dürfen.

Unter der Bedingung, daß eine solche Bestimmung getroffen würde, und ferner, wenn den Herzogthümern ihre früheren gemeinschaftlichen administrativen Verhältnisse restituirt werden, bin ich bereit, meinen Protest zurückzuziehen.

Mit größter Hochachtung ꝛc.

Friedrich, Prinz zu Schleswig-Holstein-Noer.

London, den 24. März 1853.

Memorandum

betreffend die endliche Beilegung der deutsch-dänischen Streitfrage.

(Dem kaiserlich-königlich-österreichischen Botschafter in Paris, Baron von Hübner, übersandt den 16. September 1857.)

Ein befriedigendes Resultat läßt sich in der deutsch-dänischen Angelegenheit nur dann erwarten, wenn man die an sich einfache Streitfrage von den verwirrenden Nebensachen scheidet, welche theils durch die Frankfurter Nationalversammlung derselben beigemischt, theils durch das dänische Kabinet derselben untergeschoben sind. Um diesen Zweck zu erreichen, muß man auf den Ursprung des Streites zurückkehren, wie er sich seit dem Jahre 1846 unter der Regierung des Königs Christian VIII. entwickelte und beim Regierungsantritt des jetzigen Königs ausbrach.

Von dänischer Seite war der Beweggrund ein doppelter.

1. Die Verschiedenheit der Successionsbestimmungen seit dem Jahre 1660, wo sie für das Königreich Dänemark agnatisch-cognatisch wurden, während sie in den Herzogthümern rein agnatisch blieben.

2. Die Bestrebungen der dänisch-demokratischen Büreaukratie, sich Anstellungen im Herzogthum Schleswig dadurch zu verschaffen, daß dieses als dänische Provinz aus seiner Verbindung mit Holstein gerissen und danisirt werden sollte.

Bekanntlich war Dänemark bis zum Jahre 1660 ein Wahlreich, in welchem das flache Land, mit Ausnahme der Kron-

domänen, dem Adel gehörte. Dieser Stand war deßhalb auf
dem Reichstage in überwiegender Zahl gegenüber der Geistlich=
keit und Bürgerschaft vertreten, wodurch er sich bei verschiede=
nen Wahlkapitulationen bedeutende Privilegien und Steuerbe=
freiungen ausbedungen hatte. Als König Friedrich III. nach
beendigtem dreißigjährigen Kriege und den darauf folgenden für
Dänemark unglücklichen Kriegen mit Schweden im Jahr 1660
den dänischen Reichstag nach Kopenhagen berief, um wegen Auf=
legung neuer Steuern zur Aufhülfe der ganz zerrütteten Staats=
finanzen zu deliberiren, verweigerte der Adel die Annahme der
königlichen Propositionen, falls ihm nicht genügende Zusicherung
für den Wegfall dieser Steuern nach Deckung des Defizits ge=
geben würde. Diesem gegenüber beschloß der König auf den
Rath des Bürgermeisters (Nansen) von Kopenhagen und unter
Zusage des kräftigen Beistandes der während einer langen Be=
lagerung kriegsgewohnten Bürgerbewaffnung dieser Stadt einen
coup d'état auszuführen, ließ die Thore derselben schließen
und dem versammelten Adel andeuten, daß es sich um seine
Freiheit, eventuell sein Leben handle, falls er die Regierungs=
propositionen nicht annehme. Das Stockholmer Blutbad, bei
welchem König Christian II. 90 Adeligen die Köpfe abschlagen
ließ, war in zu frischem Andenken, um einer solchen Drohung
nicht Nachdruck zu geben; es beschloß daher der Adelstand, dem
Könige es anheimzugeben, dem an nächsten Ostern zusammen=
zuberufenden Reichstage neue Steuergesetze und ein neues Erb=
folgegesetz vorlegen zu lassen.

Dieser Reichsrath ist aber niemals einberufen worden, son=
dern der König ließ ein Gesetz (die **lex regia**) ausarbeiten,
welches das Wahlreich in ein Erbreich verwandelt, in dessen
Successionsfolge nach der männlichen Descendenz Friedrichs III.

seine weibliche sämmtlichen andern Branchen des Oldenburger Hauses vorging, das alle Privilegien des Adels vernichtete und der Krone die unbeschränkteste Gewalt beilegte.

Der Adel hierdurch sehr verletzt zog sich auf seine Güter zurück und überließ dem Kopenhagener Bürgerstande, der mit vielen Vorrechten belohnt wurde, die Anstellungen im Staatsdienste. Es hat sich hieraus im Laufe der Zeit in Dänemark eine förmliche Beamtenkaste gebildet, die sich ein Recht auf Anstellung beilegt, sobald sie im Examen die vorgeschriebene Befähigung hierzu dargethan hat.

Obgleich Dänemark von einem rein kommunalen in ein centralisirtes Verwaltungssystem übergeführt ist, konnten seit den letzten 30 Jahren nicht genügende Beamtenstellen für die beständig wachsende Zahl der Anstellungsuchenden geschaffen werden, und daher ward bei dieser Kaste, zu welcher sich die Literaten und Advokaten auch rechnen, der Wunsch und das Bedürfniß rege, das Herzogthum Schleswig dem Königreiche einzuverleiben.

Der Umstand, daß der jetzige König nach zwei versuchten ehelichen Verbindungen sowohl als sein Onkel, der Prinz Ferdinand, kinderlos waren, daher keine männlichen Nachkommen Friedrich des III. zu erwarten standen, erweckte bei der dänischen Partei um so mehr Besorgniß, daß ihnen das Herzogthum Schleswig entgehen möchte, als nach dem von Christian VIII. 1846 erlassenen „Offenen Brief" die Ansicht in den Herzogthümern sich allgemein für die Nothwendigkeit von Präventiv-Maßnahmen gegen eine Trennung derselben ausgesprochen und bis zum Bundestage in Frankfurt geltend gemacht hatte.

Daß unter solchen Verhältnissen die dänische Presse es sich angelegen sein ließ, alle hierauf bezüglichen Rechte zu negiren und die bestehenden Verhältnisse zu übersehen, war Selbstfolge; demungeachtet faßte die Incorporations-Idee bei der ländlichen Bevölkerung Dänemarks doch nie Wurzel, weil diese sehr richtig im konservativen Sinn der Herzogthümer einen Schutz gegen die überstürzenden demokratischen Prinzipien der Kopenhagener fand.

Der im Januar 1848 stattfindende Thronwechsel brachte den jetzigen willenlosen König zur Regierung. Seiner ultra-dänischen Umgebung ward es leicht, ihn zu Maßnahmen zu verleiten, die einerseits die dänische Demokratie in ihrer Absicht auf das Herzogthum Schleswig bestärkten, andererseits in den Herzogthümern große Besorgniß für ihre Zukunft erregten. Die dänische Presse und die Wortführer in den Kopenhagener Klubs wurden täglich krasser in ihren Aeußerungen gegen die von ihnen sogenannte schleswig-holsteinische Partei (welche aber in der Wirklichkeit die ganze Bevölkerung der Herzogthümer in sich faßte) und steigerten mehr und mehr die Aufregung bei derselben. Es versammelten sich deßhalb am 18. März 1848 sämmtliche Ständeabgeordnete beider Herzogthümer Schleswig und Holstein, um über die bedrohliche Lage der Länder sich zu besprechen, und wählten in Folge dessen eine Deputation aus ihrer Mitte, welche sie nach Kopenhagen sandten, um dem Könige allerunterthänigst Vorstellungen wegen dieser zu machen, sowie auch die Abstellung mehrerer gesetzwidriger Anordnungen des derzeitigen ersten Beamten, späteren Ministers v. Scheele, und seine Abberufung zu erbitten. Kaum war die Nachricht hiervon am 21. März in Kopenhagen bekannt geworden, so begaben sich die Wortführer der dänischen Demokratie an der Spitze eines Volkshaufens nach dem Schlosse und nöthigten den König, sein bisheriges Ministerium zu entlassen und ein neues aus ihrer Mitte zu bilden. Der Deputation aus den Herzogthümern, die Tags darauf ankam, ward als Antwort auf ihre Vorstellungen ein königliches Patent überreicht, durch welches die Incorporation des Herzogthums Schleswig ins Königreich Dänemark dekretirt wurde. Während dessen hatte man am 23. März in den Herzogthümern die Nachricht von dem forcirten Ministerwechsel erhalten und konnte die Antwort, welche der Deputation zu Theil werden würde, daraus entnehmen. Am 24. März trat deßhalb die „provisorische Regierung" in der Absicht, der bereits begonnenen Bewegung einen Mittelpunkt zu geben und Unordnungen zu verhüten, zusammen. An demselben Tage war das ganze Land von Hamburg bis zur nördlichen Grenze Schleswigs, Civil und Militär, Adel und Bürger einstimmig in der Erklärung, die Herzogthümer in ihrer bisherigen Unzertrennlichkeit schützen zu wollen. Und zur Ehre desselben sei es gesagt, kein Schwert ward gezogen, kein Schuß gelöst, keinem Beamten der Gehorsam verweigert, die Person des Regenten heilig gehalten und seine Rechte wohl bewahrt. Nur dänische Demokratie wollte man nicht.

Das Herzogthum Schleswig und seine Verbindung mit Holstein, das ist und bleibt folglich einzig und allein der Streitpunkt, um den es sich damals wie jetzt eigentlich handelt. Die Holsteiner dürfen dieß jetzt nicht aussprechen und die Dänen wollen es nicht eingestehen.

Die provisorische Regierung wendete sich den 25. März mit einem allerunterthänigsten Bericht über ihr Benehmen und ihre Absichten an den König von Dänemark und an den deutschen Bundestag in Frankfurt. Von diesem ward der König von Preußen mit der militärischen Bundeshülfe beauftragt und unter dem 9. April die provisorische Regierung anerkannt und zur Fortführung ihrer Wirksamkeit aufgefordert.

Durch den Rücktritt des Bundestages kam die Sache der Herzogthümer in die Hände der alle Rechtsbegriffe und Verhältnisse verwirrenden Nationalversammlung, welches schlau von den Dänen benutzt ward, um die ursprüngliche Frage in eine Successionsfrage und Aufruhrsbeschuldigung zu verwandeln. Das schleswig-holsteinische Volk hat aber den wahren Gesichtspunkt nicht aus den Augen verloren, sondern stützt jetzt wie früher seine Ueberzeugung auf folgende Gründe:

Das Herzogthum Holstein ward von Karl dem Großen als Grafschaft seinem Reiche einverleibt und bildete mit der, nördlich der Eider zwischen Schlei und Treene gelegenen Markgrafschaft die Grenze gegen Norden. Die Grafen von Schauenburg wurden im Laufe der Zeit hiermit belehnt und kämpften beständig, besonders im 13. und 14. Jahrhundert, von der Hansa unterstützt, mit den Dänen. Es gelang dem Grafen Gerhard dem Großen 1326 das ganze Herzogthum Schleswig zu erobern und seine Selbstständigkeit mit Einwilligung des Königs von Dänemark festzustellen, der es seinem Hause 1375 in Lehen gab, wodurch es mit Holstein vereinigt ward. Diese faktische Vereinigung erhielt eine besondere rechtliche Bekräftigung, als im Jahre 1460 die Landstände der Herzogthümer den König von Dänemark, Christian I., zu ihrem Regenten wählten. Die Verhandlungen hierüber wurden nicht, wie dänischerseits behauptet wird, zwischen dem Könige und den Landtagskommissarien, sondern auf ausdrückliches Verlangen Letzterer zwischen ihnen und den Kommissarien des dänischen Reichsraths gepflogen, und in Form eines Staatsvertrags geschlossen. Hierin ward festgesetzt, daß die Herzogthümer als unzertrennliche Lande vom Könige von Dänemark nicht als dänische Dependenzen, sondern als selbstständige Lande sollten regiert werden zu

ewigen Zeiten. Dieses Landesprivilegium ist bis auf den heu=
tigen Tag von jedem Regenten anerkannt und bestätigt worden.
Später haben die verschiedenen Branchen des Oldenburger Hau=
ses sich in die Krondomänen der Herzogthümer getheilt, der
Landtag blieb dessen ungeachtet stets gemeinschaftlich, wie auch
die Landesregierung, indem die verschiedenen Branchen des re=
gierenden Hauses sich durch gemeinschaftliche Kommissarien auf
dem Landtage vertreten ließen und mit ihm verhandelten.

Im Jahre 1721 wurden die der Gottorfer Branche im Her=
zogthum Schleswig gehörenden Domänen mit denen des Königs
vereinigt. 1773 geschah dasselbe in Holstein durch den Aus=
tausch mit dem Herzogthum Oldenburg. Die innere Verwal=
tung beider Herzogthümer ward einem Statthalter nebst der
am Sitze des Landesherrn etablirten deutschen Kanzlei und Rent=
kammer übergeben. Dieß Verhältniß bestand bis zum Jahre
1834, in welchem die Zusage des allgemeinen Gesetzes vom
28. Mai 1831 zur Ausführung kam und sämmtliche Verwal=
tungsgeschäfte einem neu errichteten Regierungskollegium, mit
dem Statthalter als Oberpräsident, unter der Benennung:
„Schleswig=Holsteinische Regierung“ unterlegt wur=
den. Gleichzeitig wurde das gemeinschaftliche Oberappel=
lationsgericht in Kiel etablirt. Die ebenfalls durch das Patent
vom 15. Mai 1834 ins Leben gerufenen Provinzialstände hat=
ten eine völlig gleiche Befugniß, Organisation und denselben
Wahlmodus; alle ihnen vorgelegten Regierungspropositionen
waren gleichlautend und die nach vorhergehender Berathung er=
lassenen Gesetze galten für beide Herzogthümer. Ja,
noch mehr! um keine scheinbare Trennung der Herzogthümer
durch die getrennten Ständeversammlungen hervorzurufen, er=
hielt auch das Königreich zwei ähnliche Provinzial=Ständever=

ſammlungen. Es blieb das Band zwiſchen den Herzogthümern ohnedieß auch durch die gemeinſchaftliche Ritterſchaft, die Landes= univerſität und alle öffentlichen Anſtalten feſt verſchlungen. Kein Wunder daher, daß jeder ihrer Bewohner, alt und jung, hoch oder niedrig geſtellt, mit der Ueberzeugung aufgewachſen iſt, die Unzertrennlichkeit Schleswig=Holſteins ſei die Grundlage alles Rechts und des Wohlſtandes des Landes.

In dieſer engen Verbindung haben die Herzogthümer zugleich mit dem Königreich Dänemark die geſammte däniſche Monarchie dem Auslande gegenüber gebildet, ohne daß die Verſchieden= heit der Sprache, der Geſetze und Sitten weder dem allgemei= nen Intereſſe, noch der inneren Entwickelung ein Hinderniß in den Weg legte. Iſt die Frage daher nicht natürlich, weßhalb das Verhältniß, welches ſeit 500 Jahren ſich für alle Theile günſtig entwickelt hatte, zum Vortheil einer eigennützigen Partei in Dänemark zerſtört werden ſoll? Bietet die Tren= nung Schleswigs von Holſtein irgend einen politiſchen oder materiellen Vortheil? Hat die Krone in den vereinigten, einigen und zufriedenen Herzogthümern nicht einen weit feſteren Stütz= punkt für ein konſervatives Regierungsprinzip, als wenn ſie die Kräfte Dänemarks dazu verwenden muß, ihnen Geſetze und Verwaltung aufzudringen?

Bei der jetzigen Organiſation des Geſammtſtaates kann nichts Gedeihliches erzielt werden. Das Königreich Dänemark hat einen beſchließenden Reichstag, dem Herzogthum Holſtein bietet man einen beſchließenden Landtag an, Schleswig hat eine berathende Ständeverſammlung und Lauenburg hat ſeine Landesverſamm= lung. Alle vier haben einen gemeinſchaftlichen Reichsrath in repräſentativer Form und ein gemeinſchaftliches Miniſterium, welches einigen Verſammlungen verantwortlich iſt. So lange eine überwiegende Mehrzahl der Reichsräthe aus Dänemark und vom dänischen Ministerium ernannt werden, bleibt das dänische Interesse allein vorherrschend, und die drei Herzogthümer werden mit ihren Ansichten und Interessen fortwährend in der Minorität bleiben. Wollte man dagegen jedem der vier Landestheile die Gleichberechtigung im Reichsrath geben, so daß jeder Theil eine gleiche Zahl Mitglieder zu senden hätte, dann würden in allen Hauptfragen die drei Herzogthümer einig sein, und Dänemark dadurch in eine abnorme Stellung gebracht werden. Daß eine solche Einigkeit nicht ausbleiben würde, wird Jedem einleuchten, der die Vorgänge in der letzten Diät der schleswig'schen Ständeversammlung beobachtet hat, wo die kräftigste Manifestation gegen die Danisirungsbestrebungen der Regierung sich Luft machte, trotzdem daß jegliches Mittel zur Zeit der Wahlen angewendet wurde, dänisch gesinnte Abgeordnete zu bekommen.

Diese Opposition hat nicht ihren Grund in Vorurtheilen oder separatistischen Absichten, sondern im dänischen Nationalcharakter.

Der Däne respektirt nur sein Eigenes, findet blos das nützlich und zweckmäßig, was bei ihm Gesetz und Sitte ist, und will dieß Anderen aufdrängen, wo er die Mittel dazu in Händen hat. Die Geschichte des Nordens zeigt dieß vom ersten Beginne an.

Die Eroberung Englands durch Kanut den Großen ging durch den Druck und die Anmaßung seiner Nachfolger verloren. Dasselbe war unter den Waldemar's mit allen Küstenländern der Ostsee der Fall. Die Calmarische Union zerfiel aus demselben Grunde. Norwegen fühlte sich glücklich, als es nach dem Kieler Frieden 1814 vom dänischen Drucke befreit wurde.

Seit dem Jahre 1852 haben Schleswig und Holstein eben diese dänischen Anmaßungen schwer empfunden und werden dieselben stets mehr empfinden, falls die ungeordneten Verhältnisse, in welchen sie schmachten, fortbestehen sollten. Diesen Uebelständen abzuhelfen und der dänischen Monarchie eine gedeihliche Zukunft zu verschaffen, dürfte es rathsam sein, die politischen und nationalen Verhältnisse zu konsolidiren, indem man dem Reichsrath eine andere Zusammensetzung und Form gäbe, bei welchen die drei Herzogthümer eine gleiche Anzahl Räthe wie das Königreich erwählen würden, welches um so mehr einer gleichen Stimmenvertheilung sich nähert, als der Unterschied in der Bevölkerung nur 300,000 Seelen beträgt.

Es würde sich demnach das Staatsgebäude folgendermaßen organisiren: Dänemark behält seinen Reichstag, Lauenburg seine Landesversammlung, Schleswig und Holstein erhalten einen gemeinschaftlichen Landtag, wodurch sowohl ihren historischen Rechten, als den bis in jüngste Zeit in Kraft bestehenden Verhältnissen und der innersten Ueberzeugung aller Bewohner entsprochen wird. Jeder dieser drei Theile hat seine eigene Verwaltung und Gesetzgebung für die inneren Angelegenheiten. Bei der Verminderung des Geschäftskreises würden die Minister mehrere Departements unter sich haben, und es würde dadurch auch finanziell gewonnen werden. Lauenburg hat bereits einen Gouverneur mit einem Regierungskollegium. Für den Gesammtstaat würden drei Staatsminister, einer für das königliche Haus und das Aeußere, einer für das Kriegswesen, See- und Landmacht, einer für die gemeinschaftlichen Finanzen und sonstige Angelegenheiten erforderlich sein.

Der Reichsrath, der mit den Ministern in kollegialischer Form zu verhandeln hätte, würde aus 20 vom dänischen Reichstage, 18 vom schleswig=holsteinischen Landtage und 2 von der lauenburgischen Landesversammlung nach näher zu bestimmen= den Grundsätzen gewählten Räthen (40 an der Zahl) bestehen; die Krone würde den Präsidenten für ihn ernennen.

Sowohl zu den Verhandlungen mit dem Reichsrath, als wenn allgemeine, die ganze Monarchie betreffende Angelegen= heiten in einem Ministerconseil unter Vorsitz des Königs behan= delt werden sollten, würden die Minister aus den Herzogthü= mern und der Gouverneur von Lauenburg sich in Kopenhagen einfinden. Die weitere detaillirte Ausführung dieser Organisation gehört nicht hierher; es bleibt daher nur noch das Verhältniß Holsteins und Lauenburgs als deutscher Bundesländer zu erwäh= nen übrig. Seit dem Jahre 1815 sind daraus trotz der en= geren Verbindung Schleswig=Holsteins keine Schwierigkeiten ent= standen. Der Bund hat sich in die inneren Verhältnisse und die Gesetzgebung der Bundesländer nur dann zu mischen, wenn an ihn Klagen über Rechtsverletzung gelangen. Dieß wird unter der vorgeschlagenen Organisation nicht der Fall sein können. Die allgemeinen Bundesgesetze und Vorschriften werden für Hol= stein und Lauenburg nach wie vor und unter allen Umständen Gültigkeit haben.

Die Geldbeiträge, die der Bund erheischt, wird Holstein bei sich repartiren und sein Militärkontingent bleibt ein Theil der Bundesarmee, wie es ein solcher bisher gewesen ist. Der ge= meinschaftliche Landtag, die gemeinschaftliche Oberverwaltung und Gesetzgebung mit Schleswig kann darin nicht hinderlich sein.

Holstein als Bundesland hat in der schwebenden deutsch=dänischen Frage eine weit wichtigere Bedeutung. Der deutsche Bund hat die Verpflichtung, die zu ihm gehörenden Länder in ihren Rechten und die in ihnen in anerkannter Wirksamkeit

bestehenden Verfassungen zu schützen. Die Verfassung eines Lan=
des besteht aber nicht blos in dem Vorhandensein einer ständi=
schen oder repräsentativen Versammlung von Abgeordneten, son=
dern weit mehr in der ganzen Organisation seiner Verwaltung
und Gesetzgebung. Seit dem Staatsvertrage mit Dänemark
1460 hat Holstein eine gemeinschaftliche Oberverwaltung und
Gesetzgebung mit Schleswig gehabt, und das Recht, gemeinschaft=
lich regiert zu werden, hat sich noch in jüngster Zeit (1834) in
der Administration, den Gerichten und der Gesetzgebung gekräf=
tigt. In einem Zeitabschnitt von 500 Jahren hat sich diese
Verbindung als zweckmäßig, nützlich und wohlthuend bewährt.
Holstein darf deßhalb mit vollem Rechte vom Bunde erwar=
ten, daß derselbe es in seiner wider seinen Wunsch und ohne
seine Zustimmung gewaltsam zerrissenen Verbindung mit Schles=
wig erhalten und schützen wird.

Mit den Verhältnissen und Gesinnungen Dänemarks sowohl,
als der Herzogthümer auf's Genaueste bekannt, darf ich hier
die Ueberzeugung aussprechen, daß eine Regelung der Verhält=
nisse in vorgeschlagener Weise allen Parteien willkommen sein
wird, allerdings mit Ausnahme der demokratisch=büreaukra=
tischen, die jetzt zum Unglück Dänemarks sich der Herrschaft
in demselben bemächtigt hat.

Anlage 14.

Brief des Prinzen von Schleswig-Holstein-Noer an den König Christian VIII. vom 5. Januar 1848, in der Hoffnung geschrieben, denselben von der fehlerhaften Bahn abzulenken, auf die er die vaterländische Politik geführt hatte.

Lieber Schwager!

Am Jahreswechsel kann ich nicht unterlassen, Dir meinen Glückwunsch zu senden und bei diesem neuen Abschnitt im Leben der Menschen und der Welt mich in Deine Erinnerung zurückzurufen. Beide sind wir wiederum ein Jahr älter geworden, und haben dasselbe nicht zurückgelegt, ohne an Erfahrungen reicher geworden zu sein. Ich folge deßhalb meiner früheren Gewohnheit, am Schlusse des Jahres mich über dessen Verlauf zu äußern, indem ich zugleich Deinem mir geäußerten Wunsch nachkomme, von Zeit zu Zeit Dir meine Anschauungen mitzutheilen.

Diese sind in politischer Beziehung nicht erfreulich; denn die große Krisis, der wir nothwendig entgegengehen, ist besonders stark in dem verflossenen Jahr gefördert. Aber auch speziell der Zustand unseres Vaterlandes ermuntert nicht bei näherer Betrachtung. Um so mehr fühle ich mich daher aufgefordert, hier mich auszusprechen. Was ist nämlich seit dem Jahre 1846 hier im Lande geschehen? Eclatant nichts und doch sehr viel; denn des Volkes Selbstbewußtsein, dessen Ueberzeugung von den Staatsverhältnissen und dessen Willen haben bedeutend an Klarheit und Bestimmtheit gewonnen. Der gebildete Theil desselben hat seine Entschlüsse gefaßt und der ungebildete Theil hat eingesehen, daß er sich aufklären und selbst eine Ueberzeugung gewinnen muß, welche er größtentheils gefaßt hat. Das Resultat hiervon ist geworden, daß die Herzogthümer sich selbst als in Opposition zu den Wünschen und Anschauungen der Regierung betrachten; wahrlich ein bedauerlicher Zustand! Wenn Du anders berichtet worden bist von Deinen Korrespondenten, so bist Du falsch unterrichtet; denn was ich sage, ist die reine Wahrheit. Bis jetzt hatte die Volksstimmung noch kein Organ, sich auszusprechen. Die Presse ist geknechtet, keine öffentliche Gelegenheit zu Meinungsäußerungen gibt es, da die Polizei jedes freie öffentliche Leben anfeindet; aber darum gerade glimmt das Feuer desto stärker unter der Asche und das Zusammentreten der Stände wird als Beweis von meinen Worten Zeugniß ablegen. Ich vermuthe gewiß richtig, daß Scheel die Sache ganz anders vorstellt. Aber es ist nicht umsonst, daß er eine Zeit für seine Reise nach Kopenhagen gewählt hat, in welcher kein Anderer von hier so leicht dort sein wird, damit seine Unwahrheit nicht sofort durch persönlichen Widerspruch aufgedeckt werden könne. Ueberdieß weiß er nicht das Geringste von der Stimmung hier im Lande, gleichwie er nirgends sich sehen lassen darf und kein Mensch Umgang mit ihm hat, welcher nicht durch seine amtliche Stellung dazu gezwungen ist. Was soll nun daraus werden, wenn Regierung und Volk in einem krassen Gegensatz sich befinden? In wie hohem Grade dieß der Fall ist, kannst Du daraus sehen, daß man auf ....., welcher vor einem Jahre eine nicht unbedeutende Popularität hatte, jetzt mit Fingern zeigt, weil man nach seiner Handlungsweise bei Gelegenheit des ..... glaubt, daß er sich mit der Regierung hat gut stellen wollen.

Auf der andern Seite, was ist geschehen mit Rücksicht auf

unsere Verhältnisse im Auslande seit dem Jahre 1846? An allen Höfen ohne Ausnahme hat die Ueberzeugung festen Fuß gefaßt, daß der Inhalt des „Offenen Briefes" keine richtige Auslegung der Staatsverhältnisse auf der einen Seite ist, und daß die Aufrechthaltung des Gesammtstaates nur ein Vorwand für dynastische Rücksichten ist, und dieß um so mehr, als der gemeinsame Staat am sichersten in seinem gegenwärtigen Zustande bleiben würde durch Einsetzung der Agnaten in ihr altes Recht auf die dänische Krone. Wenn nun die Diplomatie diese Ueberzeugung hat, glaubst Du denn, daß es gegen den Willen des Volks und gegen die Meinung der fremden Mächte sich durchsetzen läßt? Wahrlich, das ist nicht möglich, und es wird mit Unglück für das Land und trauriger Nachrede für alle diejenigen enden, welche an solchem Vorhaben Theil genommen haben.

Ich schreibe daher heute beim Beginn eines neuen Jahres, um Dir die Nothwendigkeit vorzustellen, daß Du einen andern Weg suchest. Dieser Weg liegt offen vor Dir, er wird von allen einsichtsvollen Männern im Lande gewünscht, er wird von den fremden Höfen Dir nachgewiesen, er wird Ruhe und Frieden ins Land bringen und Dir die Liebe und die Segnung Deiner Unterthanen wieder gewinnen.

Du mußt doch die Unmöglichkeit einsehen, einen einzigen Schritt auf der betretenen Bahn weiter zu kommen; warum denn sie nicht verlassen, um die sicherere zu wählen? Sieh' doch auf die Schweiz! Hat der Volkswille nicht Alles trotz Potentaten und Diplomaten durchgesetzt? Was wird denn nicht das Volk hier thun können, da es des Beistandes von 40 Millionen und des Einverständnisses aller Höfe gewiß ist?

Bedenke dieses und zugleich, daß wir keine lange Zeit bis

zur Einberufung der Ständeversammlung haben; bedenke, daß
die Stimmung in Jütland in dem letzten Jahr ganz verändert
ist und daß viele Dänen auch eine andere Meinung gefaßt ha=
ben. Ich will kein Unglücksprophet sein, aber warnen will ich
bei Zeiten, wie ich immer gethan habe. Ich stehe ja außer
allen Verhältnissen, habe nichts zu gewinnen und nichts zu ver=
lieren, darum kann ich mich auch mit um so größerem Frei=
muth aussprechen, und hoffe dadurch um so leichter Vertrauen
zu finden. Hier muß ich noch die Bemerkung zufügen, ver=
anlaßt durch die Aeußerung in deinem Briefe vom September,
daß ich auf mich einwirken ließe in meinen Handlungen u. s. w.,
daß, so wenig ich damals irgend einer menschlichen Seele mit=
getheilt, daß Du mich auf Föhr zu sehen gewünscht, ebenso wenig
irgend ein Mensch weiß, daß und was ich heute schreibe. In
meinen Augen würde jede ausgesprochene Meinung ihre Be=
deutung verlieren, wenn sie nicht auf eigener Auffassung und
Ueberzeugung beruhte. Ich am allerwenigsten würde daher Dir
mit solchem Machwerk aufwarten und lieber ganz stillschweigen.

Anlage 15.

Protocol of Warsaw.

His Majesty the Emperor of all the Russias, and
His Majesty the King of Denmark taking into consideration the engagements entered into between their
august predecessors, in the years 1767 and 1773;

Considering that, as well for establishing the tran-
quillity of the North of Europa on a durable footing,

as for removing all that could then, or for the future, give rise to misunderstandings or differences in the august House of Oldenburg, the Emperor Paul, of glorious memory, then Grand Duke of Russia, renounced for himself, as also for his heirs and descendants in favour of His Majesty, King Christian VII. of glorious memory, als also of the heirs of his royal crown, all his rights and pretentions to the Duchy of Schleswig in general, and to the heretofore princely portion of that duchy in particular;

That in the same manner, and from the same motives, His Majesty the Emperor Paul ceded for himself, als also for his descendants, heirs and successors, all that he possessed in the Duchy of Holstein, whether in common with His Majesty the King of Denmark, or separatly;

Considering that this act of cession of the Duchy of Holstein has only been made expressly in favour of His Majesty King Christian VII and of his male lineage and also eventually in favour of the late Prince Frederic, the Kings brother, and of the male lineage of that prince, and that the eventualities which the terms themselves of this Act of Cession admitted have already in part been realised by the extinction of the male lineage of King Christian VII, or may be realised at a period more or less near, without the said transactions having in any manner provided for them;

Foreseeing the dangers which this silence in existing treaties may cause to the Danish monarchy, if on the extinction of the male line actually on the throne of

Denmark the *lex regia* should receive its pure and simple application to one part of the monarchy;

Have acknowledged the obligation and the right, as successors of the august contracting parties, in the engagements of 1767 and 1773, to come to an understanding as to the ulterior arrangements most suited to the double objects which they have had in view;

In consequence, the Undersigned, after mature examination of all the questions connected with this affair, have agreed among themselves, under the express reservation of the high approbation of their respective Sovereigns, and have embodied in the present protocol the points which follow:

1. The objects proposed in the interest of the peace of the North, as well as that of the internal peace of the august House of Oldenbourg, namely, the maintenance of the integrity of the Danish monarchy, can only be realised by means of an arrangement summoning to the succession of the whole of the states actually united under the sceptre of His Majesty the King of Denmark, the male lineage solely, to the exclusion of women.

2. The male lineage of Prince Christian of Schleswig-Holstein-Sonderbourg-Glücksbourg, and of his consort the Princess Louise of Hesse, unites in itself the rights of inheritance, which on the extinction of the male line actually reigning in Denmark devolve upon it in virtue of the renunciations of Her Royal Highness the Landgravine Charlotte of Hesse, and of her daughter the Princess Mary of Anhalt-Dessau.

3. Wishing on his part to complete the titles re-
sulting from these renunciations, and thus to effect an
arrangement which would be of such high importance
and interest for the maintenance of the Danish monarchy in its integrity, His Majesty the Emperor of all
the Russias, as chief of the elder branch of Holstein-
Gottorp, would be ready to renounce the eventual rights
which belong to him, in favour of Prince Christian of
Glücksbourg, and of his male lineage.

Nevertheless it is understood:

That the eventual rights of the two younger bran-
ches of Holstein-Gottorp schould be expressly reserved;

That those which the august chief of the elder
branch should abandon for himself and for his male
lineage in favour of Prince Christian of Glücksbourg
and of his male lineage, should be revived in the Im-
perial House of Russia, whenever (which God forbid)
the male lineage of that prince should become extinct;

That inasmuch as the renunciation of His Majesty
the Emperor would principally have for its object to
facilitate an arrangement called for by the first interests of the monarchy, the offer of such a renunciation would cease to be obligatory, if the arrangement
itself would fail.

4. In consequence of the considerations which are
above pointed out by the above see 2, and 3, the
Prince Christian of Glücksbourg, conjointly with the
Princess, his consort, and in their default the male lineage of their Highnesses would have, more than any
other branch, claims which qualifie them to succeed, if

the contingency should arrive, to the states actually united under the sceptre of His Danish Majesty.

Consequently the two Courts of Copenhagen and St. Petersbourg have agreed,

That His Majesty the King of Denmark shall designate the Prince and Princesse of Glücksbourg conjointly as heirs presumtive of his Crown, in case the male line of the dynastie actually reigning should become extinct;

That His Majesty shall make known his high determination to the Powers in amity with Denmark;

That if, to ensure the complete success of this arrangement, still further renunciations should be deemed useful and desirable, it would be for His Danish Majesty to make himself responsible for the indemnities to which just and equitable claims should be established;

Finally, that te negociations necessary to give to the arrangements in virtue whereof the Prince and Princess of Glücksbourg shall be acknowledged as successors presumtive to the throne of Denmark the character of an European transactien, shall take place in London.

The undersigned reserve to themselves to submit the present Protocol to their august Sovereigns, and to solicit their high approbation in favour of the provisions it contains.

Warsaw, $\frac{24.\ \text{Mai}}{5.\ \text{June}}$ 1851.   (Sig.)   Nesselrode.
                                             Meyendorff.
                                             Reedts.

Anlage 16.

Tractat vom 8. Mai 1852.

In the Name of the Most Holy and Indivisible Trinity!

Preamble. Her Majesty the Queen of the United Kingdom of Great Britain and Ireland, His Majesty the Emperor of Austria, King of Hungary and Bohemia, the Prince President of the French Republic, His Majesty the King of Prussia, His Majesty the Emperor of all the Russias and His Majesty the King of Sweden and Norway, taking into consideration, that the maintenance of the integrity of the Danish Monarchy, as connected with the general interests of the balance of powers in Europe, is of high importance to the preservation of peace, and that an arrangement by which the succession to the whole dominions now united under the sceptre of His Majesty the King of Denmark should devolve upon the male line to the exclusion of females, would be the means of securing the integrity of that Monarchy, have resolved at the invitation of His Danish Majesty, to conclude a Treaty, in order to give to the arrangements relating to such order of succession an additional pledge of stability by an act of European acknowledgement.

Article I.

After having taken into serious consideration the interests of His Monarchy, His Majesty the King of Denmark with the assent of His Royal Highness the Hereditary Prince and of his nearest cognates entitled to the succession by the Royal Law of Denmark, as well in concert with His Majesty the Emperor of all the Russias, Head of the elder branch of the House of Holstein-Gottorp, having declared His wish to regulate the order of succession in his dominions in such a manner, that in default of issue male in a direct line from King Frederic III of Denmark, his crown should devolve upon his Highness the Prince Christian of Schleswig-Golstein-Sonderbourg-Glücksbourg and upon the issue of the mariage of that Prince with Her Highness the Princess Louise of Schleswig-Holstein-Sonderbourg-Glücksbourg born a Princess of Hesse, by primogeniture, from male to male; the high contracting Parties appreciating the wisdom of the views which have determined the eventual adoption of that arrangement, engage by common consent, in case the contemplated contingency should be realised to acknowledge in His Highness the Prince Christian of Schleswig-Holstein-Sonderbourg-Glücksbourg and his issue male in the direct line by his mariage with the said Princess, the right of succeding to the whole of the dominions now united under the sceptre of His Majesty, the King of Denmark.

Article II.

The high contracting Parties, acknowledging as permanent the principle of the integrity of the Danish Monarchy, engage to take into consideration the further propositions which His Majesty the King of Denmark may deem it expedient to address to them, in case (which God forbid) the extinction of the issue male, in the direct line, of His Highness the Prince Christian of Schleswig-Holstein-Sonderbourg-Glücksbourg, by his mariage with Her Highness the Princess Louisa of Schleswig-Holstein-Sonderbourg-Glücksbourg born a Princess of Hesse, should become imminent.

Article III.

It is expressly undersstood, that the reciprocal rights and obligations of His Majesty the King of Denmark and of the Germanic Confederation, concerning the Duchesi of Holstein and Lauenburg, rights and obligations established by the Federal Act of 1815 and by the existing Federal right, shall not be affected by the present Treaty.

Article IV.

The high contracting Parties reserve to themselves to bring the present Treaty to the knowledge of the other Powers and to invite them to accede to it.

Article V.

The present Treaty shall be ratified and the ratifications shall be exchanged at London at the expiration of six weeks, or sooner if possible.

In witness whereof, the respective Plenipotentiaries have signed the same and have affixed thereto the seal of their arms.

Done at London, the 8. of May in the year of Our Lord One thousand eight hundred and fifty two.

(L. S.) Malmsbury.	(L. S.) Brunnow.
(L. S.) Kübeck.	(L. S.) Rehausen.
(L. S.) A. Walewsky.	(L. S.) Bille.
(L. S.) Bunsen.	

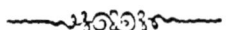

Inhalt.